五常朝鲜民族志

五常市朝鲜民族事业促进会　编著

黑龙江人民出版社

图书在版编目（CIP）数据

五常朝鲜民族志／五常市朝鲜民族事业促进会编著.
— 哈尔滨：黑龙江人民出版社，2017.8
ISBN 978 - 7 - 207 - 11133 - 3

Ⅰ . ①五… Ⅱ . ①五… Ⅲ . ①朝鲜族—民族志—五常
Ⅳ . ①K281.9

中国版本图书馆 CIP 数据核字（2017）第 219683 号

责任编辑：夏晓平
封面设计：金优锡

五常朝鲜民族志
五常市朝鲜民族事业促进会　编著

出版发行　黑龙江人民出版社
地　　址　哈尔滨市南岗区宣庆小区 1 号楼
邮　　编　150008
网　　址　www. longpress. com
电子邮箱　hljrmcbs@ yeah. net
印　　刷　黑龙江艺德印刷有限责任公司
开　　本　889 毫米 × 1194 毫米　1/16
印　　张　25.75
字　　数　620 千字
版　　次　2017 年 8 月第 1 版　2017 年 8 月第 1 次印刷
书　　号　ISBN 978 - 7 - 207 - 11133 - 3
定　　价　280.00 元

《五常朝鲜民族志》编纂委员会

主　任　林炳龙
副主任　金优锡　申东日　任国铉
委　员　（以姓氏笔画为序）
　　　　　王文生　朱东秀　宋德旭　金红英

林炳龙　　　　　金优锡　　　　　申东日　　　　　任国铉

王文生　　　　　朱东秀　　　　　宋德旭　　　　　金红英

《五常朝鲜民族志》顾问委员会

主　任　李海洙

副主任　刘　晏　刘秀春

委　员　（以姓氏笔画为序）

　　　　尹吉山　高光武　傅亚东

李海洙

刘　晏

刘秀春

尹吉山

高光武

傅亚东

《五常朝鲜民族志》编辑部

主　编　黄　彪
副主编　金优锡　朴相鲁　李红男
编　辑　（以姓氏笔画为序）
　　　　权云龙　李　天　李太仙
　　　　李相龙　金元经　洪大淑
编　审　张　伟(五常市地方志办公室主任)
摄　影　黄　彪

黄　彪

金优锡

朴相鲁

李红男

权云龙

李　天

李太仙

李相龙

金元经

洪大淑

张　伟

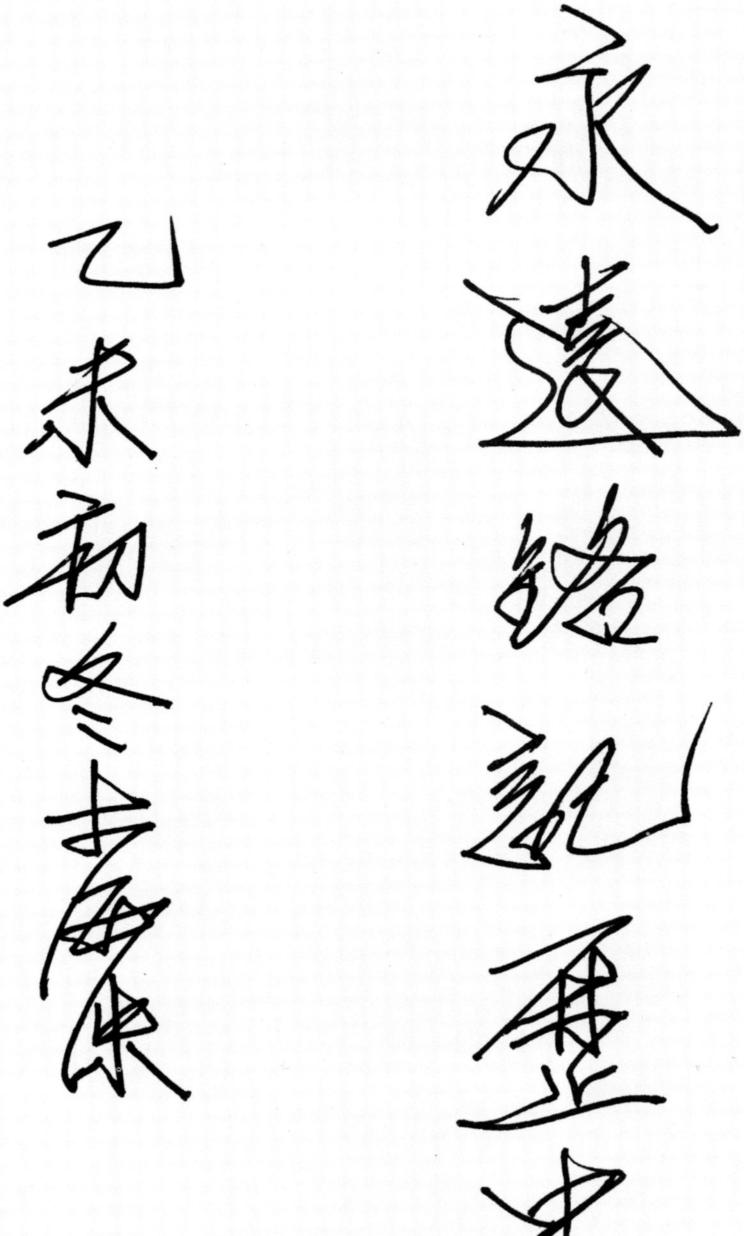

永远铭记垂史

乙未初冬 去海

五常市政协原常务副主席李海洙题词

上海航天技术研究院

五常是我的故乡，我那里度过了艰苦寒
但幸福的童年、小学和初中、高中时代。祝
乡亲们和谐幸福、收获丰收和美丽。

李相荣
2014.12.3

火箭工程专家、载人航天工程专家李相荣题词

继承和发扬民族光荣传统，携手建设美丽的故乡！

申东日

2016．3．7

朗姿集团董事长申东日题词

五常市区景观 （张民生摄影）

五常市委、市人民政府

（张民生摄影）

五常市人民医院住院楼

五常中医院

建设中的五常市五常镇金山大街

序　言

　　《五常朝鲜民族志》是《五常市志》的重要组成部分，是五常第一部记述少数民族历史的史书。编辑人员经过800余个日夜的奋斗，不畏严寒酷暑，查阅浩繁的历史档案资料，走访街巷山村，网上联络全国各界热心人士，付出辛劳的结晶。在此向编辑部全体工作人员，向所有关注并支持此书编辑出版的各民族同胞谨致谢忱！

　　《五常朝鲜民族志》记述了自清道光十五年（1835年）五常境内始有朝鲜人的足迹以来至今近180年的历史，特别是中华人民共和国成立以来，朝鲜族人民融合在各民族大家庭中，在中国共产党民族政策的光辉照耀下的奋斗历史。

　　回顾历史，我们不能忘记那些为创造今天幸福生活而长眠于地下的革命烈士。五常朝鲜族中为国捐躯的革命烈士有以长眠在湖南省张家界市（原大庸县）的特级战斗英雄李斗燮；以安息在朝鲜山川的国际主义战士蔡昌锡等为代表的240余位英烈。

　　朝鲜族是勤劳智慧、勇于探索的民族。五常市是农业大市，是全国水稻生产五强县之一，是"中国优质稻米之乡"。水稻面积218万余亩，年产绿色优质水稻10亿多公斤，被誉为"张广财岭下的水稻王国""中国香米之都"。朝鲜族在开启、发展五常的水稻生产中，做出了卓越的贡献。他们聚集起来，开启了五常种植水稻的先河，经过几代人前赴后继，以顽强的毅力和无穷的智慧克服了无霜期短、气候寒冷等种种困难，沿着水源挖渠引水，兴修水利，开垦了野草丛生的荒原，种植水稻，用血汗造就了今天的绿色稻米之都。他们与其他民族兄弟一道，大面积发展了五常的水稻生产。为了提高水稻的品质，他们积极探索，潜心研究，创造了世界寒地稻作最先进的栽培技术，培育了适合地域种植高产优质的水稻品种，出现了以五常人称之为"稻花香之父"、"东北的袁隆平"田永太为代表的众多水稻专家。

　　朝鲜族是富于开拓的民族，顺应时代的潮流，在改革开放的大潮中，他们利用亲缘优势，大胆走出国门，勤劳致富，创收外汇，为五常的经济发展做出了贡献。

　　朝鲜族是团结奋进、富于凝聚力的民族，无论走到哪里，他们都会团结一心，开拓出一片新天地。从五常走出去的朝鲜族，无论在国内大都市，还是在国外闹市，他们都齐心协力，创造奇迹。以朗姿集团年轻的董事长申东日为代表的无数企业家经商创业，创造了辉煌，为家乡增光添彩。

　　朝鲜族是重视教育、崇尚文化的民族。在中国共产党的英明领导下，民族教育健康发展,在五常这块山清水秀、人杰地灵的宝地,培育了代代朝鲜族精英。在驰名世界的我国优秀人才中,以载人航天工程专家李相荣为代表的高科技人才;以中央民族大学朝文系教授,博士生导师吴相顺为代表的教育界精英们,以及活跃在全国各地、各条战线上的五常朝鲜族,都是五常人民的骄傲。

敬老爱幼是中华民族的优良传统,也是朝鲜族伦理道德思想中最具民族特色的风尚。以山河镇共和村妇女,全国朝鲜族敬老爱幼模范申京子为代表的五常朝鲜族继承和发扬了这一光荣传统。

"以铜为鉴可正衣冠,以人为鉴可以明得失,以史为鉴可知兴替",修史是社会成熟和进步的需要,修史是社会文明的必须。这部《五常朝鲜民族志》是为寻求现在人的历史共识,凝聚现代人的力量,追求现代人的历史和谐,传史后代,与其他各民族团结奋进,为实现中国梦而努力奋斗。

愿五常朝鲜族人民以此志为鉴,砥砺前行,续写历史新篇章!

林炳龙

2015 年 8 月

凡　例

一、五常自建治以来，从未有一部朝鲜族史志。本志编写尚属首部，旨在补历史之缺，填补空白。

二、《五常朝鲜民族志》是《五常县（市）志》重要组成部分之一。本志在撰写中，坚持辩证唯物主义和历史唯物主义观点，以实事求是的精神，查证史料，用新的观点、新的方法、新的资料，翔实地记述五常朝鲜族的历史发展及经验教训。

三、根据史料记载，本志上限为五常境内出现朝鲜人足迹开始，下线断至 2014 年末。

四、本志首冠以《概述》，综述人文地理及朝鲜族各方面的发展变化梗概，以便使读者观其一端，而知全貌。

五、本志"大事记"所载内容，均为与五常朝鲜族在政治、经济、科技、文化、教育等方面有关的大事、要事、新事。为避免出现史实断层，采用编年体与记事本末体记述。

六、本志遵循"事以类从、类为一目"和"横排竖写、以横为主"以及"略古详今、古今兼收"的原则，采用章、节结构形式记述。

七、本志历史纪年在使用夏历的同时，均用括号注明公元纪年。1945 年"九·三"光复后，一律用公元纪年。

八、本志采用语体文记述，用述、记、志、传、图、表、录等体裁形式。按国家语言文字工作委员会发布的《简化字总表》及《黑龙江省地方志编纂行文通则》执行。

九、对史料中出现的人名、地名，本着尊重历史的原则均保持了历史上的习惯用法，并做了注，如兰彩桥（今光辉）、高丽营子（今小山子镇宏源村）等。对只在朝鲜文字史料中出现的人名、地名，无法确认的，采用音译并夹注法，如西波利河套（音译）、朱德俊（音译）等。为保持历史原貌，对旧社会使用过的计量单位，如"垧"、"吨"等，均按当时公用的计量制度记述。

十、在采用史料时，对一些史料中出现的明显错误做了修正，如"五常市朝鲜族师范学校"应为"五常朝鲜族师范学校"。李相荣的简历"1941 年生"、"1946 毕业于北京工业学院"，修正为"1941 年生……1966 年毕业……"

十一、本志所载艺文诗词,只选代表作品数例简介,其余在省级以上报刊发表的文艺作品、学术论文等,只载作者、篇名。

十二、记入本志的人物,本着生不立传的志书通例和以本籍为主、兼顾外籍的原则,对历史上起推动作用并有较大影响的已故者,为其撰写了传略或简介。但对不能立传或不够立传者,则采用名人录的形式加以记述。记入"烈士英名录"者均为在本地牺牲和本籍人在外地牺牲的革命烈士。

十三、本志采用中文印刷,各类表格中的名词术语因恐造成歧义或难以理解,未译成朝鲜文字,而只用中文表述。

目 录

概　述

　　五常市位于黑龙江省最南端。地处北纬 128°~45°26′,东经 126°33′~128°14′之间。东南临张广才岭西麓,西北接松嫩平原,拉林河由南至北沿境内西部流向松花江,拉滨铁路纵贯南北,沿途连接 7 个乡镇,黑河——大连支线高等级公路、铁通公路等在境内交汇而过。周边分别与双城、阿城、尚志、海林及吉林省的敦化、蛟河、舒兰、榆树等县(市)毗邻。市政府所在地五常镇,距离省会哈尔滨市 114 公里。

　　五常市境内山脉纵横,峰峦叠嶂,有大小山峰 609 座,占地面积 5 522 平方公里。主峰老爷岭,又称大秃顶子山,海拔 1 696 米,是市内最高的山峰,也是长白山系张广才岭在黑龙江省内最高点的“三巨擘”之一。全市海拔高程在 300 米以上的山峰有 271 座,多集中在东南和东部山区。西北部平原区,也有丘陵山岗,均在海拔 300 米以下。

　　拉林河、牤牛河两大水系均发源于本市东南部山区,随着地势由东南流向西北,贯穿全境。河流两侧成带状分布,有低漫滩、阶地等各类河流地貌。两大河流的河谷平原区地势平坦,土壤肥沃,水源充足,适合种植水稻,为本市重点农业区。

　　五常市属中纬度寒温带大陆性季风气候,全市年平均气温摄氏 3~4℃,7 月温度较高,平均为摄氏 23℃。全年无霜期 130 天左右,年平均降水量 625 毫米。春季多风少雨,夏季降水量集中,雨量偏多,秋季寒来较早,时常出现春旱夏涝秋早霜的情况。

　　1981 年,根据黑龙江省统一要求,全县开展“两查一划”(即土地利用现状调查、土壤普查,土地划界),1982 年确定五常县域总面积为 7 512 平方公里(1 126.8 万亩),农业用地面积 326.4 万亩,其中,旱田 185 万亩,水田 57.7 万亩。林地面积 595.7 万亩,水面 23.3 万亩。全县有 880 890 口人。由汉族、满族、朝鲜族等 14 个民族组成。

　　1990 年,全国统一开展土地利用现状调查(即土地详查),1992 年重新确定五常县行政区划面积为 7 501.4 平方公里。地域呈狭长形,南北总长 180 多公里,东西平均宽 42 公里。

　　五常历史悠久,光绪六年十二月二十六日(1881 年 1 月 25 日)建立五常厅(属吉林省),是五常建制始。宣统元年(1909 年)改五常厅为五常府。民国二年(1913 年)改五常府为五常县,属吉林省滨江道。1946 年 1 月 4 日建立五常县民主(联合)政府。1949 年改五常县民主(联合)政府为五常县人民政府,隶属松江省管辖。1954 年松江省与黑龙江省合并,五常县隶属黑龙江省。1955 年 3 月改五常县人民政府为五常县人民委员会。1958 年归松花江地区行政公署管辖,1959 年撤销松花江地区行政公署,五常县划归哈尔滨市管辖。1965 年恢复松花江地区行政公署,五常县重新划归松花江地区行政公署管辖。1967 年 9 月改称五常县革命委员会,1980 年恢复五常县人民政府。1993 年 6 月,经国务院批准五常撤县设市。1996 年松花江地区与哈尔滨市合并,五常市划归哈尔滨市管辖。

五常市是农业大市,有耕地 360 万亩,是国家重要的商品粮基地,全国水稻生产五强县之一。其中水稻面积 218 万余亩。年产绿色优质水稻 10 亿多公斤,被誉为"张广财岭下的水稻王国"、"中国香米之都"。

1953 年第一次全国人口普查,全县人口为 426 494 人;1964 年第二次全国人口普查,全县人口为 593 840 人;1982 年第三次全国人口普查,全县人口为 862 561 人,其中朝鲜族人口为 38 535 人,占总人口的 4.47%;1990 年,第四次全国人口普查,五常人口总数为 890 881 人,其中朝鲜族 33 255 人,占五常总人口的 3.73%。2000 年末,第五次全国人口普查,五常人口总数为 888 782 人,其中朝鲜族 28 730 人,占全市总人口的 3.23%。2005 年末,五常人口总数为 973 733 人。

据 1985 年统计,五常全县 28 个乡镇,除牛家镇、双桥子乡和八家子乡外都有朝鲜族居住。六个民族乡之一的民乐朝鲜族乡,1952~1953 年建立了民乐、新乐、富胜、新兴四个朝鲜民族自治村,1956 年从第八区分出成立民乐乡。1958 年人民公社化,因本地朝鲜族聚居,经批准成立朝鲜族自治公社,称民乐人民公社,1984 年改称民乐朝鲜族乡。全乡总人口 12 917 人,其中朝鲜族占 51.2%。

朝鲜族是从朝鲜半岛迁移过来的移民及其后代构成的民族群体,是中华人民共和国成立之后确认的少数民族之一。

朝鲜民族"有本民族的语言文字。主要从事农业,擅长种水稻,对东北水田开发有贡献。有优美的民族文化艺术传统,能歌善舞。"①

据《五常县志》记载:"清道光十五年(1835 年),亮甸子、王家街(今五常市沙河子镇境内),有少数朝鲜人利用河水种植水稻。"

朝鲜族是吃苦耐劳、富于开拓的民族,多集居于河谷平原,专门种植水稻。朝鲜族农民以顽强的毅力和无穷的智慧克服了无霜期短、气候寒冷等种种困难,开垦了野草丛生的荒原,成为五常县水稻生产的主力,用辛勤的汗水建设了绿色稻米之都。

朝鲜族以礼仪民族而著称,文雅、礼貌、好客。儒家"孝"的思想对朝鲜族的影响最为深远。敬老是朝鲜族伦理道德思想中最具民族特色之风尚。

重视教育、崇尚文化是朝鲜族的一大特点。在我国各民族中,朝鲜族的教育普及率较高,人口中的大学生比例也很高。

朝鲜族敢想敢干,改革开放给他们带来了更大机遇。他们利用亲缘优势,大胆走出国门,辛勤劳作,为五常创造了大量外汇,促进了五常经济发展。

朝鲜族是一个团结向上、富于凝聚力的民族。无论走到哪里,他们都能团结一致,为追求新的生活而奋斗。

民政府十分重视发展朝鲜族的文化教育事业,县城设朝鲜族文化馆、朝鲜族高级中学,年年召开少数民族运动会。黑龙江省朝鲜族师范学校也设在五常。朝鲜族较多的乡(镇)都设有朝鲜族中、小学校。

五常地灵人杰,朝鲜族杰出人物不胜枚举,以五常朝鲜族青年为主要构成的"钢铁八连"闻名天下;长眠在湖南省张家界市(原大庸县)的特级战斗英雄李斗燮;安息在朝鲜山川的国际主义战士蔡昌锡等无数朝鲜族志愿军烈士;驰名世界的我国优秀的火箭工程专家、载人航天工程专家李相荣;以民

---

① 《辞海》,上海辞书出版社,1980 年第 1 版。

乐乡红光高级农业合作社党支部书记李七夕,双兴乡爱路村村长、党支部书记金钟植,兴盛乡新兴村主任、党支部书记姜斗七,被五常人称之为"稻花香之父"、"东北的袁隆平"的水稻育种专家田永太为代表的五常广大朝鲜族农民;被黑龙江省人民政府授予黑龙江省中小企业之星、乐于公益事业的企业家林洪德;朗姿集团年轻的董事长申东日;"生命动力素"创始人,现任北京金山生态动力素制造有限公司(中美合资)董事长尹吉山;作曲家、上海音乐学院教授,博士生导师尹明五;博士生导师、中央民族大学教授吴相顺;在朝鲜民族文艺舞台上不辍耕耘的方华女士、黑龙江省第一位朝鲜族中文教授黄彪、小学特级教师徐松鹤、洪大淑等献身朝鲜族教育事业的专家、教授以及涌现出的新一代大批五常朝鲜族硕士、博士们。他们都是五常朝鲜族的骄傲。

在中国共产党民族政策的指引下,五常朝鲜族人民在五常这块"六山一水半草二分半田"的美丽富饶土地上,用聪明的才智和勤劳的双手,同其他民族一道共同建设着美好家园。

大 事 记

1835 年（清道光十五年）

在亮甸子、王家街（今沙河子镇境内），有少数朝鲜人利用河水种植水稻。

1881 年（清光绪七年）

1 月 25 日（农历光绪六年十二月二十六），清政府批准在欢喜岭设抚民同知。厅名缘于五常堡之"五常"，定名"五常厅"，山河屯设分防经历，兰彩桥设分防巡检。

1894 年（清光绪二十年）

二河乡有朝鲜人两兄弟在四道河子拦河筑坝，开渠引水种植水稻 90 亩。

1895 年（清光绪二十一年）

吉林省舒兰县朱其口一带的朝鲜人迁入五常沙河子镇小孤山一带开垦种稻，稻种有红毛、白毛两种。

1909 年（清宣统元年）

4 月 19 日，五常厅升府，知府由抚民同知升改。

1913 年（中华民国二年）

2 月 26 日，按中华民国临时大总统第 5 号教令，五常府改为五常县，属滨江道管辖。

1915 年（中华民国四年）

在冲河乡以东有少数朝鲜人引种水稻。

1921 年（中华民国十年）

在向阳山小河里屯东有少数朝鲜人引种水稻。

1923 年（中华民国十二年）

在光辉乡七寸河子有少数朝鲜人引种水稻。

1924 年（中华民国十三年）

旧军阀闫五省利用兵丁和强行征集当地农民在冲河以东开发公司干线种植水稻。

1925 年（中华民国十四年）

朝鲜人申永羽,在兰彩桥成立桥街农场种植水稻。

1926 年（中华民国十五年）

在小山子东北高丽营子有朝鲜人引种水稻。

1929 年（中华民国十八年）

4 月 20 日,五常县公署改为县政府,县知事称县长。

是年,五常县内三区、四区、五区、六区共有 212 户农民种植水稻 523 垧,均属朝鲜人种植。

▲ 在小山子东南榆木桥,有朝鲜人引种水稻。

1930 年（中华民国十九年）

4 月,五常的朝鲜人农民在中国共产党的领导下,开展反封建、反高利贷的斗争。

是年,有朝鲜人金昌烈、金中术等人自发引种水稻。

1931 年（中华民国二十年）

9 月 18 日,日本侵略者侵占东北,不久,五常沦陷。

1933 年（伪大同二年）

9 月,伪五常县公署强令推行日语课,把日语作为学生必学科目。

1934 年（伪康德元年）

1 月 10 日,拉滨铁路通车试运,同年 9 月 1 日正式营业。

9 月,日本移民进入山河屯爱路村种植水稻。

10 月 11 日,五常县从吉林省划出,归滨江省管辖,属丙等县。

是年,崇仁国民优级校(五常市朝鲜族实验小学的前身)创建。

1935 年（伪康德二年）

冬,东北抗联三军一师三团政治部主任许亨植率队在高丽营子(今小山子镇宏源村)宿营时,突遭伏击,抗联歼敌百余,缴获颇多。

1936 年（伪康德三年）

汪雅臣将军在高丽营子与东北人民革命军第三军第三师张连科会晤,汪雅臣要求中国共产党领导其部队。后经中共珠河中心县委批准,汪雅臣部被编为东北人民革命军第八军,汪任军长。

汪雅臣率部联合各爱国力量,共袭击日本集团部落和自卫团据点 416 次,其中 9 月份袭击敌人据点 60 次。

1937 年（伪康德四年）

五常民乐灌区由满蒙开拓株式会社开发,由会长孔镇恒、理事长李宣根、农牧主任朴新德 3 名朝鲜人主办。

1938 年（伪康德五年）

是年,孔镇恒集合朝鲜人组成开拓团,成立了"安家满蒙开拓组合会社",即 500 户安家农场。

▲ 日本帝国主义发布"朝鲜教育令",规定朝鲜族学校小学高年级以上学生只准使用日语,不准使用朝鲜语文。

1939 年（伪康德六年）

1 月,日本帝国主义对朝鲜人民发布"创氏改名令",妄图剥夺朝鲜人民使用本民族姓名的权利。

1941 年（伪康德八年）

1月29日（农历正月初三），东北抗日联军第十军军长汪雅臣、副军长兼参谋长张忠喜率小部队在沙河子石头亮子宿营时，被叛徒告密，遭敌包围。激战中抗联第十军军长汪雅臣、张忠喜先后壮烈牺牲。

8月，日本推行"粮谷出荷制"，把提供侵略战争所需粮食这一负担转嫁给农民，强迫"收购"。

1942 年（伪康德九年）

5月，日本帝国主义在朝鲜人中推行"征兵制度"，强迫朝鲜青年充当侵略战争的"炮灰"。

1935～1942年，日本从间岛省（今吉林省延边朝鲜族自治州）移来1 245户，5 344口朝鲜人，为日本开拓团充当佃户，从事水利施工、水稻耕作等劳役。

1943 年（伪康德十年）

日本帝国主义"国势调查"以后，当局下令除日系人口准予吃大米之外，其余商工百姓均禁用。违者按"国势犯"论处。从此，每逢年节，警察、汉奸走狗按家按户检查大米，如发现有大米或大米饭，不管多少，抓进警察署严刑拷打，一律问罪。

五常县内水稻种植多数是朝鲜人，受日本侵略者的奴役，食不果腹，劳累不堪，普遍用人力耕地。

1944 年（伪康德十一年）

伪县公署的"搜荷督励班"除按方案"搜荷"以外，强行搞"一麻袋"运动，即农民交完出荷粮以后，还要交一麻袋粮，不交者便翻箱倒柜，把口粮、种子、马料强行拉走。

1945 年（伪康德十二年）

8月15日，日本侵略者投降，伪满洲国垮台，伪五常县公署等伪政权全部解体。

1946 年

1月1日，东北人民自卫军三纵队二支队解放五常县城。

5月，宋德礼、杨春林、张俊奎、王中山四个匪队袭击向阳山，县朝鲜中队同匪队激战，伤亡惨重。

6月，根据中共松花江省委和哈南地委关于建设新兵团的指示，五常县以四个朝鲜人中队共450人为基础组建了五常县独立团。

11月12日，土匪维持会攻打山河屯，驻守的朝鲜人中队全部战殁。

1947 年

1 月，在山河屯设立山河县，下设五个区。山河县归吉林省吉北行政督察专员公署管辖。

5 月 4 日，五常、拉林两县分别发出《关于消灭土改运动中"夹生饭"的指示》，各地先后掀起"扫堂子"（在土改后期，为了彻底打垮封建势力，而采取的打破地区界限，由农会领导翻身农民斗争和清算地主、富农财物的一种群众性运动方式）活动，把土改运动推向高潮。

11 月 6 日，按吉林省吉北行政督察专员公署通令，撤销山河县。所辖 5 个区划归舒兰县。

1948 年

2 月 8 日，中共五常县委和拉林县委贯彻党在农村的政策，分别部署土改运动中的纠偏工作。对被斗户重议阶级；错斗中农划回来，补偿利益；对地主、富农给生活出路。

3 月 15 日，经松江省教育厅批准，在松江省第六中学（今五常县第一中学）增设朝鲜初级中学部。

6 月，吉林省政府令，将舒兰县管辖之山河、向阳、沙河子三个区划回五常县。

12 月 22 日，五常县政府向全县下发《关于发放地照的指示》。

是年，召开第一次五常县民族助理及朝鲜中心校长会议，讨论朝鲜小学教育问题。

1949 年

2 月 12 日，五常县政府通知，奉省府 135 号〔松农字 21 号〕通知决定，苏联、朝鲜、日本人民取得中国籍并享有公民权者，可发地照。否则，只有土地使用权，不给地照。

7 月，根据松江省教育厅的指示，将松江省第六中学的朝鲜中学部分分出，成立五常朝鲜初级中学。

10 月 16 日，荣立特等功和多次大功的五常县籍战士李斗燮，在解放湖南省大庸县城的战斗中英勇牺牲，被追授为特级战斗英雄。

是年，第一次五常县朝鲜民族运动会在五常镇举行。

1950 年

1 月 19 日~26 日，中共五常县委贯彻中央"大张旗鼓、雷厉风行"地开展反贪污、反浪费、反官僚主义，简称"三反"运动。在县直 21 个单位开展了"三反"运动。有 354 名干部坦白了贪污问题，其中科级以上干部 39 名，共贪污人民币 6 140 万元（东北币）。

2 月，经松江省教育厅批准，增设三、六、九、十二区完全小学和一、三、五、十一区朝鲜小学。

3 月 30 日，中共五常县委根据中央"关于货币统一，实行人民币兑东北币的决定"精神，全县开展兑换工作。人民币与东北币兑换是一比九五（人民币 1 元兑换东北币 9 500 元）。

4 月 4 日，县政府颁发"五常县朝鲜小学暂行课程配备表"，统一了全县朝鲜小学教学计划。

11 月 25 日,五常组成 1 600 余人的担架大队赴朝鲜参战。

是年,第二次五常县朝鲜民族运动会在五常镇举行。

1951 年

是年,第三次五常县朝鲜民族运动会在五常镇举行。

五常县籍志愿军干部(当时编入朝鲜人民军,任七十二联队独立中队中队长)蔡昌锡在带领战士参加朝鲜元山阻击战时英勇牺牲,为整个元山战役大举反攻赢得了宝贵时间。蔡昌锡被朝鲜民主主义人民共和国追认为二级战斗英雄。

1952 年

五常县根据国家在少数民族聚居地区建立民族区域的精神,在五常建立了富胜、民乐、新乐、振兴村为朝鲜族自治村。

1953 年

3 月 9 日,成立"新民灌区管理站",吴太林任站长。

8 月 25 日,中共五常县委遵循东北局"稳步前进,循序发展"的方针,试办 31 个农业生产合作社,其中朝鲜民族水田社 10 个,水、旱田兼有社 5 个,旱田社 16 个。最大的社 40 户,最小的社 12 户。全县参加农业合作社的共有 804 户,占总户数的 2% ;入社土地 1 989.80 亩,占全县总耕地面积的 1.6% 。

12 月 10 日至 16 日,五常县首届第一次人民代表大会召开。大会选举张庆久、李庆福、姜凤武、李七夕(朝鲜族)、封仲斌、吴凤琴为出席省人代会代表。

1954 年

2 月 25 日至 3 月 5 日,中共五常县委集中训练农业生产合作社主任。全县 101 个农业社(其中朝鲜族社 37 个)有 99 名参加训练,主要是学习党在过渡时期总路线及办社方针和农业生产合作社的管理,以加强办社的骨干力量。

3 月末,中共五常县委、县人民政府下发《关于发行 1954 年国家经济建设公债》的联合指示,全县工商界、职工、公教人员和农村共认购建设公债 306 410 元。

6 月 19 日,中央人民政府 32 次会议决定,撤销松江省建制,合并到黑龙江省。中共五常县委、拉林县委归中共黑龙江省委领导。

是年,在哈尔滨市召开的全省朝鲜族水田工作会议上推广了民乐乡农民育苗插秧经验。

1955 年

国务院授予民乐乡民安高级社为"全国先进农业合作社"称号,高级社主任李极雨出席全国劳动模范代表大会并受到毛主席、周总理等党和国家领导人的亲切接见。

1956 年

2月1日,中共五常县委发出大力宣传最高国务会议公布的《1956~1967年全国农业发展纲要(草案)》指示。

是日,中共五常县委发出《在高级合作化中必须做好整建党工作的指示》。要求在高级合作化过程中,要加强社会主义与共产主义教育;提高党员觉悟,加强对高级合作化的领导;建立健全党的民主生活制度;经常注意培养积极分子,做好发展党的工作;各区要普遍成立社党支部。

3月1日,中共五常县委制定《1956~1967年建设社会主义新农村纲要(草案)》。

3月9日,民乐由八区划出,成立民乐朝鲜族乡。同年,国务院授予民乐信用社为"全国先进集体";民乐供销社为"全国供销社系统先进集体"。

3月,新民灌区管理站在农业增产社会主义竞赛、加强灌溉管理、工程养护、扩大水田面积方面成绩显著,受到省政府的奖励。

3月22日,根据国务院1956年3月6日决定和黑龙江省民字〔1956〕92号文件通知,五常、拉林两县合并为五常县。经省委批准的五常县党政班子中有朝鲜族干部金教真任副县长。

3月,五常县人民委员会发出《关于接管五常县内中学的指示》。按照接管方案,于4月底前,先后接管了五常一中、五常二中、五常朝中、拉林中学等4所中学。

4月,动员全县3 000多名劳力,对民乐堤防加高培厚。

7月1日,民乐红光高级农业生产合作社党支部书记李七夕作为黑龙江省党员代表出席中共黑龙江省第一届代表大会。

是年,五常朝鲜族初级中学增设高中部,并更名为五常朝鲜族中学。

1957 年

2月,民乐朝鲜族红光高级农业生产合作社党支部书记李七夕出席全国农业劳动模范代表大会,荣获国务院颁发的"爱国丰产奖",中华人民共和国农业部授予的劳动模范奖章。

5月,召开各乡中心校校长和朝鲜小学校长会议,研究毕业生工作总结,部署招生工作。

8月25日,双城、肇源、巴彦等13个县126人组成的参观团来五常县民乐朝鲜族乡红光农业社参观学习水稻栽培技术和管理。

8月,中共五常县委根据6月11日中共中央发出《关于组织力量准备反击右派分子进攻的指示》,在整风的基础上开展了反右派斗争。对极少数资产阶级右派分子的猖狂进攻,进行坚决的反击,是完全正确和必要的。但是反右派斗争被严重地扩大化了,把大量的人民内部矛盾,当作了敌我矛盾,造成了不幸后果。

是年,国家农业部授予民乐朝鲜族乡红光高级农业社为"全国农业先进集体"。

▲ 双兴乡爱路农业社在 10 垧地水田上种了青森 5 号,每垧地产量 12 000 斤。

1958 年

4 月 6 日,黑龙江省水利厅在新民灌区召开全省灌溉管理工作会议。

5 月 8 日,成立"民乐朝鲜族人民公社"。

7 月 7 日,五常县委决定修建流经向阳、双兴、工农、民意、五常镇、二河、安家 7 个乡(镇),全长 55 公里的灌渠,将这个任务交给共青团组织完成,因此命名此渠为"红旗青年渠"(红旗运河)。20 日全线开工。全县动员民工 2 万余人(以共青团员为主),

9 月 9 日,为完成黑龙江省、松花江地委下达的炼钢 3 500 吨任务,五常县委部署建土高炉 700 座,洋炉 3 座,投入劳力 3 000 人,掀起炼钢高潮。提出的口号是:"书记挂帅,全党动手,全民动员,下决心,破万难,千人上山找矿源,边探边采边冶炼;县乡社队工农学商齐动手,黑天白天一起干。头可断,血可流,3 500 吨任务一定要实现。"由于不顾条件盲干,得不偿失。

9 月,龙凤山水库动工兴建。龙凤山水库是黑龙江省第一座大型水库,为 Ⅱ 等工程,枢纽工程由土坝、溢洪道、输水隧洞、灌溉涵管、水力发电等 5 部分组成,位于拉林河支流;牤牛河中游,在五常县东南,距县城 50 公里,坝址在龙凤山乡蔡家街屯南。地理坐标为东经 127°36″,北纬 44°41″。经省水利勘测设计院勘测设计,控制流域面积 1,740 平方公里,总库容 2.7 亿立方米。

10 月,"红旗青年渠"全部完成。但由于上游枯水,竣工后除向阳、双兴(含现在保山)约 30 公里段投入使用外,其余报废。

10 月 21 日,黑龙江省人民委员会做出《关于修建龙凤山水库的决定》。省与五常县共同修建,以县为主,省给予大力协助,勘测设计由省水利设计院负责,施工技术力量、机械经费等由省水利工程承担。

12 月,民乐乡党委书记金连洙出席了全国群英会,受到国务院的嘉奖,奖状后来在北京农业展览馆少数民族馆展出。

是年,经批准,民乐朝鲜族乡成立朝鲜族自治公社,民乐公社朝鲜族文化馆设立。

▲ 民乐朝鲜族人民公社信用社主任弓东均和供销社主任裴在日被评为全国劳动模范,在北京受到毛泽东主席和周恩来总理等党和国家领导人的亲切接见。

▲ 双兴公社爱路大队在大面积上亩(小亩)产 916 斤,出席了全国群英会。

1959 年

1 月 28 日,县委按照中央和省指示精神,开始领导和组织境内中国籍朝鲜族人去朝鲜参加建设工作,并组成以伞裕民为组长的 5 人领导小组。经调查摸底和思想教育,在自愿基础上,批准 258 户去朝,总人数 1 223 人,其中男 635 人,女 588 人,劳力 672 人,原为中共党员的 31 人,共青团员的 60 人,朝鲜劳动党员 15 人,国家干部 5 人,卫生医务人员 9 人,工人 17 人。对出国户按中央文件规定,对其房产、当年劳动工分、生产投资和股金均折合现金给本人。

3 月 25 日,五常县委、县人民委员会在山河镇为去朝鲜民主主义人民共和国参加建设工作的人员举行欢送会。

4 月 4 日,龙凤山水库工程第一次合龙。合龙前,中共黑龙江省委书记、省长李范五,副省长陈剑飞,省人委副秘书长赵振华,中共松花江地委书记、专员吴诚等领导率领慰问团到工地慰问和祝贺。

7月,由于降雨集中,雨量较大,溪浪河水暴涨,山河镇东光、共和等十几个生产队的河套农田、水稻被水淹没。

11月1日,五常县委统战部做出《关于我县几年来的民族工作情况的报告》送给县委并黑龙江省、松花江地委统战部和省民委。报告综述五常县是5种民族杂居的县份,除汉族为主体外,有满族59 160人,朝鲜族22 678人,回族410人,蒙古族102人。4种少数民族占全县总人口的16%。中共五常县委通过贯彻民族政策,帮助少数民族生产、生活,培养提高扩大民族干部队伍等途径,使少数民族的粮食产量逐年增加,保证了少数民族经济生活的提高和文化教育卫生事业的发展。

是年,国务院授予民乐朝鲜族人民公社为"全国先进集体"称号,授予民乐公社星光大队为"全国农业先进集体"。

▲ 开始创办朝鲜语有线广播,编辑为许光一,播音员为崔石太,还有两名县气象站的女同志。

▲ 在民乐朝鲜族人民公社创办了民乐初级中学。

1960 年

10月15日,中共中央委员、东北局第二书记、黑龙江省委第一书记欧阳钦,省委书记处书记兼哈尔滨市委第一书记任仲夷,副省长陈雷来五常县检查工作,并视察了龙凤山水库。

是年,全县办起公共食堂1 663处,"基本实现队队有食堂,屯屯有餐厅,生产到哪里,食堂到哪里"。办起敬老院26处,托儿所1 085处,幼儿园754处。同时建立被服厂、缝纫组、妇产院、浴池、理发室、服务站等1 053处。以此为"共产主义因素"的增长。其中绝大多数都是依靠行政命令,大轰大嗡搞起来的,过后纷纷解体。

▲ 国家农业部授予新民灌区"灌溉管理先进单位"光荣称号。

1961 年

4月7日,中共五常县委批转了农业工作部工作组《关于在人民公社实行"六包一奖六固定"》的意见。具体内容是包产、包工、包财务、包牲畜、包种子、包粪肥;定劳力、畜力、工具、面积、作物、技术措施;按照兑现完成情况进行奖惩。

是年,民乐朝鲜族人民公社星光大队一队妇女主任、共产党员郑治顺获得哈尔滨市和全国"三八红旗手"光荣称号。

1962 年

10月,黑龙江省农学会组织的水稻丰产技术考察组在民乐朝鲜族人民公社星光大队和双兴公社爱路大队3次探讨水稻丰产途径。

11月,成立了五常镇朝鲜民族卫生所。

是年,民乐业余文工团深入全县灾区巡回慰问演出。

▲ 韩国派遣特务金中植(真名朴顺烈),以朝鲜民主主义人民共和国公民身份,潜入五常县双兴公社爱路村一带活动,妄图在朝鲜族村屯建立"民族同盟会"、"朝侨联谊会",被群众扭送五常县公安

局。后将其遣送回朝鲜民主主义人民共和国审查处理。

1963 年

2月,哈尔滨市政府授予新民灌区"农业先进集体"光荣称号。

3月,中共五常县委贯彻省委召开的农村工作会议和市农业劳模会议精神,在全县农村开展向雷锋、宋恩珍学习,创"三个五好"(五好生产队、五好干部、五好社员)活动月。全县树立各方面标兵:水田学爱路(双兴),旱田学旭日(冲河),保畜学团结(志广),经营管理学镇郊(拉林)等。

4月24至26日,中共中央东北局第一书记宋任穷、东北局办公厅副主任李曦木、省委农村工作部部长王操梨、哈尔滨市委书记兼市长吕其恩来五常视察工作。视察期间,听取了县委书记伞裕民的汇报,访问了五常镇人民公社的幸福大队、兴光生产大队,同基层干部和社员进行了座谈,并就工农业生产、增产节约运动、养猪等问题作了指示。

是年,背荫河公社新光3队358.5亩的水稻,每垧(15亩)产量达到10 052斤,获得大丰收。

1964 年

6月,在民乐人民公社俱乐部召开全县朝鲜族文艺汇演。李锦淑、李顺玉等被派到哈尔滨市朝鲜族艺术馆排练,带着"最好的大米送北京"节目参加"全国少数民族文艺汇演"并受到毛主席、刘少奇、周恩来等党和国家领导人的亲切接见。

12月24日,中共五常县委作出《关于搞好"四清"的几项规定》。《规定》共十二条,主要是认真清理工分、账目、财物、发动群众审议,干部要廉洁奉公,不准贪污盗窃,多吃多占,要严格遵守财经制度,严格执行政策,对犯错误的干部的处理也做了具体规定。

1965 年

8月,五常县人民委员会批转文教科《关于朝鲜族今冬明春开展农民业余教育的意见》。

9月10日,松花江地委在全区通报推广背荫河人民公社新光大队团总支带领5个团支部、57名团员连续数年坚持搞农业科学实验,并建立学习政治、技术、文化相结合的业余学校,向广大青年和群众推广科学技术知识,促进生产发展的经验。

12月25日,民乐朝鲜族人民公社朝鲜族文化馆田克政编写的话剧《毛主席啊,我们的生活无限幸福》在民乐公演。

1966 年

年初,民乐人民公社朝鲜族文化馆升格为五常县朝鲜族文化馆。

6月10日,中共黑龙江省委任命朝鲜族干部许光一为五常县副县长。

6月末,县直机关和其他战线全面开展学习"文化大革命"的文件,红卫兵上街"破四旧"、"立四新",大批"三家村"、"四家店",揭开了五常县"文化大革命"的序幕。

7月,五常全县中、小学教师集训,开展"小五界"的"文化大革命",全县教师中被定为"反党、反社会主义、反毛泽东思想"的分子 141 名。学生走上社会,开展破"四旧"(旧思想、旧文化、旧风俗、旧习惯),立"四新"(新思想、新文化、新风俗、新习惯)活动。

9 月,五常县广大职工和中小学师生陆续成立"赤卫队"和"红卫兵"组织。然后在实验小学院内召开"点火"大会。大会中有 46 名干部和群众被戴"高帽",受到批斗。

10 月,五常县各地"红卫兵"联合"炮打县委司令部"。县委领导班子的主要成员被揪斗,全县各级党的组织陷于瘫痪状态。

是年,民乐人民公社朝鲜族文化馆组织 16 名演员的演出队参加"哈尔滨之夏"演出。田克政词、李元益曲的歌曲"鱼儿离不开水"经录制在黑龙江省电台播出后,在东三省朝鲜族群众中广为传唱。

1967 年

8 月 9 日,五常县"捍联总"向"红色造反团"的据点"306"(电话号码)小楼和五常酒厂发起总攻,两派造反组织发生了武斗。

是日,五常朝鲜族中学教员金钟文(中共党员),因"红卫兵"发生武斗,在"306(五常镇医院)小楼遇害,时年 35 岁。

9 月 22 日,五常县革命委员会成立,朝鲜族干部金教真任副主任。

1968 年

6 月 20 日下午,民乐朝鲜族人民公社红火三队社员权大洙不顾个人安危,在火车就要开来的时刻,冲上铁路,驱走在铁路上的四头黄牛,保护了集体财产不受损失,避免了火车颠覆,却献出了 29 岁的年轻生命。

7 月 5 日,五常县革命委员会在民乐中学广场召开全县万人"向权大洙同志学习"的追悼大会,县委书记、革委会主任张守忠亲临会场。

7 月 12 日,五常县革命委员会下发《组织城镇知识青年上山下乡建设社会主义新农村工作方案》。

9 月,朝鲜族文化馆撤销。

11 月,五常县革命委员会主任张守忠和副主任金教真被停职反省,还撤换了一大批县、公社、生产大队革命委员会成员。

是年,龙凤山水库主体工程基本完成。

1969 年

是年,将五常镇朝鲜民族卫生所、五常镇牙病防治所合并到五常镇医院。

1970 年

是年,在民乐人民公社建立了松花江地区水稻实验站。

是年,12 月在五常县五常镇、民乐、山河、向阳、杜家等乡镇的朝鲜族中学有 21 名朝鲜族学生被应征入伍,其中一名是女兵。

1971 年

12月20日至30日,五常县召开教育工作会议。传达全国教育工作会议精神,进一步贯彻《全国教育工作会议纪要》,深入批判中学"五十条"、小学"四十条",全盘否定"文革"前十七年的教育成果。将中学学制改为二、二制,小学毕业全班上初中,初中毕业全班上高中;开门办学、下厂下乡、接受工人、贫下中农的再教育。

是年,山河镇收购3 301 600条草袋子和1 78 000斤草绳,共和、崇义、东进大队的朝鲜族在该副业中起了重要作用。

1972 年

10月31日,中共松花江地委决定,解除对金教真的反省,给予安排工作。

1973 年

2月7日,经中共松花江地委批准,朝鲜族干部许光一任五常县革命委员会副主任。

3月2日至9日,在五常县群众业余文艺创作剧目汇演大会上,民乐人民公社星光一队党支部介绍了经验。

3月19日至21日,黑龙江省在民乐人民公社召开水稻冻播育苗座谈会。五常县水稻重点产区的公社党委副书记、农技干部及基点队负责人62人参加了会议。

8月25日至30日,五常县朝鲜族体育运动大会在朝鲜族高中举行。

是年,五常县朝鲜族将传统的种植水稻技术传授给汉族同胞。

▲ 龙凤山水库电站建成,并开始发电。

1974 年

1月,召开五常县社会主义先进集体、劳动模范大会。全县各条战线代表参加。教育系统标兵为五常县第七中学、五常县革命小学;先进集体有营城子中学、长山日升小学等36个单位;劳动模范标兵有林素清、于秀珍、李春龙等3人;劳动模范有孙秋云、杨怀兴等23人。

1月12日,中共五常县委召开五常县第一次知识青年上山下乡先进集体、先进个人代表大会。

5月28日至29日,中共五常县委在民乐人民公社召开"一打三反"经验交流现场会。

1975 年

1月6日,教育科发出《关于举办朝鲜族小学"三算"(珠算、口算、笔算)、汉语教师训练班的通知》。学习班在第四中学培训了4天。

5月,沈阳军区司令员李德生乘汽车来到民乐人民公社视察工作。

6 月 25 日,恢复五常县朝鲜族文化站,与县文化馆合署办公。

1976 年

8 月 14 日至 19 日,县朝鲜族体育运动大会在朝鲜高级中学举行。

11 月 3 日至 5 日,中共五常县委宣传部召开了朝鲜族宣传工作会议,各公社朝鲜族干部、朝鲜族大队党支部书记或副书记、汉族大队所辖朝鲜族小队队长、部分朝鲜族学校领导和骨干通讯员等共 90 人参加。

1977 年

5 月,山河镇共和 6 队水稻插秧中,因口粮不足,将用"赛力散"浸过的稻种磨米为集体起伙粮食,130 人误食含汞毒米中毒。中毒事件发生后,党和政府积极组织人力物力全力抢救长达 11 天,3 名重症患者送至哈尔滨市职业病医院住院。全部中毒人员无一人死亡,政府担负了全部医疗费。

6 月 24 日,五常县举行朝鲜族小学足球赛和朝鲜族中小学篮球赛。

是年夏,民乐人民公社姜永求带队参观昔阳县大寨大队。

1978 年

4 月 14 日,经中共五常县委批准教育科下发《关于县办重点中小学试行方案的通知》。确定五常一中、五常四中、五常县革命小学为五常县重点学校。随后五常县第四中学被省评定为重点校,五常县革命小学被松花江地区评定为地区重点学校。

12 月 28 日,在纠正冤假错案中,经请示地委批准,县委做出决定,为在"文化大革命"中被定为"三反分子"、"走资派"、"特务嫌疑"、"阶级异己分子"、"执行资产阶级反动路线"、"右倾"的前县委、县人大领导人伞裕民、高勤、马波、王国范、金教真、陈耀林、许光一、张守忠等恢复名誉,落实政策。撤销一切不实之词,销毁所谓的"罪行"材料,退还本人被迫写的"检查"。

12 月 30 日,县委又召开全县平反落实政策广播大会,为"文革"期间被错揪错斗的领导干部平反,恢复政治名誉。

自 1968～1978 年 10 年间,五常全县下乡上山知识青年达 8 007 人,除 713 人投亲插队外,其余安置在 216 个"青年点"和 21 个"青年农场",全县共拨知识青年安置经费 380.9 万元。

1979 年

4 月 18 日,经黑龙江省评选五常县第一中学数学教师卢伯周、兴盛朝鲜族小学教师徐松鹤为省特级教师。

是年,根据中央、省、地区关于《纠正冤、假、错案》的指示,五常县右派改正办公室于 4 月 19 日结束了对全县"右派"分子的甄别工作。为 1958 年错划为右派分子的 172 人全部改正,恢复名誉。原来是中共党员的恢复党籍,党龄连续计算,根据具体情况安排了适当工作。

4 月 20 日,中共黑龙江省委副书记陈雷到五常检查工作,先后看了拉林镇、民乐、安家等地的水稻育苗和机播现场,听取了县委书记赵恩喜的汇报,指示五常要抓紧抢春种,在"南涝北旱"形势下,抓好水稻育苗这一关,保全苗、夺丰收。

5月28日,五常全县朝鲜族中小学学制改为11年。

7月25日,中共五常县委召开全县计划生育、卫生工作会议。会议修订了1979~1980年全县控制人口规划和实现卫生工作重点转移问题。是年,由于对全县105 000育龄妇女中的82 000人分别采取各种节育措施,人口自然增长率由1970年的3.17%下降到1978年的1.08%,少生约40 000人。会议还进行了参观和交流活动。

11月14至24日,五常县朝鲜族文化站组织了群众文艺骨干训练班,36人参加。

是年,根据党的政策,除在农村已于当地社员结婚的331名知识青年外,经过历次参军、升学、返城后仍滞留在农村的3 469名知识青年全部返城。

是年,黑龙江朝鲜族师范学校由牡丹江市迁到五常镇,省财政拨款新建校舍。

▲ 黑龙江人民出版社出版了许道南的诗集《大雁》。

1980 年

1月1日,中共五常县委发出文件,为在"文化大革命"中受打击迫害的12名原县委、县人大领导干部和262名科级干部恢复名誉,落实政策。并为受株连的家属、子女、工作人员恢复名誉,落实政策。

1月11日,五常县朝鲜族文化站召开朝鲜族征文作品奖励大会,一等奖5篇,二等奖6篇,三等奖11篇。

2月27日,民乐公社武装部五四式手枪1支、子弹8发被盗,罪犯在图们市落网,被盗之物全部缴回。

4月20日,蛤蜊河子22岁的朝鲜族共青团员朴桂清舍己入水救出2名落水妇女。

10月8日,中共松花江地委书记赵荣生约见五常县副县长韩千根和林业局长孙永祥专谈林业问题并作了重要指示。

是年,五常县人民政府根据黑龙江省人民政府文件精神,确定民族文化站为独立单位,办公地点设在县文化馆楼下,负责全县朝鲜族的群众文化工作。

1981 年

4月,建立民乐公安派出所。

是年,五常县朝鲜民族运动会在五常镇举行。

1982 年

3月,兴盛公社新建大队人工养鱼水面达220亩,是黑龙江省人工养鱼水面最大的单位。

从4月份开始,五常县朝鲜族文化站在全县朝鲜族范围内征集歌曲,音乐爱好者创作出350多首歌曲,经省电台朝鲜语部审查通过,对其中创作歌曲30首进行了录音。

5月14日,黑龙江省插秧机械示范普及现场会议在民乐公社新乐大队举行。

11月15日,中共五常县委召开各公社(镇)党委书记会议,研究尽快完善1983年全县农业生产责任制。会后,全县在原来分别实行统一经营,专业承包,联产计酬;统一经营,分业承包,联产到劳;统一经营,分户管理,包干分配;统一经营,分工分业,定额计酬等四种责任制形式的基础上普遍转向"家庭联产承包责任制"。

12月16日,黑龙江省民族团结报告团在县工人文化宫举行报告会,1 200人听取报告。

是年,出现新中国成立以来从未见过的大旱。早春出现旱象,持续时间长,受灾面积大,旱情非常严重。从4月28日到8月21日,连续97天没下过一场透雨。

1983 年

5月6日至7日,召开五常县民族工作会议。参加这次会议的有各公社(镇)党委和县直各党委主抓民族工作的领导,县直各部、办、委、科、局的领导,与少数民族生产、生活关系密切的公司(站)领导,各朝鲜族大队党支部书记,各少数民族企事业单位的领导,各公社杂居、散居的少数民族代表、与朝鲜族杂居或邻居的汉族大队党支部书记或队长、民族工作先进集体或个人,共计239人。县委、县人民政府、县人大、县政协的有关领导出席了会议。会议号召加强各民族的大团结,为开创五常县民族工作的新局面而奋斗。

7月10日至8月10日,30多人参加了五常县朝鲜族文化站组织的朝鲜族舞蹈基本动作学习班。

9月1日,五常县纺织厂挡车工杨咏梅、民乐村幼儿园教师权贞淑、五常镇镇西村妇代会主任金顺实赴北京出席全国第五次妇女代表大会,均被授予"三八红旗手"称号。

11月17日,在黑龙江省民族团结先进集体、先进个人表彰大会上,双兴人民公社爱路大队和五常县民族商店得到表彰。

是年,推行农村家庭联产承包责任制。

▲ 五常县朝鲜民族运动会在五常朝鲜族中学举行。

1984 年

1月11日,中共五常县委召开机构改革动员大会,松花江行署副专员陶成林代表地委公布了县委、县政府两个班子成员的任命中,有朝鲜族干部韩千根任副县长。

2月22日,流氓盗窃罪犯崔天日被处决。

4月19日至26日应中国曹雪芹研究会邀请,五常县委派郎国兴(满族)、徐承焕(朝鲜族)代表五常县去北京参加曹雪芹纪念馆开馆典礼,国家有关领导杨静仁、班禅额尔德尼·却吉坚赞、肖华、张爱萍、叶飞、陈再道、溥杰、胡德平等接见了代表。

8月15日至19日,五常县朝鲜族运动会在五常镇召开,比赛项目新颖,富有民族特色。

9月5日,五常县成立专业户协会,选举了协会理事会,理事长高洪吉,副理事长韩千根等6人,理事37人。

9月10日,经中共松花江地委组织部批准,14位离休干部晋升为副处级,其中有朝鲜族老教师全在东。

9月14日,五常镇镇西村水田专业户崔相录,用半月时间自费去日本国考察水稻栽培技术。

9月26日,教育局下发《关于成立五常朝鲜族初级中学并启用公章的通知》。经县编委批准,五常镇朝鲜族小学中学部由原校分出,单独设校,全称为五常县五常朝鲜族初级中学,为股级单位,按县直中学管理。

是年,民乐朝鲜族自治公社改称民乐朝鲜族乡,民乐朝鲜族乡被确定为省优质大米生产基地。

1985 年

4月30日,黑龙江省民族研究所研究员徐基述、权宁朝来民乐朝鲜族乡调研。

7月14日,黑龙江省人民政府靖伯文副省长一行视察搬迁至五常的省朝鲜族教师进修学院暨朝鲜族师范学校,此次是30年来省长来视察的首次。

10月22日,全国政协委员、中央乐团歌唱家胡松华、女中音歌唱家罗天婵等34人来五常演出。受到五常观众的欢迎,乐团还冒雪到民乐朝鲜族乡为朝鲜族同胞进行了专场演出。县委副书记孙殿发、副县长赫萍热情接待了乐团全体人员。

是年,黑龙江省人民政府授予民乐朝鲜族乡"1983年～1985年连续三年人均售吨粮乡"称号。

1986 年

1月15日至2月4日,县朝鲜族文化站举办全县朝鲜族音乐爱好者音乐理论学习班,聘请黑龙江省朝鲜族教师进修学院副教授池文影老师授课。

1月26日,在黑龙江省人民政府召开的全省民族事业先进集体表彰大会上,民乐朝鲜族乡新乐村受到表彰。

10月26日,五常县少数民族乡村企业工作会议在山河镇召开。

是年,在辽宁省丹东市举行的第二届东三省朝鲜族业余歌手独唱会上,民乐朝鲜族乡歌手金明焕获"优秀歌手"奖。

1987 年

1月15日,郭清沧、高洪吉等五常县委、县人民政府领导亲切接见在老山前线荣立一等功回乡休假的金相哲,并在县工人文化宫举行了"老山前线一等功荣立者金相哲事迹报告会"。

9月27日至29日,首届五常县少数民族文艺汇演在县工人文化宫举行,满族、朝鲜族、回族等民族参加。

1988 年

4月,黑龙江省民族经济开发总公司五常县民族贸易公司成立。

4月25日至30日,五常县民族事务委员会副主任金基太赴北京出席"全国民族团结进步先进个人表彰大会"。

7月1日,松花江地区行署在五常召开堤防治涝土方工程会战现场会,观看了拉林、杜家、安家三个镇的清淤加固排涝工程现场和民乐朝鲜族乡水稻管理实况。松花江地区行署副专员富亚洲、全区各县农业局长、水利局长等出席了会议。

7月26日至27日,五常县民族工作会议召开。

8月24日至29日,五常县朝鲜族体育运动大会在朝高中举行。民乐朝鲜族乡体育代表队足球,男、女排球均夺冠军。

8月29日,五常县水稻优质加工技术开发项目列入国家星火计划。

10月11日,朝鲜民主主义人民共和国外交部领事局指导员朴明三,朝鲜驻沈阳领事全根钟到五常县了解朝侨情况。

12月24日,营城子满族乡新光村朝鲜族农民种粮大户任仲吉,向国家交售水稻10万公斤。

1989 年

10月5日,五常县赴北京参加全国劳动模范和先进工作者表彰大会的代表于树春、任仲吉、张玉玲载誉归来。

是年,龙凤山乡兴源村向县民委提交征购任务繁重的报告。

1990 年

11月20日至25日,五常县朝鲜族文化馆召开县朝鲜族老年协会活动经验交流会。

是年,原松花江地区水稻试验站升格为"黑龙江省农业科学院第二水稻研究所"。

▲ 民乐朝鲜族乡拦河坝排洪闸工程开工。

1991 年

1月30日,五常召开全县民族团结进步先进集体、先进个人表彰大会。

4月19日晚,民乐朝鲜族乡遭受风雪灾害,90栋育苗塑料大棚被毁,500多间房盖被掀。

5月12日,五常县委、县人民政府在双兴乡召开水稻插秧现场会。

5月29日,五常县委办公室、县人民政府办公室发出《关于认真纠正用公款吃喝的不正之风的通知》。

6月1日,五常县纪检委、县监察局发出《关于进一步制止婚姻大操大办的通知》。

6月8日,五常镇朝鲜族小学改为黑龙江省五常朝鲜族师范学校附属小学,不再归属五常镇管辖。

6月9日,民乐朝鲜族乡一场大冰雹,冰雹最大直径5厘米,由西向东袭来,北部四个村、九个屯3 000亩稻田遭受重灾。

7月2日,五常县人民政府转发黑龙江省人民政府《关于加强农村卫生工作的决定》。

7月10日,县人民政府印发《五常县房产交易管理暂行实施办法》。

7月12日,五常县委、县人民政府召开全县计划生育工作会议。会上,传达了中共中央、国务院关于加强计划生育严格控制人口增长的决定和省委领导有关计划生育工作的讲话,部署了下半年工作。

8月3日,县人民政府印发五常县土地使用制度改革试点工作方案

9月5日,五常县人民政府办公室印发《关于实施国徽法和国旗法的通知》。对国徽和国旗的悬挂单位,悬挂的位置等作了明确规定。

11月14日,五常县委、县人民政府召开了依法清收"三角债"、农村收益分配和法庭建设工作会

议。为此，县政府于 11 月 11 日下发了《五常县依法清偿农村"三角债"工作方案》。

12 月，东兴屯农民权灿善在"黑龙江省少数民族水稻生产高产竞赛"中荣获黑龙江省第二名，民乐朝鲜族乡荣获"优秀组织奖"。

是年，五常县被国家农业部批准为"八五"期间第一批商品粮基地县。

▲ 民乐朝鲜族乡副乡长成一济带领 97 户农民 207 人到虎林县云山农场开发水田 6 000 亩。

1992 年

3 月 10 日，民乐朝鲜族乡振兴村党支部书记戴守田，唆使其子戴志才伙同王仁，将控告他救灾款分配不公的村民宋大博趁熟睡之机打死，随后把房子点着焚尸灭证。

3 月 20 日，经国务院批准，省人民政府决定从 4 月 1 日起，调整提高粮食统销价格，实行购销同价。

3 月 30 日，中共五常县委书记高洪吉在民乐朝鲜族乡进行专题调查时，就如何抓好水稻生产提出六点要求。

6 月 16 日，中共五常县委、县人民政府召开第二次访韩归国人员代表和在韩国有亲缘关系人员座谈会。县委书记高洪吉在会上就发挥亲缘优势，做好"引联"工作发表了三点意见.

6 月 17～19 日，以水利部水利管理司盛骏飞为首的全国河道工程管理考评小组来五常县考评河道工程管理工作。副县长张禄和有关部门的领导陪同检查了杜家、安家、民乐河道管理站的各项工作。

7 月 1 日，县委、县人民政府印发《关于建立五常经济技术开发区的决定》。初步确定近期内重点建立四个开发区：南韩开发区、工业开发区、商贸开发区和旅游开发区。

7 月 15 日，续建民乐朝鲜族乡文化中心，造价 636 945.00 元。

8 月 6 日，五常县人民政府下发《严厉打击生产和销售假冒伪劣商品违法行为实施方案》。

8 月 23 日，县长孙侃、副县长姜化民和体委、教委等有关部门负责人，到五常火车站迎接获全国第二届朝鲜族足球赛高中组冠军的五常县朝鲜族高级中学足球队。五常县朝鲜族高级中学足球队，是代表黑龙江省参加由国家民委、国家体委在哈尔滨市举办的第二届全国朝鲜族足球赛高中组比赛的。从 8 月 18 日到 22 日参加了 5 场比赛，五战五胜，获得高中组冠军。

8 月 28 日，中国水稻研究所、北京农大、辽宁、吉林、黑龙江三省领导和专家来五常县，对省农科院第二水稻研究所和五常共同研究推广的大面积水稻种植生产成果进行考评。给予了高度评价，决定在中国水稻一书中，增加寒地稻作—五常县"百、千、优、吉"，张矢主持的国家科委"八五"重点攻关课题。此项研究获得了预期效果。

12 月 21 日，由山河镇崇义村青年农民企业家林洪德，捐款 140 万元修建的山河镇朝鲜族学校及朝鲜族文艺中心举行落成典礼。五常县六大班子领导、有关科、局、企事业单位负责人参加了落成典礼仪式。

是年，在低温、多灾的不利环境下，杜家、民乐、光辉试验示范区仍达到了目标产量. 在对金奎星、金千有、李人龙等人为代表的示范户测产中，产量水平均在垧产 11 000 公斤以上。

▲ 朝鲜族干部李海洙任五常县副县长，县委委员。

▲ 经中国银行总行批准成立五常县中国银行支行。

▲ 民乐朝鲜族乡混凝土拦河坝及排水闸工程竣工。

▲ 民乐朝鲜族乡老年协会荣获国务院颁发的"全国老有所为先进集体"奖杯,会长姜录权荣获"创新带头人"奖杯。

1993 年

1月7日,县委、县人民政府就尽快解决农民卖粮打"白条子"问题召开紧急会议。会议要求,财政金融部门、粮食系统有关单位,要尽快筹措资金,通力合作,确保1月15日前把欠农民合同内卖粮款4 065万元全部交付到农民手中。

2月20日,韩国湖南观光株式会社李相约先生一行3人来五常县进行友好访问。

2月23日,五常县委、县人民政府做出关于减轻农民负担的决定。

3月22日,五常县人民政府发出《关于禁止在县辖区内生产和经销假冒伪劣农药、化肥的紧急通知》。

6月1日,民政部下发《关于黑龙江省撤销五常县设立五常市的批复》(民行批〔1993〕117号文件),批准五常撤县设市。

8月28日市委、市人民政府在市体育场隆重举行五常建县80周年暨撤县设市庆祝大会。

9月22日,五常市第四届少数民族文艺汇演在五常朝鲜族师范学校召开。五常镇、民乐朝鲜族乡等10个少数民族代表队、近150人参加了汇演。

9月27日,市邮电局举行6 000门程控交换机开通剪彩仪式。

12月12日,由朝鲜民主主义人民共和国国家土地管理局局长赵英南率领的友好访问团一行6人,来五常访问。

是年,李海洙任五常市人民政府副市长,市委委员。

▲ 民乐朝鲜族乡老年协会被评为全省老年工作先进单位。民乐朝鲜族乡永久性进水闸工程竣工。

▲ 大庆市风华电器有限公司董事长、总经理林洪德捐资106万元,为家乡山河镇修筑一条水泥路,山河镇政府将此路命名为"洪德路"。

1994 年

3月20日,五常市政府发出关于加强化肥、农药、种子市场管理的紧急通知。

4月13日,五常市领导会见五常籍一级战斗英雄金相哲的父母和前来慰问金相哲家属的大连陆军学院领导。金相哲是山河镇东进村人,1982年考入大连陆军学院。1984年入党,从普通学员成为学院的副营职教员,被授予少校军衔。在校学习期间,先后8次受到嘉奖,在对越自卫反击作战中荣立一等功,成为全国知名战斗英雄之一,曾随自卫反击战报告团回家乡汇报参战经历。金相哲同志因患肝癌医治无效,于1994年3月20日在北京逝世,年仅31岁。山河镇党委、镇政府举行追悼仪式,沉痛悼念金相哲同志。市委宣传部长王冰、副市长李海洙及有关部门领导、金相哲母校山河一中的师生参加了追悼仪式。

4月21日,市委召开金相哲英雄事迹报告会,并作出关于在全市开展学习金相哲烈士活动的决定。

是年,民乐朝鲜族乡举行第二届老年体育运动大会。

1995 年

1月6日,五常市人民政府转发《市土地管理局、市经济体制改革委员会关于深化土地使用制度改革工作实施意见的报告》。报告要求从1995年起,在全市范围内进一步加强土地供应的宏观控制和土地出让市场的垄断。认真贯彻城市房地产管理法,使土地市场逐渐法制化、规范化。鼓励盘活土地资产,为推进现代企业制度创造条件。

3月,由韩国统一院赞助的首届《新春文艺》征文作品活动中,朴镇万的长篇小说《黑痣》获奖。

5月12日至13日,中共松花江地委书记董克勇、地区行署副专员于文复、马殿有及有关部门负责人和全区各市(县)委书记来五常检查。中共五常市委书记王文学、副书记瞿崇洲、副市长时也方陪同检查了五常市八家乡黑牛村玉米"大双覆"、五常压铸件,五常玻璃钢股份有限公司、黑龙江省公安厅劳动服务公司消防设备厂、民乐朝鲜族联合厂、黑龙江省岚音谷物有限公司、五常市向阳木器厂、五常太平洋甜菊糖有限公司。

5月13日,中共黑龙江省委书记岳岐峰,副省长孙魁文,省委秘书长、办公厅主任周辉春,带领省政研室、省农委、省公安厅等部门负责人,来五常视察工作。中共松花江地委书记董克勇,中共五常市委书记王文学、市长韦德璞、副书记张权陪同,视察了牛家镇兴福村地膜覆盖玉米现场,民乐朝鲜族乡民乐村水稻插秧现场,杜家镇棚菜生产基地,太平洋甜菊糖有限公司生产车间及大豆蛋白工程施工现场。

6月30日,在黑龙江省第四次民族团结进步表彰大会上,五常市副市长李海洙获得模范先进个人称号。

8月24日至25日,民乐朝鲜族乡举行历史上第一次妇女运动会。

8月29日,五常市人民政府召开落实民族政策,发展民族经济会议。副市长李海洙,市工商局、市教委、五常太平洋甜菊糖有限公司、商贸开发区及洪德机电有限公司的主要负责人,各民族乡镇主管领导,部分民族村支部书记参加了会议。与会人员对运用民族政策,发展民族经济问题展开讨论,一致认为在发展乡村经济中发展民族经济中要运用好民族政策,利用资源、地缘优势,抓好项目,打开市场。李海洙在讲话中指出,要发展壮大民族经济,首先要正确认识市场经济、用好民族政策。

9月1日,在由黑龙江省朝鲜族老年福利会主办,黑龙江新闻社和黑龙江朝鲜语电台参与的全省十佳孝妇表彰大会上,民乐乡民乐村的梁松竹,营城子乡新光村的罗仙花受到表彰。

11月14日,市人民政府下发《五常市农村"康居工程"实施方案》。主要内容是实施农村"康居工程"的必要性;指导思想和目标。

12月9日,五常市朝鲜族高级中学举行省重点学校挂牌仪式。牧童、丁英成、黄友万等省地有关部门的领导,五常市领导刘振怀、吴智勇、李海洙和50多所外省、市、县中小学领导参加了挂牌仪式。

1996 年

1月24日,五常镇朝鲜族小学六年级学生李海民,参加第六届全国朝鲜族"神童杯"数学奥林匹克竞赛,获得三等奖。

1月25日至27日,由黑龙江省文化厅厅长贾宏图带队的文化下乡服务团,来拉林机场、民乐朝鲜族乡新乐村和小山子镇,进行义务演出。省歌舞团、评剧院、曲艺团、杂技团以及五常市龙滨戏实验剧团的演员们,冒着严寒进行精彩的表演,受到驻军和当地群众的热烈欢迎.服务团不仅表演了丰富多彩的文艺节目,还无偿为群众带来了科技致富信息、图书、电影、春联、英烈事迹展览图片等。

3月11日,市政府下发《关于五常市签订1996年农业承包合同若干问题的规定》。规定对1996年全市农民应承担的任务、费用、劳务及签订合同有关问题作出规定。

4月30日,五常市委、市人民政府印发《五常市开展严厉打击严重刑事犯罪统一行动实施方案》。根据中央要求,市委、市政府决定在1996年第二季度开展"严打"和维护社会稳定的集中统一行动。这次"严打"斗争的主要任务是破大案、打团伙、抓逃犯、缴"黑枪"、禁毒打丑、综合治乱,全力维护政治稳定,依法从重从快惩处严重刑事犯罪分子。

5月,东升派出所干警深入五常一中、二中、朝鲜族中学等学校破获流氓闹校案30多起,抓获罪犯15人,退换学生钱物2 300多元。

6月13日,黑龙江省人民政府省长田凤山和地区领导来五常市视察大田苗情和水田抗旱情况。省地领导在五常市领导张继先、瞿崇洲、张春林、孟宪成的陪同下,视察了牛家满族镇、红旗满族乡玉米"大双覆"、角质吨玉米的苗情及民乐朝鲜族乡的水田抗旱和杜家镇的棚菜生产情况。

6月20日,中共五常市委、市人民政府印发关于《五常市村级财务大检查和清理向农民乱收费、乱摊派工作实施方案》。

7月23日,五常市人大常委会举行一届十九次会议。会议听取了副市长李金所做的市政府关于办理"要求改善朝初中办学条件"和"要求恢复五常一中高中部"两个议案情况的报告及其他报告和议题。

9月9日,五常市委召开庆祝第12个教师节暨表彰奖励大会。会后,市委书记张继先、市长瞿崇洲、副书记刘振怀等领导到五常高级中学、五常朝鲜族高级中学、五常二中慰问教职员工。

11月5日,黑龙江省人民政府《转发〈国务院关于同意黑龙江省松花江地区与哈尔滨市合并的批复〉的通知》。原松花江地区的尚志市、双城市、五常市由省直辖,行政领导委托哈尔滨市代管。

是年,民乐朝鲜族乡春夏大旱,渠道断流71天。

1997 年

8月,中共中央办公厅、国务院办公厅联合下发《关于进一步稳定和完善农村土地承包关系的通知》。《通知》明确指出,土地承包期再延长30年不变。

是年,民乐朝鲜族乡拦河坝西侧块石护坡工程竣工,投资71万元。

1998 年

1月3日,民乐朝鲜族乡"长粒"(93-8)俗称"长粒香"大米打入北京市场,与天津小站大米齐名,每公斤售价达到6.2元。

1月24日,五常镇朝鲜族小学学生李海民,在参加全国朝鲜族"神童杯"数学奥林匹克竞赛中获特等奖。

3月29日,五常市双兴乡爱路村农民韩中国将未婚妻及未婚妻母亲杀死。杀人案告破,韩中国被判处死刑。

12月30日,五常市朝鲜民族事业促进会成立大会在朝鲜族高中举行,李海洙副市长等领导出席。

是年,五常市龙凤山乡农机推广站站长,农艺师田永太选育出的"五优稻3号",成为黑龙江第二积温带的主栽品种,给农民带来巨大经济效益。

1999 年

经五常市人民政府决定,五常镇朝鲜族小学更名为五常市朝鲜族实验小学,归市教委管辖。

8月28日至29日,在哈尔滨市第26届朝鲜族体育运动会上,五常市代表队分别获得了足球、男女排球、门球、朝鲜象棋的第一名。

12月29日,五常市朝鲜族文化馆和市朝鲜民族事业促进会共同组织的"五常市朝鲜族迎新世纪群众联欢会"在甜叶菊集团活动室举行。

2000 年

3月28日,1999年第八届中国朝鲜族"神童杯"小学生数学奥林匹克竞赛成绩揭晓,五常市朝鲜实验小学五年级学生田成文、元海东分别获得本学年的金、银奖,六年级的崔相东获得该学年级的铜奖。

4月18日,五常市朝鲜族老年人文化活动委员会成立。哈尔滨市民委、朝鲜民族事业促进会、老人文化协会等哈尔滨市有关部门及吉林省延边自治州民委、《老人世界》杂志社等省市有关部门领导和五常市领导李海洙等出席成立大会。

5月14日,在第九届"步步高"杯全国青年歌手电视大赛业余组通俗唱法个人决赛中,由黑龙江电视台选送的毕业于五常朝鲜族师范学校91届音乐班学生崔莲花获个人三等奖。

12月,朝鲜族干部林炳龙任五常市副市长,分管工业、人事、计划、民族宗教等工作。

12月25日,省高级人民法院(黑经二终字〔2000〕第209号)民事判决书判决韩国劳务输出担保合同纠纷案中,29名担保人胜诉。

田永太1993年培育出的长粒米"93-8"口感柔软、香气四溢,被誉为"五常香米"。1999年2月通过省农作物品种审定委员会鉴定,正式命名为"五优稻一号"。"五优稻一号"在1996~1999年,全市种植面积达135万亩,创经济效益近4亿元。

2001 年

4月4日~5日,延吉市夕阳红艺术团来五常市,在山河镇、民乐朝鲜族乡和五常镇演出。

8月13日,民乐朝鲜族乡遭受水灾,冲毁部分房屋和土地,损失达300万元。

8月23日,日本著名农业评论家中村靖彦为首的日本农政评论家来五常市参观省第二水稻研究所良种试验田和民乐朝鲜族乡青年农场种田能手南太东的责任田。

9月1日,五常朝鲜族师范学校暨黑龙江省朝鲜族教师进修学院中文副教授黄彪晋为黑龙江省第一位朝鲜族中文教授。

是年,民乐朝鲜族乡筹建自来水工程,总投资159.7万元。

2002 年

3 月 13 日,民乐朝鲜族乡朝鲜族营农科学技术协会成立,南太东任会长。

4 月 15 日,当地时间上午 11 时 45 分,中国客机(CCA—129)在韩国金海上空坠落,五常镇镇西村民 37 岁的黄甲镇(音译)遇难身亡,保山乡新屯村民 32 岁的裴在元(音译)幸存。

10 月 28 日,44 吨"民乐香"牌五常大米送往北京,作为十六大会议期间专用米。

12 月 25 日,五常市朝鲜族老年协会召开老年工作经验交流会,形成经验材料汇编。

2003 年

3 月,民乐朝鲜族乡自来水工程开工并实现当年送水。

8 月 30 日,曾在五常市杜家镇下乡的郑学哲等 14 名哈尔滨市知识青年,自筹资金请来农科院的水稻专家、水产研究所的养鱼专家、哈尔滨医科大学教授,传授科学知识,送医送药。为文化村老年协会捐款 1 万元,为贫困学生捐款 5 000 元,国家著名的音乐人崔京浩、金学峰等应邀前来慰问演出,回报第二故乡的养育之恩。

9 月 15 日,五常市召开第二届全民运动会和朝鲜族运动会。

10 月 10 日,五常市委副书记、市纪检委书记李纪言、副市长林炳龙带领相关部、站负责人对五常市牛家工业园区总体规划分布进行实地落实。

10 月 14 日,朝鲜民主主义人民共和国咸境北道艺术团来五常市巡回演出,为朝鲜族群众演出一台具有浓厚民族风情的节目。

11 月 6 日,五常市民族宗教局、促进会组织的黑龙江朝文报发行工作会议在五常市朝鲜族实验小学召开。

2004 年

3 月 19 日,延吉市阿里郎艺术团在五常市山河镇、五常镇演出。

4 月,黑龙江省人民政府省长张左已到民乐朝鲜族乡调研取消农业税,并对农民进行粮食直补和良种补贴政策。

4 月 11 日,五常市人民政府与韩国东原产业植物营养剂加工项目在市政府正式签约。市委书记肖建春及韩方代表和市有关部门负责人参加签约仪式。

6 月 7 日,国家农业部种植业管理司粮油处副处长潘文博等领导,先后对背荫河镇、安家镇、民乐朝鲜族乡就粮油作物良种推广补贴项目落实和生产进度情况进行调研。

8 月 8 日,韩国中医药专家代表团,在黑龙江省卫生厅副厅长、省中医药管理局局长索长仁的陪同下到五常市,与市中医院进行学术交流

9 月 3 日,以韩国农协中央益山支部长李完承为团长的韩国农机代表团来五常市进行友好访问。

2005 年

9 月 1 日,朝鲜民主主义人民共和国万景台少年艺术团在五常体育场演出,观众达 1 500 多人。

11 月,黑龙江省人民政府授予民乐朝鲜族乡人民政府"全省民族团结进步模范集体"称号。

12 月 28 日,黑龙江省委常委、哈尔滨市委书记杜宇新来五常市检查保持共产党员先进性教育活动开展工作情况。检查期间,杜宇新分别看望民乐朝鲜族乡的 4 名贫困党员,为他们送去慰问金和生活用品。

2006 年

4 月 4 日,五常市人民政府科技副市长吕彬到民乐朝鲜族乡检查水稻育苗工作。

4 月,民乐朝鲜族乡混凝土白色路面工程开始施工。

6 月,中共五常市委授予民乐乡党委"五个好乡(镇)党委"称号。

6 月 23 日,民乐朝鲜族乡朝鲜族营农科学技术协会与韩国京畿道议政府市农民协同组合签订"姊妹结缘协定"书。

8 月 15 日,举行民乐朝鲜族乡建乡 50 周年庆祝活动。黑龙江新闻社(朝文)、省朝鲜语广播电台、哈尔滨市民族宗教局、哈尔滨市广播电视局、五常市委、市人民政府、市人大、市政协、市纪委在家领导等相关部门负责同志出席庆祝活动。

10 月 23 日,市朝鲜族中学部新校舍落成并投入使用。

2007 年

4 月 22 日,哈尔滨市委常委、常务副市长姜明在五常市领导裴君、逯景隆、何小刚及市农委主任谭洪涛的陪同下,先后深入到牛家满族乡、民乐朝鲜族乡考察。

5 月 3 日,黑龙江省委书记钱运录、哈尔滨市委书记杜宇新一行视察民乐朝鲜族乡。

6 月 3 日至 4 日,哈尔滨市朝鲜族门球运动会在五常市五常镇举行。

9 月 15 日,瑞典希望之星吴振尚(音译)一行访问了五常市朝鲜族实验小学。

是年,民乐朝鲜族乡建立全省最大的丰粟有机水稻合作社,建立五常中良美裕有机谷物制品有限公司。

2008 年

1 月 7 日,在韩国利川(音译)火灾事件中,五常籍朝鲜族包括一对夫妻在内 3 人不幸遇难身亡。

3 月 31 日,五常市 2008 年水稻育苗现场会在五常镇、民乐朝鲜族乡召开。

5 月,韩国益山市义理(音译)抚松(音译)初等学校以黄浩甲(音译)校长为首的 10 人师生访问团访问了五常市朝鲜族实验小学。

是年,中良美裕公司与五常市分别投资 2 000 万元和 1 000 万元,建美裕新区。

▲ 民乐朝鲜族乡全乡实现白色水泥路面屯屯通。

2009 年

2月9日,2009年迎新春元宵节朝鲜族掷柶活动在五常宴宾楼酒店举行。市委常委、宣传部部长王文忠、副市长林炳龙及民族宗教局、文化局、教育局等单位的有关负责人出席了开幕式。

3月12日,市委书记裴君、副市长何小刚深入到五常镇、常堡乡、二河乡、民乐朝鲜族乡检查备春耕生产及村屯绿化工作。

3月15日,中韩民族文化联谊会在市朝鲜族实验小学举行,市文化馆演员,韩国阳光话剧学院教师金周会,韩国原州民艺村舞蹈讲师李珍姬进行了联谊演出。

4月6日,哈尔滨市委副书记、市长张效廉就大项目建设和当前重点工作到五常调研,先后对雅臣路带状公园植物现场、民乐朝鲜族乡富胜村美裕合作社有机水稻育苗、有机蔬菜种植基地、平房店林场防火演练和龙凤山水库蓄水等进行视察。

5月9日,黑龙江省农委主任王忠林深入到志广乡、卫国乡标准化水稻育苗基地和民乐朝鲜族乡美裕新村及水稻插秧现场进行视察。

9月3日,五常市朝鲜民族事业促进会与市朝鲜族老年协会主办的庆祝国庆60周年文艺演出在市影剧院举行。

是年,阿里郎合作社与五常市分别投资500万元和1 500万元,在民乐朝鲜族乡建立育苗厂。

2010 年

4月7日,黑龙江省委书记吉炳轩到民乐朝鲜族乡视察。

5月,五常市五常镇朝鲜族老年协会郑英柱捐出13 500元装修五常镇朝鲜族老年活动室。

8月15日,五常市山河镇共和村申京子参加了全国朝鲜族老年协会联谊会在吉林省延吉市举行的全国朝鲜族老年先进个人表彰大会,赵南起上将和原国家民委主任李德洙出席大会。

2011 年

8月20日,五常市南片朝鲜族老年协会副会长申京子参加了全国朝鲜族老年协会联谊会在吉林省延吉市召开的全国朝鲜族敬老爱幼模范表彰大会,赵南起上将和原国家民委主任李德洙出席大会。

6月30日,五常市朝鲜民族事业促进会与市朝鲜族老年协会主办的庆祝中国共产党建党90周年文艺演出在市政府广场举行。

是年,五常市农委在民乐朝鲜族乡建国家级水稻万亩科技园区。召开民乐朝鲜族乡乡庆55周年及32届乡友运动会。

2012 年

6月2日至3日,哈尔滨市第17届门球运动会在五常市政府广场门球场举行

6月9日,欧洲联盟粮食委员会访问团在农业部部长韩长富和中共哈尔滨市委书记林铎的陪同下,考察了民乐朝鲜族乡的水稻栽培技术。

6月17日,第8届哈尔滨市朝鲜族歌谣大赛中,五常市朝鲜族文化馆的姜世英获得一等奖。

10月10日,朗姿股份有限公司董事长申东日为报答家乡之情,从所设的"朗姿奖学金基金会"拨出人民币20万元,献给家乡优秀师生,仪式在五常市影剧院隆重举行。

2013 年

5月2日,黑龙江省委书记王宪魁、哈尔滨市委书记林铎一行深入民乐朝鲜族乡视察插秧现场会。

9月3日,中共五常市委宣传部、五常市文体局主办,五常市朝鲜族文化馆、市朝鲜民族事业促进会承办的"五常市朝鲜族首届文艺大奖赛"在市政府广场举行,五常籍企业家林洪德董事长赞助了大奖赛的全部费用。

11月,中国社会科学院民族学及人类学研究所研究员、中国朝鲜族史学会会长郑信哲博士一行来五常市调研朝鲜族农村现状。

12月5日,朗姿股份有限公司董事长申东日为报答家乡之情,从所设的"朗姿奖学金基金会"拨出人民币10万元,献给家乡优秀师生,仪式在五常市时代中学礼堂隆重举行。

12月29日,在五常市人大副主任林炳龙的大力支持下,《五常朝鲜民族志》编纂工作会议在五常镇召开,出席会议的有原五常市副市长李海洙、市民宗局副局长傅亚东、市史志办主任张伟,朝鲜族高级中学校长李康文、市朝鲜族文化馆馆长金善香、村党支部书记代表桂明山、市朝鲜民族事业促进会会长金优锡及市朝鲜族老年协会会长朴相鲁等人。

是年,长征四号A、B、C运载火箭总指挥、总设计师李相荣被评为20位"感动中国朝鲜族杰出人物"之首,他先后15次成功发射"长征4号"大型乙型火箭,让19种23颗卫星准确升空,创造了"百发百中"的神话。

2014 年

2月13日,五常市第29届朝鲜族民俗掷栖活动在五常国际铭奥会馆举行,350余人参加了这次活动。

8月22日,五常市南片朝鲜族老年协会副会长申京子受到全国朝鲜族老年联谊会"和谐家庭"表彰大会奖励。

是年,在大连市朝鲜族小学5年级读书的民乐朝鲜族乡红火村少年曹永麟,在全国3万余名朝鲜族少年评选"感动中国十佳少年"中脱颖而出,名列第一。

第一章　民族　人口

第一节　民　　族

一、中国朝鲜族的迁入

中国朝鲜族是迁入民族。从 19 世纪中叶开始大批迁徙到现在,已有 150 多年的历史。自中国朝鲜族迁入中国时,19 世纪下半叶到 20 世纪上半叶,中国正处于内忧外患、多灾多难的年代。在这样极其艰苦的历史条件下,中国朝鲜族人民同汉族、满族及其他兄弟民族人民一道,为开发东北边疆,为保卫和建设伟大的祖国做出了重要的贡献。

中国与朝鲜是"一衣带水"的邻邦,且又山水相连,隔江相望。由于这种特殊的地理环境,使两国人民自古就不断相互流移过境谋生。据中朝两国史籍记载,唐宋时期有许多"新罗"人流居山东、江苏、浙江等沿海地区,史称"新罗坊"。自辽代到清朝初期,历代都有众多的朝鲜人在中国东北地区居住。在这些朝鲜人中,大部分是战俘和在战争中被抓来的百姓,也有一部分是越境潜入的流民。这些在清初以前居住在中国东北地区及关内的朝鲜人,由于年代久远,已经融合到汉族和满族的群体之中,这些人的后裔作为民族的独立群体的主要特征已不复存在。现在的中国朝鲜族是近代和现代从朝鲜迁入的民族群体。中国朝鲜族是在特定历史条件下的特定概念,是指作为中国少数民族的朝鲜族,而不是泛指居住在中国的一般朝鲜人。近代和现代中国朝鲜族的迁入,始于 19 世纪中叶,这是形成中国朝鲜族的历史源头。当时,腐朽的清朝正处于内忧外患的困境。自 1840 年第一次鸦片战争起,英、法等资本主义列强便不断向中国发起武装侵略,迫清朝政府签订《南京条约》等一系列丧权辱国的不平等条约,并向清政府索取巨额赔款和种种特权。沙俄也通过《中俄瑷珲条约》和《中俄北京条约》强行割去黑龙江以北和乌苏里江以东 150 多万平方公里的中国领土,进而又把侵略魔爪伸到图们江沿岸。与此同时,由于清政府加重对人民的压榨,1843 年爆发了太平天国革命运动,为了镇压这一落千丈革命运动,清政府自咸丰十三年(1852 年)起,在东北征调频繁,致使东北地区户口凋零,家室凄苦,边防空虚。在这种情况下,清政府为了加强东北边防和增加财源,不得不逐渐放松对鸭绿江和图们江北岸的封禁,开始默认乃至允许朝鲜垦荒农民越过江垦殖和居住。在这个时候,正赶上朝鲜国内连年灾荒,赋税繁重,民不聊生,黎民百姓处于水深火热之中。为了求生图存,朝鲜灾民只好背井离乡,颠沛流离到中国东北。他们来到这广袤的土地,披荆斩棘,饱经沧桑,同其他兄弟民族一道,用双手和血汗把这个荒芜的迷茫大野,开发浇灌成稻香四溢,物足年丰的富饶之地。朝鲜族在近代和现代迁入中国的过程,大体可分为三个主要阶段:第一阶段为 19 世纪中叶至 1910 年日本帝国主义吞并朝鲜,这一时期迁入的人们,主要是经济原因迁居的自由移民;第二阶段为 1910 年"日韩合并"至 1931

年"九·一八"事变,这一时期迁入的,主要是由于政治原因而迁移到中国来的反日爱国的人们;第三阶段为1931年"九·一八"事变至1945年"八·一五"光复,这一时期迁入的,主要是由于日本帝国主义的移民政策而被迫迁来的强制移民。1945年"八·一五"光复后,强制移民和由于政治原因而迁居的一部分人又回归朝鲜,而现今的中国朝鲜族则是以第一阶段迁入的自由移民为基干,以第二阶段和第三阶段迁入而永居中国加入中国国籍的人为主体的民族群体。

二、中国朝鲜族共同体的形成

保育员教幼儿认识毛泽东主席　　　　　　　　　　　　　　　　　　（张民生提供）

中国朝鲜族作为民族共同体,是有其形成民展阶段,有一定历史条件的,并不是朝鲜垦民(包括流民)一到中国就成为中国的一个少数民族的。中国朝鲜族是在近代和现代从朝鲜半岛迁入中国的民族,是长期在中国独特的历史环境中逐渐形成的民族共同体。它有两个方面的含义:第一,从民族特征上看,具有朝鲜的近代和现代朝鲜族固有的民族传统和基本特征,又在继承朝鲜民族传统和特征的基础上,带有中国色彩的近代和现代朝鲜民族;第二,从国籍和法律上看,它是由具有中国国籍的近代和现代朝鲜民族成员组成的并为中国宪法肯定的一个少数民族共同体。从这个意义上来讲,中国朝鲜族具有两重性:一方面,具有共性的,它是近代和现代朝鲜民族共同体的一分支;另一方面,又具有个性,它是整个朝鲜民族共同体中的一个特殊类型,是独具中国特色的近代和现代朝鲜民族。应该特别指出的是,这两个方面的含义,是形成中国朝鲜族的两个重要条件,两者缺一不可。如果只具备一个条件,就不能成其为中国朝鲜族。"八·一五"抗战胜利前居住在中国关内的朝鲜人,未加入中国国籍的,就不是中国朝鲜族成员。可见,中国朝鲜族不只是族源血统的概念,而是具有特定含义的历史概念。中国朝鲜族的形成,是同中国近代和现代历史联系在一起的。中国朝鲜族共同体的形成史,经过了一个复杂漫长的历史过程,大体上说,是从19世纪四五十年代开始,到中华人民共和国成立为止,前后大约经历100年的复杂过程。在这一过程中,曾有过几个阶段性的演变。清光绪七年(1881年),清政府对近代迁入中国的朝鲜垦民实行"归化入籍"政策(实际上是一种同化政策),对接受中国政府管理的朝鲜垦民实行户口编甲,熟地升科纳租,还要"雉发易服"才能加中国国籍。1908年,在中国东北地区的朝鲜垦民中,加入中国国籍的约有4 500人。宣统元年(1909年),清朝政府颁布《大清国国籍条例》和《大清国国籍条例施行细则》,从此,清朝政府不再推行"雉发易服"政策。到了民国时期,在1918年2月5日,也颁布了《中华民国国籍法》和《国籍法施行条例》,到1929年,据不完全统计,加入中国国籍的朝鲜垦民有10 979户,55 723人。尽管如此,不论是清朝政府,还是民国政府对待朝鲜垦民并没有改变其限制、歧视和排斥政策。国民党政府则从来没把朝鲜族作为少数民族来对待。

他们对居住在东北的朝鲜族，只承认居住权，不承认土地所有权和财产所有权。他们把朝鲜族耕种的土地和经营的工商业当作"敌伪资产"加以没收，使朝鲜族人民蒙受了深重的灾难。自从有了伟大的中国共产党，居住在中国境内的朝鲜族人民，才逐渐改变了自己的历史命运。中国共产党早在1928年6月召开的第六次全国代表大会上就指出："中国境内少数民族的问题（北部之蒙古、回族、满洲之高丽人、福建之台湾人，以及现部苗黎等原始民族，新疆和西藏）对于革命有重大意义，特委托中央委员会于第七次大会之前，准备中国少数民族问题材料，以便第七次大会列入议事日程并加入党纲。"[1]中共满洲省委于1927年10月成立后，为更好地团结、领导60万朝鲜族人民同其他各民族人民共同进行反日斗争，于1931年成立起"少数民族运动委员会"和"少数民族部"。1935年又成立"民族人民部"，"管理东北四省内少数民族（韩国人、蒙古人、旗人）事项，在民族人民部下设少数民族委员会，由韩人2人，蒙古人2人及旗人1人共5人组成之，民族人民部长兼少数民族委员会主席。"1935年1月，中共中央政治局在遵义召开的扩大会议，通过了中共中央《关于反对敌人五次"围剿"的总结决议》，《决议》中号召"中国境内一切被压迫民族（蒙、回、韩、藏、苗、瑶、黎、畲等）的兄弟民族们！大家起来！冲破日寇蒋贼的万重压迫，勇敢地与苏维埃政府和东北各地抗日政府一起，组织全中国统一的国防政府；与红军与东北人民革命军及各种反日义勇军一块，组织全国统一抗日联军。"到解放战争时期，党和人民政府对朝鲜族在中国的地位问题有了更加明确的观点。1947年1月10日，在中共吉林省委召开的群工会议上，周保中同志在报告中指出："1928年以后，中共东北党组织，把东北的特别是延边的朝鲜居民列为东北境内的少数民族。"在"八·一五"东北光复以后，东北中朝人民关系与在中国的朝鲜居民的地位问题又重新提起，朝鲜人究竟是中国境内的少数民族呢？或是外国的侨民呢？1945年9月末，中共中央东北局就已经注意到东北的朝鲜民族问题，认为除参加华北抗日战线的朝鲜义勇军，在东北的朝鲜居民一般的视同中国境内的少数民族特别重要的是，迁入中国境内的广大朝鲜族人民，在漫长的岁月中，同汉族、满族等各族人民一道，不仅参加了边境开发建设，而且参加了反帝反封建斗争，逐渐形成了一定数量的民族聚居区，并且继续保留着朝鲜民族固有的特征。在这个过程中，在中国共产党的领导下，逐渐消除了民族隔阂，得到了汉族等兄弟民族的帮助和支持，汗水和血水把中国境内的朝鲜族同中国各族人民凝聚在一起，共同战斗在一起。尤其是从1946年至1948年间，东北解放区的朝鲜族和各族人民一道参加了史无前例的土地改革运动，和其他兄弟一样分得了土地，成了中国土地上的真正主人。中华人民共和国成立以后，明确规定：加入中国国籍的朝鲜族是中华民族的成员，朝鲜族是中国的少数民族之一。中国朝鲜族作为中国的一个少数民族，加入了中华民族的行列，成为新中国的主人，并与其他兄弟民族一道参与管理国家的事务，至此，便完全形成了中国朝鲜族民族共同体。

追溯历史，朝鲜族自19世纪开始由朝鲜、吉林、辽宁等地陆续移来五常县。据《五常县志》记载："道光十五年（1835年），亮甸子、王家街（今沙河子镇境内），有少数朝鲜族利用河水种植水稻。"1910年日本帝国主义吞并朝鲜以后，有些朝鲜人为逃避兵役、劳工，或作为朝鲜民族解放的"义兵"而潜来五常县。伪满康德4年至康德10年（1937～1943年）曾从朝鲜集体移民来五常县，大多加入满蒙开拓组合，为日本开拓团耕种水稻。解放后又有些朝鲜族从延边地区移来。1985年全县朝鲜族人口已达3.8万人，多集居于河谷平原，专门种植水稻，已成为五常县水稻生产的主力。

---

[1] 《中央文件汇集》1928年，第三册，第314页。

在中国共产党民族政策的指引下,五常朝鲜族人民在五常这块儿"六山一水半草二分半田"的富饶土地上,同汉族及其他少数民族人民一道用聪明的智慧和勤劳的双手,共同建设着美好家乡。

第二节　人　　口

一、人口增减

五常古属肃慎。辽、金时期,生齿日繁,仍是土旷人稀。自设治以来是流入的多,流出的少。19世纪,五常县境内已有朝鲜人活动的足迹,光绪初期又有朝鲜国的朝鲜人迁来定居。

乾隆年间,从关内陆续流入一些汉人并流放来一些人犯(汉人囚犯)。乾隆九年(1744年),清政府开始从北京移来大批旗人。咸丰四年(1854年)五常堡开始放荒,陆续从山东、河北、山西、沈阳等地迁来大批汉人和旗人。光绪初期又有宁夏的回族人和朝鲜国的朝鲜人迁来定居。光绪十年(1884年)五常县(不含拉林地区)人口已有99 756人。到了光绪三十四年(1908年),全县人口(不含拉林地区)降为45 083人。

民国初期,常有关内灾民"闯关东"来此安家。民国二年(1913年)全县人口(不含拉林地区)已达235 300人。

据民国十九年(1930年)吉林省五常县户口统计表之一记载:本地即有朝鲜人81户,309人。

伪康德元年(1934年),日本开始由日本国移民,在山河屯南三个顶建立爱路村。又据满洲《五常县事情》伪康德四年(1937年)记载:陆续迁居来此地之朝鲜人已达163户,555人。伪康德五年(1938年),日本人在五常县建立开拓会馆(开拓团总部),下辖各开拓团本部14处1 730户,5 378人。又由伪间岛省(今吉林省延边地区)移来朝鲜人建立水稻农场,人口有所上升。据伪满洲国《五常县现势要览》中记载:伪康德六年(1939年),日本侵略者为了修建鸭绿江电站,强迫辽宁省宽甸县的大批农民

保山原日本开拓团团部旧址

迁来五常县。全县居民中有朝鲜人1 042户,5 532人。伪满康德七年(1940年),全县朝鲜人1 967户,10 569人,户数和人口数分别比上年增加89%和91%。伪满康德十年(1943年),全县人口(不含拉林地区)为40 100户,230 945人。

表1-1 伪康德九年(1942年)朝鲜人开拓团(农场)

名 称	成立年份	地址	户数	人 口			经营者	备注
				男	女	计		
兰彩桥农场	1932	兰桥村	15	36	35	71	申永禹	朝鲜人分散开拓民
九州开拓团	1934	小山子村	40	105	84	189	金永宽外数人	租种日本人开拓团用地
五常堡农场	1934	常堡村	60	141	154	295	常堡鲜农兴农会	朝鲜人分散开拓民
三个顶开拓团	1936	新太村	150	439	414	853	金永宽外数人	租种日本人开拓团用地
仙台开拓团	1936	沙河村	200	608	551	1159	金永宽外数人	租种日本人开拓团用地
河兴农场	1936	山河村	132	352	323	675	田东宇外数人	朝鲜人分散开拓民
和歌山开拓团	1937	七星村水泉村	280	791	730	1521	金永宽外数人	租种日本人开拓团用地
岐埠、新潟耕绿开拓组合	1937	杜家村	73	152	137	289	金永宽外数人	租种日本人开拓团用地
河西农场	1937	腰贡村	118	303	284	578	田东宇外数人	朝鲜人分散开拓民
宋家粉房农场	1937	向阳村	23	71	69	140	金炳三	朝鲜人分散开拓民
七道岗农场	1938	大房村	42	66	45	111	卢在浩	朝鲜人分散开拓民
冲河农场	1938	冲河村	28	76	62	138	安镕模外数人	朝鲜人分散开拓民
安家满蒙开拓组合	1939	安家村	500	1785	1465	3250	孔镇恒	朝鲜人分散开拓民
鸡冠砬子农场	1939	冲河村	10	31	18	49	全锡弘外数人	朝鲜人分散开拓民
朝阳川开拓团	1940	新太村	18	51	45	96	金永宽外数人	租种日本人开拓团用地
恒兴农场	1940	恒兴村	56	171	110	281	恒兴鲜农兴农会	朝鲜人分散开拓民
老龙脖子农场	1940	杜家村	8	22	19	41	金振玄外数人	朝鲜人分散开拓民
十二号农场	1940	二河村	7	19	16	35	赵树清外数人	朝鲜人分散开拓民
傅家屯农场	1940	二河村	10	29	22	51	南英镐外数人	朝鲜人分散开拓民

续表 1-1

名　　称	成立年份	地址	户数	人口			经营者	备注
				男	女	计		
头道河农场	1940	二河村	15	40	29	69	金永宽外数人	朝鲜人分散开拓民
太平川开拓团	1940	恒兴村	32	81	61	142	金永宽外数人	租种日本人开拓团用地
秋田开拓团	1941	恒兴村	29	71	67	138	金永宽外数人	租种日本人开拓团用地
熊本开拓团	1942	小山子村	30	82	65	147	金永宽外数人	租种日本人开拓团用地

中华人民共和国成立之后,在中国共产党的领导下,生产迅速发展,生活水平不断提高,卫生设施逐渐完善,人民体质日渐增强,人口迅速增长。1949 年为 85 750 户,396 260 人,比康德十年(1943 年)增加 45 650 户,165 315 人,增长了 71.6%。朝鲜族人口约占全县总人口 0.079%。

1953 年第一次全国人口普查,全县人口为 426 494 人,比 1949 年增长 7.6%。朝鲜族人口约占全县总人口 0.15%。

1964 年第二次全国人口普查,全县人口为 593 840 人,比第一次全国人口普查增长 39%。年平均增长 3.55%。其中朝鲜族人口 27 998 人,约占全县总人口 4.67%。

1982 年第三次全国人口普查,全县人口为 862 561 人,比第二次全国人口普查增长 45.3%。年平均增长 2.5%。其中朝鲜族 38 535 人,占总人口的 4.47%,比 1964 年增长 35.63%。五常县除牛家镇、双桥子乡和八家子乡外,其余乡镇都有朝鲜族居住。其中以民乐、向阳、营城子和龙凤山 4 乡镇朝鲜族居多,约占该乡镇总人口的 10% 以上。民乐朝鲜族乡的朝鲜族占全乡总人口的 51.2%。

表 1-2　　　　　　　　　　1982 年五常市朝鲜族人口比例

乡　　　　镇	总人口(人)	占人口百分比(%)
五　常　镇	77 119	3.5
山　河　镇	33 061	9
拉　林　镇	34 405	2(含回族)
小 山 子 镇	31 850	9
冲　河　镇	34 422	0.4(含满族)
沙 河 子 镇	35 260	1(含其他少数民族)
背 荫 河 镇	24 992	1(含蒙古族和回族)
牛　家　镇	43 161	0
杜　家　镇	30 999	8.3
安　家　镇	35 590	2.4
民乐朝鲜族乡	12 917	51.2
营城子满族乡	26 104	14.5

续表1-2

乡　　镇	总人口（人）	占人口百分比（％）
卫　国　乡	17 632	5（含满族）
常　堡　乡	17 886	3
兴　盛　乡	34 985	9（含满族）
二　河　乡	18 265	30.2（含满族和回族）
红　旗　乡	40 625	0.5
兴　隆　乡	40 619	14（含蒙古族、回族、壮族）
双桥子满族乡	20 819	0
八　家　子　乡	31 724	0
光　辉　乡	25 518	8
龙　凤　山　乡	17 837	13.5
志　广　乡	23 082	0.8（含回族）
民　意　乡	23 951	1
长　山　乡	41 282	3.8
向　阳　乡	22 430	16
双　兴　乡	24 663	4（含满族和回族）
保　山　乡	13 236	25（含回族和满族）

注：此表依据《五常县志》，黑龙江人民出版社，1989年1月第1版。

2000年，第五次全国人口普查，五常民族有21个，汉族占86.6％，其他民族占13.4％。

据2010年第六次全国人口普查统计，全市总人口10 001 469人，其中朝鲜族人口23 900人（男性12 197人，女性11 703人），占总人口数的24％。

2014年，全市总人口994 475人，其中朝鲜族人口约15 000人，占总人口数的0.15％。

表1-3　　　　　　　　　　　　五常朝鲜族人口变化

年　　度	人口总数	朝鲜族人口普查数	占总人口％
1964	593 840	27 998	4.67
1982	862 561	38 535	4.47
1990	905 557	33 255	3.67
2000	949 202	28 730	3.03
2010	10 001 469	23 900	0.24
2014	994 475	约15 000	0.150

1988年五常的朝鲜族农户达到7 040户，农业人口达到33 100人，耕地面积为95 785亩。但是根据2014年的调查显示（不完全统计）在农村实际生活的农户为771户，其中种田户为148户，种地面

积为 14 458.7 亩(标准亩)。在农村生活的人口为 1 620 人。所以留在农村的朝鲜族人口只剩 1/20,种田户只有 1/47,种田面积为 1/10 左右。

五常朝鲜族农村在时代的变革中逐步缩小。大部分人去往国外或国内大城市开拓新的生活天地。小山子镇宏源村原住户为 84 户,如今在韩国的户数为 52 户、在青岛的有 14 户、在五常镇的有 13 户、而村里只剩下了 5 户。一个家庭里有在韩国的、在美国的、在青岛的、留在农村的等等。如今朝鲜族不再是只会耕种土地的农民了。

表 1-4　　　　　　　　　　2014 年 6 月五常市朝鲜族农村现状调查

乡(镇)	村	现住户	现住人口	现种地户	水田面积(亩)
沙河子镇	历母山村	0	0	0	0
向阳镇	永明村	26	97	7	370
	新屯村	38	77	6	750
	中原村	20	24	6	300
山河镇	共和村	66	135	14	994
	爱路村	14	32	2	430
长山乡	日升村	18	30	2	60
五常镇	新兴村	59	127	9	745
	镇西村	38	84	1	105
杜家镇	曙光村	38	77	7	825
龙凤山乡	光辉村	45	60	9	1300
	兴源村	41	79	2	90
	辉煌村	6	10	5	600
	北星村	6	9	1	45
小山子镇	胜利村	55	121	1	3
	双源村	7	11	0	0
红旗乡	东阳村	1	2	0	0
常堡乡	明星村	18	51	4	399.2
安家镇	河东村	6	14	2	160
营城子乡	新光村	84	126	21	2940
民乐乡	民乐村	113	215	13	1 777.5
	红光村	26	58	16	1 020
	新乐村	46	81	20	1 545
合　计		771	1 620	148	14 458.7

注:此表所列数据为 2014 年 5 月~6 月,依据第六次全国人口普查中记录有朝鲜族人口居住的所有村屯调查结果。

此表表现出朝鲜民族的流动性,农村人口在锐减,耕种水田的农户也在锐减。19 世纪就已有朝鲜族开垦耕种水稻的沙河子镇历母山村,至今已无一人。好多村落虽然有朝鲜族居住,但他们已不再耕种水田,而是把自己耕种的水田租赁出去.其原因至少有二:其一,年富力强者走向城市谋求发展或出国打工,追求新的生活方式。于是不少家庭只剩老弱病残留守,无力耕种,只能租赁出去。其二,在这种新趋势下,仍有近 150 户朝鲜族在坚守祖业,继续自己所钟爱的事业,营城子乡新光村就是这种思想者的代表。

二、年龄构成

新中国成立后,低龄人口比例减少,高龄人口比例增加,平均年龄增大,平均寿命和长寿水平逐年增高。据 2010 年统计,全县 0~4 岁朝鲜族儿童 328 人,占朝鲜族人口总数的 1.37%;60~64 岁老人 1 567 人,占朝鲜族人口总数的 6.56%,增高 5.19 个百分点。

表 1-5　　　　　　　　　2010 年五常朝鲜族人口年龄构成

年龄段	人数(人)			年龄段	人数(人)		
	计	男	女		计	男	女
0~4 岁	328	179	149	55~59 岁	2 145	1 086	1 059
5~9 岁	398	196	202	60~64 岁	1 567	783	784
10~14 岁	630	335	295	65~69 岁	977	483	494
15~19 岁	818	442	376	70~74 岁	883	464	449
20~24 岁	1 703	908	795	75~79 岁	428	178	250
25~29 岁	2 044	1 036	1 008	80~84 岁	213	77	136
30~34 岁	2 077	1 055	1 022	85~89 岁	104	29	75
35~39 岁	2 197	1 154	1 043	90~94 岁	42	13	29
40~44 岁	2 387	1 222	1 165	95~99 岁	7	3	4
15~49 岁	2 571	1 368	1203	100 岁以上	1	1	
50~54 岁	2 380	1 215	1165				

三、文化构成

全市有文化的朝鲜族人口一直呈上升趋势。

2010 年全市 6 岁以上的朝鲜族人口共有 23 480 人,其中未上过学的有 343 人,占 1.46%;上小学的有 4 356 人,占 18.55%;上初中的有 14 024 人,占 59.73%;上高中的 4 142 人,占 17.64%;上大专以上的有 615 人,占 2.62%。

2010 年五常朝鲜族受教育程度

表 1-6　　　　　　　　　　　　　　　　　　　　　　　　　　　　　单位:人

6 岁及以上人口			未上过学			小　学		
合　计	男	女	小　计	男	女	小　计	男	女
23 480	11 979	11 501	343	113	230	4 356	1 985	2 371

续表 1 - 6

初　　中			高　　中			大学专科		
小　计	男	女	小　计	男	女	小　计	男	女
14 024	7 239	6 785	4 142	2 297	1 845	464	264	200

大　学　本　科			研　究　生					
小　计	男	女	小　计	男	女			
144	79	65	7	2	5			

注:根据2010年第六次全国人口普查对常住户普查结果录入,不含已迁出户口的考入大学或工读硕博士研究生数。

表 1 - 7　　　　2010 年五常市五个民族 6 岁以上人口受教育程度百分比

民　族	总人口	未上过学	小　学	初　中	高　中	大学专科	大学本科	研究生
汉　族	752 061	0.0278	0.3934	0.4622	0.0929	0.0180	0.0053	0.00011
蒙古族	154	0.0389	0.3701	0.4740	0.0974	0.0064	0.0129	0
回　族	264	0.0189	0.2727	0.5	0.1590	0.0454	0.0037	0
朝鲜族	23 480	0.0146	0.1855	0.5972	0.1764	0.0197	0.0061	0.00029
满　族	61 336	0.0216	0.4354	0.4652	0.0580	0.0146	0.0050	0.00009

第二章　朝鲜族的革命斗争

　　1910年8月29日,日本帝国主义强行与朝鲜缔结"韩日合并条约",把朝鲜完全变成了日本的殖民地。不甘凌辱的朝鲜人民,为民族的生存与解放,国家的独立,与敌人做殊死的斗争。

　　为摆脱日本帝国主义的压迫与剥削,迤逦迁徙到中国的朝鲜族人民,在中国共产党的领导下,与日本侵略者展开了激烈的战斗。

　　1931年"九一八"事变,日本侵略者的铁蹄踏入五常县,拉林、五常、山河屯等重要集镇都有日军驻守。日军的入侵激起了五常县各族人民的强烈反抗,冯占海、袁海龙等领导的抗日义勇军,相继进入五常、山河屯、拉林等地。所到之处,各族青年积极响应号召,踊跃参军参战,有力地打击了敌人的嚣张气焰。

　　1932年,中国共产党领导的东北抗日联军第三军、第四军和五常县各族爱国志士多次进入县内东南部山区打击日寇,建立了抗日根据地。著名将领汪雅臣将军领导的东北抗日联军第十军,在沙河子、冲河一带建立了抗日根据地,他们和五常县内的各族青年多次出兵山河屯、向阳山、冲河,吉林省的舒兰、上营、榆树等地与日军作战,日军遭到严重打击。

　　1945年8月21日,苏联红军陆军某部上校瓦西利夫等率兵进入拉林、五常、小山子等地,不久即撤出。随后中国共产党领导的辽东人民自卫军(后改为东北人民自卫军)和三五九旅某部先后开到五常县内,在拉林、双城一带建立了松江军区哈南军分区,并于1946年6月成立了以朝鲜族青年为主的五常县独立团。

　　1945年冬天到1946年初,全县展开了大规模的剿匪斗争,先后发生在拉林、八家子、小山子等大、小战斗十余次,彻底肃清了国民党建军和土匪,五常全境至此全部解放。在中共五常县委的领导下,为适应解放战争、保卫新政权、建设巩固的东北根据地的需要,在民主联合政府统辖下,1946年8月解放后新组建的四个朝鲜族中队共480人为基础,成立了五常县大队总队,到6月扩编为中国人民解放军松江省江南分区驻五常第二团(县大队与独立团名称同时存在,统称独立团)。

位于五常市革命烈士陵园中的革命烈士纪念碑及纪念馆

　　1947年,解放战争进入全面反攻阶段。全县各民族广大翻身农民踊跃参军参战,其中朝鲜族青年表现得更为突出,据《黑龙江省志》(民族志)载:黑龙江地区朝鲜族人民同兄弟民族一起,为解放东北和全中国,掀起参军参战、支援前线热潮。五常县民乐乡民乐村 403 户,就有 260 名青年参军,为祖国的解放事业贡献了力量。在抗美援朝斗争中,又有大批的朝鲜族青年响应号召开赴朝鲜前线,和朝鲜人民军并肩作战,很多优秀儿女献出了宝贵生命。

第一节　抗日斗争

一、抗联十军在五常的活动

五常朝鲜族的抗日斗争与兄弟民族的抗日斗争紧密相连。1931 年创立的东北抗日联军第十军在军长汪雅臣的领导下,一直以本县沙河子、冲河、向阳山为根据地,在山河屯、双兴、保山等地活动。期间,五常县山区很多朝鲜族青年参加了东北抗日联军第十军。同时,居住在这些地区的朝鲜族群众,积极配合抗联十军作战,筹集粮食和药品,组织担架队,救护伤员,为中华民族解放事业做出了重大贡献。

二、抗联三军在五常的活动

1932 年,抗日联军第三军军长赵尚志曾带队袭击五常堡和康家炉等地。同年第三军张连科部曾袭击背荫河,炸毁了设在那里的日军细菌制造厂,致使细菌厂不得不转移到哈尔滨平房重建。第三军转战尚志及五常小山子、二河、八家子、常堡、背荫河的广大山区半山区。期间,当地的朝鲜族青年积极踊跃参军参战,并且在战斗中都表现得很勇敢,他们和百姓并肩作战,多次给日伪军以沉重的打击。

抗联战士郑逸秀烈士遗照

三、抗联四军、五军在五常的活动

抗联第四军军长李延平主要活动在冲河、沙河子一带,其中很多朝鲜族青年参加了战斗。抗联第五军主要活动在宁安、海林一带。该部也曾多次来过五常的东部山区开展抗日活动。其间,每次活动都有朝鲜族战士参加战斗。

五常县的冲河、小山子、沙河子、向阳、山河、双兴、保山、龙凤山、二河、常堡、志广的大烟筒、八家子、背荫河等地都是当年抗联活动的重要地区,五常成为当时抗日的重要根据地之一,五常朝鲜族积极参加抗日活动,为全国抗日斗争的全面胜利做出了积极贡献。

四、韩国独立军在五常的活动

韩国独立军名将李青天(音译)同中国抗日部队一起抗击日本侵略者,结下了中韩人民的深厚友谊。李青天的妻子,儿女居住在朝鲜南部。抗日团体认为李青天的家属住在那里不安全、危险性大,将李青天的家属秘密转移到五常县。1933 年 10 月,根据韩国临时政府的命令,韩国独立军西征入关。李青天先后任临时政府军务部长、韩国光复军总司令,参加了中国的抗日斗争。

五、抗日战争时期的朝鲜族中共党员

1936 年,中共五常县委归属哈东特委领导,五常为特支委员会。在五常参加早期活动的中共党员,既有本县党组织系统的,也有临县党组织延伸到五常境内的和外地党组织派来的,还有从朝鲜党组织转入的中共党员。方世雄、田英大、李长道等原来是朝鲜东兴党党员,后转为中国共产党党员。

高昌远(音译),1918 年 9 月生于山东广饶县高柳村,23 岁加入中国共产党,同年加入抗日救国会。1941 年,高柳村沦为敌占区,国民党"还乡团"在这一带建立据点。村党支部张书记被捕,他禁不住敌人要活埋他的恫吓,供出全村党员名单,高昌远就是其中党员之一。敌人实行大屠杀,上级党组织通知所有共产党员迅速转移。1942 年,高昌远来到五常县光辉村头屯伯父家。

头屯(龙凤山所辖屯)是个水田开发区,朝鲜族朱德俊(音译)略知高昌远的为人。两人初次相见时,朱德俊对高说:"兰桥干豆腐。"高马上对答:"兰桥干豆腐好吃!"对话别人听来没什么,可朱高两人心里明白,他们是抗联战友。朱又说:"望如同志你好!"两人就这样接上了关系。朱德俊是从冲河迁入头屯的,参加过延边抗日组织。这时他已经加入朝鲜同盟会兰彩桥分会,和地方抗联有密切联系。他全身穿白色,汉语说得很流利。他家客人总是不断,在全屯中威望较高。他公开讲"小日本鬼子尾巴长不了"。一次酒桌上,他大讲"毛泽东领导咱中国人闹革命,将来你们看着吧"!他的爱国信念十分坚定,高昌远秘密把朱德俊发展为中共党员。

1945 年 8 月东北解放后,"哈南"保安团书面通知,任命高昌远为第五大队总指挥,下设两个连,第二连由朝鲜族金钟奎(音译)任连长。"哈南"保安团这个名称在解放前是东北抗日联军对外的称号。

第二节　解放战争

一、武装剿匪

(一)八家子围歼战

1945 年,松江省军区政委张秀山等首长决定消灭盘踞在八家子的"国民党先遣军第三军"。11 月自卫军一团由宾县出发,在八家子北与哈南军分区刘登远、王桥率领的老七团汇合,然后包围了八家子。

八家子是位于五常、阿城、拉林之间的一个小集镇,地势较高,四周都是开阔地,有土城墙和护城沟,易守难攻。敌人有 2 500 人,人民自卫军两个团只有 1 800 多人。鉴于这种情况,当时确定的方案是:包围南、西、北三面,网开东面,在距东门 2 里左右设伏,然后三面猛攻,务求多消灭敌人。根据这个方案,由七团包围八家子南面和西南面;一团包围西面、北面和东北面,由朝鲜族大队 500 多兵力配

备了 18 挺机枪,其中 6 挺重机枪,还有 10 多个掷弹筒,400 多支步枪在城东设伏。

11 月 26 日早晨,战斗打响了。当时刚下头场大雪,积雪达一尺多深。人民自卫军指战员不顾天寒衣单,英勇顽强,战斗情绪高涨。经过一天一夜的激战,七团先后在西南角炸开城墙攻入城内。敌人动摇,慌忙从东门逃跑,又遭到朝鲜族大队的伏击,打死打伤敌人 130 余人,打散 1 000 多人,剩余的匪徒逃往阿城方向。

这次战斗消灭了国民党先遣军第三军。整个战斗打死打伤敌人 470 余名,俘虏 375 名,缴获轻重机枪 20 余挺,步枪 300 余支,掷弹筒 10 余个及其他战利品。在这次战斗中,人民自卫军牺牲 240 人,冻伤 30 余人。牺牲的指战员被埋葬在八家子东门外的高岗上,每年清明节,当地民众都前往陵园祭扫,以悼念烈士英灵。

（二）五常县城保卫战

八路军三五九旅五团三营是由五常朝鲜族青年组织起来的朝鲜义勇军大队。1945 年,由抗联干部姜一(音译)负责,在五常开展征兵工作。民乐、山河、小山子、光辉等地的朝鲜族青年纷纷报名参军。到年末,参军的朝鲜族已经达到 600 多名。

1945 年"九·三"光复后三五九旅先遣队的一个连驻扎在五常。当时,把驻五常城内的朝鲜族部队分成四个中队,总负责人是姜一,大队长陈凤满(音译),教导员李松范(音译)。

三五九旅先遣队和朝鲜族部队,为五常城内人民快乐安全地度过解放后迎来的第一个春节而担负起保卫县城的任务。武器装备较强的三五九旅先遣队负责城东和城南;武器装备较差的朝鲜族部队负责城西和城北。

当时,五常县境内有地主、伪警察、伪官吏、汉奸等组织起来的"维持会",这个反动组织和长春国民党的反动组织一起,与五常境内的 42 个反动武装组织勾结,形成 5 000 多人的反动武装。

1946 年 1 月,驻扎在山河屯一带的土匪,阴谋袭击五常县城。他们用 400 个马爬犁装上弹药枪支,上面装上猪肉进行伪装,蒙骗岗哨混进县城,勾结维持会,进行武装暴乱。

当天,朝鲜族部队负责晚间站岗的是许昌俊(音译)排。排长许昌俊感到年轻战士晚间觉多,就把年长一些的战士安排在深夜放哨,等到天亮时,由他亲自带领年轻战士去换岗放哨。他回到训练所刚躺下,就听见从北门传来枪声,紧接着东、南、西三门都响起了枪声。许昌俊连忙举起从日本鬼子手中缴获的军刀向北门冲去。敌人利用夜黑悄悄包围了县城,一到黎明就开始发动了攻击。

三五九旅先遣队把守的东门已经与土匪主力交火。维持会趁机与城外的土匪勾结,里应外合,打开大门迎接土匪。从南门攻进来的土匪,在十字街口架起轻机枪向东门扫射进攻。把守西门和北门的朝鲜族部队只有几条枪,他们集中火力迎战,没有枪支的,拿着鸟铳、大刀、斧子、棍棒坚守阵地。

混进城内的土匪把藏在猪肉下面的手枪、手榴弹拿出来活动起来,城内街面上人们不敢走动。朝鲜族部队通讯班副班长张日焕去县政府联络的路上险些被土匪暗杀。敌人内外勾结,我军处境很艰难。

在这紧急关头,朝鲜族部队指挥员冒着生命危险,赶到县政府。当时部分干部正准备撤退,部队指挥员说,我们不能丢下城内六七千老百姓不管,我们要与老百姓共生死。经与县政府协商,把县里储存的武器全部拿了出来,做好决一死战的准备。

在这节骨眼儿上,正好三五九旅一个排为运输过春节用的肉食、武器弹药的汽车到达城北门。他们看到在混乱的街上到处乱串的土匪,就在汽车上架起重机枪向他们扫射。迎来援兵的朝鲜族战士,又得到武器弹药的补充,士气高涨,迅速展开反击。按自己的计划,已认为基本占领了县城街道的土匪头子们陶醉在胜利之中,正在饭店摆酒庆贺。土匪们像脱缰的野马一样,到处乱串抢劫财物,他们被汽车上飞来的子弹击中而倒下。这些土匪认为东北联军大部队增援来了,吓得不敢抵抗,纷纷爬上马爬犁逃走。战斗胜利结束了,朝鲜族部队和三五九旅先遣队紧密配合,消灭了突然来袭的土匪三四十人。三五九旅却牺牲了王连长等20名指战员,其中就有朝鲜族战士李相集、田相学(民乐乡大成屯人)。县政府为他们举行了隆重的追悼大会,把他们安葬在城南杏花山革命烈士陵园。

战斗结束的当天深夜,三五九旅也到达了县城。三五九旅白司令员为在县城保卫战中朝鲜族部队英勇顽强作战精神所感动,就向县政府提出接受这支部队的要求。经协商把这支朝鲜族部队分成两部分,一部分留下来守卫县城,另一部分编入三五九旅。编入三五九旅的300名战士序列为五团三营。

五团三营这支部队多次参加尚志、延寿、方正、通河、依兰、汤原、勃利、林口等地剿灭谢文东、李华堂等土匪的战斗,为剿灭东北境内的土匪做出了重要贡献。

(三)小山子战斗

1946年2月12日开始的小山子剿匪战斗。占据小山子的土匪,天一黑就四处乱串,奸淫杀掠。仅东北街一夜工夫,一位朝鲜族妇女就被匪徒轮奸了13次而致残。就连年近半百的张姓妇女和年仅十余岁的徐姓女童也没能逃过匪徒的魔爪而被强行奸污。小山子人民刚刚结束做亡国奴的苦难岁月,又陷入了水深火热之中,日夜呻吟在苦难的深渊。在攻克小山子的战斗中,东北联军怕伤及无辜,没有使用大炮。朝鲜族连从东门攻进,对土匪形成包围之势。土匪防线被突破,很快出现混乱状态。这次战斗进行了7天7夜,消灭

小山子革命烈士纪念碑

敌人700多人,解放了小山子。1946年10月,小山子镇政府为纪念在解放小山子战斗中牺牲的72位烈士,在东门外建立了革命烈士陵园。

(四)山河屯保卫战

山河屯地处黑龙江省最南端,与吉林省舒兰市平安镇交界,是黑吉两省政治、经济、文化的结合部。东、西、南三面环山,吉林至哈尔滨的拉滨线铁路经过这里,战略位置十分重要。

1946年3月,长春一带的国民党大兵团经过吉林向北进犯,疯狂叫嚣占领解放区哈尔滨。

当时,山河屯一带以大地主、做过伪满警察头目的陈喜廷为首,纠集恶霸地主、伪警察、特务和地痞无赖,呼应国民党军北进行动。这伙人以向阳山为巢穴,骚扰残害上金马、下金马、山河屯一带的百姓,他们散布"杀死朝鲜人"的舆论,纠集走卒,妄图占领山河屯,掌控途径的拉滨线,试图迎接向北满进攻的国民党军队。

驻守在山河屯的是朝鲜义勇军第三支队三大队,大队长叫金学龙,是以五常县朝鲜大队大队长身份赴任的。县大队有三个中队,分别由金顺平(音译)、李斗名(音译)等担任中队长。

5月中旬,土匪以数倍的兵力向以新兵为主、武器老旧的驻守在山河屯的义勇军疯狂进攻。

我军早就有所准备,得到土匪要前来进攻的消息后,在前一天夜里,大队长金学龙已经带领第一中队和县公安队20余名队员,神不知鬼不觉地埋伏在坟墓群东2.5公里,因为这里是土匪必经处,等待出击。土匪刚到近前,三小队战士就开始了射击,立刻就有几个土匪应声倒下,土匪慌乱地趴在地上还击。敌人醒过神来,明白对手的兵力远不如自己多,就疯狂地向我军扑来,我军分两股边还击边向山河屯东南方向铁路边后撤。

下午3点,土匪们随后向埋伏在铁路边的我军方向追击过来,没想到进入我军的埋伏圈,遭到霹雳般的致命一击。他们把向山河屯进犯过来的土匪在村外就与村内战斗的另一小队合力围击。

蒙蒙细雨的傍晚,向山河屯南边、西边土匪反扑过来,枪声从四边响起。雨渐渐停了下来,天刚刚黑,土匪就试图突破包围圈,他们依仗自己的优势,利用黑夜的掩护开始了突围总攻击。在我军的顽强阻击下,匪徒连土墙边都没沾到。

被雨水淋透衣服的战士们紧贴土墙或土堡,瞄准匪徒的身影射击,土匪们更疯狂了。大队长金学龙向预先设置在东边土堡上的重机枪班下达了射击命令。重机枪猛烈吐出的火舌把向东边突围的匪徒气势压了下去。金学龙大队长又灵活地将重机枪调往西、南、北面,向土匪射击。

夜里10时许,土匪死伤无数,狼狈逃窜。山河屯保卫战取得了重大胜利。

(根据延边大学民族研究所所长金春山教授、原朝鲜义勇军第三支队二大队二中队副中队长金虎连记录整理)

二、支援解放战争

日本侵略者投降后,蒋介石为独占抗日战争的胜利果实,在东北虎视眈眈,煽动土匪猖狂骚扰东北根据地的新政权和人民群众。根据地的父老乡亲在土匪的强抢掠夺下,生活不得安宁。

1945年末,在抗日干部姜日的发动下,开始征集,民乐、山河、小山子、光辉等地朝鲜族青年纷纷应征入伍。到年末,朝鲜族组成的队伍达600人。这就是三五九旅五团三营。据《黑龙江省志》(民族志)载:黑龙江地区朝鲜族人民同兄弟民族一起,为解放东北和全中国,掀起参军参战、支援前线热潮。五常县民乐乡民乐村403户,就有260名青年参军,占全村农户的64.5%,申德宽一家6口人全部参军。

1946年1月1日,中国共产党领导的东北人民自卫军第三纵队第二支队解放五常后,在中共五常县委的领导下,为适应解放战争、保卫新政权、建设巩固的东北根据地的需要在民主联合政府统辖下,新组建的4个朝鲜族中队共480人为基础,成立了五常县大队总队,到6月扩编为中国人民解放军松江省江南分区驻五常第二团(县大队与独立团名称同时存在,统称独立团),由县长徐新兼任团长,县委书记封仲斌兼任政委。

独立团的任务是根据解放战争的需要,一切为了支援前线,保卫人民翻身果实,做好支援解放战争后备兵员的动员、输送工作,搞好剿匪和发展生产、巩固后方阵地的工作。

县独立团在剿匪和练兵工作中,涌现出一批立场坚定、工作积极、作战勇敢、纪律严明的先进人物。其中就有李相仁、韩昌道、朴正洙、金哲虎等朝鲜同志。

县独立团于1946年2月参加了著名的小山子战斗,山河镇崇义村的朝鲜族机枪手林万和曾参加了那次战斗。

1946年6月,根据中共松江省委和哈南地委关于建设新兵团的指示,成立了以4个朝鲜中队共450人为基础的五常县独立团,团长张希尧,政委由县委书记、民运部长封仲斌兼任,副政委方浩,独立团下设3个连。

在解放战争初期,五常县是重要的后方根据地。哈南军分区、东北人民自卫军辽宁大队(三五九旅二支队)于1946~1947年先后在五常县开展剿匪斗争,经过大小战役10余次,有力地巩固了这一地区,支援了解放战争,成为重要的战略后方。八家子战役中朝鲜族大队300多人参加了剿匪战斗。山河屯战役中朝鲜族大队牺牲了将近一个连。朝鲜族同胞在建立巩固五常根据地的伟大斗争中立下了不朽的功绩。

哈尔滨烈士陵园在南区耸立着一座用汉朝两种文字书写的纪念碑:"廿一烈士之墓"。安息在这里的是1946年9月2日在哈尔滨市郊舍利屯剿匪战斗中英勇牺牲的21位朝鲜族烈士。这些烈士都是"八一五"光复后在哈尔滨保安总队朝鲜族独立大队初建时期,从农村挑选出来的优秀青年。这些贫苦家庭出身的青年都抱着坚定的革命信念,在多次剿匪战斗中立过战功的指战员。中队长李英泽来自五常,吃苦耐劳,努力提高自身的革命修养,很快成长为一名坚强的革命战士。他很早就加入了中国共产党,在入伍不到一年的时间里,就从普通战士成长为小队长、中队长。中队长李英泽、副中队长朴万根、小队长马某、战士李旭实、张福林等21名指战员英勇牺牲,长眠在苍松翠柏之间。

碑文

二十一烈士碑

1948年,由于东北全境彻底解放,按照上级指示,县独立团已完成了历史赋予它的任务,没有必要存在下去,遂撤销其建制。独立团所建树的功绩将永远记录在五常的史册上。

第四野战军四十七军二十八师八十二团三营八连,由五常县朝鲜族战士为主编成,1948年10月辽沈战役中,参加了黑山阻击战,荣获"钢八连"称号。

表2-1　　　　　　八连朝鲜族1948年10月参加黑山阻击战的概况

	副排以上干部	通讯班	一排					二排				三排				炊事班	合计
			1班	2班	3班	4班	炮班	5班	6班	7班	8班	9班	10班	11班	12班		
人　数	11	9	8	7	6	6	9	8	7	7	6	8	7	7	7	14	127
思想状况 党员	10	3	4	3	2	3	3	4	3	3	3	4	3	2	3	3	56
思想状况 积极分子	1	1	2	3	1	2	2	3	2		2	4	4		1	5	34
民族 朝	8	3	5	4	4	2	7	5	4	4	4	5	5	3	4	10	77
民族 汉	3	6	3	3	2	4	2	3	3	3	2	3	2	4	3	4	50
战斗经验 老战士	11	6	3	1	1	2	5	3	2	2	3	3	3	1	3	10	60
战斗经验 翻身战士		3	3	5	3	3	3	3	4	3	1	3	4	4	3	3	47
战斗经验 解放战士			2	1	2	1	1	2	1	2	2			2	1	1	20

注:翻身战士是指经土地改革翻身青年农民,解放战士是指从国民党部队起义过来的战士。

八连的127名指战员,在黑山阻击战中,除一名立了两次小功外,都立了大功,20余名战士立了两次大功,也有的立了三次大功。

师党委授予八连"钢铁连守得顽强、攻的勇猛"锦旗,从此,"钢铁八连"的威名在人民解放军中名声大震,更加得到厚爱。同时,"钢铁八连"的名字在人民群众中成为令人们自豪的传奇式英雄集体,更让敌人闻风丧胆。"钢铁八连"是人民解放军的自豪,也是中国朝鲜族的自豪,更是五常朝鲜族的自豪。

在八连队伍中,涌现出许多战斗英雄和钢铁战士,他们为了中国的解放事业献出了年轻的生命。

战斗英雄李斗燮

李斗燮是八连初期的老战士,1945年10月参军。长工出身的他,对部队的生活感到非常温暖,同志们待他也很亲切。在党的教育培养下,他成长为无产阶级的先锋战士。

黑山阻击战后拟将他提升为排长,但把他安排到班里任副班长。他不计较职位高低,带着淳朴的阶级感情,忠实地履行着革命军人的义务。

李斗燮受伤住院期间,一个月发给他 3 元的零用钱。他一分也不舍得花,出院时,全买了烟叶,分给战友们。

每天在零下 40 多度林海雪原中急行军。一天,18 岁的李斗燮在追击土匪时丢失了一只鞋。正当他不知所措时,"这有一只鞋,你穿上"! 司务长递过一只鞋。这只鞋使他没有冻着脚,跟上了部队。天亮时,他看见司务长正用苞米叶包上一只脚,然后用绑腿缠上时,才知道是司务长把自己的鞋脱给了他,他感动得不知说什么才好。

烈士事迹

一名从国民党军队起义过来的战士在急行军中晕倒,李斗燮二话不说,背起那个战士走过积雪的大山。

白龙山战斗时,通讯员李斗燮接受副指导员的命令,突破敌人的枪林弹雨,找到一排副排长元永基(五常县长山乡人)。"副排长同志,副指导员命令你指挥全连!"李斗燮刚传达完命令,敌人的子弹打中了他的脖子。他用手捂着流血的脖子想说点什么但没说出来。

元永基赶紧拽出腰上的毛巾,想给李斗燮包扎伤口,但李斗燮一面用手表示拒绝,一面用复仇的目光直视半山腰的敌人碉堡.用染红鲜血的手指在敌人炮弹击碎的土上写下了"任务比生命还重"几个字,这就是 17 岁通讯员想说的话。

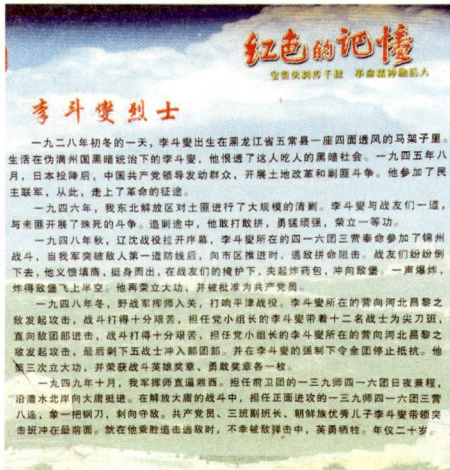
烈士名单

是的,任务比生命还重! 现在马上就指挥全连决战! 元永基不顾李斗燮的拒绝,硬是用毛巾给他进行包扎后说:"你要注意隐蔽。"

元永基不忍心留下还在流血的小通讯员,但为了执行任务不得不下狠心。看到元永基离开的背影,面色苍白的李斗燮出现欣慰的笑容。那是他完成通讯任务的微笑。

湖南省大庸县(今张家界市)战斗时,李斗燮首先冲到宋希濂部 122 军固守的大庸中学。敌人在大庸中学周围布置了几十挺机关枪火力网垂死对抗。李斗燮爬上机关枪威胁我军前进的二楼。在二楼有 10 余名敌人把两挺重机枪加在窗口不停地向我军扫射。李斗燮贴近窗口,一只手举起手榴弹,另一只手端起冲锋枪大喊"别动!"这晴天霹雳般的喊声,使敌人吓破了胆。李斗燮又大喊:"解放军优待俘虏,要活命就缴枪后退!"

一声喝令,10 余名敌人丢下重机枪向墙角退缩。这时一名混在里面的军官拔起手枪对准李斗燮的胸口就是 3 枪,受了重伤的李斗燮用冲锋枪当场击毙了那个敌军官。胸部受伤的李斗燮,鲜血染红了衣服,眼看就要倒下去。但他明白如果倒下去,敌人就会接着用重机枪向我军扫射过来。我们的英雄并没有倒下,他靠墙站立着,从他额头流下豆大的汗珠,他那仇视的双眼瞪着敌人,紧握着手中的冲锋枪磐石般地坚守着。我们的英雄脸渐渐苍白起来,呼吸越来越困难。

听到二楼枪声的白得铉和几名战士,急忙冲上楼去,见到持枪对准敌人坚守的副班长李斗燮。白得铉高声呼喊:"副班长!副班长同志!"

不知听见没有,已精疲力竭的他慢慢倒下了。白得铉一边连忙把他搂在怀里,一边呼喊着"副班长",但没有回答。英雄李斗燮的心脏已停止了跳动,永远闭上了双眼。他以生命践行了"任务重于生命"的诺言。

立下 7 次大功,被授予"毛泽东勋章"的英雄李斗燮,24 岁的他连一张照片都没有留下,但他的形象永远在人们心中闪烁着不灭的光芒。

湖南省大庸县所在地西门外土岗上新增了 7 座坟墓,是东北战士的,就有 5 座是朝鲜族战士的,其中就有李斗燮的坟墓。后来在今张家界市革命烈士陵园修建了革命烈士纪念碑,永远纪念这些为人民解放而英勇牺牲的东北人民的好儿子。

李斗燮等烈士纪念碑

在这次战斗中,"钢铁八连"共消灭敌军 100 多人,李斗燮等 3 名战士活捉逃敌 174 人,缴获重机枪 2 挺、大炮 1 门、各种枪支 140 支,出色地完成了消灭外围之敌的任务。战斗结束后,师党委授予钢铁八连:"奖给在解放战争中战功卓著、大庸战役中起决定性作用的钢八连"锦旗。

元永基舍身炸碉堡

元永基,1945 年末在五常县长山乡参军,个子高,瘦长体躯,长脸,眼睛闪烁着刚毅的人。

副排长元永基平时在军事训练上,战时在战场上一贯都勇敢的人。他关爱战友,行军中常替战士扛枪背行李。深受战士们的爱戴。在长春飞机场袭击战中荣获战斗模范的荣誉。

在白龙山战斗中,首先冲到山顶的元永基,举起手榴弹,爬上碉堡,大声高喊"缴枪不杀"!这时他不幸被隐蔽的敌人发射暗枪击中,当场牺牲。

钢铁战士金永杰

金永杰,1945 年冬在五常县山河镇参军。他在人民解放军大家庭里学到了很多道理,阶级觉悟提高很快,从一个普通的山区青年,成长为革命战士。他平常为老百姓担水劈柴,行军中为战友扛枪,到了宿营地,首先烧水让战友们烫烫脚。不论何时何地他都手不离活。

白嫩细腻的皮肤,圆圆的脸,秋水般的双眼,笑起来时双颊酒窝,是女护士们心目中的偶像。

常害羞脸红的他,有些人怀疑他是否能和敌人打仗。但一到战场,他就变成了猛虎。他在八连是最年轻的排级指导员。在白龙山攻击战中立了大功,但胸部受了伤。在护送途中,他大腿又受了贯通伤,使年轻的生命受到严重威胁。

金永杰醒来后,费力地写了一封寄给家里的信:"爸妈!我虽然受伤,但很快就能好。医院精心照料,不必担心。儿在远方祝父母健康!对弟弟们的嘱咐是:你们要好好学习,要成为国家有用的人才,听党的话,要孝敬父母。"

接到书信的父亲,马上来到医院看望儿子,可没有想到的是部队已经为金永杰开完了追悼会。老人默默地来到儿子的坟前,为儿子添了把土,含泪回家。

机智勇敢的排长张日焕

白龙山战斗中,一排排长张日焕被炮弹片击伤了背部。接到紧急撤退命令的部队在急行军。抬伤员的担架队行动不便,又遭受到敌机的攻击。敌人对住有伤员的村庄用机关枪疯狂扫射,大家必须迅速转移伤病员。在这危急关头,躺在担架上的重伤员张日焕指挥着担架队员有秩序地先撤其他重伤员,嗓子都喊哑了。在这种紧急状况下,连平时组织纪律性较差的担架队员都听从了他的指挥,把伤员安全的全部转移后,抬张日焕的担架才肯离开村庄。张排长的担架刚离开村庄,两架敌机跟着追了上来,用机枪无目标地向地面扫射。正当担架队员不知所措时,张排长高声指挥:

"担架放到左侧沟里,都趴下!"

"担架放在道上,往高粱地里隐蔽!"

"快抬起担架!"

"把担架放在原地隐蔽!"

机枪子弹在张排长担架旁一字排开卷起尘土。担架队员惊出一身冷汗。敌机飞走后,担架队员急忙跑过来看张排长时,他安然无恙。但确实很危险,一颗子弹离他的脚只有 20 厘米,另一颗子弹离他的头部仅剩 8 厘米。

张日焕(右)

1945 年,在五常县安家区大成屯参军的曹万叶是轻机枪射手。他在黑山阻击战中头部重伤牺牲。牺牲时,他一手还抓住轻机枪,一手还扣着扳机,闭着左眼,右眼紧瞪着前方,以瞄准的姿势光荣牺牲。

和平来之不易,黑山阻击战中,一名战士受了致命伤。他抓住指导员金教真的手说:"指导员,我一定把这次黑山阻击战的故事讲给后代听,一定给……"话没等说完就牺牲了。光荣的队伍,钢铁的队伍,以五常朝鲜族热血青年为主组成的,为祖国的解放事业甘洒热血,勇于献出宝贵的生命英雄队伍。我们绝不能忘记他们,他们英勇无畏、勇于献身的革命精神,要一代一代地接过来,传下去。

东北解放后,"钢八连"进军关内,参加了平津战役。南下后,参加了解放宜昌、常德、阮陵等重镇战斗，又挺进西南，投入解放重庆战役。从北满的暴风雪中到荒芜无边的辽东大地、长江南北、长城内外、转战 11 个省、驰骋千万里，留下了血迹斑斑的深深足迹。

在解放战争时期，五常县民乐乡参军人数最多，每次至少五六百人，有时全乡达 1 000 多人，后方劳动力严重缺乏，为了支援前线，各村以代耕形式对军属、烈属家庭进行优抚。1956 年以后给军烈属家庭补记工分，保证军烈属家庭生活水平不低于本村农民的平均生活水平。军烈属家门前都挂有"光荣军属"、"光荣烈属"的光荣牌子。每逢春节，村民们都组织文艺节目到军烈属家庭慰问。

第三节　抗美援朝

1950 年 6 月下旬，正当中国人民为巩固新生的人民政权而斗争的时候，美帝国主义开始武装干涉朝鲜。9 月 15 日，美国打着联合国的旗号，纠集 15 个国家的军队，组织所谓"联合国军"，在朝鲜仁川登陆向北进犯。同时，不顾中国政府的多次警告，把战火引向中国边境，严重威胁中国的安全和人民的生活。

为了维护和保卫祖国的安全，援助朝鲜人民的抗美救国战争，应朝鲜民主主义人民共和国的要求，1950 年 10 月 8 日，中国政府做出了"抗美援朝、保家卫国"的决定，组成中国人民志愿军开赴朝鲜前线，与朝鲜人民并肩作战，抗击美国侵略军。

五常的朝鲜人民根据上级的指示精神，在县人民政府的具体领导下开展了轰轰烈烈的抗美援朝、保家卫国运动。当时五常和拉林两县有近 2 000 名青年踊跃参加中国人民志愿军，并先后组成 2 200 余人的赴朝担架队和运输队参战。

很多朝鲜人在中国人民解放军部队直接开赴朝鲜参加了战斗。如今在民乐朝鲜族乡养老院养老，91 岁的南基龙、民乐朝鲜族乡红光村 87 岁的金正根、五常镇新兴村 86 岁的李在明、五常镇 88 岁的朴英杰等 4 位老人，都是在随中国人民解放军部队打到长江以南时接到上级命令，赴朝鲜抗美援朝战场的。全五常 240 余名朝鲜族革命烈士中，75% 是在抗美援朝的战场上牺牲的。100 多名朝鲜族革命残废军人中，90% 左右是在朝鲜战场上光荣负伤的。

原松江省五常朝鲜中学刚毕业的热血青年参军奔赴朝鲜，其中就有 8 位付出了年轻的生命。

出生于五常县杜家镇曙光村郑家屯的革命烈士蔡昌锡，曾参加辽沈战役。1951 年，蔡昌锡任独立中队长。在朝鲜元山战役中，他的中队担任阻击任务。他率部下英勇果敢地指挥全中队战士连续打退敌人的多次进攻，全中队的战士大多牺牲，只剩下蔡昌锡等 3 人。在他的指挥下，又打退了敌人的数次进攻，守住了阵地，完成了阻击任务，为整个元山战役大反攻赢得了时间。最后蔡昌锡不幸中

蔡昌锡烈士墓碑

弹牺牲,时年23岁。

朝鲜民主主义人民共和国为表彰他的功绩,授予他二级战斗英雄称号,并在平壤人民英雄烈士纪念馆陈列着他们中队的英雄事迹和蔡昌锡烈士的遗像。

民乐村民安屯参军的金春根,1948年参军,后编入朝鲜人民军。1951年在朝鲜洛东江大桥追击敌人时光荣牺牲,是年26岁。

现居住在营城子满族乡新光村1939年出生的金莲俊,她的大哥金黄林参军后,参加小山子战斗、四平战斗后,随部队打到江西南昌,后开赴朝鲜战场,但生死不明。直到20世纪60年代初,金黄林的弟弟去朝鲜才知道哥哥已经牺牲的情况。朝鲜江源道山谷中有金黄林的烈士墓,这是因为他直接编入了朝鲜人民军,牺牲后无法联系到中国他家庭的具体地址。

新光村的双烈属权顺福的原配1947年参军后,在四平战斗中光荣牺牲;1952年权顺福再婚,丈夫郑成汉参加中国人民志愿军赴朝参战,也在战斗中光荣牺牲。

1955年民乐乡的不完全统计,有据可查革命烈士106位,战斗中受伤致残人员42位,失踪人员11位,战后复员归来238位,总计397人。参军家庭占当时朝鲜族总户数的51.3%,有的户2～3人参军。

抗美援朝战争时期,民乐乡1 000多人参军,后方劳动力严重缺乏。但为了支援前线,各村对军烈属进行扶优工作,1956年以前以代耕形式进行,全村屯人包军烈属土地耕种。

抗美援朝战争时期,新中国事业百废待兴,人民生活很贫困。在这种艰难的情况下,为了夺取抗美援朝战争的伟大胜利,五常朝鲜族人民也做出了不可磨灭的重要贡献。

第四节　革命斗争回忆录

一、血染的足迹

在纪念抗日战争胜利40周年的日子里,黑龙江新闻社记者一行采访了安居在五常县民乐乡民安村78岁老红军战士李凤柱老人,精神矍铄的老人向我们讲述了他一家的故事。

1937年1月29日,敌人的枪声惊醒了吉林省磐石县剑草沟寒冷的夜空。由于叛徒告密,被投靠日本军的土匪队伍包围的五六名抗日游击队战士,在浑身是血的三十岁左右的指导员的指挥下,与比自己强大数十倍的强敌展开最后的决战。

1908年,他出生在朝鲜庆尚北道永川郡的一个贫苦农民家庭,1920年随父母来到中国。1929年,他在吉林省磐石县加入中国共产党领导的农民协会,清算了恶霸地主。第二年加入了中国共产党。1931年,日本帝国主义发动"九一八"事变,他在杨靖宇、李红光领导的抗日游击队与日本侵略者展开战斗。

1930年10月成立的中共磐石中心县委以西波利河套(音译)为基地,指导磐石、海龙、双阳、桦甸、柳河一带的抗日斗争。1933年,杨靖宇和李红光在西波利河套以磐石游击队为基础,建立了东北人民革命军第一独立师。

1935年,在磐石一带活动的新改编东北人民革命军第一师向江南进军。那时,任磐西区党委(中共磐石县委分为盘南区党委和盘西区党委)书记的李凤柱同时兼任游击队指导员。为保卫中共磐石县委,巩固抗日根据地,他一边率领游击队与日本侵略者和汉奸特务、叛徒展开不屈不挠的斗争;一边根据上级指示,在游击队和农民群众中,先后发展了30多名党员,重新建立了一个党支部,三个党小组。

"我是侥幸活下来的。"他说。接着他讲述了1937年1月后的几次战斗经历.随着抗日斗争进入高潮,吓破胆的日本侵略者对吉林南部加强了讨伐力度,特别是对老根据地磐石、海龙、伊通等地集中兵力进行重点讨伐。加之在革命队伍中出现不少叛变变节分子,磐石县委被破坏,80%的党员和青年团员被捕惨遭杀害,基层党组织被严重破坏,游击队处在孤立无援的境地。1月29日,由于叛徒告密,游击队在剑草沟被敌人包围。数百名敌人紧缩包围圈,声嘶力竭地喊叫着"缴枪不杀"向游击队员扫射。经几天的战斗,仅剩5名游击战士在指导员李凤柱的指挥下顽强地坚持这支游击队的最后战斗。在这场战斗中剩下的只有县委组织部长孙济来(音译)和李凤柱两人。他自己下颚受了重伤,但因到处张贴出抓捕李克隆、李克卢的通缉令,四处抓捕他,只能藏在深山密林中疗伤。以后,他找到地方抗日队伍清山虎部(音译),与他们建立统一战线,继续坚持抗日斗争。

"为了抗日战争的胜利,无数朝鲜族优秀的儿女献出了自己的宝贵生命。我的亲密战友、夫人赵明信就是其中的一位"。老人对当年和他一起浴血奋战的老战友思念之情殷殷。

1931年,李凤柱在战火中结了婚。当李凤柱还是一位普通的游击队员时,就得到很早就是磐石县委妇女部长的赵明信的很多帮助。赵明信不仅是无限忠诚于革命事业的党的优秀儿女,同时也是忠贞于爱情的妇女。1933年她得了贵子,背着孩子继续坚持党的妇女工作。赵明信每到一处,就很快组织起反日会、妇女会等群众的抗日组织,发展了党组织。1935年秋,她见到了数月未见的丈夫李凤柱,这是他们最后的一面。当年12月,赵明信向县委书记金昌根汇报工作后,返回头道沟密营时遭到敌人的袭击。第二天同志们在密营里发现浑身是血、已经牺牲的赵明信怀里还有一个熟睡的孩子,幼小无知的孩子怎能知道母亲已经牺牲呢……他把孩子送到了队伍。惨无人道的日军不仅杀害了李凤柱的父母,还残忍地纵火烧死了李凤柱的爷爷。他的两个弟弟在与日本侵略者的战斗中先后英勇牺牲。

"文化大革命"动乱时期,当年的抗日老战士李凤柱因"侥幸地活了下来"成了他的罪行,被打成"叛徒"。打倒"四人帮"后,被颠倒的事实终于颠倒了过来。1978年,组织上找到他失散43年杳无音信的儿子(被一位好心的汉族收留,抚养成人)。1980年,组织上恢复了李凤柱的党籍,落实了他的红军待遇。

[附]:

李凤柱、赵明信简介

李凤柱　男,老红军战士,中共党员。原名李根雨,敌伪档案名为李克隆、李克卢。

1908年生于朝鲜庆尚北道永川郡的一个贫苦农民家庭,1920年随父母来到中国。晚年居住在五常县民乐乡民安村。

1928年参加革命,1930年加入中国共产党。

1932年参加红军独立师二团保卫连。

1935年2月,任磐石区委书记。

1936年任磐石中心县委游击队指导员。

赵明信　女,革命烈士,中共党员,老红军战士李凤柱的夫人。

1927年参加革命,1930年加入中国共产党。曾任磐石中心县委妇女部长,中共辽阳市委组织部长。

1935 年 12 月,在伊通地区头道沟子牺牲。

1992 年 5 月 12 日,黑龙江省人民政府补发革命烈士证。

赵明信烈士证明书

二、五常朝鲜人民主同盟勇士——姜东浩

1920 年初,姜东浩和堂兄姜南浩在吉林省桦甸、磐石一带开展"朝鲜独立运动"后,移居到五常县安家农场。解放时,他们居住在今民乐乡民乐村友谊屯。在日本无条件投降,地方政权尚未健全,朝鲜人还没有正式享有朝鲜民族待遇的历史条件下,五常组织了朝鲜人自己的组织——朝鲜人民主同盟。

北满地区朝鲜人民主同盟,于 1946 年 7 月 22 日在哈尔滨正式成立。1946 年 7 月 20～22 日,北满地区朝鲜人民主联盟第一次执行委员会在哈尔滨朝鲜义勇军三支队司令部(今哈尔滨市南岗区红军街 66 号)召开,会议由三支队政委朱德海主持。

1946 年 9 月 11 日至 14 日,在三支队教导大队礼堂召开的北满地区朝鲜人民主联盟第三次执行委员会扩大会议上,通过了民主联盟纲领,选举了 25 名执行委员。其中有五常李章永、李松范两人。

北满地区朝鲜人民主联盟纲领是:

1. 居住在北满地区的朝鲜人民团结起来,拥护东北民主政权,为建设民主化的新东北而努力奋斗。

2. 协助东北民主政府肃清法西斯残余势力,为居住在北满地区的朝鲜人民争取合法的政治、经济、文化利益。

3. 加强中、朝两个民族团结,联合各阶层人民大众,为巩固和平与民主而奋斗。

4. 援助朝鲜国内的民主运动,争取朝鲜的完全独立,为新民主主义朝鲜的建设做贡献。

姜东浩加入民主同盟,在"安家农场"成为中心人物,他为朝鲜人的利益而工作。姜东浩在来"安家农场"的火车上,偶然遇到安家镇大土豪朱毅岭(音译)。朱毅岭对一口流利汉语的姜东浩产生了好感,很快就表现出友好的态度。基于对共同的敌人日本帝国主义认识一致,约定互相帮助,结成了把兄弟。

其后,在几次的往来中,姜东浩了解到朱毅岭是大土豪,与土匪关系密切,但几年来土匪对"安家农场"朝鲜屯没有侵犯过。姜东浩与朱毅岭仍保持着友好关系,但没有放松警惕性。

光复后,"安家农场"边区屯因地基纠纷、丢失东西等事情屡屡发生,人心惶惶。汉族以前没有过的歧视朝鲜人的话语越来越严重,其原因是朱毅岭的手下在往来走亲戚的时候造谣生事而成。

姜东浩听到汇报后,立即找到朱毅岭直言到:我们虽然民族不同,但都遭受过日本侵略者的压迫。现在小日本败了,我们应该一起高兴,不能相互猜忌,相互不信任。朱毅岭听后说,你安心回去吧!这以后,朱毅岭的手下再没有滋扰过"安家农场"。

"安家农场"西边有条拉林河,人们习惯上称西岸为"河西"。到河西走亲戚的李钟必急报民主同盟:河西、背荫河、安家土匪在河西聚会,要抢劫"安家农场",把二鬼子(当时部分汉族人对朝鲜人的蔑称)撵出去,没收他们的财产和土地。

得报的民主同盟本部和姜东浩,紧急召开安家农场13个朝鲜屯民主同盟负责人会议,研究对策。各屯组织自卫队加固围墙、入屯大门,昼夜加强岗哨,购进武器弹药,猎手、土枪总动员。有人听说守桥日军撤退时曾往大河里丢弃了些武器弹药,于是动员100多自卫队员打捞。但只捞出10多只长枪和三四箱被水浸失效的手榴弹,但鼓舞了自卫队的士气。

正在加强准备时,在横道屯西门外居住的汉族老王偷偷传来消息:"横道屯和刘画匠(今民乐屯)今天晚上可能要受到河西土匪的袭击,要准备。"

老王虽是汉族,但和朝鲜人关系处得很好,朝鲜朋友也很多,很受朝鲜人的尊重。老王送来消息,姜东浩在保护老王的同时,做好了防止袭击的具体部署。

当天晚上,土匪果真坐着三台马车到了横道屯西门外。老王出头好言劝说土匪:"如果你们弄不好去碰这个屯,可能要出人命的。"土匪从大门缝往里一瞧,只见扛枪的自卫队员来来往往。"那袭击刘画匠去!"土匪头说。老王连忙说:"更不行!""那咱们打小屯赵家屯(今荣华屯)去!"土匪头决定。横道屯自卫队员听信赶到那儿时,土匪早已退回去了。

经过这件事,姜东浩决定去找驻哈尔滨的朝鲜义勇军和苏联红军。当时铁路已不通车,姜东浩沿着铁路步行去了哈尔滨。很多人不放心他独身前往,都到铁路为他送行。3天后,向安家站驰来一辆火车头,在苏联红军护送下,姜东浩下了车。苏联红军鼓励姜东浩要鼓起勇气,建立信心。后来苏联红军向铁西荒野用苏式机关枪发射了几排子弹,有很多群众在现场观看。这分明是苏联红军对土匪的警告。

三、黑山阻击战

1948年9月,辽沈战役开始了,为了掩护主力攻克锦州,造成在东北关门打狗之势,我们随部队从开原出发,渡巨流河,沿法库、彰武、新立屯一线,采取运动防御,纠缠敌军,节节阻击,迟滞敌廖耀湘兵团向锦州的增援。我们每天行军100余里,还要参加一些小规模的战斗。不少战士的脚底磨出了血泡,有些战士染上了疾病。但是战士们的士气非常高涨,没有一个掉队的。全连指战员纷纷写出了杀敌立功的决心书,并把决心书贴在枪托上。当时连长梁生玉同志因病住院,我就代表全连写了一份请战书。

《请战书》

为革命早日成功,解放全中国的劳动人民,八连指战员向营党委请求战斗任务。

我们以如下条件做保证:

第一,我连有56名党员和四十三名积极分子,有28名投弹手和11名射击手

第二,我们有从敌人手中夺来的美械机枪和冲锋枪;

第三,我们有张家楼、白龙山战斗的经验和教训。

有了上述这些,任何敌人也打不垮,摧不乱我们。我们能够消灭任何敌人。请营党委把最重要、最艰巨的任务交给我们,我们保证完成。

八连全体指战员　代表:金教真

辽沈战役纪念馆中陈列的金教真专柜

这份请战书的底稿,我一直珍藏到现在。

10月23日零点,连长梁生玉同志和我跟着营长、教导员到了师部。师长贺庆祝同志和政委晏福生同志传达了上级的指示,随后下达了作战命令。我们部队奉命坚守黑山一线,阻击廖耀湘兵团的逃跑。等锦州北上的兄弟部队一赶到,就要进行巨大的围歼战。为此,要求我们坚守大白台子3天3夜。贺师长再三强调大白台子阵地很重要,是进犯黑山县城北来之敌必经之路,和城东101高地,是我军的防御重点,要不惜任何代价坚守到底,寸土不得丢失!

大白台子村位于黑山县城北,离县城五里多地。村北地头,有一条向东西方向伸展的乡道,比乡道高一米左右的农田一直延伸到海拔181米相距一里左右的北山根。村子东北是一条向东北方向伸展的深两米左右的天然壕沟。敌人很可能从北面的农田和壕沟向村子进犯。于是我们在地头和离壕沟50米左右的地方,构筑了30多处地堡和掩体,挖出了100多米的交通壕。同时决定,让战斗力最强的一排首先进入阵地,并把小炮班配属一排,由副连长高凤华同志直接指挥;二排和三排作为预备队在村南隐蔽待命,连部设在村东南100米左右的壕沟内。

24日上午,一个排左右的敌人,到阵地前进行火力侦察,为了避免过早地暴露阵地的火力点,我们只用步枪和手榴弹歼敌10余名,剩下的抱头鼠窜。

夜幕降下来了。时值深秋,冷风嗖嗖寒气袭人。由于敌人截断了我军的补给线,仍穿着单衣的指战员,蹲在潮湿的战壕里,浑身打哆嗦。晚上当地群众送来了一些棉衣、棉被,师、团领导机关也送来了毯子、大衣等。

辽西决战中的金教真

25日7时,离我们阵地3里左右的北山后,突然传来了隆隆的炮弹出口声撕破了早晨的宁静,紧接着尖声呼啸的炮弹就像暴雨般地倾泻到大白台子村和我们的阵地上,树木被炮弹皮砍倒了,横七竖八,到处都是,环村的梨木果树,枝断叶飞,土和石块被掀了起来,飞上于空,然后像雨点一样落到地上,战士们的身上。顷刻间,房倒屋塌,瓦石爆裂,硝烟、尘土弥漫了整修阵地。三班的一个地堡震塌了,战士梁金山埋进了土里。三班副崔成杰一面监视敌人,一面叫宋钟奎和崔太龙赶快扒土救人。梁金山的腰部被压伤了,不能走动,但他坚持不下阵地。他说:"我不能走动,可以躺在地上给别人压子弹!"

炮声疏落下来后,约一个连的敌人像一群疯狂似的向前扑来。"准备战斗!"高凤华发出了口令。机枪手的腮贴近机枪枪托,准星缺口对准了敌人,投弹手们握着弹把,怒视着前方。当敌人走到40米左右处,高凤华喊了一声"打!""哒哒哒……"机枪开火了,"轰隆隆、轰隆……"手榴弹爆炸了。敌人冷不防劈头挨了一棒就往回缩。在敌人后撤的路上,小炮炸起团团黑烟,他们四处奔逃。

第一次冲锋的敌人刚退下去,第二次冲锋的敌人就涌上来了,这次大约有两个多连。敌人的轻重机枪、山炮、野炮、榴弹炮疯狂地扫射、轰击。八架野马式战斗机也在空中助威,轮番地轰炸扫射。

持续的爆炸声把战士们的耳朵震得发聋,听不见声音,只能靠打手势来代替说话。三班地堡的射孔炸塌了五次,炸塌了又垒起来。宋钟奎怕机枪口塞泥出故障,敌人打炮时,他就用棉被把机枪口捂住。

在戴大盖帽的军官带领下,敌人弓着腰蜂拥而上。

我们组织火力首先消灭了走在前面的敌军和一些士兵,其余的趴在地上不敢动了。但是,跟在后面的敌军官,用手枪威逼着士兵继续前进。趴在地上的敌人,慢慢地抬起头,挺起身子,一步一步地向阵地涌来。

当敌人走到距我阵地40米左右时,一串又一串的手榴弹在敌群中爆炸了。敌人每前进一步都倒下成堆的尸体。特别是高凤华、李和顺等投弹手投出的手榴弹既远又准,颗颗命中密集的敌群,敌人死的死,逃的逃,无处藏身。机枪阵地前的敌人也倒下了一片又一片。

忽然,在阵地上空盘旋的八架野马式敌机,瞄准我三班阵地狂扫滥炸。一时,三班阵地浓烟滚滚,尘土四溅。战士们睁不开眼,看不清楚前面的敌人。

利用这一时机,一群敌人顺着壕沟爬到了三班阵地的前面。三班战士们沉着冷静地抗击进犯的敌人,充分发挥冲锋枪、手榴弹在近距离战斗的作用。

打退了敌人的第二次冲锋,三班前面的沟口上,敌人的尸体垒成了一堵墙。

这时,一排的伤亡很大,连长梁生玉同志命令二排进入阵地。

上午9点左右,敌人用三个连的兵力发起了第三次冲锋。密密麻麻的敌人,分三路压来。敌人吸取了前两次的教训,在高粱地里步步为营修挖掩体,并摆下了5挺重机枪,6挺轻机枪,向我阵地猛烈射击。

崔成杰头部和右肩都被炸伤,他缠着绷带,坚持战斗。卧在地上压子弹的梁金山,看见副班长满身是血,脸色苍白,劝他下去休息。崔成杰笑了笑说:"有一口气,我就和反动派拼到底!"接着,他一边战斗,一边大喊:"坚决消灭敌人,为死难的阶级兄弟姐妹报仇!"

冲在前面的敌人被打乱了,溃退了,后面的又涌上来。尖山子山头上,敌七十一师督战队,用重机枪扫射他们后退的士兵。

副连长高凤华沉着、机智地指挥着大家。敌人走到我阵地几十米处,我们的火力一起开火,机枪、冲锋枪、步枪,加上手榴弹,一下子裹住一拨又一拨敌人。

战斗正在激烈地进行时,团长苗汝昆同志和教导员蓝天民同志到连指挥所了解情况,给了我们很大的鼓舞。

接近中午,敌人发现从锦州日夜赶来的我大部队逐渐接近黑山,感到末日来临,廖耀湘气急败坏地下了一道又一道死命令,要求迅速夺下黑山,掩护主力转向营口,从海上逃命。敌人在黑山全线用了5倍于我们的兵力,而我们阵地正面的敌人却达20倍,敌人更加疯狂地猛扑过来,战斗进行得更加激烈。

这一次敌人投入了两个营的兵力,发起了第4次冲锋。连长梁生玉同志命令三排也进入阵地。敌人的各种炮弹、炸弹集中倾泻在我们的阵地上,阵地变成了一片火海,战斗更加残酷了。敌人像黄色的蚂蚁,哇哇叫着冲到阵地前,把尸体垒作活动工事,向我阵地一步一步地推进,副连长高凤华和一排长许相义,哪里战斗最激烈,就在哪里和战士们并肩战斗,顽强地抗击着敌人的进犯。

全连的伤亡不断增加。伤员们不肯撤出阵地,继续参加战斗。一排长许相义右腿骨打断了,鲜血染红了裤子,仍然在阵地上指挥战斗。我命令卫生员把人赶快转移出去。许相义同志听到我的话,双眼"唰"地流出了两串泪水,哽咽着拉着我的手急切地恳求说:"指导员,我没有完成任务啊!让我留在阵地吧!"我望着他那因流血过多而变得苍白的脸,安慰他说:"你很好地完成了任务,到医院好好治疗吧!"他这才含着眼泪,依依不舍地被人抬出阵地。

九班战士郑星镐,左肩受伤了,他下意识地用右手摸了左肩,大拇指就穿进了伤口,才知道是左肩被子弹打穿了,但他仍然在战壕里坚持继续战斗。我看他脸色苍白,鲜血把上衣染红了,叫他快下去治疗,他笑了笑,晃了晃右胳膊说:"没事!"

我们的战士无论受轻伤、重伤,都不愿意离开随时都有牺牲可能的阵地,同心协力抗击来犯的敌人。炊事班的崔日松同志,自动地来到阵地冒着枪林弹雨,把一个又一个重伤员背到离阵地100多米的安全地带。

全连指战员经过英勇顽强的战斗,打退了敌人的第四次进攻。

中午12点左右,敌人组织各种炮火猛烈轰击我阵地之后,又用两个营多的兵力,发起了第五次冲锋。这时,一排副排长张志道同志已经牺牲,一排只剩下7名同志,三班只剩下崔成杰同志一人。连长梁生玉同志决定二班长李和顺同志任一排的代理排长。

崔成杰同志多处负伤,但仍然精神抖擞,坚守在沟口前的地堡里。轻机枪被炸坏了,他用冲锋枪和手榴弹紧紧封锁沟口。这一天他扔出的手榴弹有100多颗,被他杀伤的敌人足有200多个。

敌人第五次冲锋被击退时,阵地前的敌人尸体成了一堵人墙。特等射手赵万业同志看到机枪阵地前敌尸成堆,影响视线,便冒着枪林弹雨跑去,连踢带拽,为消灭更多的敌人作了准备。

敌人接着又发起了第六次冲锋。敌人妄图孤注一掷,作最后的挣扎。他们聚集了七十一师二七一团的所有残部和二七二团预备队共约一个团的兵力,集中各种炮火对我阵地进行猛烈轰击之后,疯狂地扑向我阵地。

敌人发了狂,我们的战士红了眼。阵地前,手榴弹甩过来甩过去,发生了一场又一场混战。勇士们在敌众我寡的情况下,没有一个人动摇,没有一个人后退,沉着勇敢地迎击着进犯的敌人。

情况万分紧急!一股敌人顺着沟口逼进了,阵地东侧的原三班阵地。战士们的子弹打光了,手榴弹也没有了。小炮班的掷弹筒弹也告绝。可是敌人的弹火却空前猛烈。

小炮班长金武述从烈士遗体中找来了两个手榴弹递给了投弹手朴浩根。

敌人越来越近,在当官的逼使下大叫大嚷,"共军快投降,缴枪吧"!

朴浩根同志冲着敌人喊道:"我先给你一颗手榴弹!"

一声轰响,手榴弹在敌群中爆炸了,几个敌人应声倒下。

敌人又向前冲来,朴浩根又扔出一颗手榴弹:"再给你一块'干粮'!"

敌人又倒下一堆。

敌人还在向上猛攻。副连长高凤华眼看阵地里剩下的人不多了,弹药也打光了,立即命令战士们转移到大庙后面,利用地形,继续用刺刀、枪托、石头抗击敌人,同时命令通讯班长李斗燮去连部报告情况,请求火力支援。

李斗燮在炮火中来回奔跑送信,脸被硝烟熏黑了,衣服被挂得稀烂,布鞋跑烂了,光着一双脚丫。副连长问他体力行不行,李斗燮说:"没问题!"

李斗燮迅速地跑到连部,向梁生玉同志报告前沿阵地的情况后,又跑到机炮连阵地,要求炮火支援。不料一根留尖的树楂子扎进了他的脚掌。他不顾一切,把牙一咬,忍着剧痛,从脚掌上把扎肉里的树楂子拨出来,也顾不得包扎,挺起身子,大步流星地向炮兵阵地冲去。在他跑过的路上留下了鲜红的血迹。

机炮连副连长曹哲钟同志根据李斗燮同志指点的目标,指挥炮兵准确地向冲到前沿阵地的敌人轰击,机炮连的重机枪也向敌群进行猛烈的扫射,迂回到大白台子东侧的十多名敌人全部被重机枪消灭。

接到报告后,连长梁生玉同志和我,带领没有来得及集中到大庙而到连部来的部分战士和司令员、卫生员等十余名战士,飞快地向阵地奔去。

为了争取时间,我们离开交通壕横穿开阔地经直向阵地跑。敌人的火力一下子就追踪起我们来。炮弹不断地在我们旁边爆炸,密集的子弹擦身而过。

奔跑中,我忽然预感到一颗炮弹向我们飞来,我迅速地拽起跑在身边的战士尹永万,把他摁倒在附近的一个土坑。扑在了他的身上。这一刹那,"轰隆"一声,炮弹正好落在刚才我和尹永万站过的地方中间,溅起的尘土落到了我们身上,我顾不得抖落身上的土,继续向阵地冲去。

这时副连长高凤华同志和一部分战士已经被一群敌人围住了。副连长高凤华同志,端起上了刺刀的枪,对战士们喊道:"报仇的时候到了,杀呀!"说罢,就带头逼向敌人。

高凤华同志被六个敌人围住了。他面对豺狼,瞪红了眼睛,雄狮般地怒吼着猛扑过去,接连刺倒了3个敌人。就在这时,突然有一个敌人在背后向他开了枪。高凤华同志英勇地倒下去了。

崔成杰同志看见副连长牺牲了,两眼冒火,杀气冲天,以闪电般的动作一脚踢倒了一个端着冲锋枪的敌人,抡起铁锹劈头砍了下去,同时也夺过他手中的冲锋枪,对着旁边的敌人一阵猛扫。

正在危急时刻,连长和我带领的10余名同志赶到了。"为副连长报仇,冲啊!"一阵猛打猛冲,敌人溃退了。我们紧紧跟住敌人,狠追了下去。

这时,崔成杰跑到运输同志那里要了100发子弹,跳过大庙东面的垣墙,飞快地向原三班阵地冲去。他身后紧紧跟来一个战士,是九班的魏阳春。

崔成杰和魏阳春快到前面那条沟口上的地堡时,一颗炮弹飞到他俩的身旁爆炸了,气浪把两个人都掀翻在地。

崔成杰一阵昏眩,清醒过来时,才看见魏阳春同志倒在血泊之中,英勇牺牲了。崔成杰牙关咬得吱吱响,怒目圆睁,闪射着复仇的火焰。

他看见前面那个沟口上，正爬着一个敌军官，用手枪威逼后退的士兵。为了发挥火力，他想爬到前面的土坎去射击。但刚一抬腿，又一颗炮弹在身边爆炸了。他顿时觉得天旋地转，金星乱坠，又昏迷过去了。

崔成杰定了定神，睁开眼往身上看时，才发现他的左腿已被炸断了，只有膝盖骨处还牵连着几根筋和一点肉皮。他顿时觉得两眼阵阵发黑，剧痛钻心，便昏迷过去。再一度醒来时，他又听到沟口上的敌军官驱赶士兵的叫骂声。

仇人相见，分外眼红。他恨不得飞扑到敌人身上去，咬断他们的喉管，撕碎他们的心肝。

崔成杰忍着剧痛，咬紧牙关，吃力地抬起上身，想爬到前面那土坎去。但是任凭他怎样用力，却寸步难移。崔成杰两眼盯住前方，额上渗出了一颗又一颗豆粒大的汗球。他挪动上身靠近魏阳春，伸手拔出魏阳春身上的刺刀，照准腿联结处砍了几下，截断了左腿后，吃力地爬到土坎边，对准敌人，扫出了一梭子子弹，终于昏倒了。

我和同志们赶到时，他倒在血泊中，两手还紧握着冲锋枪，已人事不省。我立即叫卫生员替他包扎，并把他背下阵地去。这时，崔成杰忽然睁开眼睛，推开卫生员说："不！我要到前面去，我还要战斗！"

通讯班长李斗燮抓过崔成杰手里的冲锋枪，说一声："我替你报仇！"立刻对准沟口的敌人猛扫。

崔成杰还是不愿下阵地。他神色镇定，苍白的脸上目光刺人。我安慰他说："你是党的好战士，无产阶级的硬骨头！现在应该下去治疗，以后好继续为党工作。"这时，他闪动泪光，说："指导员，请把我的断腿埋到阵地吧。叫同志们决不后退一步！"

轻机射手赵万业同志，准确地向敌群射击着，撂倒一批又一批敌人。突然，一颗子弹打中了他的前额。我赶到他身旁时，他已经英勇牺牲了。只见他闭着左眼，睁着右眼，双手紧握轻机枪，以瞄准的姿势定在那里，像一座铜像。

我费了不少劲，才从他手里拿过轻机枪，向敌人猛扫了复仇的子弹。

司号员吹响了雄壮嘹亮的冲锋号。尚能战斗的我们全连指战员，喊着杀声，勇猛地冲向敌人。敌人的后续部队，被营、团组织的火力杀伤未能上来，已经进到我阵地的100多个敌人，全部被我们消灭了。

大白台子阵地，依然在英雄们手中，犹如一块巨石巍然耸立在惊涛骇浪里。

战斗结束后，我查看了整个阵地，副连长高凤华同志圆睁双眼，怒容满面，紧握枪把，刺刀还插在敌人的胸膛就横卧在血泊之中；有的同志手里还握着已经拉出了线的手榴弹牺牲了；有一个同志在后脑勺上被敌人刺了一个洞，但他的双手还紧紧地掐住一个敌人的脖子，和敌人死在一起……

残阳西坠，敌人再也无力进攻了。在平原上、在壕沟里，扔下了几百具敌人的尸体。

25日晚8点，解放锦州的大部队，两天行军260余里赶到了黑山。围剿廖耀湘兵团的巨网开始收紧了。上级指示我们："穿插分割，全歼残敌，解放全东北。"

26日凌晨3点，我连接受了攻打黑山县城东高家窝棚敌人的任务。

激战了两天，战士们十分疲劳，但是听说有新的战斗，仍是精神抖擞，斗志旺盛。

我们重新整顿队伍，进行了动员。这时，我连能随部队行动的只有55人。由于战斗减员，取消了一排，编成二排和三排。副连长高凤华同志牺牲了，副指导员李新光同志留下来安葬烈士们，连干部只剩下连长梁生平同志和我。

快接近高家窝棚时,敌人的六〇炮炮弹打过来了。连长梁生玉同志命令部队按战斗队形散开,并发起进攻。

部队前进不久,梁生玉同志腿部被敌炮弹炸伤倒下了,我指挥全连继续向前冲击。这时,又一颗炮弹落在我的身旁爆炸了。我头部负伤,立刻晕过去了。清醒过来后,我用手摸了摸头,看到满手沾着殷红的血。卫生员迅速地给我包扎,头部缠满绷带,只露出了双眼和鼻子。

当时我觉得脑子晕晕乎乎,一阵阵剧痛。战友们叫我快下去。可是突然我的脑海里浮现出烈士们的英雄形象。顿时我意识到自己肩上的重担:现在部队急需指挥。霎时我忘记了伤痛,冲到队伍的前面,带领战士们,向敌群冲去。

敌人也发动了反冲锋。在一个敌军官的指挥下二〇七师一个排左右的敌人,从东边向我们冲来。西边的太阳映得敌人的刺刀闪闪发光。于是,双方发生了一场短兵激战。经过短时间的较量,敌人除了被打死外,都举手投降。我们配合兄弟部队解决了高家窝棚的全部敌军。李和顺、李斗燮和我三个人,当场俘虏11个敌人。

战斗结束后,就地进行战斗总结。我公布了一天的战果:毙伤敌人20多名,俘虏敌人39名,缴获六〇炮1门、重机枪1挺、轻机枪2挺、无线电台1部、电话机2架、战马2匹,电话线、子弹、手榴弹若干。公布完战果,教导员蓝天民同志表扬了我连勇猛顽强的战斗精神,并宣布让我担任连长兼指导员。

匆匆吃了晚饭,战士们撂下筷子就躺下呼呼睡着了。几天来,谁也没有睡过一次好觉。然而,躺下不到一个小时,上级下达了新的紧急命令:立即出发!

27日天还没有亮,我们走进一个村子做好饭,大家刚拿起筷子吃饭时,上级又下达了攻打黄家窝棚的任务。

黄家窝棚(黑山县城东38里)驻扎着敌十四师师部和师所属的一些部队,共约两个团的兵力,他们在村子周围构筑了地堡、交通沟,并设置了鹿寨。村子前面是一片高粱地,这时高粱都已收割完了,千公尺以内,一片平坦,中间只有几个小坟包。

八连负责从黄家窝棚西南角进攻。当部队进到离敌人只有300米处时,敌人突然开了火,十几挺轻重机枪,像毒蛇一样吐出了长长的火舌,构成了严密的火力网,部队伤亡不少,前进受阻。全连指战员冒着枪林弹雨勇猛向前,部队冲进村子后,和敌人展开了一场激烈的巷战,战士们无不以一当百,勇猛冲杀。我们遇到了一座大院子敌人火力猛烈抵抗。一条条火舌从正面墙上喷射出来,叫我们接近不了。我命令二排从正面吸引敌人火力,三排迂回到敌人后面消灭敌人。

二排的轻机枪和步枪响了起来,紧紧咬住了敌人。三排迅速地迂回到敌人后面,向大院子扔进了一串手榴弹。"冲啊"战士们一跃而上,冲进院子里,敌人除了被炸死的,活的都成了俘虏。

过了大院子前进不远,敌人从好几座房子里,同时向我们开火。尤其是从一幢坚固的碾坊里,敌人以两挺重机枪不间断地向我们射击。部队马上受到一些伤亡。三排长梁景峰同志立即命令战士们疏散开,分头牵制敌人火力,然后带领两个战士迅速接近目标,用手榴弹解决了敌人的两挺机枪。

经过反复激战后,敌人扯起了白旗。但过了一会儿,白旗又落下去了,说明敌人的内部发生了动摇。

我带领部队发起了冲锋。当我跑到离目标30多米处,从一座土墙里飞来一颗手榴弹在我身后爆炸了。瞬间我只觉得右腿被人猛击一下,同时倒在地上昏过去了。

后来了解到,我昏迷过去后,通讯班长李斗燮同志把我背出了100多米远,接着由炊事员崔日松、朴永洙等同志用担架把我抬到团部。团政治处的权宁璜同志把党员介绍信塞进了我的口袋。我受了重伤,腰部、大腿处和脚穿进了40多个弹片,脚部受到断筋折骨之伤,鲜血染红了我的军服。二十八师政治部,给我记了一次大功。

这次战斗,我连与兄弟部队密切配合,消灭了846名敌人,捣毁了敌人十四师师部,缴获很多武器。仅金在范、朴风官、朴昌根战斗小组在这次战斗中就摧毁了20个火力点,俘敌150多名,缴获步枪80支,轻重机枪13挺,炮1门。

黄家窝棚战斗结束时,全连能随军作战的只剩下了13人。

在整个黑山战役中,我连全体指战员,人人顽强,个个英勇,出色地完成了战斗任务。全连除有一名立两小功外都荣立一大功以上,20名同志立两大功,一排三班副崔成杰同志荣立三大功,并被授予"阶级硬骨头"的光荣称号。二十八师党委把绣有"钢铁连守得顽强攻得勇猛"的锦旗授予我八连。从此,"钢铁连"的称号响遍了全师。

（回忆录由金教真同志撰写）

第三章　民族平等

第一节　民族自治

一、民族村

1952～1953年,依据"中华人民共和国民族区域自治实施纲要"和原东北人民政府"关于民族区域自治实施方案"精神,黑龙江省和松江省朝鲜族聚居地区,相继建立了民族自治区和民族自治村。五常县第八区(安家中心区)所属的民乐村、新乐村、富胜村、新兴村及拉林县所属的红光村为朝鲜族自治村。

富胜高级社建立纪念代表　　　　　　　　　　（权云龙收藏）

二、民族乡—民乐朝鲜族乡

民乐朝鲜族乡位于五常市所在地五常镇西北17.5公里,地处北纬45°03′,东经127°03′。东南与安家镇接壤,北以牤牛河为界与营城子满族乡、背荫河镇接界,西以拉林河为界与吉林省榆树市青山乡、延河乡隔河相望。

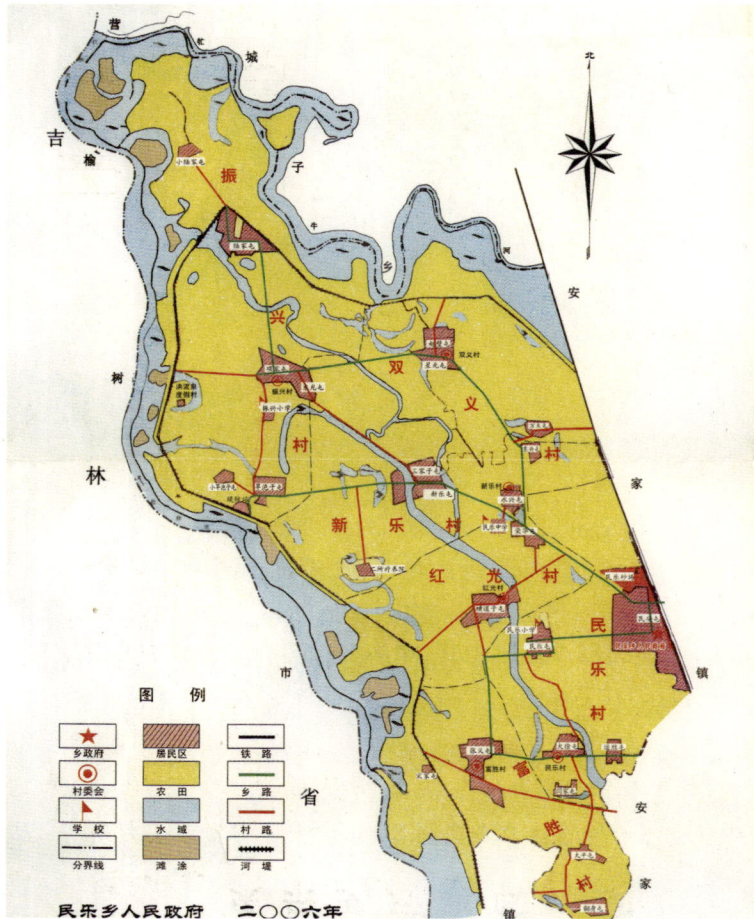

民乐朝鲜族行政区域图

民乐本乡解放后属于五常县第八区,1956年从第八区分出成立了民乐乡,下设7个管理区。1958年人民公社化,因本地朝鲜族集居,经批准成立朝鲜族自治公社,称民乐人民公社,下设10个生产大队;1984年改称民乐朝鲜族乡。全乡划为六个行政村,人口12 456人,其中朝鲜族占52%,汉族占48%。

行政区域面积为55.3平方公里,耕地面积4.8万亩。土地平整,大部分属草甸黑土。境内有牤牛河、拉林河,乡中部从南到北有一条灌溉干渠,引河水灌溉水稻。地面海拔170米,无霜期135天左右,日照2 620小时,热量111.6千卡/平方厘米,5~9月辐射量62.8千卡/平方厘米,年活动积温2 600℃,平均初霜期9月20日,终霜期5月14日,封冻期190天,最大冻深180~200厘米。

民乐粮食生产以水稻为主,种植水稻历史悠久,种植技术精湛。黑龙江省水稻二所坐落在民乐朝鲜族乡,国家级水稻绿色园区设在民乐朝鲜族乡。民乐朝鲜族乡出产的大米,米质优良,饭味醇香,闻名省内外。2002年被选为中国共产党十六大专供米,运往北京人民大会堂。

1936年开发前,此地仅在岗地上由几户汉族形成12个自然屯。据统计,1944年本区内居住的汉族为285户,1 682人。这些人分居在12个自然屯,平均每个屯20多户,130人左右。这些人是1937年朝鲜移民开拓水稻之前的主要居民。

踏进民乐乡境内,最醒目的是随处可见的形式多样的各种品牌的大米广告牌,一家挨一家的大米加工销售厂家。

出了街区往西就能看到一望无际的稻田,期间是散落的十几处村屯。夏天是绿色的海洋、秋天是金浪波涛,冬天是一片茫茫的银白色的世界,民乐阔野令人陶醉。

(一)日本侵占东北

1931 年 9 月 18 日,日军发动事变,强占东北,白山黑水沦为日本殖民地。1932 年 2 月 18 日,成立了"满洲国",溥仪上任为皇帝,定都在"新京"(今吉林省长春市)。

1933 年 8 月 8 日,出台了《满洲国指导纲要》,日本关东军成了东北傀儡政权"满洲国"的太上皇。移民政策是日本侵略中国政策的主要组成部分。

1932 年 8 月 30 日日本第 63 次临时议会上决定移民 500 人,命名为"吉林屯田开垦第一大队"。1933 年 6 月,经五次武装移民 2 900 户 7 296 人。

1933 年 8 月,制定"朝鲜人移民政策大纲",实行"屯垦政策","集团部落"统治朝鲜移民。1934 年第一批日本移民迁至五常县山河屯爱路村。

1936 年,做出 100 万户移民计划,在日本产业部下设拓定司,在测务省成立"海外拓务委员会","满洲移民协会"制定了《满洲开拓政策基本纲要》,《开拓团法》、《开拓农业协同组合法》、《开拓农场法》等开拓三法。

日本促使朝鲜总督府和傀儡满洲国政府组织破产的朝鲜农民移入东北,以此把日益激化的朝鲜境内的民族矛盾转移到国外。日本侵略者试图以此维持自己的殖民统治,把东北变成侵略大陆的粮食基地,实现"满洲农业日本工业"的"大经济支柱"的幻想。同时成立"鲜满拓事株式会社",独占全东北朝鲜移民,制定了《满洲开拓政策基本纲要》。

1936 年,制定《在满朝鲜人指导纲要》,9 月建立"满鲜拓植有限公司"。1937 年制定"鲜农管理纲要"1939 年制定"满洲开拓政策基本纲要"等,以此来对朝鲜移民强制执行"皇国臣民誓词",向"神社朝拜"。每天"正午默祷",向"宫域逢拜",禁止使用朝鲜文字和语言,开展"创姓改名"运动,把朝鲜人称为"半岛人""鲜系人"。

(二)开拓安家农场

1. 原居民

开发前,此地以姓氏和地域特点命名的自然屯有 11 个,如安家、王家、张仪、米家、赵家、项家、陆家、横道子、长寿、三家子、往来屯。一般每屯居住 20～30 户汉族居民,靠开荒旱田,种植玉米、谷子、高粱、大豆、土豆等作物生活。一望无际的荒原到处是柳条通,沼泽地长着塔头、羊草(泡子和水沟)。夏天河水泛滥,一片汪洋;春秋季天鹅、野鸭满天飞;秋季野鸡袭豆地;冬季野兔和狼群自由奔走,野鸡随时到农家院觅食。土路狭窄且泥泞,雨季行走出入非常困难。

2. 组建开发农场

1932 年,韩国著名实业家孔镇恒结束了在法国、英国的留学生活,经苏联归国。当他经由中东铁路时看到东北大量的荒地,决定在东北建立规模较大的农场。

是时,朝鲜和东北三省已沦为日本殖民地,1932 年伪满洲国成立。沈丹、拉滨、牡图、牡佳等铁路陆续通车,接着日本 100 万户移民计划出台并正在实施,大量日本移民和朝鲜难民涌入中国东北。

1936 年,孔镇恒找李镇教、李洪根、李瑄根等股东来到东北。在安家车站西侧的荒地上进行勘查后,向伪满洲国康德滨江省五常县公署申请登记,取得了营业许可证。其中,孔镇恒出资 25 万元,李洪根、李镇教出资 25 万元,总投资 50 万元(日币),购荒地 5 000 垧。

1937 年初,由伪满满蒙开拓株式会社负责设计施工开发。

(1)组织机构

会长:孔镇恒

理事长:李瑄根

农务主任:朴新德 兼管水利

下设农务系、建筑系、教育系、财务系

(2)拦河建坝、开渠

建设始初,在安家田家屯西拉林河,即现在坝址下游 200 米处修建了一处 63 米长的柳石结构拦河坝。难民们冬天到常堡、二河砍伐粗柳条,用朝鲜牛车拉到河坝,用 8 号铁线捆成大筏。再从石刀山开采块石,用牛车拉到目的地压在柳条木筏上,最后用稻草编织草包装沙土堵住了拉林河,建成一座进水闸,开渠挖到徐家屯,长 6 公里。当年开地种植水稻 33 垧。

1938 年,柳石拦河坝上移至 200 米处建成 100 米长的新拦河坝,干渠下伸到横道屯,并在灌区徐家屯后和长寿屯前分别修筑了第一、第二跌水闸。拦河坝修成后,每年投入块石 300 立方米、柳条 300 立方米、草包 5 000 个、人工 3 000 人次、车辆 2 400 台次进行维修。

(3)建立开拓组合

1939 年孔镇恒组织朝鲜移民 500 户 3 250 口人,在安家村建立了"满蒙产业株式会社"属"安家满蒙开拓组合"旗下,简称"安家农场"、也叫"500 户农场"(极少称用)。这是后来形成"民乐朝鲜族乡"的原始组织。它是当时五常县唯一的朝鲜人集合开拓民的开拓组合。

(4)防洪筑坝

1940~1942 年,为了防治河水泛滥成灾,从张家店北岗地开始向拉林河西方向 4 公里,沿拉林河向西北方向 11 公里,沿忙牛河向东接到拉滨线铁路,总长 19.6 公里的堤防。这些水利工程围成了南北长 10 公里、东西宽 4 公里、总面积 40 平方公里的安家农场,可以估算出修坝总用土方 58 500 平方米,人工 12 万人次,平均每年每户出 80 个劳动日。

1944 年,干渠挖到项家屯,总长 16.7 公里,并在横道子、三家子屯前后分别修筑了第三、第四、第五跌水闸。

开发期间,在离渠 5 835 米处新修的大坝上增修了三个进水闸和一个泄洪闸。在主干线接挖了 14 条支线,另外又开挖了东部支线和张仪支线,总长 35 058 米,基本形成了灌区内灌水网。

(5)排水

在基本形成灌区内灌水网的同时,根据地形特点,泡子连泡子,共挖成 4 条排水干线,总长 33 300 米,分别在赵璧屯、陆家屯、旱泡子、张仪屯坝上设置了排洪闸。

(6)耕作地的设计

计划一户自耕农种植 3 垧水田。根据测量东西方向,每隔 100 米修建了一条南北方向的长池埂;在南北方向的长埂上每隔 300 米修建了一条东西的长埂,形成了几百个 100 米×300 米的小区。修池埂围田地时,按规划测量,不管遇到水渠、沼泽地、林地、塔头、坟地、旱田等一律按设计修建池埂。这样,从民乐路往南开成了五节地,往北修成了六节地,全区形成了规范化的水田农场。

(7)农场的经营管理

每块 3 垧地的水田划分成后,会社根据地块的位置,地形、土质、水源等情况重新作价卖给移民。由于多数移民是赤手空拳过来的难民,一次性支付不了买卖地款,会社以十年为期租给移民土地、房屋、耕牛等,逐年到秋季加息收费,这是会社的主要经济来源。

其次,根据伪满洲国粮食政策,到秋季把农民的稻子全部收回,加工成大米再卖给用户(主要是政府和军用),从中也收到一笔可观的收入。这便于回收地租。

第三,每年春季为了解决农民的缺粮、缺种、缺农具种地难的问题,会社向农民提供种子、小米、小农具等,从中也收到了一笔不小的收入。

(8)农民生活

一个自耕农自营开荒种植 3 垧水田、在当时的情况下是非常困难的,没来得及买到地的农户和无钱买地的移民,有的从自耕农中转包土地种(即榜青)。到秋后向自耕农付地税,更多的移民则不得不当雇农工。

由于耕作粗放、产量低、地租粮价高,大多数移民至 1945 年解放前连一半的债务也没还清。

据记载,1946 年初新乐村移民有 240 户,开地 240 垧。其中,开拓团 2 户,拥有 155.5 垧水田,富农 5 户,耕种 29.5 垧,中农 48 户,耕种 55 垧 。自耕农、贫雇农 185 户,基本上给开拓团和富农当雇农,自己无地。

(9)耕作方法粗放,终年劳累

开荒耕地用铁锹及三人大拉锹和牛犁。由于牛、犁畜力等工具缺少,种植方法非常原始。用牛犁开荒或用镐刨地开荒,泡田后用牛耙地或用二齿钩、铁锹、耙子等人工耙地,然后用点播机播种或人力漫撒稻籽。水稻品种是从日本引进的青森 5 号,北海道等。因为生产水平低,产量特别低下(2 400 公斤/垧)。

生产季节,天一亮就出工,抹黑才回家。冬季,为了灌区建设,割柳条,运块石必须清晨 3 点钟出工,晚上 10 点多才能到家。

(10)发展农场,教育并行

为了会社的长远建设,为了吸引更多的难民投入开荒种地,为了解决会社职工和农民的子弟教育,会社在开发水田的同时筹划了建校。1939 年,在民安屯购买了几间草房,建立了一所朝鲜族小学。校名定为"五常县安家大东小学校",冬季招生,3 个年级,4 个班 200 名学生。1941 年末,发展到 5 个年级,8 个班 300 名学生。由于在校学生增加,显得校舍紧张。外地的难民听说后,纷纷投亲靠友移入本地。会社和学校处于昌盛阶段,当年把校址移到长寿屯(即现在的民乐屯),强行征购刘画匠的 1 200 平方米"T"型住房,改建成校舍,学校级别也升到"五常县公立安家大东国民优级学校"。原民安屯的校舍改做初级农事学校。由于学生数逐年增多,北部几个屯离校较远,1943 年又在项家屯设立了 1～4 年级的分校,在校学生 80 名。同年冬季,开展了扫盲运动,办起了夜校,白天学生上课,晚上组织农民学习文化。1945 年,教职员工 22 名。显然发展经济、稳定人心必须把教育抓好,这是非常明智的做法。据历史统计,1944 年全农场 17 个自然屯,其中纯朝鲜族 8 个屯、纯汉族屯 4 个屯、朝汉混居 5 个屯,朝鲜族 560 户,2 987 人;汉族 285 户 1 682 人。

(11)解放前夕,农场基本情况

1945 年全农场有朝鲜族中共党员 1 名、雇农 170 户,贫农 291 户,下中农 71 户,上中农(自耕农)

39 户、富农 9 户、无地主。水田 833 垧,水稻垧产 4 816 斤。

(三)从解放到新中国成立初期

1. 重大的政治变革

1945 年 8 月 15 日,日军宣布无条件投降,"满蒙会社"自然解散,以李瑄根为首的会社社长及富豪们纷纷逃走,只留下贫穷的难民,混乱中更多的外地难民移入此地。

1947 年,东北大地进行土地改革,这里的农民第一次分到了自己的土地,每户一般分到 1.3 垧左右水田。

1949 年,松江省五常县第八区人民政府成立,下设民主村政府管理铁道西朝鲜族居民区,它就是现在民乐乡政府的前身。

1949 年 10 月 1 日,中华人民共和国成立,1950 年取消民主村、增设民乐村和新乐村。

2. 积极参军为解放战争做贡献

在解放全中国的国内革命战争和抗美援朝战争中,民乐人民积极响应祖国的号召,踊跃应征,为祖国的解放事业和打击侵略者,保卫祖国立下了不朽的历史功勋。民乐村 403 户中就有 260 名青年参军,仅申德宽一家 6 口人全部参军。由民乐村参军的"钢八连"战士李斗燮荣立七次大功,获得毛泽东勋章和特级战斗英雄称号。

3. 各行各业迅速发展

(1)土地面积猛增、水稻单产大幅提升

解放后,一方面,外地农民继续迁入,人口不断增多;另一方面,土地权归属农民,农民的生产积极性猛增,劳动热情高涨,夜以继日地开荒种植水稻。1949 年比 1944 年朝鲜族的户数、人口土地面积、水稻单产增长的比例分别是:0.7%、13.3%、103%、59.6%,即人口增长 133%,但土地面积却增加了一倍,水稻单产增加 50% 以上,每户平均种植 2.9 垧水田,达到了原设计规模,1949 年第一次向新中国人民政府缴纳了粮食 3 547 吨,平均每垧交售了 3 628 斤,平均每人交售了 1 282 斤。同时农民平均每人分到粮食 1 150 斤(包括饲料和种子)。

(2)教育事业进一步发展

在解放前建校的基础上,1946 年民乐校院西侧又增盖了 6 间校舍,以供日益增多的学生就学。1949 年小学发展到 18 个班级,在校学生 1 000 余人。但校舍仍然不足,所以在原校舍后又盖了一栋草房。1950 年随着民乐、新乐两个行政村的建立、学区也分设了民乐、新乐两个学校。

据不完全统计,1950 年前民乐小学八届毕业生中,有 12 名烈士在解放战争和抗美援朝战争中壮烈牺牲,献出了自己的宝贵生命;还有 35 名复员军人在战场上立了军功,复员后在祖国的各条战线上继续参加社会主义建设事业。另外 49 名毕业生在祖国各种不同的岗位上努力奋斗,取得了辉煌的业绩。

(3)乡办企业初具规模

1947 年,民乐就有制米厂 3 所,就业人员 9 人,年产值 1 250 元;到 1949 年,制米厂发展到 5 所,就

业人员达 14 名,年产值为 2 100 元;铁工厂一所,木工厂二所,就业人员 4 名,年产值 1 410 元。

　　(4)农民生活初步得到改善

　　1944～1949 年,特别是土改后的农民生产积极性高涨,平均每年垧产 3 000 公斤左右。按当时粮价 4 分/公斤左右计算,一户总收入可达 348 元,除去生产费和各种税费纯剩 180 元左右。

　　口粮充足,实现了多年来想吃饱饭的夙愿。有 15% 的农民在自己家里打成木井或手压井,改善了饮用水。有 5% 左右的农民家里购置手表、怀表或挂钟,有的农民开始购置木箱、皮箱、碗架等家具。一些新婚的夫妇开始购置绸缎被子。有 2 个屯(民安、红火)94 户农家开始用火力发电照明。在文化生活上,1946 年开始有人订阅报刊,1949 年订阅报刊达 15 种 35 份。生产用小农具也增多了,到 1949 年,全乡滑轮马车、铁轮牛车、胶轮马车等运输工具计 76 台;水田犁 151 个,水田人力除草机 50 台,脚踏打稻机 25 台,水田点播机 89 台。这些都比解放前开荒种田时期有了显著增加。

　　虽然大多数农民的生活并不富裕,但是对于战火逃荒过来的外地人来说,有了自己的田地可以耕种并能吃饱饭已经很满足了。这些为以后朝鲜族的长期定居并建设家乡打下了牢固的物质基础。

表 3 - 1　　　　　　　　　　　　　　1946 年前后户数、人口变化表

年　度	人　口			
	户　数	合　计	男	女
1944	580	2 981	1 485	1 496
1945	580	2 987	1 486	1 501
1946	450	2 250	1 115	1 135
1947	510	2 550	1 291	1 259
1948	490	2 450	1 195	1 255
1949	773	3 607		

　　1945 年日本投降、伪满洲国解体,满蒙会社和安家农场的职员,还有一些富豪纷纷逃离,1946 年户数和人口出现下降。

1946 年前后水田面积产量情况

表 3 - 2　　　　　　　　　　　　　　　　　　　　　　　　　　单位:面积 垧,产量　斤

年　度	水田面积	垧　产	水稻价格　分/公斤
1944	780	4 900	4.27
1945	830	4 816	4.27
1946	950	5 115	4.27
1947	1 140	5 200	4.27
1948	1 250	6 310	4.27
1949	1 258	7 818	4.44

　　1949 年粮食征购 3 547 吨,平均每垧 1 814 吨,平均每人实粮 641 公斤,自消 3 122 吨。

表 3-3　　　　　　　　　　1946 年前后政治阶级队伍情况

年度	中共党员	团员	阶 级 成 份					
			雇农	贫农	下中农	上中农	富农	地主
1944			170	291	71	39	9	
1945	1		170	291	71	39	9	
1946	2		179	291	49	31		
1947	3		185	291	49	31		
1948	4		185	245	49	31		
1949	19	51	191	251	49	31		
%			29.3	50.2	12.2	6.7	1.6	

表 3-4　　　　　　　　　　1946 年前后收入分配情况

年度	总收入	其中农民分配	分配%	平 均 收 入		
				户均(元)	人均(元)	劳力均
1944	81 705					
1945	53 090	26 545	50	31	5.88	16.85
1946	94 030	47 015	50	66.70	12.51	32.2
1947	100 503	50 251	50	63.2	11.8	34.42
1948	100 478	50 239	50	64.3	11.9	33.27
1949	200 478	100 238	50	91.1	18.2	52.26

表 3-5　　　　　　　　　　1946 年前后农民经济生活情况

年度	手表怀表(块)	挂钟户	手压井(口)	木井(口)	缝纫机(台)	木箱户	皮箱户	碗架户	绸缎被(床)	用电屯(个)	用电户
1945	17	28	41	89	13	10	15	11	12		
1946	17	28	41	89	13	15	15	11	12	2	83
1947	17	28	41	89	13	15	15	11	12	2	83
1948	17	28	53	87	13	15	15	11	12	2	83
1949	10	25	53	91	13	15	15	11	12	2	94

表 3 - 6　　　　　　　　　　　　年代推算对照表

公元	1934	1935	1936	1937	1938	1939
中华民国	23	24	25	26	27	28
昭和(日)	9	10	11	12	13	14
大同(伪满)	3					
康德(伪满)	元	2	3	4	5	6
开发水田	谋划设计	勘测筹备	施工	建成33公顷		建校
公元	1940	1941	1942	1943	1944	1945
中华民国	29	30	31	32	33	34
昭和(日)	15	16	17	18	19	20
康德(伪满)	7	8	9	10	11	12
开发水田(公顷)					780	830
移民户					580	580
公元	1946	1947	1948	1949		
中华民国	35	36	37	38		
昭和(日)	21	22	23	24		
新中国				新中国成立		
开发水田(公顷)	950	1 140	1 250	1 258		
移民户	450	510	490	773		

(四)民乐合作化历程(1950～1958 年)

组织起来走集体化道路是新中国广大翻身农民(个别地区、个别民族除外)所经历的共同历史阶段,民乐农民也不例外。他们也同样经历了互助组(1952～1953 年)、初级农业合作社、高级农业合作社(1954～1957 年)和实施人民公社三个历史阶段(见《五常朝鲜民族志》第四章第二节)。

1. 土地面积变化频繁,水田增加旱田减少

1955 年,为了鼓励农民开荒,政府采取了优惠政策,即新开荒水田免税三年,旱改水田,头三年仍按旱田标准交税。水利费标准也较低,1 亩 1.00 元～1.50 元。民乐乡新开地 85.5 垧,旱改水田 162.6 垧,增加水田面积 248.1 垧。

生产资料变为三级所有以后,产生了不合理的"一平二调"、"大锅饭"、"平均主义"的做法。土地的调整、串地、拨入拨出的事情经常发生。头十年,水利建设占用地只有 10 垧,农民盖房用占地20 垧,修路占 10 垧。而退耕还林、办牧场、因灾弃地、休耕地却达 80 多垧地。

管理区内各屯之间,乡内各大队之间,甚至邻近乡之间串地、拨地现象屡屡发生。1955 年拨给榆树县青山乡 49 垧地。1959 年拨给安家乡 80 垧地。这 10 年间各大队发生拨入拨出的土地面积达 617 垧。1959 年全乡比 1950 年实际纯增面积为 27 垧。水田实际纯增加 204 垧、旱田减少 177 垧。

2.完善了防洪堤防和水利事业管理

50年代拉林河涨水,民乐乡遭受了严重水灾。五常县政府组织全县民工,加高加宽了堤坝,并从张仪屯往南,在安家公社境内沿拉林河加修了12公里长的防洪大坝,根治了堤内耕地洪灾。

1952年,设立了水管站称"新民灌区水管站",负责管理每年的水政。

1959年和1960年,国家农业部授予"新民灌区水管站"为"灌溉管理先进单位"称号。

3.供销社和信用社成立

1951年,农民集资在王家屯建立了供销合作社。从此,每年都为农业生产采购必要的肥料、犁、车、打稻机等农用物资和日用生活品,有时送货下乡到各村、屯,方便了群众的生产生活。

1952年,"民乐信用合作社"成立,开始进行存贷业务。自1952~1959年8年间共发放贷款77.1万元。

1958年,信用社主任弓东均与供销社主任裴在日被评为全国劳动模范,到北京受到毛主席和周总理的亲切接见。

4.乡办企业

小型铁工所和木工所发展快,一般一个大队设有一所,主要维修农具、农民日常生活用品,制米所发展到水田区一屯一个,是为本屯农民加工口粮为主。工人记工分参加生产队统一分配,是生产队集体所有。

被服厂是1955年开始出现的,1959年发展到11个,也是为本地农民服务的个体所有厂。

1958年,全乡通电后,制粉厂、酒厂、砖厂、联合修配厂等社办企业陆续成立,产值猛增,促进了全乡经济发展。

5.水稻种植技术

漫撒籽减少,6×5寸规格的点播机发挥使用,点播面积增加。从1954年开始,水床育苗插秧在"全省朝鲜族水田工作会议"上推广了民乐朝鲜族农民育苗插秧经验,1958年开始油纸保温育苗插秧,到1959年水直播育苗插秧面积各占一半,品种仍然以青森5号为主。

大搞积造粪肥,以农家肥为主,一年一茬,每垧施肥30

农民用牛车拉水稻

立方米。外施大豆、饼肥。高级社公社化阶段开始追硝铵,1959年施化肥面积已达100%。

以自然灌溉为主，1953年始发展提水灌溉、促进开荒，旱改水田，到1959年提水站达31处。

灭草以深水淹稗为主，人工薅地二次、三次，推除草机除草1~2次。成熟期再割拿稻稗。

脱粒以脚踏打稻机为主，1952年开始普及动力打稻机，到1959年各屯都安装了动力打稻机打场。

田间耕翻以牛马犁为主；1958年开始大型东方红拖拉机进地作业。

十年来，年平均粮食总产6 651吨，比40年代平均提高60%。水稻垧产8 164斤，增长43.4%。平均每年征购交售3 672吨，平均每垧每年交售3 862斤，平均每人每年交售1 242斤，每人平均口粮700斤，人民过上了温饱的日子。

1953年开始国家实行粮食"统购统销"政策，搞三定（定产，定销，定购）。1955年民安高级社水稻垧产达10 100斤，荣获"全国先进农业合作社"称号。高级社主任李极雨参加了全国劳动模范代表大会，受到毛主席、周总理等中央领导的亲切接见。

1957年，国家农业部授予红光高级社"全国农业先进集体"光荣称号。

1958年红光大队种植青森5号11垧，获得垧产10 620斤的高产。党支部书记李七夕被评为全国劳动模范，到北京受到毛主席、周总理等党和国家领导人的亲切接见。

1959年红光大队民乐生产队（长寿屯）采用塑料薄膜保温湿润育苗，4月19日~30日插秧，做到了不插六月秧、不育5月苗，采取6寸×4寸的密植、创造了垧产15 526斤的纪录。

原星光大队第一队（三家子新乐队）加强计划管理，劳动管理、经营管理。在1949年水稻垧产8 000斤的基础上，1953年开始保持了垧产超10 000斤的成绩。

1959年，星光大队垧产14 000斤，人均收入450元，交售粮食1 200吨，超额完成50吨，对国家贡献大，由国务院授予"全国农业先进集体"称号。同年，授予民乐人民公社为"全国农业先进集体"称号。

6. 医疗卫生，教育，文化、宣传、体育

（1）医疗卫生

1952年群众集资办乡卫生所，设西医一名，护士3名、药剂师一名、院长一名（兼）共5人，全部为朝鲜族。院长为崔奎哲。1957年增设行政人员一名。

1958年，卫生所改为民乐人民公社卫生院，增设妇产科，接产员一名；中医1人；病床四个。1959年病

民乐朝鲜族乡卫生院

床9个，增加行政人员一名，西医2名，院长一名（兼）共12名，院长继续由崔奎哲兼任。

（2）教育

在解放前创办民乐小学的基础上，1959年小学数达到3所，在校学生1 404人。1953年开始创办民办中学，1959年创办公办中学，在校学生212人。除此之外，1952年开始创办各种业余学校和红专班学校共13所，就读学生729人。

（3）文化、宣传、体育

订阅报刊由机关、学校发展到农户，10 年间订阅报纸种类由 5 种 79 份增加到 9 种 778 份。朝鲜族农户达到一户订一份刊物，订阅的报纸主要是《东北朝鲜人民报》，后改称《延边日报》。1957 年以后增订《牡丹江日报》（周三刊），这是黑龙江朝鲜文报的前身。

1958 年 1 月，成立了"民乐人民公社文化馆"，馆长金基太，指导全县朝鲜族文化活动。当年成立了 7 个业余文工团和七个业余体育队。

1956 年建立了电影放映队，仅 1958 年一年，下乡放映 280 多场，观众达 2 万多人次。

1958 年创办广播站，1959 年有 4 个大队办起了广播室。全公社小喇叭入户 428 户，达总户数的 34.5%。

1959 年，东光村延龙泽被输送到省甲级足球队。

7. 福利事业

为了解放妇女劳动力，合作化以后办起了托儿所、幼儿园和公共食堂。

1953 年，托儿所 5 个，保育员 10 名，婴儿 35 名。

1954 年，创办公共食堂 3 处，47 户参加。1959 年公共食堂达到 21 处，1 234 户参加。

1957 年，幼儿园 3 个，教员 5 名，儿童 75 名。1959 年发展到 21 个，教员 27 名，幼儿 664 名。屯屯全部创办了幼儿园。

1958 年公社办起了敬老院、院长为朴明泉，设一名服务员，入院老人 3 名，第二年增加到 7 人。

1959 年发展到托儿所 28 个、保育员 65 名，婴儿 490 名，屯屯全部创办了托儿所。

8. 农业收入分配和农民生活

1959 年农业总收入达 142.6 万元。平均每垧地总收入 800 元，比 1949 年增加 6 倍。其中水稻价格由 1949 年 4.44 分/公斤增加到 1959 年 15.8 分/公斤，增加了 2.6 倍。农民分配 64.7 万元。占总收入的 45.4%，比 1949 年增加了 5.5 倍，平均每户收入 526 元，平均每人收入 102 元，平均每个劳动力收入 145 元，分别比 1949 年增加 2.4 倍，2 倍和 5 倍。

1958 年，实现电器化后，朝鲜族大队基本上用电照明，绸缎被、皮箱、木箱基本上家家都有，一半以上的农户购置了碗架，30% 多的农户打了手压井，饮用木井水的农民数量减少了一半，有 17% 的农户

妇女们完成了一天的劳动后从幼儿园领回自己的孩子
（张明生提供）

购置了手表、怀表、挂钟、缝纫机、收音机等,贵重大件也开始进入了农家。

9.民政、战勤支前

解放战争、抗美援朝时期,民乐乡青年人纷纷报名参军上战场,有的参加担架队支援前线,为祖国的解放事业和打击侵略者,保家卫国立下了不朽的功勋。

据1955年的不完全统计,有根据可查的烈士有106人,战斗中受伤残疾人员42名,失踪人员11名,战后复原回乡人员238人,共397人,占当时朝鲜族总户数的51.3%,有的户2~3人参军。民乐村403户有260名参军,占全村农户的64.5%。申德宽一家6口人全部参军。

由民乐村参军的"钢八连"战士李斗燮荣立7次大功,获得毛泽东勋章和特级战斗英雄称号。为他修建的革命烈士纪念碑矗立在湖南省张家界市革命烈士陵园里。

金春根是民乐村民安屯人,1948年参军,后编入朝鲜人民军、中共党员、副营长,1951年在朝鲜洛东江大桥追击敌人时光荣牺牲,时年26岁。

参军人数有时全乡达1 000多人,后方劳动力严重缺乏,但是为了支援前线各村对军属、烈属家庭进行优扶。1956年以前是以代耕形式,全村屯人全包军烈属家庭种地;1956年以后给军烈属家庭补记工分,保证军烈属生活水平不低于本村农民的平均生活水平。军烈属家庭门前都挂有"光荣军属"、"光荣烈属"的光荣牌子。每逢春节,村民们都组织文艺节目到军烈属家庭慰问。

10.坚强堡垒

参加革命战争复原回来的军人大部分加入了中国共产党组织,他们以在战场上出生入死不怕死的精神,在农业生产上起了模范带头作用。人们敬仰他们,尊重他们,他们当中很多人担当了合作化运动中的重要角色,如管理区、生产合作社、生产大队的党支书或主任、生产队长等职务。他们在工作中不怕苦、不怕累、辛勤劳动。吃苦在前、享受在后、听从上级指示,执行政策一丝不苟,完成任务坚定不移。土地改革中的积极分子,在生产中涌现出来的一大批积极分子加入了共产党组织,他们在农民群众当中具有崇高的威望。有一批由这样的队伍组成的骨干队伍,形成了发展生产,建设家园的坚强堡垒。

(五)民乐人民公社(1960~1982年)

1.重大的政策变化

1961年,中央下达《关于农村人民公社当前政策问题的紧急指示》,农村人民公社工作条例确定了以三级所有制为基础,以生产队作为基本核算单位,提出了"调整、巩固、充实、提高"的方针。

1978年,党的十一届三中全会以后,1979年提出了土地承包、提高粮食收购价、调整征收数、发展多种经营政策。1980年实行包产到组,三包一奖制度,即包地、包作物、包产量、超产奖励制度。

1983年,全公社实行了"家庭联产承包责任制"。

2.调整大小队规模

进入60年代,从重灾区移入大量流民,户数和人口猛增,生产大队和生产小队规模较大,管理不方便,大的生产大队与小队开始分成较小规模的大队和小队。

1962 年,从红光大队另分出红火大队。

1962 年,民乐屯、民安屯各分出 1 个生产队,红火大队共 5 个生产队,1962 年全公社共 5 个朝鲜族生产大队,13 个自然屯,16 个生产队。

1965 年,东光大队的两个小队各分出一个队。

1973 年,从友谊三队分出第五队。

1973 年,原星光大队第一生产队改为民乐人民公社农业科学试验站。

1980 年,从友谊二队分出六队。

1982 年,从友谊一队分出第七队,从红光二队分出第六队,从红光一队分出第 4 队,实验站分出 3 个小队,从东光队分出第 3 队,1982 年全乡有 4 个朝鲜族大队和一个实验站、共 25 个生产队。

3. 土地

人民公社三级所有,公社、大队、小队之间频频调整土地。一方面开荒增加面积,1960~1964 年共开荒 55.3 公顷,另一方面串地、拨入拨出、水利基建等占地,经常有的队因受灾扔地,甚至有的队把水田改成旱田;1960~1964 年间面积变动达 532 公顷,占总耕地面积的 20%,随之土地面积逐渐减少,1964 年水田面积 1 296 公顷,比 1959 年下降 14%,而同期旱田增加 52%。

红光社员往冷床育苗的外照小窗以通风通光、
促进幼苗苗壮生育   (张民生提供)

红光社员往冷床育田浇水   (张民生提供)

经过 1963~1965 年"调整、巩固、充实、提高"后,纠正了共产风,一平二调,生产队的土地面积开始增长,到 1980 年水田面积达到了 2 025 公顷,比 1964 年增加 56.2%,旱田 249 公顷,比 1964 年减少 42.5%,旱田占总耕地面积的 9.1%。

"八字方针"下达以后,农民每人分到二分地的自留地。"八字方针"同时鼓励农民开荒种地,以调动农民生产的积极性。1965 年全公社自留地 246.2 公顷,开荒 32 公顷,占总耕地面积的 17.1%。

1980 年,对全公社自然资源利用情况进行了全面调查,结果全行政区划面积 56.42 平方公里,其中含安家 4.69 平方公里,本乡纯面积 51.73 平方公里,旱田 249 公顷,水田 2 025 公顷,自然灌溉 1 577

公顷,抽水灌溉448公顷,林地71公顷,水泡45个,水面210.5公顷,几乎全部都用来养鱼,坝内几乎无荒可开,坝外泛滥地714公顷,沼泽地417公顷,结合自然资源调查进行了土壤普查和化验。

4. 经营管理

1958年,建立了人民公社、实行公社核算,公社设立分配办公室,经营管理混乱,出现了严重的"一平二调"和平均主义现象。

1959年,实行生产大队核算,平均主义更突出。

1961年,实行三级所有,队为基础的制度。

生产队实行"七包一奖四固定"的经营管理制度,即包工、包产、包财务、牲畜、饲料、粪肥、定额管理;超额奖励;土地、劳力、牲畜、工具归生产队统一使用。

生产队的包工、定额、计酬的方法是:小组包工、个人评分法,指参加生产队集体劳动;包工定额、个人计件、指个人劳动;工种定额、年终奖励,指专业人员的劳动;按季节标准工分记工计酬,指干零活。生产队设记账员、记工员,社员有劳动手册,逐日填写,月末公布。

1979年,公社建立农业经济服务公司,各大队设农业经济服务站,取消生产队财会人员,由公社和大队直接管理。

5. 农业机械

1961年建社营拖拉机站,1962年变为国营拖拉机站,合并到安家拖拉机站。

1955年,购进中型拖拉机,带农用拖车。

1963年,购进场院用机械。

1966年,购进手扶拖拉机。

1968年,购进农用拖车,小型拖拉机。

进入70年代,田间耕作机械、排灌设备、运输、牲畜用机械、脱粒机等发展迅速,农村用电量超过2 000千瓦时。

70年代提出四化建设目标,即农田作业机械化、水利化、电气化、化学化。

欧阳钦书记在和人民公社社员一起参加水稻脱谷

6. 畜牧业

大牲畜快速发展,到1982年达1 275头,比1959年翻了一番,大牲畜由生产队统一饲养、管理、使用。

养猪,一方面要完成国家征购任务,一方面要解决积造粪肥。不仅鼓励社员个人养猪,并向生产队投肥。投肥可以得到养猪的粮和工分,要求生产队集体养猪。从1965年开始集体养猪,规模加大,出现了一些百头猪场。1971年国家要求一人养一头猪,到1979年集体养猪达701头,社员养猪达2 680头。

民乐灌区入水口

7. 水利

1953年，新民灌区管理站成立，编制4人，站长吴太林。

1958年，成立新民灌区革命委员会，主任吴太林。

1970年，编制5人，主任郑春奎。

1972年，成立新民灌区管理所，编制5人。

1982年，恢复新民灌区管理站，编制15人，站长郑春奎。

1937年，开发安家农场，由于其水利工程不健全，拦河坝系统不配套，河床改道，淤泥增多，河岸被冲，严重威胁拦河坝，每年岁修需要投入1 500立方米柳条，1 000立方米石块，1 000个人工，任务负担重。排水系统也不健全，进入雨季，低洼地受淹400多垧，地下水位高，土地泥泞，桥梁全是临时性木桩结构，拖拉机等农机具不能通行。因此，从1962年开始，每年分期分批搞各项构造物建筑工程，特别是1972年省水利厅对新民灌区进行了整体规划设计，1973～1976年，突击全面进行了全灌区的整顿。

1979～1982年，整顿拦河坝，修成了长137米、高2.5米的大坝。

1981～1982年，堤防加高加宽，顶宽4米，修防洪丁字坝6处。

随着灌区整顿，电力提水站猛增，旱改水提水灌溉面积迅速增加。

1959年，电力抽水站4处。1972年发展到41处，灌溉面积685公顷。1977年，新增12处。民乐公社内电力提水站原有16处，225.7公顷，新增11处272.7公顷，共27处，498.4公顷。

1982年5月11日～8月12日，没有下雨、大旱、大减产、打抗旱井8眼，补水小井100眼。

8. 企业

1958年人民公社化以后，各级副业发展迅速。各生产队都安装了自己的制米设备，随着拖拉机等大型农机具的增加，各生产大队普遍成立了铁工厂、木工厂等。有的开设砖厂。1959年，从事队办企业的人数为137人，产值128 410元；到1979年，从事队办企业的人数增加到500人。

1956年社办联合修配厂成立后，陆续办起了制药厂、酒厂等。1959年参加社办企业的劳动力为58人，到1979年参加社办人数378人，1982年，队办企业的产值达304 000元，离开农业生产第一线，参加队办企业劳动的工人623人，占农业劳动力总数的20%左右，占男劳动力的1/3以上，在农业生产第一线几乎看不到男劳动力。

社办企业陆续开厂，规模越来越大。

联合修配厂，1959年建成，工人29人，第二年发展到39人。原来归属县第二轻工业合作厂管理，1968年改成农具厂，1974年下放企业归社办企业，工人76人，1975年改称电具厂。

1962年创办化工厂，1975年改为机电设备厂。

1975年创办日用铸造厂、五七家属厂。

1976 年创办沙厂。

1978 年创办联合厂。

解放后,社办、村办企业迅速发展,经济效益可观,但在"文化大革命"初期被打成资本主义受到批判,后期又恢复发展了社办企业。

9. 农田建设

除了开荒增地以外,每年冬天社员们冒着严寒到农田人工进行削高填洼作业,搬土块平整土地,修整灌排渠。到 1978 年,全社 80% 以上面积修成了方田,既减少了池埂,增加了有效面积,又方便了机械化作业。

1971 年,每生产队出一人,全公社由 32 人组成了常年农田基本建设专业队,结合灌区整顿工作,完成采石、修路、修桥涵等作业,同时完成县里下达的山建工程项

民乐人民公社社员大搞改土造田　　　（金元经提供）

目。他们脱离农业生产第一线,常年从事农建工作,由农建队开工票、生产队记工分、秋后统一参加分配,有的国家项目由国家给予他们每天 0.3 元的菜金补贴。生产队每年按 8 斤标准留农田基建设补助粮,全乡共留 91 000 斤左右。农建队一直活动到 1982 年,1983 年随着集体生产体制的解体而解散。

10. 水稻生产技术的普及与提高

（1）开展广泛的群众性农业科学实验活动

1960 年,成立了民乐人民公社农业技术推广站,1970 年松花江地区水稻实验站成立,1990 年改为省第二水稻研究所。

1973 年,把原星光一队划出,成立了民乐人民公社农业科学试验站。站内分三个生产组和一个科研组,科研组由 8 人组成。各生产大队设科研室,生产小队设科研组。1977 年全公社有红火五队、红光二队两个科研室和 17 个科研组,各生产队都有技术员。全乡设丰产田 20 垧,试验田 10 垧,种子田 170 垧,开展了广泛的群众性农业科学实验活动。

直播面积下降,1960 年直播面积在 5% 以下。1972 年,水直播面积上升,1978 年开始迅速下降,1980 年只剩 73 公顷。

以农家肥为主,化肥用量逐年增加,种类增多,1980 年施用化肥达 420.5 吨。

在综合防治水稻病虫草害的基础上,逐步走向化学防治。1965 年开始使用除草剂,1974 年开始使用杀菌、杀虫剂。

育苗、插秧期比 60 年代提前 20 天,4 月中下旬育苗,5 月中下旬插秧。

（2）粮食产量普遍提高

1960 ~ 1982 年间,由于水灾、低温、早霜、干旱、病害等原因,水稻产量波动很大,主要有六次大的

波动,丰收年每垧产可达 11 600 斤,欠收年只有 4 960 斤,丰收年交售 5 190 吨,欠收年只交 8 吨,还得拉回返销粮 300 吨。

但最近二十多年,年均每垧产是 9 000 斤,平均比 50 年代的 7 000 斤增长了 22%,每年平均交售 3 057 吨粮食。

高产队实验站从 1949～1982 年保持了平均每垧产 9 940 斤,每年平均交售 480 吨。

(3)输出水稻生产技术员

在水稻生产技术的普及和提高方面民乐乡做了很大的贡献,因为种植水田比种旱田产量高,收入也高,汉族农民也开始种水田,特别是旱改水田的汉族农民不懂水稻生产技术,他们纷纷招聘朝鲜族农民当技术员,主要是水管理员,刚开始时是个别招聘几个人,后来变成了组织行为。

民乐乡最多时有 300～400 人应聘,去往县内和省内各个地方去当技术员。

对县和省内的水稻生产技术的普及和提高上做出了重要的贡献

11.农业生产经济效益与集体经济

老人赴哈尔滨参观　　　　（权云龙提供）

(1)农业生产经济效益

生产队生产好坏的标志是粮食产量、征购任务完成、粮食分配、劳动日值和公共积累等指标。

粮食征购又称向国家做贡献,是带有政治性的硬性强制性任务,可以以单位面积平均交售粮和每人每年平均交售粮去衡量。这二十多年,人口增长 80%,大牲畜增长 111%,而粮食却增产 20%,远远不及消费增长的快,因此,每年平均交售的粮食、每垧平均交售粮食、人均交售粮食都比五十年代下降,而各队之间征购任务极不平衡,粮食收购价偏低,严重影响了农民的生产积极性。

完成征购任务以后,先留下种子、饲料、投肥粮、基建补贴粮、储备粮后再分社员的口粮。丰收年完成征购任务后,各项留粮标准可以偏高一点;相反欠收年和完不成征购任务的各项留粮标准偏低,甚至牲畜饲料和口粮也不足。

(2)集体经济

合作化以后,随着集体农业生产的发展,每年将当年总收入的 9%～20% 提取作为集体积累。一开始是公益金、公积金、后来逐步增加固定资产折旧基金、生产发展基金、基本建设基金、农民生活费基金、储备粮基金、管理费等,到 1980 年,全公社积累资金达 354.4 万元。当时有资产 466.6 万元,固定财产 189 万元,其中房屋建筑 27.3 万元、机械动力电器 71 万元、大型农具 23.6 万元、运输工具 8.4 万元、排灌设备 12.2 万元、管理用具 3.2 万元、大牲畜 43.3 万元、全乡平均每人占有公共积累 291 元。

（六）民乐朝鲜族乡（1983～2000 年）

1. 人民公社解体、新的生产秩序建立

1983 年春，"队为基础，三级所有"的人民公社解体，实行了"家庭土地联产承包责任制"，并规定这一制度 15 年不变。首先，把原生产队的耕地按土质好坏、水源情况、离田地远近、产量等情况，划分出 2～4 个等级；按人口分别计算分配数、最后以家庭为单位抓阄分地，结果使各户分到 2～4 块分散的耕地。

其次，原生产队的集体财产、如房屋、牛、车、拖拉机以及所有零星财产、全部作价以抓阄的形式分给农民，农民付出相应的款项。这样历经 30 年苦心经营的集体经济、一朝解体，开始了新的生产秩序。

2. 水稻生产各项新技术得到提高普及

（1）水稻品种及其繁育技术

引种逐步向优质、高产、抗病方向发展，克服了盲目大量引种做法，推广"水稻种子繁育 211 工程"技术，引种与超稀植栽培技术相结合，既经济又实惠，解决了品种更新换代的新技术问题。这一期间，每年进行 10～30 个小品种对比试验，从中筛选出下一年推广普及品种。

随着市场化商品经济的发展，进入 21 世纪以来，改变了水稻品种多杂乱的局面，引进优质大米品种稻花香 2 号。

民乐朝鲜族乡立体育苗室

（2）塑料薄膜大中棚隔离层蔸秧育苗技术进一步完善，形成了配套技术规范（1983 年）。

种子处理：形成了试芽、晒种、筛种、脱芒、风选、比重水选、药水消毒、浸种、拌菌、催芽、凉芽等系列工序。"温水种子浸种催芽法"，既方便又安全，又实用，从浸种到催芽播种只需 3～4 天即可。

苗床土配制：全面普及多功能壮秧剂（1991 年）解决了床土调酸、消毒灭菌、调肥的技术问题，避免了苗床立枯病发生。

有机水稻种植基地

苗床地选择：全部由水田本田转移到房前屋后院子里（1983 年），即管理方便又利于育壮苗。

稀播、均播、育壮秧，播量压缩到 360/克平方米，推广使用"定量定位播种器"，做到均匀播种。

大中棚，保温效果好，育苗成本低，管理方便。苗期喷一两次微肥，移栽时带肥，带菌、保证缓苗

早,早分蘖。

（3）超稀植栽培技术全面普及

人民公社化时期的大垅栽培法（8寸×3寸、9寸×3寸、7寸×3寸）改为9寸×3寸（1983年）、9寸×6寸（1987年）、（12寸＋9寸）×6寸双行栽培（1991年）。每垧用种子30斤，苗床40平方米，每平方米保苗14～16穴,30株/平方米，插后每穴1株不补苗,2株正好,3株以上要间苗，育苗成本由175元/垧，降低到77元/垧。

（4）早育苗、早插秧、挣积温,抗春旱、防秋霜

清明前后育苗,立夏后插秧,立秋前出穗,秋分成熟。

（5）施肥技术

量力施用农家肥,化肥做到"底、蘖、穗"施肥体系（1987年）,根据测土配方改单质化肥为多元素复合肥（1988年）,同时推广普及了"二微"肥,即微量元素肥和微生物肥（1991年）。年垧施氮肥240斤,磷、钾肥各100斤左右。

（6）植保

在综合防治病虫草害的基础上全面推广普及了化学药剂除草,防病、杀虫、年使用化学药剂6斤/垧。

（7）气象因素与水稻生产

综合分析历年的解冻期,水稻生长临界期,初终霜期的出现日期后。实践证明,当日平均气温稳定通过0℃时（4月5日,保证率100%）可以播种育苗,当日平均气温稳定通过10℃时（5月10日,保证率90%）,可以插秧,做到7月25日～8月5日期间安全出穗,9月15日～20日期间安全成熟,保证率50%～70%。即能保证充分的营养生长期,又能保证充分的生殖生长期,既能做到抢积温挣积温,又能充分利用光能,既能做到秋霜春防,又能有效地减轻春旱的威胁。

欧盟粮食代表夸赞有机米

欧盟十五国粮食代表品尝合作社米饭

（8）在实践中农民技术员队伍得到锻炼和提高

1982年、1990年以后,市（县）农技推广中心和市政府进行农民技术员职称评定工作,至1999年民乐乡被评定的农民技术职称的有30名,其中,二级职称（助理农艺师）6名,有崔石奎、徐钟术、南台德、金春子、成龙济、权永植;三级职称（农民技术员）24名。

　　这些人和各村屯 80 多名示范户一起在乡农技站的业务指导和配合下进行了引进、试验、示范、推广各项新技术的工作,效益显著,至 2000 年共做了 240 多个项目,同时积极组织农民参加省、地、市组织的各项农业生产大型活动。如高产攻关竞赛、栽培技术研究会、示范带建设、机械化家庭农场建设。"三田"建设等活动,大大促进了全乡水稻生产。水稻产量由 1982 年平均每垧产 6 400 斤,提高到 1986 年 15 000 斤,并且相对稳定下来,90 年代出现了一大批每垧产 9 000 公斤的农户,一些典型户突破每垧产 10 000 公斤大关。

表 3 – 7　　　　　　　　　　　民乐乡历年试验、示范、推广项目

年度	项 目 内 容	结 果
1983	工厂化育苗,机械插秧	民乐、新乐 星光村示范
	中棚迁秧隔离层旱育苗	全面推广
	稀播育壮秧、稀播	播量 6 两/m²9×4 – 2
1984	除草剂灭草、恶性杂草眼子菜、杀草丹、西草净	推 广
	石油助长剂	效果不佳
	旋 耕	推 广
	床土配制、调酸、调肥、消毒疏松、干净	推 广
	磷、钾肥	推 广
	底肥、蘖肥、穗肥配套施肥	推 广
	烤 田	环境受限
	叶龄指数调查 33 个品种	存 档
1984	除草剂、去草胺、苯达松、哌草津	推 广
	三早栽培	品种不适宜
	激素、三十烷醇	效果不佳
	寒冷沙旱育苗	推 广
	水稻专用肥	推 广
1986	除草剂、丁草胺	推 广
	两栖蓼斑点个数与年成预测	存 档
	倒伏研究	存 档
1987	苗期冻害及防治技术	推 广
	种子吸水速度、重量变化及发芽率发芽势	存 档
1989	1 超低量喷雾技术、2 碧全、增产菌	1 项推广
1990	大养稀超稀植栽培法 9 寸×8 寸　9 寸×6 寸	推 广

续表 3 - 7

年度	项 目 内 容	结 果
	定量定位播种技术、新品种通系 103、112	推 广
1991	钵体育苗、新品种九稻 11、九 B354、84——101	推 广
	生根粉、丰收素、多效唑、多元微肥	推 广
	硅肥、氮磷颗粒肥	成本高推不开
1992	多功能床土调制剂、壮秧剂	全面推广
	测土配方施肥	全面推广
	双行超稀植(12 + 9)×6 - 2	全面推广
	水稻种子繁育 211 工程	全面推广
	病虫草鼠害综合防治技术	全面推广
	栽培密度 1 株、2 株、3 株/穴	全面推广 2 株/穴
	龙稻沟鱼	干旱、失败
	除草剂、农家益	药害严重
	腐殖酸植物生长素	效果不佳
1993	克枯星(恶甲水剂)防治立枯病、苗床灵	推 广
	无公害栽培、有机肥栽培	无经济效益
	生物钾水剂、硒 SE 肥	无经济效益
	少肥高产新品种、九稻 14	推 广
1994	优质高产高效益栽培配套技术	推 广
	种子处理安全高效新方法——温水处理技术	推 广
	ABT 生根粉"901"生物肥氨基酸复合肥	推 广
	除草剂、草克星、农得时、威农、三菱光	推 广
	黑稻、早熟 品种早上市	推 广
	新品种、龙锦 1 号、松梗 23	推 广
1995	微肥、丰收素、垦易生物剂	推 广
	新品种、V4、五 93 - 8、九花 1 号	推 广
	发功与种子发芽率、发芽势	存档、成功
	淹水稻考查	存档、成功
1996	神菌、高效增效剂、缘丰生物肥	推 广
1997	宽行配套超高产技术	推 广
	DT 杀菌剂防治稻曲病	推 广
	新产品、三元复合肥、BB 肥	推 广
	双效微肥、惠满丰、农宝	推 广

续表 3 – 7

年度	项　目　内　容	结　果
1998	酵素 5 号	推　广
	有机秧盘育苗	价高、推不开
	益微、丰元露、丰农宝、生物肥	效果一般
1998	酵素 5 号	推　广
	有机秧盘育苗	价高、推不开
	益微、丰元露、丰农宝、生物肥	效果一般
1999	DSK 壮秧剂	推　广
	"三超"栽培、品种 V4、V8、九花 3 号	推　广
	除草剂、片净、稻思达、瑞飞特	推　广
2000	宽窄行超稀植(45 + 35)×20 ㎝ – 2 株	推　广
	除草剂、禾友 1 号、农立富、穗满、农家喜	推　广
	那氏 778 基因诱导剂	成功存档
2005	纳米 863 活水器浸种发芽	成功推广
2007	有机水稻生产配套技术	推　广
	自然资材采集、制作、使用技术	推　广
	土壤菌采集、扩繁、发酵、堆肥技术	推　广
2008	有机水稻栽培自然资材使用模式图	推　广
2009	SC – 1 型水田除草剂使用示范	推　广
2010	B – G、OUGAN、707、硅肥、多维肥精、地福来	推　广
	氨基酸、有机肥、试验示范	推　广
2012	水稻生产水肥管理卡(叶龄分藻幼穗分化拢节)	推　广

表 3 – 8　　　　　　　　　　**典型农户统计表**

年度	村	姓名	面积	每垧产 kg	主要措施内容	备注
1983	荣华	郑熙雄	1	6 975	旱育苗	水稻收购价
1986	民乐	朴赞植	1.3	10 130	大棚盘育苗	
1987	荣华	郑熙雄	1	10 005	寒冷纱育苗	
1988	友谊	南台德	1	10 800	旱育苗早插秧	全乡人均收入 826 元
1989	新乐	梁仁燮	0.5	10 495	大棚盘育苗机械插秧	全乡人均收入 326 元
1991	东兴	权灿善	1.2	11 576	超稀植、有机肥	收购价 0.64 元
1992	东光	权永植	1	11 920	选用北陆 128 品种	

续表 3 – 8

年度	村	姓名	面积	每垧产 kg	主要措施内容	备注
1993	东兴	权灿善	1.8	11 700	早育稀植、有机肥	
1993	运胜	金元栓	1	7 760	早熟品种早上市收 8 000 元	
1994	运胜	李永洙	1	9 000	黑初、收入 28 000 元	全乡人均收入 2 200 元
1998	运胜	南太东	1	12 148	高产综合栽培措施、V4	收购价 1.50 元
1999	新乐	成龙济	1	7 740	优质米 93.8、收入 7 800 元	1.16 元

3. 水利

民乐灌区管理人员变更:

1982 年,站长:郑春奎 刘向纯 编制 15 人

1984 年,站长:刘向春 金仁俊 吴洪南 编制 19 人

1996 年,站长:张清贺 编制 28 人

经过 70 年代灌区大整顿后,灌排管理大改善,水田开发面积继续增加 1980 年达到 2 025 垧,以后继续开发坝外荒源地,1995 年水田面积发展到 2 701 垧,其中坝内 2 281 垧,坝外 419 垧,

但是春旱夏涝仍然是水稻生产继续稳步发展的一大危害。为此

1982 年增设抗旱补水井 859 眼,其中大口井 24 眼。

1988～1990 年省重点小型农田水利投资 205 万元,改造民乐灌区渠道工程,1992 年投资 20 万元,以工代赈 13 万元改造民乐灌区进水闸,至此民乐灌区渠道永久性拦河坝和进水闸完工,保证了春季插秧期供水。

生产中为了缓解春季供水紧张,进行上下游,东西支线、主支线轮灌的方法调节了矛盾。灌溉上做到了只灌不排,缺水补水方法。

渠道高程 169 米,进水闸流量 6 立方米/秒,主干线长 17 公里,支渠 22 条,长 32 公里,排水干渠 4 条,长 33 公里,各种构造物 128 座,水田面积 2 701 垧,自然泡沼 32 个,114 垧,蓄水量 170 万立方米,机电井 25 眼,排水量 1 500～2 000 立方米/个日。

4. 企 业

人民公社解体,国家实行"改革开放"政策,劳动力选择从业自由化,出现了村办企业继续发展,乡办企业实行集体或个人承包,农村劳动力开始向外转移。

80 年代各种小厂,个体纷纷上马,但由于资金、技术、人才的缺乏,只维持了一两年就下马,到了 1985 年只剩两家企业,两家企业搬迁到外地,其他 22 个企业全部亏损停办,人员外流。

进入 90 年代中、后期,陆续产生新的稻米加工厂,而且呈现越来越多,越来越大的趋势。

脱离土地,从事其他行业的人员逐渐增多,有的村屯已经将房屋、土地等全部处理后外出打工。

表 3-9　　　　　　　　　　　　　　企业统计表

企业名称	建办时间	停办时间	厂长	企业名称	建办时间	停办时间	厂长
砂场	1976	1995	郝万树	家具厂		1992	沈相益
线材厂	1974	1995	李汉志	实验厂		1992	李铉范
铸造厂	1975	1995	白明旗	农机厂	1959	1992	申基镇
玻璃钢厂	1986	迁移	元龙浩	化工厂	1984	1988	金炳万
散热器厂	1985	迁移	崔永万	日用化工厂		1992	郑大日
工业化工厂	1992		郑大日	塑料厂		1990	
酒厂		1994	代正刚	环保厂		1987	申昌均
物资站		1994	裴永德	地板厂	1985	1988	
民族商店	1985	1988	金永年	机电厂	1962	1986	金正男
工程队	1985	1988	李成国	综合厂	1975	1986	李亨君
联合厂	1978	1988	田相术	新新饭店		1986	代正刚
电器厂	1985	1986	刘福东	民族饭店		1986	姜贞子
精洁米厂	1994	2000	黄典守	金盾消防			
设备公司	1985		崔永万				
龙升稻业公司	1994		王学仁	方便面泡菜厂	2013		崔永万
华米米业公司	1999		钟万华	哈益山			
铝塑门厂	2013		郑大日				
龙洋种子公司	2000		王景海	创新玻璃钢厂	1985	1986	朴吉林

5. 教育、文化、体育

"改革开放"后,农村人口逐步渐向城市、沿海地区移动就业,甚至不少劳动力出国打工,结果经济收益增长了,但是随之带来了农村人口劳动力激减,学生生源减少。1986年东光学校最早合并于新乐小学,其他学校也出现学生数激减,剩下的学生也纷纷向城市学校转学,老师工作不安心,一些老师辞职外出打工,教育质量下降,至2000年好多学校濒临倒闭状态。

(1)中小学教育

① 民乐朝鲜族乡中学校(详见"第七章民族教育")

1996年,五个年级,13个班,610名学生,58名老师,毕业生120名。2000年,三个年级,13个班,410名学生,56名老师,毕业生80名。

1997年新盖832平方米校舍,建设"三室"礼堂。

1998年购置各种实验器材,管弦乐器。

1999年校办学农基地,建酒厂,养猪场。

② 农业中学

1952～1956 年,因为小学毕业生未能升学年龄小不能参加农业生产,开始在民乐中心小学办起了初中班。

1957 年 7 月～1960 年 7 月,借大成屯公会堂办起了民办中学,设初中 1～3 年级 3 个班,120 多名学生。校长,崔昌均,教员 7 名。

1960 年 8 月～1962 年 7 月,与民乐中学合署办公教学。学生学习统一领导,统一安排,农业中学经费由公社统筹安排,独立核算,农业中

欢送参军　　　　　　　　　（金元经提供）

学由金元经负责,教员 8 名,设初中 1～3 年级,3 个班,高中 1 个班,共 4 个班学生 150 多人。

1962 年 8 月～1964 年 7 月,校址移到陆家东、坝底、原公社林场(敬老院)、新扩建校舍 500 平方米,设初中 1～3 年级和 1 个汉族班,共 4 个班级,200 多名学生。校长金元经,教员 8 名,农工 2 名。经营水旱田 10 垧地,办学经费基本自力更生。

1964 年 8 月～1968 年 7 月,校址迁到公社工农队(罗圈泡),改修社员民房 40 多间 1 000 平方米做校舍。设初中 1～3 年级汉族 1～2 年级,高中 1 个班,共 6 个班级,学生近 300 名。有校田水田 30 垧,校长金元经,教师 15 名,农工 8 名,10 头耕牛。办学经费自给,学生学费、食宿、书费全免。对农业中学来说,正处兴旺发达时期,深受五常县教育局,哈尔滨市朝鲜民族教育处等上级主管部门的重视。但由于 1966 年开始的"文化大革命"影响,农业中学宣告终结。农业中学的生源是公办学校招生后剩余学生,所以在当时来说,民乐是已普及了初中教育,开始步入高中普及阶段。"文化大革命"后期,1968 年 8 月和合并到民乐中学。

③民乐朝鲜族乡中心小学校

占地面积 30 000 平方米,校舍建筑面积 1 880 平方米,标准化实验室,准备室,图书室,音乐、体育、少先队活动室各 60 平方米,具备电子计算机、打字机、复印机,校田地 2 垧;操场上具备足球场、排球场、单杠、双杠等运动场;学前班、幼儿运动场地完备。

1983～2000 年历任校长有:权奇泽、郑连广、宋圣天。教员由 27 人,1991 年增加到 33 人,以后逐年减少,2000 年只有 21 名老师。学生数不到 300 名,毕业生 54 名。

1995 年,考入大学 10 人,考入重点中学 35 人,小学升初中语文、数学平均 78 分以上的学生 48 人。民乐校教导主任权淑子撰写论文"汉语文教学练说一、二"刊登在《中国朝鲜族教育》第九期。

全乡小学老师学历达标 94%,参加大专函授的 16 人。

全乡中学老师学历达标 63.2%,参加大专函授的 11 人。

全乡达省规范化学校标准的:民乐小学。

全乡达市规范化学校标准的:中学新乐校。

实验室建设好的:民乐校、新乐校。

档案规范化的学校:民乐中心校。

（2）广播、电信

① 广播

民乐广播站始建于1956年,由小型水利自发电开始,最初150瓦扩大机,与电信同根杆单线输送信号,用户用小喇叭收听。早、中、晚广播时间电话串音不能通话。随着1958年通电开始,广播站设500瓦扩大机,普及全乡户户通广播,各村屯建广播室,各屯设大喇叭,利用广播宣传党的方针政策,并通过广播指挥生产,传播科学知识,1997年,哈尔滨市广电局投资2万元,建成调频广播,实现村屯通广播,实现无线送广播。1993年开始安装有线电视。2004年实现有线电视光纤网络,有线电视节目增加到38套节目,满足了全乡人民收看电视节目的要

广播员在广播　　　　　（金元经提供）

求,丰富了群众的文化生活。广播站由柳永满、金元经、李相元、金国建等负责。一般站内由5~6名编制来管理广播、电视、电信事业。

② 电信

1956年建设初期使用蓄电池手摇式电话机,电话线路为木杆铁质单线,境内交换台1座15门,电话线路均为杂木杆、单线、通话串音、广播干扰,时有遇到大风,电话杆倒线落事故发生（磁石电话交换扰机）,1958年安装供电式电话交换机,电话线路开始逐年整治,大部换上了水泥杆,后又逐渐更换了油漆木杆。1961年架设直通县电话线路,并设50门交换台。1991年安装程控电话,1997年投资100多万完成程控电话增容改造,电信归属五常电信局安家支局。

民乐电信从建立起与广播站负责统一管理,主管电信线路也由广播站机线员统一管理,主抓有柳永满、南文照、金元经、李相元、金国建等人负责管理。

（3）文化、体育

朝鲜族具有悠久而丰富的文化遗产,日伪时期,朝鲜族的文化艺术受到了严重摧残。解放后,在党和政府的关怀下文化艺术事业得到了迅速的恢复和发展。

解放初期,各村屯都有农民夜校,进行识字扫盲的同时教歌教舞。群众文化生活开始活跃起来,经常以各村屯准备的小节目进行比赛,对提高人民思想觉悟、鼓舞劳动热情推动生产起到了积极作用。

1956年建立了放映队,仅1958年一年就放映280多场,观众达2万多人次。

朝鲜族经常开展群众性体育活动,幼儿园小学到中学普遍举行体育运动会,解放后民乐乡几乎年年召开体育运动大会,白天体育运动,晚上文艺演出。至今民乐乡共召开了32届全乡体育运动大会。

1984年,乡政府始建文化中心,1992年续建造价63.7万元,619.7元/平方米,建筑面积1 027.8平方米。2003年6月30日,以评估价20.62万元,342.29/平方米的价格出售给泰达米业。

文化站成了全乡的文化中心,外地演出队、本地的全乡性文艺活动都在文化中心进行,晚间举办舞蹈会。

乡、村、学校经常举办运动会和文艺演出。朝鲜族是以老年活动为主。

6. 朝鲜族农村的变革

新中国成立后,在中国共产党和人民政府的领导下组织起来的朝鲜族农民在"总路线、大跃进、人民公社"三面红旗照耀下,生产热情高涨,不辞辛苦,继续发展水田生产,巩固了集体生产,每年每垧地向国家交售了 3 000～4 000 斤的水稻。在粮食紧张的艰苦年代里又一次为国家做出了重大贡献。

省及哈尔滨领导一行深入民乐朝鲜族乡视察插秧现场

改革开放以后,特别是实行家庭联产承包责任制以后,朝鲜族农民的生产积极性更加提高,个个显出自己的生产本事,积极学习农业科学技术,大胆革新旧的生产方法,敢于投资,敢于实践,粮食产量直线上升,好多户每垧产量突破了 1 万公斤大关,得到县、市、省级有关部门的表彰奖励,农民的经济生活随之提升。

改革开放政策鼓励农民离乡离土,寻找适合自己的工作增加收入。1992 年中韩建交给中国的朝鲜族农民打开了出国的大门。一些先觉者首先离土离乡进城创业打工,更多的人逐渐选择出国创收。这些人的生活先富裕了,留在本乡本土的农民因为有了更多的土地耕种,也增加了收入。随之而来的是人口大逆转,农村人口耕种农田的人口逐年减少,大量土地转移到外村人手中。种地不用愁,重要的生产资料如牛车、拖拉机等工具变卖,种地靠雇工,土地经营规模小,资金缺乏,种地年年靠贷款;村里只剩老人和一些需要照看的孩子,学校生源减少,1986 年东光学校并入到新乐学校。新乐学校、民乐学校、民乐中学的学生也逐年下降,一些老师也离开了学校自谋职业,教学质量渐渐下降。

表 3-10　　　　　　　　朝鲜族土地经营情况对比表

村	1983 年			2000 年			屯
	户数	人口	水田	居住户	种地户	种地面积	
合计	1 411	5 669	1 408	789	327	675	13 个
友谊	294	1 131	250	154	60	140	张义、大产、运胜
民乐	314	1 312	267	200	85	170	民乐、民安、红火
红光	305	1 178	287	173	65	110	红光、赵家
星光	175	709	214	113	57	105	永兴、东兴、星光
新乐	163	694	196	84	30	90	新乐
东光	160	645	195	67	30	60	东光

1985 年,朝鲜族 13 个村,1 425 户,6 484 人;拖拉机 13 台,手扶式 103 台,汽车 3 台,插秧机 11 台,牛 278 头,马 13 匹,人均收入 550 元;小学 3 所,中学 1 所。

2000 年,只剩牛 20 头,手扶式拖拉机 72 台,欠银行贷款 366 户。

表 3 – 11 　　　　　　　　　2000 年朝鲜族农民经济生活

村	电视机	砖房	冰箱冰柜	电话	出国回来	出国劳务	进城劳务	养禽只	养猪头	经商户	多种经营	职工人	其他户
合计	789	558	160	542	574	580	489	1400	134	12	3	79	32
友谊	154	91	15	81	148	124	104	150	20	0	1	23	0
民乐	200	190	87	170	112	197	167	230	43	6	1	38	7
红光	173	106	9	110	185	151	105	205	15	4	1	3	13
星光	113	70	14	91	32	78	35	310	35	1	0	5	1
新乐	84	76	30	55	47	40	48	405	11	1	0	10	11
东光	67	25	5	27	50	20	30	100	10	0	0	0	0

7. 党员、党组织

1984 年末, 共 12 个支部, 525 名党员。其中, 正式党员 506 名, 预备党员 19 名; 男 462 名, 女 63 名; 汉族 125 名, 朝鲜族 400 名。

党员的文化程度: 大学 11 名, 中专 39 名, 高中 79 名, 初中 217 名, 小学 159 名, 文盲 20 名。

入党时间 1927 年 8 月 ～ 1937 年 7 月 6 日入党的 1 名, 1945 年 9 月 2 日前入党 1 名, 1949 年 9 月前入党 48 名, 1966 年 4 月前入党 109 名, 1976 年 10 月前入党 244 名(突击入党)1984 年年末前入党 122 名。

党员职业成分: 工人 64 名, 农民 338 名, 干部 36 名, 专业技术人员 55 名, 营业服务员 8 名, 民办教师 4 名, 民警 2 名, 离退休人员 15 名, 其他 3 名。

表 3 – 12 　　　　　　　　　1986 年末组织、党员情况

支 部	书 记	党 员	支 部	书 记	党 员
乡机关	李树密	31	中心小学	金在东	16
广播站	金元经	7	卫生院	张相国	8
中　学	李相天	16	供销社	韩殿林	26
工　业	申基镇	36	银行电站	弓东均	11
水管站提防	刘向纯	8	友　谊	李成国	18
大　产	吉明海	20	运　胜	徐学洙	
红　火	田相术	8	民　乐	安太勋	27
民　安	崔永万	27	红　光	刘在洙	37
荣　华	权宁根	12	星　光	姜大日	15
永　兴	姜河道	17	东　兴	李昌洙	10
东　光	曹东浩	30	新　乐	成龙济	38
星光校	太基日	7	合　计		425

续表 3-12   1998 年 11 月组织、党员情况

支 部	书 记	党 员	支 部	书 记	党 员
友 谊	李教星	31	民 乐	李君龙	33
红 光	李太山	27	新 乐	成必济	32
东 光	俞炳旭	9	星 光	金成根	41
乡机关	白云峰	42	信用社	李延龙	6
供 销	康占峰	11	卫生院	曹东赫	7
供电所	申基峰	5	灌 区	张清贺	10
企 业	王 江	5	合 计		338

由于农民进城、出国,人员大量外流,党员数也随着减少,2011 年后期朝鲜族村支部调整为民乐、红光、新乐 3 个支部。

8. 行政机构

随着各项事业的发展,政府机关增设了很多事业机构,如农情统计、民政、司法、档案、交通、乡建、环保、农机、农技、林业、畜牧、水利、土地、计划生育、文教、财税、农贸、企业、文化、粮油、经济开发、市场服务等。

1992 年,进行了一次机构改革,但流于形式纸上谈兵,没有实质性的突破。1997 年开始实行公务员制度。

各村一般由支部书记兼任村长。

(六)民乐朝鲜族乡现状

随着改革开放的深入,进入 21 世纪以来,民乐朝鲜族乡出现了朝鲜族农户和人口急剧减少的情况。根据这一情况,政府在 2000 年合并了行政村,友谊村和民乐村合并成民乐村;新乐村、东光村、星光村合并成新乐村;红光村不变。原来的 6 个行政村,形成了合并后的 3 个朝鲜族行政村。民乐村和新乐村党支部书记由朝鲜族担任,而红光村的党支部书记由汉族担任。

据 2013 年 9 月 15 日统计,民乐乡现住 185 户朝鲜族,354 口人。其中,只有 49 户种田,种田面积为 289.5 垧。这与 2000 年的统计数比较,户数只占 13.2%,人口只占 6%,种田户只占 2.9%,面积只占 18.3%。

1. 水稻生产现状

2013 年,朝鲜族现住农户只占原来朝鲜族农户总数的 3%,种田面积只占原来的 18.3%。

表 3 - 13　　　　　　　　　　　　　　朝鲜族农民重点种田户现状

村	屯	户　数	种植面积	种田典型户（单位：垧）
民乐村	友　谊	5	21.5	沈洪燮(10)
	民　安	3	13	金日万(9)
	民　乐	4	55	朴点植(25)　孙华植(20)
红光村	红　光	6	22	南七峰(6)　朴元吉(7)
	荣　华	4	28	朴日星(10)　曹成哲(8)
新乐村	星　光	1	20	金永焕(15)
	永　兴	11	79	潘昌根(22)　吴正甲(20)　金在锡(15)
	新　乐	4	20	
合　计	8	38	258.5	167(占种植面积的58.5%)

这些种田典型户的特点是：

（1）扩大了生产规模。原来一般承包田只有 1 垧地左右，而现在他们平均起来超 5～6 垧地。

（2）种田规模化，实现了规模化管理。种田 10 垧以上农户大部分是村屯的干部，具有一定的管理能力。

（3）种田大户没有耕畜，但靠农用机械去生产。现民乐乡朝鲜族种田户虽少，但有 16 台胶轮拖拉机，23 台手扶拖拉机，并且农机具配套。有育苗大棚 86 栋，种子发芽器 1 台，筑埂机 4 台，收割机 3 台。13 户农民成了用电脑上网交流现代化情报信息的新型农民。

（4）生产、加工、销售一体化，运用方式多样化。

一是自己生产、加工、销售。友谊村村长沈洪燮自己办水稻加工厂，除自种的稻谷外，收购本村农户的稻谷加工销售给大庆等城市。二是组织农户办农民合作社，统一种植、加工、销售。三是与企业签订合同种植。四是到秋后根据市场信息自行处理稻谷。

（5）提高了管护土地的责任感。新乐村永兴屯 10 余户农民种地 60 多垧，基本上本屯水田由本屯自己人耕种，再过几年与外地人的耕种合同期满，就能全部收回交给本屯种田户。此外，民乐屯和荣华屯也有一半以上耕地由本屯人耕种。

2. 农民生活现状

随着全国农村建设城市化步伐，交通、卫生、环境等大为改善，现住朝鲜族人口中 70% 以上是丧失劳动能力的老年人。老年人生活稳定，经济来源靠出国或国内打工的子女供给。现住房都是砖瓦结构的，家里普及了数字化有线电视，电话、手机、电冰箱、洗衣机、电脑等在不断增加。交通工具大有改观，乘小轿车、摩托车去劳动，老年人开电动车出行。

种地农户的收入稳定增长，粮食价格提高。每斤水稻的价格已达 2.40 元，每垧地平均纯收入可达 2 万多元。

现在，朝鲜族农村已经没有适龄读书的儿童，全乡原有的 3 所朝鲜族中小学已全部取消。除老年活动之外，年轻人的文化生活基本陷于停滞状态。

3. 民乐朝鲜族乡人口的巨大变化

从 20 世纪 40 年代至今,70 多年来,人口数量发生了巨大变化。下表可见其变化幅度之大。

1999 年,民乐乡朝鲜族 1 528 户,6 252 口人.到了 2003 年,减少到 456 户,1 212 口人。到 10 年后的 2013 年锐减为 185 户,354 口人。这些离开民乐乡人究竟去了哪里,无法统计。了解是一部分流向沿海城市或五常市镇自谋职业;另一部分到国外打工去了。

表 3 - 14　　　　　　　　　　民乐乡户籍数及人口变化

年　度	户　　数			人　　口			朝鲜族种地户
	小　计	朝鲜族	汉　族	小　计	朝鲜族	汉　族	
1945	855	580	275	4 513	2 987	1 526	
1949	1 100	773	327	5 508	3 607	1 901	
1954		783	370	5 989	3 870	2 199	
1959		829	411	6 353	4 090	2 263	
1964				8 233			
1969				9 771			
1974				10 594			
1979				11 622			
1985	2 773			12 917			
1989	2 802			12 637			
1994	2 813			11 918			
1999	2 936	1 528	1 408	13 188	6 252	6 663	444
2000	2 936	789		12 202			327
2001							214
2003		456			1 212		100
2005		400					100
2006		318					83
2008		281			645		66
2009		229			489		70
2012							38
2013		185			354		46

民乐乡朝鲜族现状调查（一）

表 3 – 15 　　　　　　　　　　　　　　　　　　　　　　　　2003 年 8 月 31 日　水田：垧

村	屯	1998 年			现住户		种地户	
		户数	人口	水田	户数	人口	户数	水田
计	13	1,411	5,691	1,408	456	1,212	103	229.2
民乐村	6	608	2,443	517	234	521	55	116.2
	运胜	72	277	50.2	32	74	12	26.4
	大产	100	378	81.9	38	81	9	13.6
	友谊	122	476	117.5	38	89	10	13.7
	民乐	125	509	100.3	52	103	19	53
	红火	58	259	48.3	28	70	1	3
	民安	131	544	119.1	46	104	4	65
红光村	2	303	1,200	287	85	202	16	35.5
	红光	232	912	222.3	68	159	13	28
	荣华	71	288	64.7	17	43	3	7.6
新乐村	5	498	2,048	605	137	489	32	77.5
	新乐	163	694	196	52	129	9	19.4
	永兴	70	310	70.6	34	80	7	16.5
	东兴	36	132	55.1	23	90	4	18.8
	星光	69	267	88.4	29	116	6	11
	东光	160	64.5	195.1	29	74	6	11.8

民乐乡朝鲜族现状调查（二）

表 3 – 16 　　　　　　　　　　　　　　　　　　　　　　　　2003 年 8 月 31 日　水田：垧

村	屯	出 国 人 员					去 城 市 人 员			职业		目的	
		合计	韩国日本	俄罗斯	其他		人数	省内	省外	有	无	子女	求职
计	13	1 183	1 095	50	49	19	2 957	551	2 406	1 529	1 428	280	2677
民乐村	6	449	484	9	2	4	1 205	165	1 040	592	613	105	1,100
	运胜	52	51			1	102	24	78	73	30	10	92
	大产	81	79	2			185	30	155	90	55	21	164
	友谊	109	104	3	1	1	239	39	200	129	110	14	125
	民乐	111	106	3		2	256	40	216	136	120	40	216
	红火	59	59				128	20	108	60	68	10	118
	民安	87	85	1	1		295	12	283	115	130	10	285

续表 3 – 16

村	屯	出 国 人 员					去 城 市 人 员						
		合计	韩国日本	俄罗斯	其他		人数	省内	省外	职业		目的	
										有	无	子女	求职
红光村	2	294	261	20	10	3	639	121	518	439	200	99	540
	红光	225	196	16	10	3	483	71	412	383	150	87	396
	荣华	69	65	4			156	50	106	106	50	12	144
新乐村	5	390	350	71	7	12	1 113	265	848	498	615	76	1 073
	新乐	104	99	3	1	1	434	138	296	160	274	14	420
	永兴	76	69	6	1		138	20	118	85	53	38	100
	东兴	38	38	3	2		7	7				1	7
	星光	33	29	1	3		113		113	103	10	8	105
	东光	139	120	8			421	100	321	150	271	9	412

表 3 – 17　　　　　　　　民乐朝鲜族乡新乐村劳动力文化程度调查

劳力数	男	87		文盲	0
	女	71	35岁~50岁	高小	0
	合计	158		初中	49
文化程度	文盲	0		高中	24
	高小	4		中专	2
	初中	83		大专	1
	高中	68		文盲	0
	中专	2		高小	4
	大专	1	51岁以上	初中	12
16岁至34岁	文盲	0		高中	1
	高小	0		中专	0
	初中	22		大专	0
	高中	43			
	中专	0	1985 年 4 月 30 日统计		
	大专	0			

民乐朝鲜族农民生活现状一览

表 3-18　　　　　　　　　　　　　　　　　　　　　　　　2013 年 9 月 25 日统计

村屯	现住户		种地户					交通工具			
	户数	人口	户数	面积垧	胶轮	手扶	其他	轿车	摩托车	电动车	自行车
民乐村	113	215	13	118.5	6	11		5	9	14	54
运胜	11	17	1	20							6
大产	9	12									3
友谊	13	25	5	21.5	1	1		2	3	3	5
民乐	38	72	4	55	3	6	8	3	4	5	10
红火	22	39							2	5	10
民安	20	50	3	22	2	4				1	20
红光村	26	58	16	68	3	1			1	8	6
红光	18	40	8	40	1	1				4	3
荣华	8	18	8	28	2				1	4	3
新乐村	46	81	20	103	7	11		5	12	6	44
永兴	16	32	10	60	5	8		2	3	5	12
新乐	22	35	4	20		2		2	5	1	15
东光	3	5	1	1.5							3
星光	4	7	4	20	2	1		1	4		3
东兴	1	2	1	1.5							1
合计	185	354	49	289.5	16	23	8	10	22	28	118

4. 乡老年协会

1992 年 5 月 5 日,民乐朝鲜族乡老年协会成立,会长姜录权,副会长金连洙、秘书长朴赫,文艺委员李起洙。下设以自然屯(13 个自然屯)为单位成立 14 个分会。会员近 600 名。当然,乡老年协会成立前。个别屯早已以老年协会形式,各自开展了活动。

老年协会的活动一般以分会为单位开展活动。活动的主要内容包括读报、爱国卫生、村屯绿化、重化、军烈属慰问、维持社会治安、教育宣传、开展五好家庭活动、民族团结、对青少年的礼貌教育等方面。

老年协会每年召开二至三次门球赛,还组织文艺演出队,演出队活动开展得很活跃。他们在乡村组织的各种集合活动中演出节目,这个演出队的成员都是 60 岁以上的老年人。

1993 年,组织了第一届全乡老年人文艺汇演,当年老年协会被评为省级老年工作先进单位。

1994 年,组织了第一届全乡老年体育运动会。

1992 年,荣获国务院"全国老有所为创新"奖杯,会长姜录权获"全国老有所为创新"奖杯。

1997 年,召开了第二届全乡老年文艺汇演。

1998 年 8 月 15 日,组织了第二届全乡老年人运动会。

1999 年,参加哈尔滨市朝鲜族文艺汇演,舞蹈"延边人民热爱毛主席"获得金奖。

9 月,在崔次述、张仁植的倡议下,自筹资金购置乐器,组建了 12 名成员的民乐老年乐队。乐队在五常市哈市范围内活动,小有名气。

2000 年 9 月 13 日,组织了 60 名演员参加五常市广场舞比赛。广场舞获得第一名,民族舞蹈"农乐舞"及庆丰收舞获奖。

当年,在民安、新乐门球场的基础上建设了 12 个门球场地,全乡普及了老年门球运动。

3 月 17 日~18 日,在荣华协会组织家乡歌手,演唱录制,4 月 16 日黑龙江省朝鲜语台播放。

10 月 3 日,召开全乡老年健身操和门球比赛。

2001 年 4 月,乡政府决定文化中心作为老年活动中心,5 月 14 日,开办舞厅活跃了老年文化活动。

6 月 22 日,由哈尔滨市朝鲜族文化馆、黑龙江朝鲜语电台主办,在民乐中学广场举办了第一届哈尔滨市朝鲜族歌谣舞台,除民乐中心校教师姜世永获得第一名外,五常市内 20 名朝鲜族歌手获奖。

9 月,组织 100 人集体舞演出队,参加哈尔滨市朝鲜民俗文化艺术节演出。

2002 年 9 月 15 日,在五常朝师广场举办"五常市第七届朝鲜族文艺汇演",民乐组织了 130 多名演员参加,除广场舞"我们的母亲是中华"获得第一名外,还获得集体荣誉、乐队伴奏等多个奖项。

2003 年 4 月 25 日,第三届门球赛,参赛队 24 个(另有女子 12 个队)比赛 2 天半。

2004 年 8 月 24 日召开了全乡老年运动会。

8 月,组织民俗传统打击乐演出队,参加哈市第四届朝鲜族民俗文化节,获得了第三名。虽是第三名,但参加这次文化节的代表队有延边歌舞团、延边大学等全国各地近 10 个专业队,对唯一的民间业余队来说是来之不易的。

2005 年 2 月 15 日,全乡 300 多名老年人欢聚在景色优美的文贤山庄,从 60 对老人交际舞开头,表演了各分会准备的 30 多个文艺节目,各自带来的丰盛午餐,野游活动老人们欢乐了一天。

2006 年 8 月 15 日,组织 80 多名的集体舞蹈队参加民乐朝鲜族乡成立 50 周年庆祝活动,除集体表演外,打击乐、农乐舞的演出深得省、市领导和来宾及全乡观众的欢迎。

2008 年 6 月 4 日,五常市单打门球赛,金昌根获得了全市第一名。

2000 年 9 月 1 日,在五常市 26 届老年节老年工作会议上,民乐乡老年协会被评为先进集体。

2011 年 8 月 25 日,组织 100 人舞蹈队参加民乐朝鲜族乡庆 55 周年表演,由于人员不足和五常镇老年人合并演出,表演集体舞,传统打击乐、农乐舞。

2012 年 8 月 15 日,举行民乐乡老年协会成立 20 周年庆祝活动,汉族 6 个秧歌队表演,朝鲜族各分会演出节目,500 多名老年人参加。

2013 年 7 月 28 日,乡门球队参加阿城哈尔滨市区门球邀请赛获得第三名。

9 月 3 日,参加五常市演出,演出传统民族打击乐、农乐舞、扇子舞、欢乐老年乐四合奏等节目并获奖。

老年协会不仅积极学习,开展文化娱乐活动,对老人的晚年生活增添了快乐和幸福,还为树立社会主义新风尚起到了推动作用。

5.民乐朝鲜族乡历任领导沿革(1956～2011)

1956年3月9日由原八区(安家)并村设乡,成立民乐朝鲜族自治乡。

1956～1957年

书　记	副书记	乡　长
金连洙	陆文学	全昌东

1958年5月8日,成立民乐朝鲜族自治人民公社。

1958～1959年

书　记	副书记	社　长	副社长
金连洙	陆文学	陈太元	全昌东

1960～1961年

书　记	副书记	社　长	副社长
金连洙 陈太元	陆文学	陈太元 金天赐	全昌东 全凤烈

1961～1967年

书　记	副书记	社　长	副社长
陈太元	陆文学 许彦华 朴东烈	金逸祚	全昌东 金明世

1968年1月12日,成立民乐人民公社革命委员会

年　度	主任	副　主　任		
1968	韩千根	金学林　金逸祚　冷海林		
1969	冷海林	金连洙　金钟海　朴义甲　朴钟孝		

1970～1972年

书记兼主任	副书记	副主任
许光一	金钟海　金连洙　钟凤辉	朴义甲　侯占海

1983年恢复人民政府并实行家庭土地联产承包责任制,1984年4月5日恢复民族自治乡。

1973～1982

书　记	副书记	主　任	乡人大副主任
韩千根 （1973－1975） 金连洙 （1976－1978） 陈太元 （1979－1981）	金连洙　金炯斗 钟凤辉　金钟海 赵元锡　林成太 秦　文　蔡　旺 冯承恩	韩千根 秦　文 周　海	陆文学 李广保 张洙哲 李英彬 朴东烈 石长河

1983—1999

书　记	副书记　纪检书记	乡　长	副乡长　乡人大副主任
全为民 （1982－1983） 金钟洙 （1984－1989） 李海洙 （1990－1992） 姜永求 （1993－1995） 林炳龙 （1996－1999）	林成太　李树密 李长富　李日勋 李海洙　赵泽杰 王文忠　姜东一 闫　荣　崔光烈 白云峰　何宪光 葛淑君　王维孝 宋德旭　李　平 苗雨云	周　海 李英彬 姜永求 姜东一 徐忠哲 崔光烈 白云峰	王双龙　朴成浩 李仁权　成一济 朴成俊　闫　荣 李鼎峰　金昌旭 葛淑君　白云峰 金学哲　王国彬 黄永哲　王洪君 马中兴　崔哲浩 李正荣　朴东烈 王　顺　刘晓玲

2000～2011

书　记	副书记　纪检书记	乡　长	副乡长　乡人大副主任
林炳龙 2000 杨春和 2001－2003 朱东秀 2004－2008 宋德旭 2009－2011	王春融 宋德旭 王　伟 崔哲浩 冯玉宏	白云峰 皇甫昌 宋德旭 崔哲浩	王洪君　马中兴 崔哲浩　李正荣 宋松宇　冯玉宏 苗雨云　代江城 苗雨云　代江城 李玉梅

2012～2014

书　记	副书记　纪检书记	乡　长	副乡长　乡人大副主任
宋德旭 2012—2013 冯　硕 2014－	冯玉宏	崔哲浩	代江城　闫丽梅 李玉梅 李明峰

第二节　民族平等团结

一、人大代表

中华人民共和国成立以来,五常县(市)朝鲜族人民同各兄弟民族一样,以平等地位参加了地方事务的管理,享受到了民族平等权利。在历届人民代表大会中都有与朝鲜族人口比例相适应的人大代表。

1984年4月8日至11日,五常县第九届人民代表大会第一次会议在五常县工人文化宫举行。陈太元、徐松鹤当选五常县人大常委会常委。

1987年10月10日至11日,五常县第十届人民代表大会第一次会议在五常县工人文化宫举行。韩千根当选五常县人大常委会主任、徐松鹤当选五常县人大常委会常委。

1991年1月23日至25日,五常县第十一届人民代表大会第一次会议在五常县工人文化宫举行。韩千根任五常县人大常委会处级调研员、金仁学当选五常县人大常委会副主任、金正烈当选五常县人大常委会常委。

1993年11月23日至25日,五常市第一届人民代表大会第一次会议在五常县工人文化宫举行。洪大淑、南玄淑当选五常县人大常委会常委,姜浩奎当选五常县人大常委会委员。

1997年10月28日至30日,五常市第二届人民代表大会第一次会议在五常市工人文化宫举行。洪大淑、李仁权当选五常县人大常委会常委。

2002年10月24日至28日,五常市第三届人民代表大会第一次会议在五常市政府会议室举行。洪大淑、李仁权当选五常县人大常委会常委。

2012年12月12日至14日,五常市第五届人民代表大会第一次会议在五常市人民政府会议室举行。林炳龙当选五常县人大常委会副主任、桂顺吉当选五常市第五届人民代表大会常委。

表3-19　　　　　　　五常县(市)人大朝鲜族领导及代表

县(市)	届　次	姓　名	职　务	任职时间
五常县	第九届	陈太元	五常县人大常委会　常委	1984.4
		徐松鹤	五常县人大常委会　常委	1984.4
	第十届	韩千根	五常县人大常委会　常委	1987.10
		徐松鹤	五常县人大常委会　常委	1987.10
		韩千根	五常县人大常委会　主任	1987.10
	十一届	韩千根	五常县人大常委会　处级调研员	1987.10
		金仁学	五常县人大常委会　副主任	1991.1
		金正烈	五常县人大常委会　常委	1991.1

续表 3-19

县(市)	届 次	姓 名	职 务	任职时间
五常市	第一届	洪大淑	五常市人大常委会 常委	1993.11
		南玄淑	五常市人大常委会 常委	1996.12
		姜浩奎	五常市人大常委会 委员	1996.12
	第二届	李仁权	五常市人大常委会 常委	1997.10
		洪大淑	五常市人大常委会 常委	1997.10
	第三届	洪大淑	五常市人大常委会 常委	2002.10
		李仁权	五常市人大常委会 常委	2002.10
	第四届	曹东赫	五常市人大常委会 常委	2006.12
	第五届	林炳龙	五常市人大常委会 副主任	2012.12
		桂顺吉	五常市人大常委会 常委	2012.12

二、政协委员

1960年9月召开中国人民政治协商会议黑龙江省五常县第一届委员会第一次会议,选举产生了政协第一届委员会组成人员。李根洙、金教真当选政协五常县第一届委员会常务委员。

1962年12月召开中国人民政治协商会议黑龙江省五常县第二届委员会第一次会议,选举产生了政协第二届委员会组成人员。李根洙、张延林当选政协五常县第二届委员会常务委员。

1965年12月召开中国人民政治协商会议黑龙江省五常县第三届委员会第一次会议,选举产生了政协第三届委员会组成人员。李根洙、金教真当选政协五常县第三届委员会常务委员。

1980年9月召开中国人民政治协商会议黑龙江省五常县第四届委员会第一次会议,选举产生了政协第四届委员会组成人员。金钟植当选政协五常县第四届委员会常务委员。

1984年4月召开中国人民政治协商会议黑龙江省五常县第五届委员会第一次会议,选举产生了政协第五届委员会组成人员。姜正求、徐承焕当选政协五常县第五届委员会常务委员。

1987年10月召开中国人民政治协商会议黑龙江省五常县第六届委员会第一次会议,选举产生了政协第六届委员会组成人员。朱一德当选政协五常县第六届委员会常务委员。

1991年1月召开中国人民政治协商会议黑龙江省五常县第七届委员会第一次会议,选举产生了政协第七届委员会组成人员。姜正求当选政协五常县第七届委员会常务委员。

1993年6月,五常撤县设市。8月,经请示省委组织部批准,中共五常县委改称中共五常市委并重新起届。11月为政协五常市第一届委员会任期。金成元、高光武、姜东一当选政协五常市第一届委员会常务委员。

1997年10月召开中国人民政治协商会议黑龙江省五常市第二届委员会第一次会议,选举产生了政协第二届委员会组成人员。金成元、高光武、姜东一当选政协五常县第二届委员会常务委员。2001年1月,李海洙当选政协五常县第二届委员会副主席。

2002年10月召开中国人民政治协商会议黑龙江省五常市第三届委员会第一次会议,选举产生了政协第三届委员会组成人员。李海洙当选政协五常县第二届委员会副主席,金成元、高光武、姜东一当选政协五常县第三届委员会常务委员。

表 3－20　　　　　　　　　　　　五常县（市）政协朝鲜族常委、委员

	届 次	姓 名	职 务	任职时间
五常县	第一届	李根洙	政协五常县委员会　常委	1960.10
		金教真	政协五常县委员会　常委	1960.10
	第二届	李根洙	政协五常县委员会　常委	1962.12
		张延林	政协五常县委员会　常委	1965.12
	第三届	李根洙	政协五常县委员会　常委	1965.12
		金教真	政协五常县委员会　常委	1965.12
	第四届	金钟植	政协五常县委员会　常委	1980.9
	第五届	姜正求	政协五常县委员会　常委	1984.4
	第五届	徐承焕	政协五常县委员会　常委	1984.4
	第六届	朱一德	政协五常县委员会　常委	1987.10
		姜正求	政协五常县委员会　常委	1987.10
	第七届	姜正求	政协五常县委员会　常委	1991.1
五常市	第一届	金成元	政协五常市委员会　常委	1993.11
		高光武	政协五常市委员会　常委	1993.11
		姜东一	政协五常市委员会　常委	1994.3
	第二届	李海洙	政协五常市委员会　副主席	1997.10
		金成元	政协五常市委员会　常委	1997.10
		高光武	政协五常市委员会　常委	1997.10
		姜东一	政协五常市委员会　常委	1997.10
	第三届	李海洙	政协五常市委员会　副主席	2002.10
		朴容顺	政协五常市委员会　常委	2002.10
		高光武	政协五常市委员会　常委	2002.10
	第五届	李守哲	政协五常市委员会　常委	2011.12

三、民族干部

五常解放后,在党的民族政策关怀下,很多优秀的朝鲜族干部走上了重要的领导岗位,为社会主义建设作出了卓越贡献。

(一)县(市)委委员

1956 年 4 月 1 日至 5 日,中共五常县第一届党员代表大会在五常县人民委员会大礼堂召开,会议选举产生了由 19 名委员组成的中共五常县第一届委员会和由 7 名委员组成的五常县第一届监察委员会。五常县副县长金教真当选为中共五常县第一届委员会委员。

1959 年 2 月 17 日至 21 日,中共五常县第二届党员代表大会在山河镇召开,会议选举产生了由 25 名委员组成的中共五常县第二届委员会。五常县副县长金教真当选为中共五常县第二届委员会委员。

1962 年 11 月 22 日至 25 日,中共五常县第三届党员代表大会在五常剧院召开,会议选举产生了

由 27 名委员组成的中共五常县第三届委员会。五常县副县长金教真当选为中共五常县第三届委员会委员。

1966 年 3 月 22 日至 26 日，中共五常县第四届党员代表大会第一次会议在五常剧院召开，会议选举产生了由 31 名委员组成的中共五常县第四届委员会。五常县副县长金教真当选为中共五常县第四届委员会委员。

1972 年 4 月 4 日至 12 日，中共五常县第五次党员代表大会在东方红剧院召开，会议选举产生了由 34 名委员和 5 名候补委员组成的中共五常县第五届委员会。五常县副县长许光一当选为中共五常县第五届委员会委员。

1975 年 12 月 28 日至 30 日，中共五常县第六次党员代表大会在五常剧院召开，会议选举产生了由 43 名委员组成的中共五常县第六届委员会。五常县革委会副主任许光一、金钟植、韩千根当选为中共五常县第六届委员会委员。

1979 年 12 月 24 日至 27 日，中共五常县第七次党员代表大会在五常县工人文化宫召开，会议选举产生了由 42 名委员和 5 名候补委员组成的中共五常县第七届委员会。韩千根、金钟植当选为中共五常县第七届委员会委员。

1983 年 6 月 22 日至 25 日，中共五常县第八次党员代表大会在五常县工人文化宫召开，会议选举产生了由 38 名委员和 6 名候补委员组成的中共五常县第八届委员会。韩千根、元玉女（女）当选为中共五常县第八届委员会委员。

1986 年 10 月 29 日至 31 日，中共五常县第九次党员代表大会在五常县工人文化宫召开，会议选举产生了由 37 名委员和 5 名候补委员组成的中共五常县第九届委员会。韩千根、元玉女（女）当选为中共五常县第九届委员会委员。

1990 年 1 月 3 日至 5 日，中共五常县第十次党员代表大会在五常县工人文化宫召开，会议选举产生了由 27 名委员和 5 名候补委员组成的中共五常县第十届委员会。金仁学当选为中共五常县第十届委员会委员。

1993 年 4 月 9 日至 11 日，中共五常县第十一次党员代表大会在五常县工人文化宫召开，会议选举产生了由 29 名委员和 5 名候补委员组成的中共五常县第十一届委员会。李海洙当选为中共五常县第十一届委员会委员。同年 6 月，五常撤县设市。8 月，经请示省委组织部批准，中共五常县委改称中共五常市委并重新起届，原中共五常县第十一届委员会任期由中共五常市第一届委员会延续，县委领导职务名称也随之改变。中共五常县第十一党员代表大会延续为五常市第一届党员代表大会。

1998 年 3 月 10 日至 11 日，中共五常市第二次党员代表大会在五常县工人文化宫召开，会议选举产生了由 29 名委员和 4 名候补委员组成的中共五常市第二届委员会。李海洙当选为中共五常市第二届委员会委员。

2003 年 3 月 24 日至 25 日，中共五常市第三次党员代表大会在五常县工人文化宫召开，会议选举产生了由 28 名委员和 4 名候补委员组成的中共五常县第三届委员会。李海洙当选为中共五常市第三届委员会委员。

2006 年 11 月 27 日至 28 日，中共五常市第四次党员代表大会在市政府会议室召开，会议选举产生了由 33 名委员和 5 名候补委员组成的中共五常市第四届委员会。林炳龙当选为中共五常市第四届委员会委员。

2011 年 11 月 27 日至 28 日,中共五常市第五次党员代表大会在市政府会议室召开,会议选举产生了由 33 名委员和 5 名候补委员组成的中共五常市第五届委员会。林炳龙当选为中共五常市第五届委员会委员。

表 3 - 21　　　　　　　　　　　　　五常县(市)委朝鲜族委员

	第一届	金教真	中共五常县县委　委员	1956.4
	第二届	金教真	中共五常县县委　委员	1959
	第三届	金教真	中共五常县县委　委员	1962.11
	第四届	金教真	中共五常县县委　委员	1966.3
	第五届	许光一	中共五常县县委　委员	1972
	第六届	许光一	中共五常县县委　委员	1975.12
五常县		金钟植	中共五常县县委　委员	1975.12
		韩千根	中共五常县县委　委员	1975.12
	第七届	韩千根	中共五常县县委　委员	1979.12
		金钟植	中共五常县县委　委员	1979.12
	第八届	元玉女(女)	中共五常县县委　委员	1983.6
		韩千根	中共五常县县委　委员	1983.6
	第九届	韩千根	中共五常县县委　委员	1986.10
		元玉女(女)	中共五常县县委　委员	1986.10
	第十一届	李海洙	中共五常县县委　委员	1993.4
	第二届	李海洙	中共五常市市委　委员	1998.3
五常市	第三届	李海洙	中共五常市市委　委员	2003.3
	第四届	林炳龙	中共五常市市委　委员	2006.11
	第五届	林炳龙	中共五常市市委　委员	2011.11

(二)政务领导

1946 年 1 月 1 日,中国共产党领导下的东北人民自卫军进驻五常县城。于 1946 年 1 月 4 日成立了五常县民主联合政府。1949 年中华人民共和国成立后,改为五常县人民政府。

1953 年,朝鲜族干部金教真当选五常县人民政府副县长、李赫进当选五常县人民政府委员。

1955 年 3 月,根据第一部《中华人民共和国宪法》的规定,改五常县人民政府为五常县人民委员会。金教真当选五常县人民委员会副县长,成永浩当选五常县人民委员会委员。

1956 年 3 月 22 日,五常、拉林两县合并后称五常县人民委员会。1962 年 11 月,许光一当选五常县人民委员会副县长。

1966 年"文化大革命"运动开始,县人民委员会被"造反派"夺权接管。1967 年 9 月,成立五常县革命委员会,金教真为五常县革命委员会副主任、成永浩为五常县革命委员会委员。1971 年 11 月,许光一为五常县革命委员会副主任。

1980年1月,根据新的《中华人民共和国宪法》的规定,改五常县革命委员会为五常县人民政府。韩千根当选五常县人民政府副县长。

1984年4月8日至10日召开五常县第九届人民代表大会,韩千根当选为五常县人民政府副县长。1992年11月,李海洙当选五常县人民政府副县长。

1993年11月召开五常市第一届人民代表大会第一次会议,选举产生了五常市第一届人民政府市长、副市长。李海洙当选五常市第一届人民政府副市长。

1997年10月召开五常市第二届人民代表大会第一次会议,选举产生了五常市第二届人民政府市长、副市长。李海洙当选五常市第二届人民政府副市长。2000年12月,林炳龙当选五常市第二届人民政府副市长。

2002年10月24日至25日召开五常市第三届人民代表大会第一次会议,选举产生了五常市第三届人民政府市长、副市长。林炳龙当选五常市第三届人民政府副市长。

2007年3月30日召开五常市第四届人民代表大会第一次会议,选举产生了五常市第四届人民政府市长、副市长。林林炳龙当选五常市第四届人民政府副市长。

表3-22　　　　　　　　五常县(市)人民政府朝鲜族领导及委员

姓　名	职　务	任职时间
金教真	五常县人民政府副　县长	1953～1955.3
李赫进	五常县人民政府委员会　委员	1953～1955.3
金教真	五常县人民委员会　县长	1955.3～1967.9
成永浩	五常县人民委员会　委员	1956.11
许光一	五常县人民委员会　委员	1962.11～1971.11
金教真	五常县革命委员会　副主任	1967.9～1980.1
许光一	五常县革命委员会　副主任	1971.11～1980.1
韩千根	五常县人民政府　副县长	1980.1～1992.11
李海洙	五常县人民政府　副县长	1997.1～1993.11
林炳龙	五常市人民政府　副县长	2000.12～2012.12

(三)纪检委员

中共五常县纪律检查委员会成立于1950年,书记、委员均由县委领导和有关部门负责人兼任。

1983年6月,五常县第八届党员代表大会第一次会议选举产生中共五常县纪律检查委员会。书记张春林,副书记王贵林、张文清,常务委员4人,金万洙当选中共五常县纪律检查委员会常务委员。

表3-23　　　　　　　　五常县(市)纪律检查委员朝鲜族委员

届　次	姓　名	职　务	任职时间
	金万洙	中共五常县纪律检查委员会　常委	1983.6

（四）工会委员

1948 年 6 月，根据全国第六届劳模大会精神，成立了五常县职工总会，总会下设印刷、建筑、被服、饮食、铁工、店员等 10 个分会，4 个直属工会小组和 50 个基层工会小组，有会员 522 人。1949 年 6 月，有职工总会筹备成立五常县总工会。同年 8 月 25 日，召开五常县首届工人代表大会，正式成立五常县总工会。

1984 年 12 月，崔顺镐当选五常县第八届工会委员会委员。1985 年 11 月金凤起当选五常县第八届工会委员会委员。

1988 年 6 月，金光洙当选五常县第九届工会委员会委员。

表 3－24　　　　　　　　　　**五常县总工会朝鲜族委员**

届　次	姓　名	职　　务	任职时间
第八届	崔顺镐	五常县工会委员会　委员	1984.12
	金凤起	五常县工会委员会　委员	1985.11
第九届	金光洙	五常县工会委员会　委员	1988.6

（五）团县委委员

1948 年 12 月 29 日，成立中国新民主主义青年团五常县委员会筹备委员会。1949 年正式建立新民主主义青年团五常县委员会。

1956 年 4 月召开新民主主义青年团五常县第一次代表大会。

1957 年新民主主义青年团改称中国共产主义青年团。1966 年"文化大革命"开始后，共青团组织被"造反派"接管，停止了组织活动。

1972 年重新恢复共青团组织。同年 6 月，洪成一、姜永求当选五常县共青团五常县第四届委员会委员。

1976 年 8 月，洪成一当选五常县共青团五常县第五届委员会委员。

1980 年 3 月，金大成、金日善、金正烈当选五常县共青团五常县第六届委员会委员。

1983 年 9 月，玄东植当选五常县共青团五常县第七届委员会委员。

1987 年 2 月，金元子当选五常县共青团五常县第八届委员会委员。

表 3－25　　　　　　　　　　**共青团五常县委朝鲜族常委、委员**

届　次	姓　名	职　　务	任职时间
第四届	洪成一	共青团五常县委员会　委员	1972.6
	姜永求	共青团五常县委员会　委员	1972.6
第五届	洪成一	共青团五常县委员会　常委	1976.8
第六届	金大成	共青团五常县委员会　委员	1980.3
	金日善	共青团五常县委员会　委员	1980.3
	金正烈	共青团五常县委员会　委员	1980.3
第七届	玄东植	共青团五常县委员会　委员	1983.9
第八届	金元子	共青团五常县委员会　委员	1987.2

（六）妇联委员

五常县于 1946 年下半年在民运部下设妇女会。1949 年正式成立五常县妇女联合会。

1956 年 12 月,李庆弼当选五常县妇女联合会第一届执委会委员。1963 年 8 月,南真玉当选五常县妇女联合会第三届执委会委员。

1966 年"文化大革命"开始后,妇女工作被停止。1967 年县革委会成立时设妇女组。1968 年 5 月,李京淑、元后子当选五常县革命妇女代表大会常委会常委。

1973 年 7 月,恢复县妇女联合会后,金今玉当选五常县妇女联合会第六届执委会委员。

1979 年 9 月,元玉女、文明淑、金顺实当选五常县妇女联合会第七届执委会委员。

1984 年 12 月,朱英兰、李锦子、金顺实当选五常县妇女联合会第八届执委会委员。

1989 年 8 月,李锦子、李福实当选五常县妇女联合会第九届执委会委员。

表 3-26　　　　　　　　　　　五常县（市）妇联执委会朝鲜族委员

届　次	姓　名	职　　务	任职时间
第一届	李庆弼	五常县妇联执委会　委员	1956.12
第三届	南真玉	五常县妇联执委会　委员	1963.8
	李京淑	五常县革命妇女代表大会常委会　常委	1968.5
	元后子	五常县革命妇女代表大会常委会　常委	1968.5
第六届	金今玉	五常县妇联执委会　委员	1973.7
第七届	元玉女	五常县妇联执委会　委员	1979.9
	文明淑	五常县妇联执委会　委员	1979.9
	金顺实	五常县妇联执委会　委员	1979.9
第八届	朱英兰	五常县妇联执委会　委员	1984.12
	李锦子	五常县妇联执委会　委员	1984.12
	金顺实	五常县妇联执委会　委员	1984.12
第九届	李锦子	五常县妇联执委会　委员	1989.8
	李福实	五常县妇联执委会　委员	1989.8

（七）侨联、残联委员

解放后,在中国共产党领导下,在民族政策关怀下,部分朝鲜族干部在侨联、残联等社会团体中的重要岗位上任职。

1982 年 3 月,金东俊当选五常县侨联第一届委员会秘书长。1985 年 8 月,金东俊当选五常县侨联第二届委员会秘书长。

1989 年 10 月,金仁学当选五常县残疾人联合会第一届委员会副主席。金太龙当选五常县残疾人联合会第一届委员会理事长。

表 3 – 27　　　　　　　　侨联、县残联朝鲜族负责人

届　次	姓　名	职　　　务	任职时间
第一届	金东俊	五常县侨联委员会　秘书长	1982.3
第二届	金东俊	五常县侨联委员会　秘书长	1985.8
第一届	金仁学	五常县残联委员会　副主席	1989.10
	金太龙	五常县残联委员会　理事长	1989.10

（八）基层领导干部

中华人民共和国成立后,在党的民族政策关怀下,很多朝鲜族干部在乡、镇、科、局等机构任主要领导职务。

表 3 – 28　　　五常县（市）乡、镇、科、局朝鲜族党务领导干部名单（1950～1987）

姓　名	职　　　务	任职时间	离职时间	备　注
权皱彦	八区（安家）委员会　副书记	1950.5	1952	
金连洙	八区（安家）委员会　副书记	1955.10	1956	
李庆弼	一区（城关）委员会　副书记	1955		
李庆弼	县委组织部副部长	1956.4	1957	
全文浩	中共胜利公社（乡）委员会　党委副书记	1956.5	1957	
金连洙	中共民乐公社（乡总支）委员会　书记	1956.5	1958	
金明世	中共营城子乡总支委员会　副书记	1956.6	1957	
李庆弼	中共五常镇公社委员会　副书记	1956	1957	
朴仁出	中共光辉公社（乡）委员会党委副书记	1956		
沈哲雄	中共民主乡总支委员会　书记	1956		1958 年撤
车哲锡	中共新兴乡总支委员会　副书记	1956	1957	1958 年撤
金晶钟	中共安家公社（乡）委员会党委　副书记	1956	1957	
陈太元	中共胜国乡总支委员会　书记	1956		1958 年撤
金钟植	中共爱路乡总支委员会　副书记	1956	1957	1958 年撤
金正镇	中共新发乡总支委员会　副书记	1956	1957	1958 年撤
沈哲雄	中共新兴乡总支委员会　副书记	1957		1958 年撤
李庆弼	县直机关（总支）委员会　书记	1958	1959	
金连洙	中共民乐公社委员会党委　书记	1958		
陈太元	中共民乐公社委员会党委　副书记	1958		
韩千根	中共背荫河公社（乡）委员会党委　副书记	1958		
韩千根	中共营城子乡总支委员会　副书记	1958	1958.9	

续表3-28

姓　名	职　　务	任职时间	离职时间	备　注
金连洙	民乐公社　党委书记	1959.2	1960.7	
沈哲雄	兴盛公社　党委副书记	1960.4	1962.10	
金天锡	民乐公社　党委副书记	1960.4		
金正镇	胜利公社　党委副书记	1960.9		
陈太元	民乐公社　党委书记	1961.10		
金教真	人民法院　党组副书记(兼)	1962.1	1962.10	
金逸祚	民乐公社　党委副书记	1962.8		
金连洙	光辉公社　党委副书记	1962		
徐明吉	向阳公社　党委副书记	1962		
金教真	人民法院　党组书记(兼)	1962		
金正镇	胜利公社　党委副书记	1965	1966.2	
陈太元	民乐公社　党委书记			
金逸祚	民乐公社　党委副书记			
金连洙	光辉公社　党委副书记	1966.3		
韩千根	光辉公社革委会　党的核心组副组长	1969		
许光一	胜利公社革委会　党的核心组副组长	1969		
陈太元	民乐公社　党委书记			
金逸祚	民乐公社　党委副书记			
金万燮	县革委机关　党的核心组副组长(兼)	1970	1971	
韩千根	光辉公社革委会　党的核心组组长	1970	1971	
许光一	民乐公社革委会　党的核心组组长	1970		
韩千根	光辉公社　党委书记	1972	1973	
金仁学	知青办　主任		1973.6	
金万燮	县直机关　党委副书记			
金万燮	公安局　党委副书记	1973.6		
许光一	民乐公社　党委书记		1973.10	
韩千根	民乐公社　党委书记	1973.10		
姜永求	民乐公社　党委副书记	1973.10		
陈太元	安家公社　党委副书记	1974.3		
徐明吉	向阳公社　党委副书记	1974.10		
赵元锡	民乐公社　党委副书记	1974.10		

续表 3－28

姓　名	职　　务	任职时间	离职时间	备　注
陈太元	水利科　党委副书记	1975.6		
朴成浩	兴盛公社　党委副书记	1975.3		
金天锡	"五.七"大学　党委副书记	1975.8		
金中海	民乐公社　党委副书记		1974.10	
金连洙	民乐公社　党委副书记			
金万燮	公安局　党委副书记			
陈太元	水利科　党委副书记		1976	
韩太俊	水利科　党委副书记	1976.5		
金天锡	"五·七"大学　党委副书记		1976.8	
金万洙	工农公社　党委副书记			
陈太元	安家公社　党委副书记			
朴成浩	兴盛公社　党委副书记			
徐明吉	向阳公社　党委副书记			
朴义甲	向阳公社　党委副书记	1976.5		
韩千根	民乐公社　党委书记		1976.10	
金钟洙	民乐公社　党委书记	1976.10		
姜永求	民乐公社　党委副书记			
赵元锡	民乐公社　党委副书记		1976.8	
金炯斗	民乐公社　党委副书记	1976.8		
金万燮	公安局　党委副书记			
韩太俊	水利局　党委副书记		1977.1	
金万洙	工农公社　党委副书记		1978.12	
金学林	光辉公社　党委副书记		1979.3	
金炯斗	胜利公社　党委副书记	1977.9	1979.10	
朴成浩	兴盛公社　党委副书记			
徐明吉	向阳公社　党委副书记			
朴义甲	向阳公社　党委副书记			
金钟洙	民乐公社　党委书记		1979.10	
林成太	民乐公社　党委副书记	1978.2		
金炯斗	民乐公社　党委副书记			
姜永求	民乐公社　党委副书记		1978.11	

续表 3－28

姓　名	职　　务	任职时间	离职时间	备　注
赵元锡	保山公社　党委副书记			
李锡太	纺织厂　党委副书记			
陈太元	民乐公社　党委书记	1979.4		
韩千根	龙凤山水库管理处　党委书记	1980.10	1983	
金钟洙	农林　党委副书记	1980.10	1981.10	
朴成浩	兴盛公社　党委副书记	1980.2		
朴义甲	向阳公社　党委副书记	1980.2	1981.5	
金钟洙	水利科　党委副书记	1981.9	1982	
金龙太	交通科　党委副书记	1981.9		
全为民	民乐公社　党委书记	1981.12		
金万洙	信访室　主任	1983.9	1984.12	
朴熙云	光辉公社　党委副书记	1983		
赵元锡	保山公社　党委副书记	1983		
全为民	常堡公社　党委副书记		1981.10	
徐明吉	向阳公社　党委副书记		1983	
陈太元	民乐公社　党委书记		1981.12	
金炯斗	民乐公社　党委副书记		1980	
林成太	民乐公社　党委副书记		1980.8	
全为民	党校　副校长	1984.3	1985.1	
郑南镐	五常镇　党委副书记	1984		
朴熙云	光辉乡　党委副书记	1983		
全为民	经委　党委副书记	1985.3	1985.4	
全为民	工业　党委书记	1985.4		
全为民	民乐朝鲜族乡　党委书记		1984.3	
金钟洙	民乐朝鲜族乡　党委书记	1984.4		
赵元锡	保山乡　党委副书记			
韩千根	人大常委会　党组书记	1987.10		
全为民	工业　党委书记			
郑南镐	五常镇　党委副书记			
金钟洙	民乐朝鲜族乡　党委书记			
姜永求	民乐朝鲜族乡　党委副书记(乡长)	1987.5		

续表 3-28

姓　名	职　　务	任职时间	离职时间	备　注
李海洙	民乐朝鲜族乡　党委副书记	1987.9		
赵元锡	保山乡　党委副书记	1987.12		
郑世龙	市纪委宣传教育室　副科级纪检员	1988.2		
李日勋	民乐朝鲜族乡　纪委书记	1988.12	1989.11	
金万洙	市纪委宣传教育室　科级纪检员	1990.2		
金钟洙	民乐朝鲜族乡　党委书记	1990.2		
李海洙	民乐朝鲜族乡　党委副书记			
赵元锡	保山乡　党委副书记	1990.2		
姜永求	民乐朝鲜族乡　党委副书记		1992.12	
李海洙	民乐朝鲜族乡　党委书记	1990.2	1992.12	
全为民	工业　党委书记	1990.7		
姜永求	民乐朝鲜族乡　党委书记	1992.12		
宋德旭	民乐朝鲜族乡　党委副书记	1998.05		
崔东振	市纪委宣传教育室　副科级纪检员	1993.5		
孙永久	小山子镇　纪委书记	1993.9		
洪成弼	沙河子镇　纪委书记			
郑希洙	化肥厂　纪委书记			
崔哲浩	民乐朝鲜族乡　党委副书记	1999.10		
皇甫昌	民乐朝鲜族乡　党委副书记	2000.11		
姜东一	市教育局　党委副书记（正科级）	2001.12	2004.12	
朱东秀	民乐朝鲜族乡　党委书记	2003.12		
桂顺吉	市人民法院　党组书记	2006.11		

表 3-29　　　　　　　　五常县（市）朝鲜族政务领导干部名单

姓　名	职　　务	任职时间	离职时间
金逸祚	合县前五常县安家区人民政府　副区长	1950.8	
洪德秀	合县前五常县安家区人民政府　副区长	1951.6	1953.3
金逸祚	合县前五常县民政科　副科长		1954.7
陈太元	合县前五常县兴盛区人民政府　副区长	1952.7	1952.11
金连洙	合县前五常县安家区人民政府　副区长	1952.9	1955.10
金明士	合县前拉林县兴隆区人民政府　第二副区长	1952.9	

续表 3 - 29

姓　名	职　　务	任职时间	离职时间
李赫进	合县前五常县人民政府公安局　副局长	1953.3	
姜顺玉（女）	合县前光辉区人民政府　副区长	1953	
洪德全	合县前胜利区人民政府　副区长	1953	
金逸祚	合县前五常县交通科　经理	1954.7	
沈哲雄	合县前五常县向阳区人民政府　副区长	1955.10	
金逸祚	民政科　副科长	1957	
金教真	县人民法院　院长（兼）	1958.5	1962.8
金明世	工农乡人民委员会　副乡长	1958	
沈哲雄	兴盛乡人民委员会　副乡长	1958	
许光一	农业生产办公室　副主任	1960.4	
沈哲雄	兴盛人民公社　副社长	1960.4	
全奉烈	民乐人民公社　副社长	1960.4	
金逸祚	民政局　副局长		1962.9
金明世	工农人民公社　副社长		1962.1
陈太元	民乐人民公社　社长		1961.12
金连洙	农业局　副局长	1960.7	
李赫进	公安局　副局长		
陈太元	民乐人民公社　社长		
金天锡	民乐人民公社　社长	1961.12	
金明世	民乐人民公社　副社长	1962.1	
全昌东	民乐人民公社　副社长		1962.6
金教真	科技委员会　主任（兼）		
金仁学	民政科　副科长		
金逸祚	民乐人民公社　社长		
金明士	民乐人民公社　副社长		
金教真	科技委员会　主任（兼）		
金龙太	交通科　副科长		
金逸祚	民乐人民公社　社长		
金明士	民乐人民公社　副社长		
赵元锡	志广人民公社管委会　副社长	1966.11	
金万燮	保卫委员会　副主任	1967	

续表 3－29

姓　名	职　务	任职时间	离职时间
金连洙	民乐人民公社革委会　副主任	1969.3	1976.3
金逸祚	民乐人民公社革委会　副主任		1969.3
金学林	民乐人民公社革委会　副主任		1969.3
朴忠孝	民乐人民公社革委会　副主任	1969.3	
李炳熙	工农人民公社革委会　副主任	1969.3	
韩千根	光辉人民公社革委会　副主任	1969.3	
朴锡云	龙凤山人民公社革委会　副主任	1969.5	
沈哲雄	胜利人民公社革委会　副主任	1969.7	
朴义甲	民乐人民公社革委会　副主任	1969.7	1973.6
金中海	民乐人民公社革委会　副主任	1969.7	1974.10
金万燮	生产指挥部　副主任	1969.9	
金万燮	办公室(办事组　副主任	1970.3	
金仁学	民政科(民政劳动科)　科长	1970.3	
徐光一	民乐人民公社革委会　主任	1970.3	1973.10
朴用根	政治部　副主任	1970.7	
金天锡	农业生产办公室　副主任	1972.5	
朴忠孝	双兴人民公社革委会　副主任	1972.5	1974.11
朴忠孝	保山人民公社革委会　副主任	1972.5	
金明世	兴盛人民公社革委会　副主任	1972.10	1975.10
金仁学	民政科(民政劳动科)　副科长	1973.6	
金万燮	公安局　副局长	1973.6	
李庆弼	科学技术委员会　副主任	1973.6	1976
陈太元	五常镇人民公社革委会　副主任	1973.8	
全在东	山河镇人民公社革委会　副主任	1973.8	
张洙哲	民乐人民公社革委会　副主任	1973.8	
韩千根	民乐人民公社革委会　主任	1973.10	1976.10
姜永求	民乐人民公社革委会　副主任	1973.10	
全为民	常堡人民公社革委会　副主任	1974.3	
陈太元	安家人民公社革委会　副主任	1974.3	1975.8
赵元锡	民乐人民公社革委会　副主任	1974.3	1976.8
金万洙	工农人民公社革委会　副主任	1974.4	

续表 3－29

姓　名	职　　务	任职时间	离职时间
金炯斗	民乐人民公社革委会　副主任	1975.3	
陈太元	水利科　副科长	1975.8	1976.2
韩太俊	水利科　副科长	1975.8	
朴用根	电信局　局长		
朴成浩	兴盛人民公社革委会　副主任	1975	
朴义甲	向阳人民公社革委会　副主任	1976.5	
林成太	民乐人民公社革委会　副主任	1976.8	
赵元锡	保山人民公社革委会　副主任	1976.8	
金钟洙	民乐人民公社革委会　主任	1976.10	
郑善基	民乐人民公社革委会　副主任		1969.3
李庆弼	科学技术委员会　副主任		1977.4
金天锡	农业科　副科长		
朴东烈	民乐人民公社革委会　副主任	1977.2	
金炯斗	小山子人民公社革委会　副主任	1977.9	1979.10
金钟洙	外贸科　副科长	1979.9	
金万洙	工农人民公社革委会　副主任		1978.11
林炳龙	向阳人民公社革委会　副主任		1978.11
金钟洙	民乐人民公社革委会　主任		1979.4
姜永洙	民乐人民公社革委会　副主任		1978.11
金学林	光辉人民公社革委会　副主任		1979.3
韩太俊	水利局　副科长		
金钟洙	水利局　副科长		
朴用根	供销社联合社　副主任		1981.3
金钟洙	外贸公司　副科长		1980.10
金仁学	民政局　副科长	1982.2 任局长	
金万燮	公安局　副局长		1980.11
金德茂	小山子镇人民公社管委会　副主任		
朴淳焕	小山子镇人民公社管委会　副主任		
朴东烈	民乐朝鲜族人民公社管委会　副主任		
金炯斗	民乐朝鲜族人民公社管委会　副主任		1980.9
张洙哲	民乐朝鲜族人民公社管委会　副主任		1980.9

续表 3－29

姓　名	职　　务	任职时间	离职时间
李英彬	民乐朝鲜族人民公社管委会　副主任		
韩太俊	水利局　副局长		
高光武	工商行政管理局　副局长		
金仁学	民政局　局长		
金万燮	司法局　局长		
徐承焕	民族事务委员会　副主任		
朴东烈	民乐朝鲜族乡人民政府　副乡长		1987.9
成一济	民乐朝鲜族乡人民政府　副乡长		
朴成浩	民乐朝鲜族乡人民政府　副乡长		1987.5
林炳龙	信访办公室　副主任		1990.7
金优锡	档案馆　副馆长		1990.7
金仁学	民政局　局长		1989.12
韩太俊	水利局　副局长		
朴熙云	多种经营办公室　副主任		1990.2
林成太	水产管理总站　副站长		1988.12
高光武	工商局　副局长		
高龙泽	公安局　副科级干部		1992.8
具基山	公安局　副科级干部		1992.2
金万燮	公安局　科级督导员		1993.8
郑南镐	五常镇人民政府　副镇长		
李庆弼	科学技术委员会　副主任	1979.2	1980.7
金龙太	交通科　副科长	1979.2	
金天锡	电业科　副科长	1979.2	1980.8
金德茂	沙河子人民公社革委会　副主任	1979.3	1979.12
金德茂	小山子人民公社革委会　副主任	1979.10	
金炯斗	民乐人民公社革委会　副主任	1979.10	
朴用根	供销联合社　副主任	1979.12	
金万燮	法制科　副科长	1980.10	
金德茂	沙河子人民公社管委会　副主任	1980.10	1983.1
朴龙锡	中国农业银行五常支行　副行长	1981.6	
金龙太	交通局　副局长	1981.9	1982.2

续表 3－29

姓　名	职　　务	任职时间	离职时间
李庆弼	计划生育办公室　副主任	1981.12	
韩千根	民族事务委员会　主任（兼）	1981.12	1984.2
陈太元	民族事务委员会　副主任	1981.12	
林炳龙	向阳人民公社管委会　副主任	1983.3	1983.12
朴熙云	光辉人民公社管委会　副主任	1983.3	1983.12
韩太俊	水利局　副局长	1984.2	
金钟洙	水利局　副局长	1984.2	
高光武	工商行政管理局　副局长	1984.2	
金万燮	法制科　局长	1984.2	
徐承焕	民族事务委员会　副主任	1984.2	
李英斌	民乐朝鲜族乡人民政府　乡长	1984.4	1985.1
金仁学	民政局　局长	1984.7	
朴熙云	多种经营办公室　副经理	1984.9	
林炳龙	信访办公室　副主任	1985.1	
玄东植	向阳镇人民政府　副镇长	1985.4	1987.5
金钟洙	民乐朝鲜族乡人民政府　乡长	1985.8（兼）	
李仁权	双兴乡人民政府　副乡长	1986.4	
李仁权	民乐朝鲜族乡人民政府　副乡长	1987.5	1987.9
朴成浩	兴盛乡人民政府　副乡长	1987.5	1987.9
郑南镐	五常镇人民政府　副镇长	1987.9	
姜永求	民乐朝鲜族乡人民政府　乡长	1987.9	
朴淳焕	林业党委　副科级干部	1987.12	1992.7
李仁权	市人大法制办公室　副科级干部	1987.12	1990.7
朴成浩	兴盛乡人大主席团　常务主席（联络员）	1987.12	1991.12
朴东烈	民乐朝鲜族乡人大主席团　常务主席	1987.12	1992.12
金基太	民族事务委员会　副主任	1987.12	1993.9
姜东一	杜家镇人民政府　副镇长（挂职）	1988.12	1990.2
金钟洙	民乐朝鲜族乡人大主席团　主席（兼）	1989.9	1990.3
金仁学	县委统战部　部长	1989.12	1990.8
金钟洙	环保局　局长	1990.2	1992.4
朴熙云	农机管理局　副局长	1990.2	1992.4

续表 3 - 29

姓　名	职　　务	任职时间	离职时间
李海洙	民乐朝鲜族乡人大主席团　主席（兼）	1990.3	1992.12
赵元锡	保山乡人大主席团　常务主席	1990.3	1992.7
金优锡	党史研究室　副主任	1990.7	
林炳龙	农业党委　副书记	1990.7	
徐忠哲	松花江通用机械厂党委　副书记	1990.7	1992.7
李仁权	市人大法制办公室　副主任	1990.7	
林成太	多种经营办公室　副主任	1990.7	
姜东一	民乐朝鲜族乡　党委副书记	1990.12	
朴镇万	通讯报道组　组长	1991.4	
金大成	对外经济联络办公室　副主任	1991.4	1993.3
朴成浩	五常镇人民政府　副科级干部	1991.12	
李德宽	教育督导室　副科级助理督学	1992.4	
朴淳焕	小山子林场　副科级干部	1992.7	
徐承焕	政府办公室　副科级调研员	1992.7	
姜永求	民乐朝鲜族乡人大主席团　主席（兼）	1992.12	
徐忠哲	民乐朝鲜族乡　党委副书记	1993.5	
崔东镇	文化局纪检组　组长	1993.5	
崔顺镐	文化局　副科级调研员	1993.5	1993.8
皇甫昌	国家安全局　副科级干部	1993.5	
白云峰	民乐朝鲜族乡人大主席团　常务主席	1993.8	1993.12
李洙	常堡乡人大主席团　常务主席	1993.8	1993.12
金基太	民族事务委员会　主任	1993.9	
朱东秀	县委组织部　科级干部	1993.12	
李洙	常堡乡　纪委书记	1993.12	
姜永求	民乐朝鲜族乡人民政府　乡长		1992.12
成一济	民乐朝鲜族乡人民政府　副乡长		1993.10
金大成	光辉乡人民政府　副乡长		1990.2
金英权	五常市人民法院政工科　科长		1988.12
金钟海	五常市人民法院经济庭　庭长		1991.9
曹圭珍	五常市人民检察院法纪检查科　科长		1988.3
崔顺镐	文化工委　主任		1993.5

续表 3－29

姓　名	职　　　务	任职时间	离职时间
申洛均	律师事务所　副主任		1991.4
赵北雄	化肥厂工会主席	1987.11	
李载元	五常朝鲜族高级中学　副科级调查员	1987.12	1991.10
曹圭珍	五常市人民检察院　控告申诉科科长	1988.3	1989.3
金容雄	松花江通用机械厂　工会主席	1988.11	1992.12
崔仁植	向阳镇人民政府　副镇长（挂职）	1988.12	1992.4
朴成俊	民乐朝鲜族乡人民政府　副乡长（挂职）	1988.12	1990.2
金英权	五常市人民法院行政庭庭长	1988.12	1991.1
曹圭珍	五常市人民检察院技术科　科长	1989.7	1991.4
朴成俊	杜家镇人民政府　副镇长（挂职）	1990.2	1992.12
马云龙	五常朝鲜族高级中学　副科级调查员	1990.4	1991.10
朴云赫	光辉乡人民政府　副乡长（挂职）	1991.2	1993.11
金仁炳	五常农机修造厂　副厂长（兼）	1991.2	
申洛均	律师事务所　副科级调研员	1991.4	
金钟海	五常市人民法院刑一庭　庭长	1991.9	
金昌旭	民乐朝鲜族乡人民政府　副乡长（政法）	1991.11	
崔光烈	营城子满族乡人民政府　副乡长（挂职）	1991.12	
皇甫昌	保山乡人民政府　副乡长（挂职）	1991.12	1993.5
李春森	电影公司　副科级干部	1991.12	19.5
崔仁植	律师事务所　副主任	1992.5	
赵元锡	保山乡人民政府　副科级调研员	1992.7	
姜东秀	糖酒工会　主任	1992.7	1993.11
徐忠哲	民乐朝鲜族乡人民政府　副科级干部	1992.11	1993.5
姜东一	民乐朝鲜族乡人民政府　乡长	1992.12	
朴东烈	民乐朝鲜族乡人民政府　副科级干部	1992.12	
金太龙	县残联　副科级干部	1993.5	
李春森	电影公司　副科级调研员	1993.5	1993.12
成一济	民乐朝鲜族乡人民政府　副科级干部	1993.10	
白云峰	民乐朝鲜族乡人民政府　副乡长	1993.11	
姜东秀	市糖酒公司　副科级干部	1993.11	
徐钟哲	民政局　副局长	1996.1	

续表 3 - 29

姓　名	职　　务	任职时间	离职时间
李仁权	市人大法制办　主任	1997.4	
黄永哲	民族事务宗教局　副局长	1998.5	
金太龙	旅游事业管理局　副科级干部	2002.1	
朴熙云	市农委开荒办　调研员	1999.3	
孙永久	小山子镇　调研员	1999.3	
李洙	常堡乡　调研员	2001.4	
姜永求	民族事务宗教局　科级干部	2002.1	
安龙华	市城建管理监察大队　副队长	2003.2	
宋德旭	民乐朝鲜族乡　乡长	2004.12	
皇甫昌	老干部局　副局长	2004.12	
桂顺吉	市人民法院　院长	2006.11	
皇甫昌	老干部局　主任科员	2009.2	

四、民族团结

中华人民共和国成立以来,由于各级党委和政府认真贯彻了党和政府的民族团结政策,在社会主义革命和社会主义建设事业中,全县(市)朝鲜族人民和其他兄弟民族形成了平等、团结、互助的社会主义民族关系,并涌现出一大批民族团结先进集体和模范人物。1983 年 11 月,在黑龙江省民族团结表彰大会上,五常县双兴公社爱路大队被黑龙江省人民政府授予省民族团结先进集体,五常县双兴公社爱路大队党支部书记金钟植被评为省民族团结先进个人。

1988 年 4 月,原五常县民委主席金基泰赴北京参加全国民族团结进步先进人物表彰大会,并荣获中华人民共和国国务院颁发的"民族团结进步奖章";1994 年 9 月参加国务院第二次全国民族团结进步表彰大会,获"铜质镀金纪念章"。1988 年和 1991 年,先后两次获得黑龙江省民族团结进步先进个人称号。

五常市朝鲜民族事业促进会在 2010 年 8 月被中共哈尔滨市委、哈尔滨市人民政府授予"全市民族团结进步模范集体"。

第四章　朝鲜族农业生产

第一节　生产关系变革

五常境内多山，多水，土地肥沃，气候温和，为农业开发提供了丰富的自然环境和生产条件。

远在公元前，境内就有土民生息。除渔猎外，渐而种粟、麦、稷等农作物。汉唐时期陆续有内地人移来，直到宋代，境内尚未有大量垦殖，仍是地旷人稀，辽末金初只在拉林河北岸开少量的耕地。

农业开发较早的是河川流域。道光十五年（1835年），迁徙到五常沙河子境内的朝鲜人，利用河水种植水稻。在长期水稻生产实践中，五常朝鲜族积累了丰富的水稻种植经验。

1946年，由中国共产党领导的土地改革，废除了延续几千年的封建土地制度，翻身解放的广大朝鲜族农民分得土地以后，开始添车买马，购置新式农具。党和政府本着自愿互利的原则，组织农业生产互助组，不久建立了初级农业生产合作社，继而建立了高级农业生产合作社。

1958年实现了人民公社化。实现"三级所有，队为基础"的体制，此后，农民的土地由私人所有变为集体所有。

1981年，开始试行各种形式的生产责任制，冲破了"一大二公"单一固定的经济模式，彻底剔除了"大帮哄"的劳动形式和"大锅饭"的平均主义分配办法，农民有了经营和生产的自主权，发挥了聪明才智，促进了生产发展。

一、封建私有制

据《吉林通志》记载，五常农业开发很晚。直到唐代中叶时，土民日渐增殖，时有内地人流入，开始垦荒种田，谁垦谁种，不交租不纳税。辽、金时期，五常的赋税、徭役虽不如内地苛重，但"税赋无常，随用度多寡而敛之"，"天使所至，百般需索"。可见当时的征敛并不轻微。大部农民生活贫苦，且贫富悬殊。"富者以珠玉为饰，衣墨裘细布之衣，贫者衣牛马猪羊之皮。"

清道光十五年（1835年），始有少数逃荒到中国东北的朝鲜难民迁徙到县内沙河子境内利用河水种植水稻。

1931年"九一八"事变，日本侵略者占领五常县后，日伪当局政治上实行高压政策，经济上残酷剥削劳动人民。强征农民的耕地，建立了开拓团，日本移民进驻。日寇从今吉林省延边朝鲜族自治州等地，以组织"耕作组合"、"水田农场"、"兴农会"等形式，找来朝鲜农民当佃农。在日本帝国主义的侵略下，朝鲜人成为水田开垦的奴隶。

二、土地改革

1946年1月，县民主政府成立后，在中国共产党的领导下，一方面开展剿匪和锄奸反霸斗争，一面实行减租减息,恢复和发展生产。同时,组织农会,训练干部和积极分子,根据中共中央《关于土地问题的指示》和《土地法大纲》进行了土地改革运动。解放前,五常县民乐乡新乐村朝鲜族 240 户,共有耕地面积 240 垧。其中,开拓团 2 户,占有耕地面积 155.5 垧,占 64.79%;富农 5 户,占有耕地面积 29.5 垧,占 12.29%;中农 48 户,占有耕地面积 55 垧,占 22.92%,贫雇农手中一点土地也没有。这种极不合理的封建土地所有关系,受到严重冲击,党的土地政策得到了广大朝鲜族贫苦农民的热烈拥护。

三、农业合作化

土地改革后,在中国共产党领导下,朝鲜人有了自己的土地,生产积极性也有了前所未有的提高。但由于贫穷的农民手里没有多少生产工具,就成了提高生产的巨大障碍。为了有效解决有限的生产工具,农民开始了互助形式种田。

合理分配牛车、犁、播种机、脱谷机等主要的生产工具,人们自愿组成互助组,适当照顾烈属、军属、贫困户等。这是在当时生产力落后,生产工具少,劳动力不均衡,耕作方法单一的条件下有效、及时种田的好方法。当然,互助组也有负责人管理和指挥,合理安排劳动,生产工具的使用及结算。

1954 年,时值中央颁布了《关于发展农业合作社的决议》,在五常也兴起了设立初级合作社的热潮。农户将手中的土地、牲畜、车辆等生产资料入股,以一个自然屯为一个单位统一组织生产,等到秋天根据所记录的日期和劳动时间进行统一分配,当时农民的土地为集体所有。

1955 年,为了鼓励农民开荒,政府采取了优惠政策,即新开荒水田免税三年,旱改水田,头三年仍按旱田标准交税。水利费标准也较低,1 亩 1 元~1.50 元。民乐乡新开地 85.5 垧,旱改水田 162.6 垧,增加水田面积 248.1 垧。

生产资料变为三级所有以后,产生了不合理的“一平二调”、“大锅饭”、“平均主义”的做法。土地的调整、串地、拨入拨出的事情经常发生。头十年,水利建设占用地只有 10 垧,农民盖房用占地 20 垧,修路占 10 垧。而退耕还林、办牧场、因灾弃地、休耕地却达 80 多垧地。

管理区内各屯之间,乡内各大队之间,甚至邻近乡之间串地、拨地现象屡屡发生。1955 年拨给榆树县青山乡 49 垧地。

从 1956 年开始,根据居住地区、位置、民族,联合临近的若干自然屯,组织规模比初级社更大的农业生产合作社,这就是高级合作社。生产和分配方式与初级合作社相似,区别在于实施了生产责任制,组织上设置了党支部,设书记 1 名,主任 1 名,会计 1 名。土地的所有权属于高级生产合作社。

1959 年,民乐乡拨给安家乡 80 垧地.这 10 年间各大队发生拨入拨出的土地面积达 617 垧,1959 年全乡比 1950 年实际纯增面积为 27 垧。水田实际纯增加 204 垧、旱田减少 177 垧。

四、人民公社化

1958 年实行人民公社化,实施了以生产队为基础的生产队,生产大队,人民公社三级所有制,实行集体核算,设立了分配办公室,在全公社范围内进行分配。“一平二调”现象比较严重,经营管理混乱。

1959 年,以生产大队为统一核算单位,在“一大二公”的思想指导下,突出强调公社一级管理。公社统一安排农作物种植、直接干预生产队的土地、畜力、农机具等生产资料以及调配劳动力等。后来就以生产队为单位进行集体劳动,按集体评分计工,到秋天按计工分配。人民公社化不久,便刮起了

"浮夸风"、"共产风"和"一平二调风",生产队设立了集体食堂,实行"大锅饭"。1960 年开始遭受三年自然灾害,农民们过着挨饿的日子,靠瓜菜代度过荒年,导致出现了不少营养不良、浮肿、便秘等现象。

1961 年,党中央颁布了《关于农村人民公社当前政策问题的紧急指示信》(即十二条)和《农村人民公社工作条例(草案)》(简称六十条),开始调整了生产关系,规定了以公社,大队,生产队三级管理为原则,以生产队为基本核算单位。五常朝鲜族农村生产队开始增多,最多时达到 191 个。

1966 年以后,批判"工分挂帅"、"物质刺激",实行评政治分、"大批促大干",把正当的家庭副业当作"资本主义尾巴"割掉,束缚了农民的手脚,违背了社会主义按劳分配的原则,严重地挫伤了农民的生产积极性。1977 年以后,虽然做些纠正,但因生产关系尚未从根本上调整,收效很小。

五、家庭联产承包责任制

1978 年党的十一届三中全会,全面总结了农业发展的经验教训,全县农业步入了新的里程。

1983 年,五常县全面实行了家庭联产承包责任制,结束了持续几十年的集体所有制。责任到人,效果良好。

家庭联产承包责任制的普遍推行,解放了农村生产力,粮食比重呈下降趋势,多种经营和企业比重则是上升趋势。原来单一从事农业生产的劳动力,可以同时经营其他生产,走上农林牧副渔协调发展,农工商综合经营的大农业新路。使农业生产由自给半自给的自然经济开始向商品经济转化。

第二节　水稻生产

一、水田开拓

据《五常县志》载,清道光十五年(1835 年),现在的沙河子镇境内的亮甸子、王家街一带有少数朝鲜人利用河流引水种植水稻。清光绪二十六年(1894 年),在二河乡也有少数朝鲜人引水种植水稻。清光绪二十七年(1895 年),吉林省舒兰县朱其口一带的朝鲜族迁入黑龙江省五常县沙河子乡小孤山一带开垦种稻。

民国四年(1921 年),在向阳乡小河里屯东,有少数朝鲜人利用河水种植水稻。民国十二年(1923 年),在光辉乡七寸河子,也都曾有少数朝鲜人种植水稻。民国十三年(1924 年),旧军阀阎五省,利用兵丁和强行征集当地农民在冲河以东开发公司干线种植水稻。民国十四年(1925 年),朝鲜人申永羽在兰彩桥(光辉)成立彩桥农场种植水稻。民国十五年(1926 年)在小山子东北高丽营子、小孤山(福太村)一带也出现少数朝鲜人引种水稻。民国十八年(1929 年)五常县境内三区、四区、五区、六区共有 212 户朝鲜族种植水稻 523 垧。

表 4 - 1　　　　　　　民国十八年(1929 年)五常县水田概况表

区　别	垧数		合　计	土　质	水　源
	已垦	未垦			
第三区	66.5		66.5	肥沃	就近水泡引水

续表 4-1

区　　别	垧数		合　　计	土　　质	水　　源
	已垦	未垦			
第四区	270	210	480	淤泥,漫泄	由香水河子及大泥河引水
第五区	42	0.4	42.4	寒冷,松泄	由泉水引水
第六区	144.5	370	514.5	黑土平	由冲河大石头河小黑河等处引水

说明:中华民国时期,原五常县划为 6 个区,五常镇为一区,山河为二区,向阳山为三区,太平山(小山子)为四区,五常堡为五区,冲河为六区。第一、二两区因地皆高埠远距江河故无水田。当时水田户全系朝鲜人。种植水稻 523 垧,农户 212 户。

民国十九年(1930 年)有朝鲜人金昌烈、全中书等人自发引种水稻。但灌溉面积少,工程规模小,工程项目单一、简陋。一遇水旱灾害,广大人民群众疾苦不堪。

1931 年东北沦陷,日本侵入中国,五常县沦为日本殖民地。1935～1942 年,先后在五常县小山子、山河、保山、沙河子、杜家、长山、冲河、向阳等乡、镇境内建立了开拓团,日本移民进驻 2 000 余户。随着开拓团的建立,日伪政府便以要劳工、奉仕等形式征集劳动力,开发水田河水资源。日寇从今吉林省延边朝鲜族自治州等地,以组织"耕作组合"、"水田农场"、"兴农会"等形式,找来朝鲜农民当佃农。解放前的水稻种植在日本帝国主义的侵略下,朝鲜人成为水田开垦的奴隶,连吃饱的问题也难以解决。即使是种地交了出荷就所剩无几。

表 4-2　　　　伪康德四年(1937 年)五常县内水稻主要种植经营者情况

项　　目		杜家站大达稻田公司	山河屯满蒙会社	向阳山	大平山北满勤农公司	五常堡稻田公司	合　计
经营者		朴相山	孔德恒	金炳兰	鐵忠	刘大兴	
资本(元)		4 834	3 531	1 121	2 499	1 411	13 394
面积(垧)		472	350	981	262	85	2 150
户　数		328	190	141	129	44	832
人　口	男	568	532	101	217	83	1 501
	女	561	528	92	213	82	1 476
	计	1 129	1 060	193	430	165	2 977
移入年月		伪康德三年三月	伪康德三年二月	伪康德三年三月	伪康德元年一月	伪康德元年一月	

说明:伪康德三年是 1936 年。

二、水稻种植

中华人民共和国成立前,境内的朝鲜农民主要靠人力开垦荒地修筑拦河坝,引水种稻。用木铁犁翻地整地,用手制背架子运输、用镰刀割草、割稻子,用连枷或脚踏打稻机脱谷。用木制或石制的臼和脚踏碓舂大米等。田间作业用黄牛和"洋犁"、朝鲜式铁牛车等。水稻种植形式为漫撒子,浅翻不耙,不施肥。

中华人民共和国成立后朝鲜族农民整修水利工程。大搞农田基本建设,使用拖拉机等现代农业机械,改变了水稻生产的基本条件和播种方式,开始有点播。1955年出现乱插秧和旱直播,少数施底肥,多数施追肥。五常居住着汉、满、回等民族,在伟大的民族政策指引下,朝鲜族种植水稻积极性大大提高,并积极向兄弟民族传授水稻栽培技术,引领了他们的水稻种植。

背架子

铡刀

由于水稻种植比旱田种植产量高,收入好,在五常水田面积也不断大量增加,对水田种植技术不熟悉的汉族生产队,开始以优越的条件聘请朝鲜族技术人员(水田管理员),后来由组织上进行了集体派遣。特别是汉族村邻近的朝鲜族村,积极向他们传授水稻栽培技术。以水稻技术出名的民乐乡,一年不但向五常县,乃至阿城,双城,呼兰等外县派遣了300～400名技术人员,为推广种植水稻生产技术做出了重要贡献。

1959年撒播、点播,插秧各占三分之一。1965年汉族农民80%点播,朝鲜族农民80%插秧。1972年全面实现插秧化、大垄化,普遍实行薄膜育苗和小苗带土移栽。1980年实行机械插秧,全面推广药剂灭草。营城子公社新光大队等朝鲜族地区,开始大面积直播水稻,与插秧稻抗衡。1985年,大面积推广旱育苗和寒冷纱育苗。同时推广了水稻寒地稀植的经验。推广面积较大的光辉、龙凤山两乡的水稻平均亩产分别为746斤和737斤,高于全县655斤的平均亩产。

犁

铁犁

木制耙

以安全水稻栽培高产而远近闻名的民乐朝鲜族乡水稻栽培方法被临近数多县(市)普及。能够带来突破性产量的大棚育苗，超稀植栽培，80年代初，在全省民乐朝鲜族乡首先被实施。为在五常全市普及，民乐乡农业技术推广站权云龙功不可没。到90年代末，权云龙站长把民乐乡的1垧产量提高到了9 000～10 000公斤。

80年代末，在民乐乡生产的(松粳2号)获得在日本举行的世界大米品质评价会银奖。

此外，五常镇，山河镇，长山乡等乡、镇的朝鲜族村，水稻产量也占据了全县前沿，提高了附近汉族村的水稻产量。1998年春，五常镇镇西村、新村、新建3个村被选定为省级农业开发标准化育苗实验区，农业现代化示范区。

在全县被誉为优质品种大米开发能手的龙凤乡农业技术推广站站长田永太，早在60年代初就先后培育出了"517号"、"91粘稻"、"89－15"、"五优稻1号"、"五优稻3号"、"五优稻4号"。作为"长粒香"广为流传的"五优稻1号"水稻品种以其独特的味道和香味在很多城市中都认为不比泰国米差，甚至出口到日本。培育"五优稻"系列品种使农民增加的经济效益达到了74亿元。

五常市农业技术推广中心李万春高级农艺师作为五常朝鲜族水稻专家的典范，在1986年和1995年先后提出了"五常亩产产量千斤栽培育苗"、"五常市绿色食品水稻栽培"方案，为五常市水稻产量的提高和优质大米开发做出了重要的贡献。

三人大拉锹

(一)面积 产量

五常县水稻栽培经验比较丰富。渤海国时期，五常县境内的朱其川(后划属吉林省舒兰县)即有农民种植水稻，大多是朝鲜移民。清道光十五年(1835年)有少数朝鲜人在沙河子的亮甸子、王家街一带利用河流引水种稻。初时种植面积少，而且技术简单，耕作粗放。民国十八年(1929年)，五常境内仅有水稻面积5 230亩，伪满康德四年(1937年)为12 670亩，1949年为157 350亩。1955年突破20万亩。其中，民乐朝鲜族乡年平均粮食总产6 651吨，比40年代平均提高60%。水稻每垧产8 164

斤,增长43.4%。民安高级社水稻每垧产达10 100斤,荣获"全国先进农业合作社"称号。高级社主任李极雨参加了全国劳动模范代表大会,受到毛主席、周总理等中央领导的亲切接见。

1956年,全县水稻种植面积发展到30万亩。1957年,国家农业部授予民乐红光高级社"全国农业先进集体"光荣称号。1958年民乐人民公社红光大队种植青森5号11垧,获得每垧产10 620斤的高产。党支部书记李七夕被评为全国劳动模范,到北京受到毛主席、周总理等党和国家领导人的亲切接见。

1960年,民乐人民公社共开荒55.3公顷,由于串地、拨入拨出、水利基本建设工程占地,经常有的生产队因受灾扔地,甚至有的生产队把水田改成旱田,至1964年农田面积变动达532公顷,占总耕地面积的20%。1964年水田面积1 296公顷,比1949年下降14%,而同期旱田增加52%。1965年,全公社有自留地246.2公顷,占耕地面积的17.1%。经过"调整、巩固、充实、提高"后,农民每人分到二分地,调动了农民生产的积极性,生产队的土地面积开始增长。到1980年水田面积达到2 025公顷,比1964年增加56.2%

朝鲜镰刀

点播机

1985年,全县水稻种植面积发展到近60万亩,占全县粮豆总面积近三分之一,占全省水稻面积十分之一。

1983年以后,水稻总产突破1.5亿公斤,占全县粮食总产量的43%。1985年发展到57万亩,占全县粮豆总面积的近三分之一。1986年,全县水稻种植面积为624 838亩,平均亩产368公斤,总产230 049吨。1990年为756 671亩,平均亩产405公斤,总产306 483吨。1995年为63 778公顷,平均亩产8 449公斤,总产538 924吨。2000年为64 904公顷,平均亩产10 668公斤,总产692 414吨。2005年为1 558 005亩,总产853 207吨。水稻种植面积已超过150万亩,占全市粮食作物种植面积的53%。年产绿色优质水稻8亿多公斤,其中商品量超过5亿公斤。

2014年,全市水稻种植面积220.7万亩,总产量达11.9亿多公斤。五常是全省种植水稻面积和产稻最多的县份之一,被称为"张广财岭下的水稻王国",享誉国内外。

五常市内不仅河多水富,而且土质肥沃,一年一熟,生育期长,水稻米质好,适口性强,色味俱佳。尤其是民乐朝鲜族乡生产的大米,色泽青白透明,做出的米饭油性大,饭味香,其稻米之佳,闻名遐迩。

(二)水稻栽培

1. **选用良种**　五常除牛家、双桥子、八家子等少数乡镇外,其他乡镇全部有朝鲜族农民。他们有着祖传的种稻技术,在这些种稻能手的带动下,水稻栽培技术不断提高,并创造了许多高产栽培经验。五常县开始种稻时,曾用什么品种已无迹可查。到了 20 世纪 40 年代,主要有"红毛"、"白毛"、"小京租"、"富国"等成熟期为 110 天左右的早熟低产品种,平均亩产 300 余斤。伪满时期至 50 年代,主栽品种是"青森 5 号",平均亩产 300~400 斤。1958 年,双兴乡爱路村党支部书记的农民育种家金钟植收获了亩产 916 斤(垧产 13 740 斤),越过全省水稻产量高产关,并参加了全国群英会。随着爱路村的水稻栽培技术在五常乃至全省各地普及,金钟植多次被东北农学院邀请赴各地演讲水稻栽培技术,培育出了"爱路 1 号"稻种。

兴盛乡新兴村(今五常镇新兴村)农民育种家姜斗七 1968 年与东北农学院合作,培育出了"东农 12 号"后,致力于水稻品种杂交,培育出了"拉林河 1 号"等许多优良品种。

营城子乡新光村李坚吉,用创造沙盘育苗方法,引领村子走向"高产典型",受到了国务院表彰。民乐乡李七夕,李根秀在水稻栽培技术改革中也起到了先锋模范作用。60 年代选用"公交 10 号、12 号、36 号"等中早熟品种,后期引用"吉粳 60"等中晚熟品种,成熟期 135 天,平均亩产达 600 斤。

1980 年后,引进"早锦"、"京引 127"、"吉粳 2 号"等成熟期 140 天左右的晚熟品种,平均亩产达 600 斤以上。民乐朝鲜族乡以前曾主栽"东农 12"、"吉粳 60"、"系选 14"等中熟和中晚熟品种,尽管精心培育,亩产也只有六七百斤。1984 年开始大面积试种高产晚熟的"秋光"、"京引 127"、"腾系 126"、"吉糯 2 号"等品种,产量大幅度提高。民乐村农民朴赞植 1984 年试种"京引 127",19.5 亩收稻 24 500 斤,亩产 1 250 斤。全乡水稻早、中晚熟品种搭配比例为 2:3:5,1984、1985 两年,全乡水稻亩产达 800 斤以上。1986 至 1990 年,全县主要栽培"下壮"、"松粳 2 号"、"腾系 138"等;1991 至 1995 年,主要栽培品种为"五优稻 1 号"、"松粳 6 号"、"松粳 9 号"、"松粘 1 号"等。1996 年以后,在著名水稻专家田永太的精心研究和培育下,五常市大面积种植"稻花香 1 号"、"稻花香 2 号"、"稻花香 3 号"、"稻花香 4 号"、"稻花香 5 号"。田永太 2000 年培育的"稻花香 2 号",在五常和周边地区种植达 14 年,仍是无与伦比的水稻主栽品种,累计种植面积达到 1 400 万亩,按亩均增收 500 元计,合计增收 70 亿元。其中,仅五常 2009 年就增收 12 亿元。作为"长粒香"广为流传的"五优稻 1 号"水稻品种以其独特的味道和香味在很多城市中都认为不比泰国米差,甚至出口到日本。培育"五优稻"系列品种使农民增加的经济效益达到了 74 亿元。

五常市农业技术推广中心李万春高级农艺师作为五常朝鲜族水稻专家的典范,在 1986 年和 1995 年先后提出了"五常亩产产量千斤栽培育苗"、"五常市绿色食品水稻栽培"方案,为五常市水稻产量的提高和优质大米开发做出了重要的贡献。

2. **选地育苗**　解放前和解放初期,普遍实行漫撒子,建国初期实行点播和乱插秧,尤其是民乐朝鲜族乡漫撒籽减少,点播面积增加,6×5 寸规格的点播机发挥使用。原星光大队第一队(三家子新乐队)加强计划管理,劳动管理、经营管理。

1954 年在民乐乡开始了水床育苗,1955 年在全省朝鲜族水田工作会议上普及了民乐乡红光村的育苗插秧方法。1958 年民乐朝鲜族乡开始油纸保温育苗播秧,到 1959 年水直播育苗插秧面积各占一半,品种仍然以青森 5 号为主。1959 年红光大队民乐生产队(长寿屯)采用塑料薄膜保温湿润育苗,4 月 19 日~30 日播秧,做到了不插六月秧、不育 5 月苗,采取 6×4 寸的密植、创造了每垧产量 15 526 斤的纪录。

1960 年以后,全县开始薄膜湿润育苗,初时较少,以后逐渐增多。中间还有无土育苗,秧箱育苗的,持续时间较长。担任双兴乡爱路村党支部书记的农民育种家金种植在 1958 年收获了亩产 916 斤

（每垧产 13 740 斤）越过全省水稻产量高产关,并参加了全国群英会。随着爱路村的水稻栽培技术在五常乃至全省各地普及,金种植多次被东北农学院邀请赴各地演讲水稻栽培技术,于 1976 年培育出了"爱路 1 号"稻种。营城子乡新光村李坚吉,用创造沙盘育苗方法,引领村子走向"高产典型",受到了国务院表彰。民乐乡李七夕、李根秀在水稻栽培技术改革中也起到了先锋模范作用。

1980 年,第三原种场引进日本机械化大棚盘育苗新技术,全面推广配制床土旱育苗和冷纱框育苗。播种量由过去湿润育苗的 1.2 ~ 1.5 斤/平方米降到 0.5 ~ 0.6 斤/平方米,实现了壮苗移栽。五常县为高纬度地区,无霜期 110 ~ 140 天左右,全年有效积温 2 300° ~ 2 700°。偏寒的气候条件不能满足高产晚熟品种生长需要。种稻农民利用农膜架设小棚、中棚进行多种形式的保护育苗。一是大面积旱育苗,占全县一半以上;二是寒冷纱育苗,多分布在民乐、光辉、龙凤山、长山等水田区;三是工厂化育苗,多分布在山河、拉林、民乐、长山等乡镇,民乐乡永兴村有水田 993 亩、336 口人,全部采用中棚旱育苗。在品种搭配上进行适当比例,"秋光"占 20%,"京引 127"占 70%,"吉糯 2 号"占 10%,全是高产晚熟品种。4 月 8 日至 15 日育完苗,5 月 14 日至 20 日插完秧,平均亩产 866 斤。荣华村有水田 781 亩、264 口人,全采用寒冷纱育苗,品种以"秋光"、"京引 127"和"腾系 126"为主。4 月 9 日至 15 日育完苗,5 月 15 日至 20 日插完秧,平均亩产 900 斤。新乐村有水田 2 278 亩、580 口人。全村有大棚 12 栋,以工厂化育苗为主。品种多为晚熟的"秋光"、"京引 127"和"早锦"等,1985 年亩产 676 斤。水稻科技示范户权明俊等亩产均在 800 斤以上。以安全水稻栽培高产而远近闻名的民乐朝鲜族乡实行突破性产量的大棚育苗,超稀植栽培方法被临近诸多县（市）普及。80 年代末,民乐朝鲜族乡生产的（松粳 2 号）获得在日本举行的世界大米品质评价会银奖。

在全省水稻生产栽培技术推广上,五常县民乐朝鲜族乡农业技术推广站权云龙经过 30 多年的不断摸索和实践,总结出了一系列先进的水稻栽培技术。他编写了《民乐朝鲜族乡水稻发展史》,潜心研究的水稻栽培经验被普遍推广,为全省农民普及水稻技术做出了杰出的贡献。到 90 年代末,权云龙站长把民乐乡的 1 垧产量提高到了 9 000 ~ 10 000 公斤。

此外,五常镇,山河镇,长山乡等乡、镇的朝鲜族村,水稻产量也占据了全市前沿,提高了附近汉族村的水稻产量。1998 年春,五常镇镇西村、新村、新建 3 个村被选定为省级农业开发标准化育苗实验区,农业现代化示范区。

合理施肥 解放后,种植水稻基本上是浅翻无肥。建国初期主要施农家肥,施肥量仅占种植面积的 15%。也有的农户每垧施用黄豆 300 斤左右的饼肥作追肥。

从 1953 年起,伴随化肥的使用,增施农家肥的面积可达 40%,施肥量逐年增多。大部分水田一般两年施一茬农家肥,每亩施肥 2 000 ~ 4 000 斤。同时搭配施用化肥,做到氮、磷混施,磷肥多少做底肥。各地结合田间耙地,一般亩施磷酸二铵 15 斤加尿素 10 斤,或亩施三料磷肥 15 斤加尿素 15 ~ 20 斤;返青肥每亩施尿素 15 斤,分蘖肥每亩施尿素 3 ~ 5 斤;钾肥亩施硫酸钾 7 ~ 8 斤或草木灰 30 ~ 40 斤。旱育苗插秧 6 月 10 日前追完,平铺和湿润育苗插秧 6 月 15 日前追完。民乐朝鲜族乡大搞积造粪肥,以农家肥为主,一年一茬,垧施 30 立方米。外施大豆、饼肥。高级社公社化阶段开始追硝铵,1959 年施化肥面积已达 100%。从 1960 年开始,每垧地施用农家肥 5 万斤,化肥 400 斤。施用农家肥的面积在 40%,化肥以硝铵为主,也用铵水,1972 年以来,施用农家肥的面积增加,可达 50% ~ 70%,饼肥每垧用 800 斤,化肥 200 斤,初步形成底肥、追肥技术体系,化肥以尿素、硝铵为主。

1984 年以后,各种多元复合肥出现,每垧施肥水平也基本稳定在"氮肥"260 斤、"磷肥"140 斤、"钾肥"140 斤左右。所施化肥的种类（复合肥种类）多样化了,总的趋势是每垧施用标准化肥 1 300 斤左右。

2000 年以后,随着优质大米、无公害粮食、绿色食品、有机产品的生产推广,化肥的使用量逐渐减少,代之以农家肥、有机肥、各种微生物肥来进行生产。一般每垧用农家肥 25 吨或商品有机肥 400 斤,辅以各种微量元素肥、微生物或生物激素肥来补充。

表 4 - 3　　　　　　　　　　部分年份微量元素、微生物肥使用情况

年　度	微　　　　肥
1975	"702"增产灵
1979	"902"激素
1981	石油助长剂　硝基腐殖酸
1990	碧全
1991	硒　叶面宝　生根粉　神菌　惠满丰　酵素
1993	生物钾
1994	神菌
1995	垦易活性生物肥
1996	901 三绿生物肥
1997	双效微肥　农宝
1998	酵素 5 号　丰之露
1999	双绿肥
2000	那氏 778 基因诱导剂
2001	光合细菌　苗宝
2006	"农丹"有机腐殖酸活性族肥
2007	自制农用资材:天惠绿汁　汉方营养剂　玄米食醋　生鱼氨基酸　果实酵素　乳酸菌　菌糠　土壤微生物　天然钙
2008	BIO 酵素浓缩液肥
2010	B - G 葡聚糖　"707"微生物复合菌剂　SI 硅肥　氨基酸复合肥
2011	地福来　欧苷

合理密植　五常境内水稻种植开始时都是漫撒子,稀密无度,种子好,杂草少着密,反之则稀。50 年代出现了 5×6 寸、6×6 寸小垄插秧。进入 60 年代提倡密植,变小垄栽培为大垄栽培。1980 年后旱育苗日渐增多,插秧规格肥地多为 9×4 寸、9×3 寸,一般地多为 8×3 寸、8×4 寸,每穴 4~5 株。湿润育苗、平铺育苗插秧多为 8×3 寸,每穴 4~5 株。机械插秧促进了水稻密植。各地农民都根据水稻品种特点实行合理密植。"系选 14"行株距多为 8×3 寸,每穴 5~7 株。"C—19"行株距多为 8×3 寸或 9×2.5 寸,每穴 2~3 株,每平方米内插 30~35 穴,每穴 15 穗左右。

三、植物保护

稻瘟病、草荒和低温冷害是水稻生产的大敌。1964 年大面积稻瘟病发生,全县平均减产 50%。光辉乡光辉大队因稻瘟病造成减产,每个劳动日倒赔 0.17 元。志广乡 1965 年因草荒摺地 3 079 亩。

　　1968 年前后,有些生产队已经开始使用五氯酚钠除草,效果很好。从 20 世纪 70 年代开始,各种病虫害连年发生。当时采用的防治方法主要是从单一的药剂防治发展为综合防治。如使用除草机除草、合理灌溉、秋翻、种子消毒、床上处理等方法进行综合防治。农药使用面广,化学药剂灭草,1985 年已全面普及。在药剂使用上,由单一药剂灭草发展为混合药剂灭草,基本上控制了草荒和病虫害发生,水田病虫害和草害已不能成灾。

三棱草

稗草

驴耳朵

水上漂

泽泻

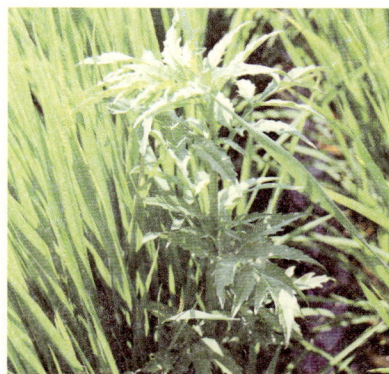

鬼刺

　　进入 21 世纪后,各种农药向着安全、高效的方向发展,很多外国农药陆续进入市场,杀菌剂、杀虫剂、生长调节剂、除草剂等都有各种各样的单剂和混剂,种类和品种甚多,各农户所选的农药也各种各样。民乐朝鲜族乡除使用少量农药外,灭草以深水淹稗为主,人工薅地两三次,推除草机除草 1～2次。成熟期再割拿稻稗。

表 4－4 部分年份农药使用情况统计表

年　度	杀菌剂	杀虫剂	生长素激素酶	除草剂	主要杂草
1964				敌稗　除草醚	
1974	春雷霉素、稻瘟净、多菌灵	呋喃丹			
1975	赛力散　石灰硫酸铜			扑草净五氯酚钠	
1977			磁化水		
1978	克瘟散六六六乐果		2 甲 4 氯 2.4－D		
1981	白矾	敌百虫西维因	石油助长剂	杀草丹草枯醚	
1982				灭草灵禾大壮稗草烯派草津百草枯	
1983	敌克松　克菌丹米醋	溴氰菊酯	三十烷醇	恶草灵西草净	
1984				去草胺苯达松	
1986	富士 1 号	DDV 敌杀死		丁草胺排草净	稗草、水葱、三棱草、眼子菜(水上漂)、驴耳菜(慈姑)、老母猪耳朵、兰花菜(鸭舌草)、泽泻、鬼刺、股茎草、牛毛草等。
1987	矮壮素			草克星农得时	
1989			碧全　增产菌	克草胺	
1990				禾田净	
1991			ABT 生根粉双效灵		
1992	DT　901多效唑			二氯喹啉酸	
1993	恶甲水剂(克枯星)				
1995				威农　阿罗津农利来三棱光	
1996				艾割金秋农力稻草一次净	
1997				农达　韩乐星克无踪	
1998	浸种灵　清枯灵三环唑		酵素		
1999	克枯灵			禾友 1 号	
2000				农立富农家喜	

四、农田建设

60 年代后期,朝鲜族水田区,平整了弯弯的池埂子、偏脸的池子、凸凹不平的池面、粗糙零碎的地块,实行科学种田。除了开荒增地以外,每年冬天社员们冒着严寒到农田人工进行削高填洼作业,搬土块平整土地,修整灌排渠。到 1978 年,民乐人民公社 80% 以上面积修成了方田,既减少了池埂,增加了有效面积,又方便了机械化作业。

1971 年,每生产队出一人,全公社由 32 人组成了常年农田基本建设专业队,结合灌区整顿工作,完成采石、修路、修桥涵等作业,同时完成县里下达的山建工程项目。他们脱离农业生产第一线,常年从事农建工作,由农建队开工票、生产队记工分、秋后统一参加分配,有的国家项目由国家给予他们每天 0.3 元的菜金补贴。生产队每年按 8 斤标准留农田基建设补助粮,全乡共留 91 000 斤左右。农建队一直活动到 1982 年,1983 年随着集体生产体制的解体而解散。

韩国领事馆工作人员品尝合作社有机米饭

五、产业化经营

五常是中国优质大米的故乡。五常大米荣获了"中国地理标志保护产品"、"农产物地理标志证明商标"、"中国品牌产品"、"中国出名品牌"等诸多荣誉。五常大米作为优秀品质大米广为流传在全国大中城市,扭转了泰国米在中国独占高级大米市场的局面,成为堂堂"中国大米第一名牌"。

后来,朝鲜族人口流动量大,水稻种植农户大量减少。根据 2013 年民乐乡调查,水稻种植的农户不到 3%,其种植面积是原朝鲜族总农田的 18.3%。朴点植种植 25 垧,潘昌根种植 22 垧,孙华植种植 25 垧.吴正甲种植 20 垧。山河镇爱路村的党支部书记玄振浩种植 15 垧;龙凤山乡辉煌村党支部书记李哲求种植 20 垧;安家镇河东村党支部书记金一万种植 10 垧;营城子满族乡新光村党支部书记李昌浩种植 15 垧,会计洪在福种植 23 垧;杜家镇曙光村村长罗斗七种植 10.5 垧。这些人都具备了农机具,进行规模化的种植,与企业携手解决了粮食销售。虽然规模不是很大,但有着一定的规模,朝着向产业化道路前进着。

六、粮食征购

因水稻种植比旱田种植产量高,从历史上看,以水稻种植为主的朝鲜族征购粮任务比较高。1981 年,双兴公社爱路大队的人口 822 人,占全公社人口的 3.9%;农田 2 060 亩,占全公社耕作面积的

3.8%,该年卖给国家粮食达到了81.9万斤,占全公社粮食销售的40.6%,相当于人均930斤。当时,把交给国家的粮食越多,认定为对国家的贡献越大。

1988年全县朝鲜族粮食增购任务是4 157万斤,是总产量的48%,与其他民族占24.1%的任务相比,按每斤比市场价格少收0.17元计算,相当于少收入355万元,相当于平均每户少收入511元,每人少收入107元。

1988年征购粮情况统计表

表4-5　　　　　　　　　　　　　　　　　　　　　　　　　　　单位:亩、万斤、斤

乡、村	人口	户数	种地面积	人均面积	任务	人均任务	户均任务	亩均任务	任务占总产%
五常镇镇西村	1 334	308	3 709	2.8	134.6	1 009	4 370	363	44.9
杜家镇文化村	968	214	2 102	2.2	125	1 291	5 841	595	70.2
杜家镇曙光村	993	209	2 479	2.5	125.4	1 259	5 981	506	61
杜家镇光明村	372	80	947	2.6	46	1 236	5 750	486	51
兴盛乡新建村	1 250	283	3 112	2.5	115	920	4 063.6	370	46
兴盛乡新村村	1 621	332	4 029	2.5	140	863.7	4 217	348	38.5
常堡乡明星村	511	105	1 759	3.4	56	1 096	5 333	318	57.1
四道岗村	61	11	240	3.9	3	492	2 727	125	23
安家乡河东村	379	84	990	2.6	44.5	1 174	5 298	449	61
安家乡新联村	358	80	1 405	3.9	58.4	1 631	7 300	416	50
民乐乡友谊村	524	111	1 467	2.8	62.8	1 190	5 658	428	38
民乐乡大产村	441	96	1 020	2.3	43	975	4 479	422	39.1
民乐乡运胜村	282	66	738	2.6	32	1 135	4 848	433	38
民乐乡民安村	554	126	1 559	2.8	66	1 191	5 238	423	52.9
民乐乡红火村	262	57	666	2.5	28.8	1 099	5 053	432	34.6
民乐乡民乐村	501	106	1 256	2.5	53.6	1 070	5 057	427	35.8
民乐乡红光村	938	200	2 700	2.9	109.2	1 164	5 460	404	36.3

续表 4 – 5

乡、村	人口	户数	种地面积	人均面积	任务	人均任务	户均任务	亩均任务	任务占总产%
民乐乡荣华村	275	52	820	3.0	32	1 164	6 154	390	35.5
民乐乡星光村	312	69	983	3.2	42.2	1 353	6 116	429	36.9
民乐乡永兴村	350	72	993	2.8	42.2	1 206	5 861	425	35.4
民乐乡东兴村	226	48	684	3.0	31	1 372	6 458	453	43.2
民乐乡新乐村	699	150	2 278	3.3	93.8	1 342	6 253	412	37.3
民乐乡东光村	728	138	2 045	2.8	86.6	1 190	6 275	432	41.8
民意乡草苗村朝鲜屯	89	21	270	3.0	9	1 011	4 286	333	39.1
卫国乡西安村朝鲜屯	129	26	390	3.2	11	853	4 074	282	34.7
光辉乡光辉村	1 110	250	3 363	3.0	195	1 757	7 800	580	77.1
光辉乡辉煌村	267	60	1 326	5.0	69	2 584	11 500	520	63.7
光辉乡北星村	428	100	1 404	3.3	87	2 033	8 700	620	69.5
志广鲜和村	68	14	360	5.3	14.0	2,147	10,429	406	54.1
小山子胜利村	1 087	220	3 377	3.1	200	1 840	9 091	592	56.9
小山子南源村	759	168	2 858	3.8	168	2 213	10 000	588	61.3
小山子双源村	374	76	1 822	4.9	90	2 406	1 842	494	48.5
小山子宏源村	356	80	2 057	5.8	120	3 371	1 500	583	62.2
龙凤山五一村	555	116	1 643	3.0	66	1 189	5 690	402	37.5
龙凤山兴源村	1 450	331	5 154	3.6	268	1 848	8 097	520	72
山河镇共和村	750	155	1 337	1.8	70	933.3	4 516	523.6	47.6
山河镇崇义村	600	120	1 368	2.3	52	866.7	4 333	407	37
山河镇东进村	840	115	1 050	2.0	73	869.1	4 710	485	37.6
双兴乡爱路村	998	206	2 060	2.1	85	851.7	4 126	412.6	51.5
长山乡日升村	1 380	289	4 320	3.1	160	1 159	5 536	370	45.7
长山乡七星村朝鲜屯	108	23	299	2.8	8	741	3 478	268	26.8

续表 4-5

乡、村	人口	户数	种地面积	人均面积	任务	人均任务	户均任务	亩均任务	任务占总产%
向阳乡新丰村	503	102	1 681	3.3	60	1 193	5 882	375	40.8
向阳乡中源村	1 080	237	3 089	2.9	108.4	970	4 422	339	34.8
向阳乡日光村	594	133	1 856	3.1	70.8	1 094	4 887	350	51.1
向阳乡永明村	857	160	2 451	2.8	92.8	1 050	5 625	373	41.9
沙河子历母山	430	82	1 158	2.7	66	1 535	8 048	570	77.6
保山乡新屯村	1 117	150	2 775	2.5	135	1 209	9 000	486	54.1
保山乡民兴村	587	73	1 585	2.7	63	1 073	8 630	398	45
红旗乡东阳村	351	73	1 157	3.3	24.8	707	3 397	214.3	28.8
兴隆乡新立村	350	70	900	2.6	26	743	3 714	289	28.4
营城子新光村	1 776	440	6 349	3.6	200	1 126	4 545	315	36.8
营城子朝鲜族屯	132	26	345	2.6	14	1 060	5 385	406	37.0

注:

1. 1988 年,全县粮食总产 131,314 万斤。全县朝鲜族村粮食总产 8,653 万斤,占全县粮食总产的 6.6%。

2. 全县朝鲜族农业人口占全县农业人口的 5.3%。耕地面积占全县耕地面积 4.1%。粮食征购任务占全县粮食征购任务的 12.4%。

1989 年 3 月 20 日、省第 7 届人民代表大会第 2 次会议期间,徐基述等 15 名代表提出的《关于调减全省朝鲜族农民水稻征购任务的建议》受到省政府的重视。邵奇惠省长就老水田地区,特别是部分朝鲜族征购任务重的问题指出"通过搞一点微调,解决不合理的负担问题"。

黑龙江省粮食局按省人民政府的指示,调节了征购任务的 14.4%,在五常解决了双源、宏源、胜利、南源等 5 个村子的征购粮任务问题。

七、惠民补贴

2003 年度开始取消了农业税。取消了每亩 18 元(270 元/公顷)的农业税之后,当年民乐乡的朝鲜族的税务负担减少了 380 430 元,并且从 2004 年开始给农民补贴。

表 4-6 各年度粮食补贴标准

年度	粮食直补	农资综合补贴	良种补贴	合计(亩)	合计(垧)
2004	12.6		15	27.6	414
2005	13		15	28	420
2006	14.8	7.25	15	37.05	570.25

续表 4 - 6

年度	粮食直补	农资综合补贴	良种补贴	合计(亩)	合计(垧)
2007	14.7	15.63	15	45.33	679.95
2008	14.7	40.94	15	70.64	1 059.60
2009	14.68	40.93	15	70.61	1 059.15
2010	14.68	40.93	15	70.61	1 059.15
2011	14.16	44.04	15	73.72	1 105.80
2012	14.16	54.85	15	84.53	1 267.95
2013	13.85	55.68	15	84.53	1 267.95
2014	13.85	55.68	15	84.53	1 267.95

八、农民生活

在半殖民地半封建的旧中国,五常县的朝鲜族农民和其他少数民族一样,遭受日本帝国主义和国内反动势力的压迫和剥削,生活十分悲惨。沦陷期间,他们生产的粮食被日伪反动统治者以"出荷"等名目夺走;大批无地农民为了生存,不得不租种地主的土地。地租一般每垧1.5～2石稻谷,高的则对半分成。租一头牲畜每年1.5石稻谷,各种盘剥使农民被压得喘不过来气。五常的朝鲜民族地主、富农极为罕见,多数为佃农和雇农,很少自耕农。

土地改革后、朝鲜族农民便有了自己的土地、牲畜和各种农具,生产不断发展,经济收入不断提高,生活不断改善。合作化时期,农民集体生产,评工计分,按工分分配口粮等实物和现金。

1981 年五常县朝鲜族村劳动日值统计表

表 4 - 7

单位:元

乡(镇)村	日 值	乡(镇)村	日 值
民乐乡友谊村	1.60	长山乡日升村	1.80
民乐乡红火村	2.16	保山乡新屯村	1.80
民乐乡红光村	2.18	保山乡民兴村	1.55
民乐乡星光村	2.41	山河镇共和村	2.00
民乐乡东光村	1.47	山河镇东进村	2.30
民乐乡新乐村	2.70	山河镇崇义村	
兴盛乡新建村	1.96	沙河子镇曙光村	0.73
兴盛乡新村村	1.56	向阳镇 新丰村	1.70
杜家镇文化村	2.03	向阳镇日光村	1.59
杜家镇曙光村	1.32	向阳镇永明村	1.70
杜家镇光明村	1.86	向阳镇中源村	1.65
常堡乡明星村	0.81	双兴乡爱路村	2.75

续表4-7

乡(镇)村	日　值	乡(镇)村	日　值
五常镇镇西村	2.08	光隆乡新立村	1.15
志广乡鲜合村		营城子乡新光村	1.81
龙凤山乡五一村	1.25	红旗乡东阳村	0.75
龙凤山乡兴源村	1.10	安家镇红光村	2.08
光辉乡辉煌村	1.46	安家镇房身1队	2.10
光辉乡北星村	1.06	安家镇灯塔7队	1.10
光辉乡光辉村	1.48	卫国乡西安6队	0.40
小山子镇双源村	0.39	民意乡永兴6队	1.00
小山子镇宏源村	0.85	长山乡七星7队	1.10
小山子镇胜利村	1.18	常堡乡四道岗8队	0.37
小山子南源村	0.73	营城子13队	1.85

　　劳动日值是指劳动了一个工(10分制)所给的钱,在农村干一天活一般劳力可得10分,如果是上等劳力可以多得,但如果是妇女或者一般劳力连10分都赚不了。也就是说,干了一天的活,赚2元钱都有点困难。

　　党的十一届三中全会后,进行经济体制改革,农村全面实行家庭联产承包为主的生产责任制,农民的经济收入发生了深刻变化,生活水平有了新的提高。

民乐乡个别村屯农户收支情况统计表

续表4-7　　　　　　　　　　　　　　　　　　　　　　　　　　　单位:垧、公斤、元

年度	村屯	姓名	人口	水田	每垧产量	总收入	生产费	税费	纯收入	人均收入
1986	运胜村	金光渊	4	1.2	7 500	6 378	1 278	600	4 500	1 100
1992	运胜村	金光渊	4	1.2	7 500	6 378	1 409	1 473	3 496	824
1993	红火村	染先甲	4	0.93	6 990	4 550	1 000	1 000	2 550	637
1996	运胜村	南太东	7	2	7 500	20 000	2 160	1 600	1 6240	2 320
1997	运胜村	南太东	7	2	9 000	35 000	2 356	2 520	3 0124	4 300
1998	运胜村	南太东	7	2	9 855	38 800	3 060	2 520	33 220	4 745
1999	运胜村	南太东	7	2	8 500	26 000	3 000	2 300	2 0640	2 948

第三节　畜牧业生产

　　五常有发展畜牧业的良好自然条件。朝鲜族也同其他民族一样十分注重畜牧业生产。民国时期,由于饲养方式原始,管理粗放,加之天灾匪患,战乱扰攘,因而阻碍了畜牧业的发展。"九一八"事变日本侵略者入侵之后,烧杀掠抢,哀鸿遍野,畜牧业生产受到严重影响。伪满时期,在伪政权的强征

暴敛下,大牲畜每户平均还不到一头,而且大量牲畜又多为地主、富农及部分富户所占有,贫苦农民多数没有牲畜。

新中国成立后,党和政府对畜牧业十分重视,畜牧业生产有了很大发展。土改运动中,广大农民分得了土地、牲畜,接着开展了大生产运动,劳动热情很高,畜牧饲养也随之兴旺起来。到1982年达1 275头,比1959年翻了一番,大牲畜由生产队统一饲养、管理、使用。田间耕翻以牛马犁为主;1958年开始使用大型东方红拖拉机进行作业。

朝鲜族养猪热情很高,一方面要完成国家征购任务,另一方面要解决积造粪肥。不仅鼓励社员个人养猪,并向生产队投肥。投肥可以得到养猪投肥粮和工分,而且要求生产队集体养猪。从1965年开始集体养猪,规模加大,出现了一些百头猪场。1971年国家要求一人养一头猪,到1979年集体养猪达701头,社员养猪达2 680头。

第四节 水利事业

水利是农业的命脉。灌溉事业是由种植水稻发展起来的。五常市水利开发较早。五常盛产水稻,素有大米之乡之称。在清道光十五年(1835年),就有少数朝鲜人在沙河子、亮甸子、王家街一带引水种稻。此后,相继在沙河子、高丽井子、小孤山(福太村)一带也出现少数朝鲜人引种水稻。民国十八年(1929年)五常县境内三区、四区、五区、六区共有212户朝鲜族种植水稻523垧。民国十九年(1930年)有朝鲜人金昌烈、全中书等人自发引种水稻。但灌溉面积少,工程规模小,工程项目单一、简陋。一遇水旱灾害,广大人民群众疾苦不堪。

民国二十年(1931年),东北沦陷,日本入侵中国,五常县沦为日本殖民地。从伪康德二年(1935年)至伪康德七年(1942年),日本先后在五常县小山子、山河、保山、沙河子、杜家、长山、冲河、向阳等乡镇境内,建立了开拓团,日本移民进驻2 000余户,随着开拓团的建立,日伪政府便以要劳工、奉仕等形式征集劳动力,开发掠夺水资源。

新中国成立以后,在中国共产党的领导下,各族人民团结一致,为农业的发展,推进了水利事业的大发展。

卫国灌区四道岗拱桁架结构渡槽工程

经过70年代灌区大整顿后,1980年灌排管理大改善,民乐乡水田开发面积继续增加到2 025垧,以后继续开发坝外荒源地,1995年水田面积发展到2 701垧,其中坝内2 281垧,坝外419垧。春旱夏涝仍然是水稻生产继续稳步发展的一大危害。为此1982年增设抗旱补水井859眼,其中大口井24眼。

一、灌区建设

二河灌区　1894年,曾经有朝鲜人两兄弟在四道河子拦河筑坝,开渠引水灌溉水田90亩。

1929年,朝鲜人农民金旋洙,在十二号西石场沟筑坝蓄水,在南厢房种植水稻210亩。金旭洲在榆树川屯东沟拦河筑坝,截沟引水灌溉水田30亩。1942年,赵时青等7户,在曙光村十二号种植水田300亩。南勤镐等10户,在薄家街屯南种植水田435亩。金永宽等10户在头道河子种植水田300亩。但这些种植农户都没有稳定居住下去,经常有来有走,水田也随之有开有弃,水利工程有修有废。1945年,灌区灌溉面积徘徊在350亩左右。

双兴灌区　该灌区建于民国十年(1921年)。向阳乡齐船口屯住户中有7户朝鲜族,由李姓的主办,姓林、金、赵等人集资,在向阳乡小河里屯西山头开始压1个条子坝。坝长40米,开干渠3公里,灌溉面积70～90亩。

常安灌区　位于牤牛河中游左岸,始建于1933年春,由常堡村申家围子屯朝鲜人韩成大和地主刘大兴联合开发。在申家围子屯东牤牛河上拦河筑坝,开渠引水。干渠总长1 500米,当年投入使用,灌溉新开水田500亩。因为是朝鲜人开发和经营,所以当地群众称其为高丽壕。

1942年,由于朝鲜人农民的增多,原来的小干线满足不了大量开垦水田的需要,于是经伪滨江省防水开发事业局勘测规划设计,进行改建。将渠首拦河坝向上移到宋家村(今卫国乡)西北张俭屯后,经蔡家围子屯、常堡村周家岗屯,延长到景家岗屯。改建后,干渠总长达10公里,设计灌溉面积3 000亩。1957年又一次扩建,把干线延伸到孟家店屯西,全长20公里。在周家岗段,把干线由屯北改为屯南,第二年4月投入使用。设计效益为1.2万亩,当年实灌6 500亩。1957年6月,拦河坝决口,在抢修过程中,淹死两名朝鲜人。后来把常安干渠并入卫国灌区,由八一干线供水。1985年,卫国灌区由韩太俊经手黑龙江省水利厅投资,将渠首下移1 700米,新建混凝土实用堰拦河坝一座,进水闸和排沙闸各一座。这是全县第一座永久性渠首工程,干线改线1 200米。卫国灌区成为全五常市实灌面积最多,配套最好的灌区。

兴隆灌区　本灌区始建于民国二十五年(1936年)。从外地迁来的20余户朝鲜族农民,在陈家屯集居。由中浩、大黑魏、朴××联合哈尔滨的秦某资助款物,连受益户在内共组织近百名劳动力兴建。当年投产,灌溉水田约500亩,因是朝鲜族开发的,群众称其为朝鲜族大壕。当时,只修建了一座柳石拦河坝,临时进水闸一座,柳石排水溢流堰一处。输水干线一条,长3 500米。

山河灌区　该灌区始建于1936年。当时朝鲜族农民孙景镐、张德仁、曹汉宗、刘成汉、林在满5人,在山河街组成河兴农场事务所。组织80户朝鲜族难民,在溪浪河下游山河街南7公里处(爱路村西)压一座

山河灌区渠首反板式拦河坝工程

简易柳条坝,利用弯弯曲曲的自然排水沟,进行扩充整修作为引水渠道,将水引至山河街西。渠长8公里,设6条支渠。当年灌溉2 000亩,1945年达4 500亩。目前,按照中共中央一号文件精神要求,国家投资2 700万元,正在修建反板式永久性拦河闸。

长山灌区 该灌区始建于1936年4月,翌年5月竣工投产。由日本开拓团会计兼技术员刘××勘测设计,供日本开拓团使用。建成一座50米长的拦河坝,一座木结构的进水闸,引水流量2立方米/秒。施工由开拓团雇用当地朝鲜族、汉族老百姓突击完成,当年灌溉5 000多亩。通水后,开拓团找来一些朝鲜族当佃农,每开一垧水田,向日本开拓团缴纳稻谷4 000斤。1956年,灌溉面积达1.77万亩。为了保证已有面积和扩大灌溉面积的需要,是时的站长胡海宽,在1956年秋修建了胜利水库。水库集水面积3.4平方公里,总库容量10万立方米。1972年秋扩建,总库容量达200万立方米。并在干渠左侧新建了一座电力抽水站。

1976年,由朝鲜族老工程师朴世文设计,在干渠中游左侧修建了一座大兴水库,总库容量达400万立方米,同时又修建了一座电力抽水站。这两座水库和两座抽水站增加调水量达600万立方米。每年把闲水抽到水库里,抗旱时再把水放出来,解决水田用水问题。

长山灌区渠首橡胶坝工程

兴国灌区 该灌区始建于1936年,由住在冲河的27户朝鲜族农民自行勘测设计,联合开发的。引用小石河水,在左岸开渠、筑坝引水。渠长1.3公里,当年投入使用,灌溉水田270亩。

保山灌区 该灌区始建于民国二十六年(1937年)。由日本"九号防水开发事业局"主办,日本人勘测设计。施工由吕德存承包、招工修建。建有柳石拦河坝1座,临时性进水闸1座,干渠1条9公里,支渠7条。第二年投产,灌溉水田1 200亩,专供日本开拓团享用。1945年灌溉面积扩大到3 000亩。1949年春季进行整修加固。以县水利管理委员会主任罗惠海为首,经朝鲜族技术员赵顺哲、许逢时勘测,组织受益群众400人,对输水干、支渠全面进行清淤加固,重点拓宽,完成土方量4万余立方米。

民乐灌区 该灌区于民国二十六年(1937年)开发。由伪满满蒙开拓株式会社设计和施工。由会长孔镇恒、理事长李宣根、农牧主任朴新德3名朝鲜人主办。开始在现坝址下游200米处压柳石拦河坝1座,修建进水闸1座,开挖干渠1条长6公里。第二年干渠延伸到大成屯,把拦河坝向上游移200米,压成新拦河坝。1944年,干渠延伸到项家屯。随着灌区工程规模扩大,日寇从延边、舒兰县的平安、山河屯等地迁来大批朝鲜族移民。强迫当地汉族居民迁到外地居住。群众称灌区为"满蒙组合"。1945年,水稻面积扩大到1.25万亩。民乐灌区管理人员有很大变化。1982年,郑春奎、刘向纯先后任站长,编制15人;1984年,刘向纯、金仁俊、吴洪南先后任站长,编制19人;1988~1990年省重点小型农田水利投资 205 万元,改造民乐灌区渠道工程,1992 年投资 20 万元,以工代赈 13 万元改造民乐灌区进水闸,至此民乐灌区渠道永久性拦河坝和进水闸完工,保证了春季插秧期供水。

生产中为了缓解春季供水紧张,进行上下游、东西支线、主支线轮灌的方法调节了矛盾。灌溉上做到了只灌不排,缺水补水方法。

渠道高程 169 米,进水闸流量 6 立方米/秒,主干线长 17 公里,支

防洪筑坝(民乐)

渠 22 条,长 32 公里,排水干渠 4 条,长 33 公里,各种构造物 128 座,水田面积 2 701 垧,自然泡沼 32 个,114 垧,蓄水量 170 万立方米,机电井 25 眼,排水量 1 500~2 000 立方米/日。1996 年,张清贺任灌区站长,编制 28 人。

河兴灌区　该灌区始建于 1937 年,由朝鲜族姜文、朴××组织开发。因此,当时渠道叫高丽壕。在溪浪河下游截流压坝,左岸开渠引水。渠长 5 公里,建木制进水闸一座。1938 年竣工投产,灌溉水田 750 亩。1945 年春,由朝鲜族农民吴用焕勘测设计,对原有的渠道进行了扩建,延长 3 公里,在郎家屯东修建一座木制渡槽,增加灌溉面积 1 000 亩。

向阳灌区　该灌区于民国二十九年(1940 年)春季勘测设计,当年秋季动工。伪满开拓株式会社主办,由伪滨江省防水开发事业局承建。设计师朝鲜人李明镐。开渠所使用的劳动力,是征集的勤劳奉仕队和劳工一千余人。民国三十一年(1942 年)春开始投产,灌溉面积 2 000 亩。民国三十二年(1943 年)全部完工。完成土方量 32 万立方米,石方 2 000 立方米,混凝土方 600 立方米。共建成干渠 1 条,支渠 9 条,各种建筑物工程 37 座。其中,柳石结构拦河坝 1 座,永久性渡槽 5 座,跌水 8 座,排水闸 3 座,分水闸 9 座,木结构公路桥 1 座,农道桥 9 座。民国三十四年(1945 年)灌溉面积达到 6 000 亩。

营城子灌区　该灌区始建于 1940 年 3 月伪满时期,由满蒙株式会社负责人孔立男勘测设计,朝鲜人李成根负责开发灌区工程,首先在牤牛河下游铁路桥下修建了 1 座柳石坝,开掘了 1 条干渠,长 12 公里.修建了 1 座三孔进水闸、1 座渡槽、2 座跌水和涵洞、7 座桥、9 条支渠,1941 年开始使用,灌溉面积不足 300 亩,全部由外地迁来的朝鲜族农民耕种。2009 年 10 月,国家投资 1 000 万元,省水利厅、哈尔滨市水利局投资 650 万元,由黑龙江省水利设计院设计、省水利第二工程处施工,将渠道改建成闸坝综合结构的渠道工程。这是五常市最好的渠道工程,但由于资金不足,坝南滩地没有处理,将来有河改道的危险。

双利灌区　该灌区始建于 1940 年。原称高丽营子,是外来的朝鲜族联合开发的,引用小苇沙河水源,从左岸筑坝开渠引水,干渠总长 6 公里,支渠 6 条,总长 20 公里,受益 2 个村、10 个屯。1942 年,由伪县公署开拓科规划扩建,为日本组建的移民开拓团所用。1945 年灌溉面积 1 800 亩,1985 年灌溉面积达 5 200 亩。

大坝沟水库—群建水库 该工程始建于1940年,居住在向阳山街里的朝鲜族居民金炳三个人筹资雇工,在向阳东北9公里处,利用山谷修建了一座小型水库,蓄水灌溉水田.这是五常县最早的水库工程。土坝长50米,高2米,顶宽1.5米。第二年受益,灌溉水田70亩。后来土坝加高增厚多次,并修建了一座永久性输水洞和溢洪道,库容增大到70万立方米,1985年实灌面积达到550亩。

五常灌区 原称八千二灌区,始建于1942年,由伪满滨江省防水开发事业局勘测设计。拦河坝、进水闸、引水渠工程由在哈尔滨的日本人经营的土木建筑企业承包。其余工程由伪满滨江省公署从哈尔滨市无偿征用勤劳奉仕队四千多人施工。1944年,干渠延伸到安家镇房身村西刘家屯。原设计面积3.5万亩,当年只灌溉了6 000亩。1956年10月,在二道遥西修建了第二处拦河坝,开挖了7公里长的输水干渠,在杏花山前连接到八千二干渠跌水下端。1985年,灌溉面积达到7.12万亩。杜家、五常镇、兴盛、安家等4个乡镇的朝鲜族农民使用八千二和二道通拦河坝水耕种水稻。2014年由国家投资,把两个渠道工程改成永久性反板式拦河闸。

宏源灌区 始建于1942年,由伪五常县公署开拓并主持,征集劳动力开发。在小山子东北22公里,以大泥河为水源筑坝,在左岸开渠引水,干渠长7公里,支渠5条总长15公里,引水流量3立方米/秒,设计灌溉7 500亩。最初为日本移民太平川开拓团所用,1947年后划归四区水利委员会管理。1982年根据当地朝鲜族农民要求,交受益群众自行管理。1985年灌水田3 500亩。

山五灌区 该灌区始建于1944年,由朝鲜人姜文、吴用焕施工,在溪浪河下游,房身岗屯拦河筑坝,在左岸开渠引水。渠长10公里,当年建柳石拦河坝一座,木制进水闸一座,第二年竣工投产,灌溉1 500亩。

表4-8　　　　　　　　五常县(市)灌溉面积及投资情况

年　度	水田面积 （万亩）	水利投资 （万元）	年　度	水田面积 （万亩）	水利投资 （万元）
1986	66.9	283.5	2000	97.35	3 663.5
1987	72.89	750.5	2001	97.35	2 943.3
1988	78.39	889.4	2002	105.85	3 238.7
1989	81.39	951.2	2003	99.58	4 316
1990	83.59	996.1	2004	153.11	2 535.50
1991	87.09	880.8	2005	154.95	4 024.80
1992	90.16	694.2	2006	159.41	3 438.40
1993	93.16	1 407.5	2007	159.81	5 291.10
1994	96.29	1 657	2008	160.11	4 951.09
1995	95.84	1 937.2	2009	160.10	5 294.19
1996	95.67	2 623.2	2010	180.02	13 526.05

续表 4 - 8

年　度	水田面积 （万亩）	水利投资 （万元）	年　度	水田面积 （万亩）	水利投资 （万元）
1997	96.87	2 810.6	2011	184.77	13 833.05
1998	97.35	2 435.5	2012	182.18	24 005.26
1999	97.50	2 366.2	2013	201.04	13 312.00

注：2004 年度起为全口径水利投资。

二、水利工程

1937 年，开发安家农场，由于其水利工程不健全，拦河坝系统不配套，河床改道，淤泥增多，河岸被冲，严重威胁拦河坝，每年岁修需要投入 1 500 立方米柳条，1 000 立方米石块，1 000 个人工，任务负担重。排水系统也不健全，进入雨季，低洼地受淹 400 多垧，地下水位高，土地泥泞，桥梁全是临时性木桩结构，拖拉机等农机具不能通行。因此，1953 年始发展提水灌溉、促进开荒，旱改水田。到 1959 年提水站达 31 处。

从 1962 年开始，每年分期分批建设各项构造物建筑工程，特别是 1972 年省水利厅对新民灌区进行了整体规划设计，1973 年至 1976 年，突击全面进行了全灌区的整顿。1979 年至 1982 年，整顿拦河坝，修成了长 137 米、高 2.5 米的大坝。1981 年至 1982 年，堤防加高加宽，顶宽 4 米，修防洪丁字坝 6 处。随着灌区整顿，电力提水站猛增，旱改水提水灌溉面积迅速增加。1959 年，电力抽水站 4 处。1972 年发展到 41 处，灌溉面积 685 公顷。1977 年，新增 12 处。

民乐公社内电力提水站原有 16 处，225.7 公顷，新增 11 处，272.7 公顷，共 27 处，498.4 公顷。1982 年 5 月 11 日至 8 月 12 日，没有下雨、大旱、大减产、打抗旱井 8 眼，补水小井 100 眼。

第五节　农业机械

解放前（1946 年前）和 50 年代，主要农业工具并非是农业机械，而是小型人力农用工具。

朝鲜族在相当长的农耕期间里主要使用的耕牛在解放前和解放后的特定时间是相当紧缺的。因此五常的朝鲜族最先开垦荒地，开垦农田时主要靠铁锹、镐头等传统生产工具，并用人力来完成。

运输工具主要用牛车，背架子等，耕水田用犁。人力除草机用于锄草，用镰刀秋收，使用人力脱谷机。扬场木锹、连枷等也使用上了。集体农耕时用得最多的是大拉锹。有一度点播机也被广泛使用。

一、部分农业生产工具

水田犁（见本书第 126，第 127 页插图）
翻水田地用，向一面翻土。不同于旱田犁向两面翻土。用耕牛拉动铁犁，农民扶犁驾驭耕牛。
三人大拉锹（见 127 页插图）
用于构筑水田埂或平整土地。一人执锹长柄，两人拉动拴在锹耳上的长索，三人合力而动。
木制水田耙（见 127 页插图）
用于水田耙地。用耕牛拉动水田耙，农民扶着横木驾驭整平土地。
点播机（见第 128 页插图）

用于播种水稻。将稻种放置到点播机平槽中后,用刮板将稻种刮均匀,再抽动并迅速关闭槽下的挡板,使稻种落地。再移动点播机,如是反复。每次可均匀播种 4 行 16 堆稻种。

铁制除草器(机)

用于水田除草。人力推动除草器,通过滚动的铁齿松动田地并除草。

朝鲜镰刀(见第 129 页插图)

割稻并草木用。刀呈弧形,身短刃厚耐用。

脚踏打稻机

水稻脱粒用。一至两人踩动联机横踏板,使镶有铁齿的圆筒转动,农民攥紧一把稻草,将稻穗轻放机上转动脱粒。

除草器(机)

脚踏打稻机

朝鲜小锄头

铡刀(见 126 页插图)

养牛铡草用。一人持刀,一人入草。持刀铡草人累,入草人危险,须两人默契合作。

朝鲜锄头

旱田除草用,类似汉族的小扒锄,形状略异。

背架子(见 126 页插图)

朝鲜族常用背负运输工具之一。背架子呈 Y 形,由木架子和背带组成,为方便一人装卸物品,用一根带丫杈的木棍支撑背架子。

表 4-9 民乐乡农机具变化情况一览表

年份	铁轮牛车	水田犁	水田播种机	动力抽水机	脚踏打稻机	动力打稻机	制米机	拖拉机	拖车	园盘耙	水田降草机
1950	76	163	156				11				46
1951	83	163	197		296		11				280

续表 4-9

年份	铁轮牛车	水田犁	水田播种机	动力抽水机	脚踏打稻机	动力打稻机	制米机	拖拉机	拖车	园盘耙	水田降草机
1952	105	230	254		295	9	12				526
1953	105	260	287	7	297	9	13				632
1954	105	290	330	14	239	11	17				741
1955	119	310	350	19	227	15	19				743
1956	119	310	371	25	206	15	24				758
1957	119	330	37	29	136	17	24				782
1958	123	375	401	31	126	18	22	3	1	3	783
1959	123	392	372	31	107	18	21	3	1	3	780
比49年增加%	141	160	350				91				1 355

　　1966年左右，拖拉机被五常农村广泛使用，之后逐渐使用农用卡车，东方红75马力拖拉机。进入20世纪70年代，大量增加除了拖拉机之外的排水灌溉电动机，电机动力脱谷机，饲料铡草机等机器，电使用量也大幅增加。

　　党和政府号召实现农田作业机械化、水利化、电机化、化学化。但是集体经济并不发达，集体生产时期的机械化完全实现比较困难。

　　1980年民乐公社拥有柴油机67台(1 637马力)，电动机146台(1 634马力)，胶轮拖拉机23台(852马力)，2000年前各种拖拉机共有72台。

　　1983年开始普及家庭联产承包责任制以后，集体饲养的牲畜分发给个人之后，使大型机械的用户数逐渐减少，而使用小型拖拉机的农户开始增加了。但由于每户承包的农田并不多，因此机械化相对发展较缓慢。尤其普及困难的是插秧机械。有些机械除本身有问题之外，因农耕面积比较小，对大型机械的需求并不迫切。

　　20世纪90年代前后开始，五常朝鲜族大批出国，移居城市，农耕的农户大幅减少。1983年五常农耕的朝鲜族农户将近7 000户，到了2013年只有150户农耕。新时代的特点是农耕的农户大部分承包很多农田，采用机械化耕种。营城子满族乡新光村洪在福耕种345亩水田，全部用机械化作业。

第六节　多种经营

　　改革开放以来，民乐朝鲜族乡农民积极发展了多种经营，逐步改变了长期以来单一经营水稻生产的局面。1984年，多种经营收入达91万元，占总收入的18%。

一、种植业

　　朝鲜族农民除了利用水田种植水稻外，用小部分旱田种植粮食作物、经济作物、蔬菜。

　　粮食作物有大豆、玉米。主要满足生活需要，如用黄豆、生豆芽或吃青玉米等。改革开放以后，一部分农户除了自家用外，还将这些自产品打入市场，以满足更多消费者的生活需要。

经济作物有药材、黄烟和果类植物。药材多为人参、黄芪、平贝等,这些多为居住在山区或浅山区的朝鲜族农民所经营,每年经济收入也很高。向阳乡中原大队利用山地优势绿化、种植果树和药材,名声渐起。

黄烟是朝鲜族农村普遍种植的经济作物,20 世纪 80 年代,旱田较多的地区,大多数朝鲜族农民,发展商品黄烟生产,获得较高的经济效益。

辣椒、白菜、生菜、土豆、萝卜、葱、蒜、西红柿、雪里蕻等蔬菜,朝鲜族农民多在庭院里或自留地里种植,除了满足自家生活需要外,一部分农户加工独特民族风味朝鲜族咸菜,满足市场需求。

二、渔业养殖

民乐朝鲜族乡朝鲜族村占有的水面面积为 1 177 亩。有 11 户经营养鱼业,水面达 989 亩。

星光村具正会,1984 年承包 90 亩水面的养鱼池,投资 5 000 多元,修鱼池,放鱼苗 15 000 尾。当年纯收入达 4 250 元。

三、畜禽养殖

1984 年,民乐乡朝鲜族饲养 100 只鸡以上的农户有 36 户。该乡友谊村刘福东养鸡 1 600 多只,纯收入达 15 000 元。以前,朝鲜族没有饲养母猪的习惯,1984 年后饲养母猪户逐渐增加,已有 6 户共饲养母猪 25 头,每头猪产仔一年纯收入可达 600 多元。乡兽医站为发展养猪生产,实行了“生猪保险制”,对每头母猪和存栏猪各收取 8 元和 6 元的保险费后,免费为猪防疫治病。如果一口猪病死,则按猪的重量每斤赔偿 0.40 元。这项举措很受群众欢迎。有的饲养户为了节省饲料,提高经济效益,用鸡粪喂猪,用猪粪又养鱼,效果很好。该乡新乐村李相原就是使用这种方法,养猪 8 头,仔猪 51 头,养鸡 250 只,养鱼水面 5 亩多。又开了豆腐坊,成为综合性的养殖专业户。营城子乡新光村双目失明的郑青龙夫妇养鸡不靠国家救济,走上富裕的道路。

四、运输服务

1984 年,民乐朝鲜族乡用 23 台胶轮拖拉机和 1 台载重汽车搞运输,各户收入都较好。该乡荣华村朴基东,用一台胶轮拖拉机搞运输,纯收入达 1 万元。1981 年,民乐朝鲜族乡星光一队用 1 台汽车和 3 台胶轮拖拉机搞运输业,收入 27 000 多元,使该小队的劳动日值由 1979 年的 1.80 元提高到 2.50 元。

五、其他

民乐朝鲜族乡兼营家庭小卖店的有 28 户,开饭店的有 6 户,从事服装、面条、豆腐、豆油、汽酒等加工业的有 21 户,从事农机修配的有 3 户,从事理发、照相的各 1 户。20 世纪 80 年代,人多地少,有较高水田生产技术的朝鲜族农村,每年种稻期间一部分劳力外出承包水田或做水田技术员。有的搞特色养殖,如养蜂、养貂、狐狸等。每年春秋季节,一部分朝鲜族农民上山采集桔梗、蕨菜、蘑菇等山产品。大部分自用,一部分做成干菜出售,有的出口。冬季,朝鲜族乡村农民用自产的稻草打草绳、织草袋,编草帘子等副业生产,增加经济收入。

六、专业户

1985 年,松花江地区、五常县命名的专业(种植)"状元"户中有龙凤山乡兴源村洪顺范种植人参收入 15 000 元;向阳乡永明村具光本一年养鸭 1 100 只,收入 5 000 元;兴盛乡新村村徐永权一年养鱼 8 000 斤,收入 18 000;兴盛乡新建村文基学养鸡 16 100 只,收入 195 000 元;兴盛乡新建村安成大养鸡 3 000 只,收入 33 000 元;营城子乡新光村金永官加工大米,1 年收入 12 410 元;山河镇共和村洪东石一年加工 10 万件铁门窗,收入 50 000 元。

第七节　新农村建设中的朝鲜族村级党支部

农村基层党组织是农村各项工作的领导核心,是实现党对农村全部工作领导的战斗堡垒,是密切联系农民群众的桥梁,是维护党的先进性的重要关口。村党支部书记是村领导班子的带头人,是村党支部发挥领导核心作用的关键。

农村基层党支部在生产关系变革的各个历史阶段都发挥了并发挥着其应有的重要作用。他们之中涌现出很多先进代表:

曾参加中共黑龙江省第一届代表大会的全国劳动模范、民乐红光高级农业生产合作社党支部书记李七夕,带领群众发展水稻生产,使红光村成为全国农业先进集体。

曾参加全国水稻生产丰产经验交流会的黑龙江省劳动模范,双兴乡爱路村党支部书记金钟植带领群众改进水稻栽培技术,使水稻亩产逐年提高,农民收入随之不断提高。

兴盛乡新兴村党支部书记姜斗七,带领青年在村里建立农科室,培育出亩产千斤以上的"拉林河"系列优良水稻品种。

黑龙江省劳动模范,农村拔尖人才龙凤山镇辉煌村党支部书记李哲求在带领全村农民共同致富的同时,身先垂范,耕种水稻 300 亩,年平均售粮 30 余万斤,被评为哈尔滨市农民科技致富水稻大王,优秀村主任。

农村进入全面实行家庭联产承包责任制阶段后,朝鲜族农村人口急剧减少,纯朝鲜族村屯越来越少,随之汉朝混居的村落逐渐增多。这自然就给村党支部的建设和支部书记的工作带来诸多困难和考验。他们突破民族界限,为民族团结进步、为共同建设美好乡村而携手奋斗。

现在的山河镇共和村是由原共和、东光、崇义三个村合并而成,朝鲜族汉族村民 1 700 余人,中共党员 39 人,党支部书记兼村长桂明山身为朝鲜族,公平正直,带领全体党员,团结一心,与村民共建社会主义和谐新农村,受到各民族群众的一致拥戴。

表 4-10　　　　　　五常市朝鲜族村朝鲜族书记一览表　　　　　　2014 年 12 月

乡　镇	村	村　书　记
五常镇	镇西村	尹劲松
	新兴村	严正龙
杜家镇	曙光村	权吉德

续表 4-10

乡 镇	村	村 书 记
山河镇	共和村	桂明山
	爱路村	玄振浩
安家镇	河东村	金一万
民乐乡	民乐村	沈洪燮
	新乐村	柳万吉
	红光村	李泰山（ 至 2010 年 9 月）
龙凤山镇	兴源村	金日善
	辉煌村	李哲求
	光辉村	徐延文
	北星村	许栋勋
小山子镇	胜利村	金光一
	双源村	朴大先
长山乡	日升村	金龙男
向阳镇	中源村	金国哲
	永明村	李香丽
	新屯村	黄明芝
营城子乡	新光村	李昌浩
常堡乡	明星村	林太秀（ 至 2012 年 7 月）
沙河子镇	历母山村	杨德山（ 至 2008 年末）
红旗乡	东阳村	赵宪国（ 至 2010 年末）

农村党支部书记

桂明山

严正龙

权吉德

尹青松

玄振浩

金一万

沈洪燮

金日善

许栋勋

金光一

朴大先

金国哲

李香丽

黄明芝

李昌浩

徐延文

金龙男

李哲求

柳万吉

第五章　民族工商业及餐饮服务业

第一节　民族工业

一、原始工业

朝鲜族的原始工业是从与百姓生产生活密切相关的加工大米的"精米所",加工、修理、制造简单的农机具的"铁工所"和"木工所"开始的。

五常解放后,凡是种植水稻的地方先后都建立了"精米所"和"铁工所"。"铁工所"主要是修理朝鲜族大轱辘牛车、脚踏脱谷机、农机具和给牛挂掌。

1947 年,民乐乡就有制米厂 3 所,就业人员 9 人,年产值 1 250 元;到 1949 年,制米厂发展到 5 个,就业人员达 14 名,年产值为 2 100 元;铁工厂一所,木工厂二所,就业人员 4 名,年产值 1 410 元。

表 5 - 1　　　　　　　　　民乐乡 1947~1953 年工业情况表　　　　　　　　　单位:元

年度	精　米　所			木　工　所			铁　工　所			合　　计		
	厂数	人数	产值	厂数	人数	产值	厂数	人数	产值	厂数	人数	产值
1947	3	9	1 250							3	9	1 250
1948	3	9	1 400							3	9	1 400
1949	5	14	2 100	2	3	850	1	1	560	8	18	3 510
1950	5	14	2 050	3	5	1 080	2	5	840	10	24	3 970
1951	5	14	1 900	3	5	1 190	2	5	940	10	24	4 010
1952	5	14	1 950	3	5	1 210	2	5	910	10	24	4 070
1953	7	19	2 750	4	7	2 850	5	9	1 750	16	35	7 350

家庭手工业主要是编织草袋。每个家庭至少一个冬天能织出 500~600 张草袋,孩子多的家庭一冬少说也能织上千张。据民乐乡统计,全乡每年至少织出 70~80 万张草袋,收入可达 30~40 万元,平均每户 300~400 元。当时,学生学习用品基本要靠自己家编织草袋、打草绳所得。

1957 年办起的民乐联合修配厂,以组织瓦斯机技术员生产瓦斯机、脱谷机其他农机具的制造和维修为主,为农业生产提供了很大的便利。

二、社办工厂

1958年实现人民公社化,随着也诞生了三级所有制的工业。生产小队有精米所、铁工所,生产大队办起规模较大的企业。当时五常县唯一的民族自治公社民乐公社也掀起公社办企业的热潮。各生产队都安装了自己的制米设备,随着拖拉机等大型农机具的增加,各生产大队普遍成立了铁工厂、木工厂等。有的开设砖厂。1959年,从事队办企业的人数为137人,产值128 410元;到1979年,从事队办企业的人数增加到500人。

1959年参加社办企业的劳动力为58人,到1979年参加社办人数378人,1982年,队办企业的产值达304 000元,离开农业生产第一线,参加队办企业劳动的工人623人,占农业劳动力总数的20%左右,占男劳动力的三分之一以上,在农业生产第一线几乎看不到男劳动力。社办企业陆续开厂,规模越来越大。

联合修配厂,1959年建成,工人29人,第二年发展到39人。原来归属县第二轻工业合作厂管理,1968

五常朝鲜族高级中学钢窗厂

年改成农具厂,1974年下放企业归社办企业,工人76人,1975年改称电具厂。

1962年创办化工厂,1975年改为机电设备厂。1975年创办日用铸造厂、五七家属厂。

1976年创办砂厂。1978年创办联合厂。

五常朝鲜族中学从1958年起,先后办起了木工厂、修配厂、橡胶厂、铸造厂、电器厂、钢窗厂等,固定资产达到25万元,每年总产值达14万元,年均纯利润1.5万元,解决了19名青年和7名家属的就业问题。

从20世纪60年代开始,为实现农业机械化,生产大队开始具备了链轨拖拉机、胶轮拖拉机,有的大队还有了汽车。在这种形式下,急需为机械化服务的维修设施,如电焊机、气焊设备、电动锤、车床、刨床、铣床、切割机、压力机、旋转机等。

20世纪70年代起,为增加社员收入,大兴多种生产经营生产风,农民办起工业,学校创办校办厂。民乐乡友谊大队办起了塑料下线材厂、砖厂,红火大队办起了引风机厂,民乐小学办起了纸箱厂。

1979年1月,山河镇的青年农民林洪德,创办了山河镇电器修造厂(该厂1988年搬迁至大庆)。

政社合一的人民公社解体后,生产小队和生产大队创办的企业基本消亡了。国家实行"改革开放"政策,劳动力选择从业自由化,出现了村办企业继续发展,乡办企业实行集体或个人承包,农村劳动力开始向外转移。

1983年,双兴乡爱路村的个体企业很兴旺,全村187户中,90户121名农民办起了家庭企业。年收入万元的7户,5 000元的30户。全村人均收入810元,比1982年增长了3倍。村党支部委员孙镇洙1983年创办铆焊厂,主要生产铅罐和加工钢门窗合页,当年创利润5.7万元。1985年,铆焊厂固定资产达 7 万元。工人 23 名,日均工资 5～7 元,技术人员日工资 10 元。铆焊厂年产值达 50 万元,纯利润 8 万元。向阳镇中原村也创办了砖厂,保山乡金星村创办了镀金厂和铅罐厂。

1984 年五常铁西砂厂姜浩奎由普通干部被提升为厂长后,小小的砂厂发展成为五常铁西工业集团总公司、黑龙江天菊集团。集团职工 1 000 多人,固定资产从 100 万元提高到 1.6 亿元。加工业、建筑业、观光业、国际贸易、轻工业生产等多元化,形成了综合型企业集团。

80 年代民乐乡企业转给个人承包或由个人办厂。各种小厂、个体,纷纷上马,但由于资金、技术、人才的缺乏,只维持了一两年就下马,到了 1985 年只剩 2 家企业,2 家企业搬迁到外地,其他 22 个企业全部亏损停办,人员外流。

1985 年民乐乡乡办企业经济指标一览表

表 5－2　　　　　　　　　　　　　　　　　　　　　　　　　　单位:万元

企业名称	厂长经理	产值	利润	上缴
砂场	郝焕恕	72	12	3.2
玻璃钢厂	卢世权	26	2.6	0.8
日用铸造厂	白明旗	7	1.2	0.35
电器厂	刘福东	18	3	0.8
农机厂	金相浩	11	2.1	0.6
家具厂	沈相益	11	0.7	0.4
酒厂	代正刚	12	1.0	0.3
创新玻璃钢厂	朴吉林	25	6	0.4
环保厂	申昌均	18	2.5	0.8
机电厂	孙基德	18	1.3	0.7
综合厂	沈秉守			
联合厂	申铉植	20	1.5	0.5

进入 90 年代中、后期,陆续产生新的稻米加工厂,而且呈现越来越多,越来越大的趋势。

脱离土地,从事其他行业的人员逐渐增多,有的村屯已经将房屋、土地等全部处理后外出打工。

表 5－3　　　　　　　　　　民乐乡企业统计表

企业名称	建办时间	停办时间	厂长	企业名称	建办时间	停办时间	厂长
砂场	1976	1995	郝万树	家具厂		1992	沈相益
线材厂	1974	1995	李汉志	实验厂		1992	李铉范
铸造厂	1975	1995	白明旗	农机厂	1959	1992	申基镇
玻璃钢厂	1986	迁移	元龙浩	化工厂	1984	1988	金炳万
散热器厂	1985	迁移	崔永万	日用化工厂		1992	郑大日
工业化工厂	1992		郑大日	塑料厂		1990	

续表 5 - 3

企业名称	建办时间	停办时间	厂长	企业名称	建办时间	停办时间	厂长
酒厂		1994	代正刚	环保厂		1987	申昌均
物资站		1994	裴永德	地板厂	1985	1988	
民族商店	1985	1988	金永年	机电厂	1962	1986	金正男
工程队	1985	1988	李成国	综合厂	1975	1986	李亨君
联合厂	1978	1988	田相术	新新饭店		1986	代正刚
电器厂	1985	1986	刘福东	民族饭店		1986	姜贞子
精洁米厂	1994	2000	黄典守	金盾消防			
设备公司	1985		崔永万				
龙升稻业公司	1994		王学仁	方便面泡菜厂	2013		崔永万
华米米业公司	1999		钟万华	哈益山			
铝塑门厂	2013		郑大日				
龙洋种子公司	2000		王景海	创新玻璃钢厂	1985	1986	朴吉林

随着改革的深化,市场经济的发展,规模较小的集体所有制企业,技术和项目在激烈的市场竞争中被淘汰,所以不得不改变经营体制为私营企业。民乐乡红火村企业改变成崔永万的私营企业。由于经营有道,他的企业已发展成财力雄厚的私营企业。

民乐工业化工厂的法人代表郑大日是五常市朝鲜族中发展私营企业坚持至今的民族企业代表性人物。

郑大日是民乐乡土生土长的人。从 1995～2005 年任五常市金属制品厂法人代表、2006 年任哈尔滨益山铝塑门窗有限公司(韩国独资企业)总经理,2008 年任五常益山农机制造有限公司的法人代表兼哈尔滨益山装修工程有限公司(韩国独资企业)总经理,2009 年任五常市益山进出口贸易有限公司的法人代表,2009～2014 年任五常市益山农机制造有限公司的法人代表。30 多年来,他一直坚持着走做好做大民营企业的道路。

位于民乐朝鲜族乡的五常市益山农机制造有限公司是研究、开发、制造、销售、售后服务于一体的现代民营独资企业。公司主要生产水田作业所必要的筑埂机、翻转犁、轻便

五常市益山农机制造有限公司

动力除草机等。2009 年 11 月,筑埂机通过了省级技术鉴定,取得使用特许证,2010 年已开始批量生产。2014 年春,该公司引进韩国联合体技术,生产翻转犁获得成功。同年 5 月,通过省级鉴定,取得新

型特许证。郑大日加大投资力度,投资 500 万元购置设备、扩建厂房。通过招聘,7 名大学生应聘。民营企业出现大学生,已成为当地民众的新话题。

金太龙,1999 年投资 80 万元办起的"金龙熊胆酒厂"开发生产"固龙贡"酒系列产品。熊胆保健酒、天然蜂胶营养酒等新产品深受消费者欢迎。这些产品批零销售到五常市 20 多个乡镇。该酒厂成为五常市"消费者满意"的私营企业。

很多朝鲜族人士在五常市工业战线上发挥了重要作用。

五常电表厂车间党支部书记、五常市市委委员、优秀共产党员元玉女,在住房、金钱、子女安排等方面为全厂职工树立了榜样。元玉女曾 8 次把单位为她安排的住房让给其他职工住,而自己却借钱建住房;初中毕业的孩子因达不到高中学历而无法报名参军,凭派出所所长的丈夫身份和自己的社会关系,完全可以造假让孩子报名参军,但她坚决不那样去做。在全厂,论技术能力、实际贡献、资格,元玉女都不逊于他人,但在工资调整时,她把应得的指标让给了他人。

五常市农业机械修造厂高级工程师李昌林为五常农业机械事业的发展做出了一定贡献。1958 年到 1980 年期间,他任修理车间主任兼技术员,每年冬季都维修 50 多台拖拉机。在技术签订、各项试验时,具体、细心,尽力恢复拖拉机的动力及其他技术指标,达到原设计要求,保证了拖拉机在田间正常作业。农忙季节需要维修的拖拉机,白天到就白天修,晚间到就连夜维修,必要时到田间修,深受农民的欢迎。李昌林 36 年来,始终在第一线为五常市农业机械化贡献了无私的力量,特别在技术开发与利用方面具有特殊贡献,1988 年 4 月,黑龙江省科学技术干部局授予他农业机械高级工程师职称。

在工业战线上有很多朝鲜族工程师:高级工程师,黑龙江省医疗机械厂技术科科长张硕焕;松花江通用机械厂有很多机械工程师,金春子、李相福、张相洙、李相海、尹龙太等人;橡胶厂工程师金成龙,工业局工程师石万星,电器厂工程师李永春,农机总站工程师徐镐植、李哲浩等高级工程师。他们在各自的岗位上认真贡献着自己的一切力量。

第二节 民族商业

中国共产党和人民政府为使广大人民群众在经济上获得彻底解放,不管在城镇还是乡村,都办起了自己的商业组织以为人民服务为宗旨的供销合作社。供销合作社把毛泽东主席提出的"发展经济、保障供给"的财政和经济工作总方针,陈云副总理的"两个服务(为工农业生产和人民生活服务)"、"三大观点(政治观点、生产观点、群众观点)"深入贯彻落实到了供销系统。

1947 年起,农村根据村落距离远近,在几个村或一两个村办起了供销合作社。农村供销社是农民集资办起来的(投入股份)商业,不仅为了赚钱,而且为了满足广大群众生产生活需求,更是为了落实中国共产党的群众政策。供销社从生产观点出发,通过流通和分配促进了人民生产。

以种植水稻为主业的朝鲜族群众,在当时的历史条件下,编织草袋、草包、打草绳等副业生产成为重要的经济来源。这些副业产品由供销社收购,方便了广大农民。农民的日常生活用品豆油、煤油、火柴等实行供给制。人们用副业产品所得在供销社购得日用生活所需品,形成农民离不开供销社,供销社离不开农民的鱼水关系。

1949 年以农民集资办起来的民乐供销社职工有 9 人,到 1955 年达 21 人。供销社每年为农民提供肥料、各种生产工具及日常生活用品,有时为了方便群众需求把商品送到村屯群众手中。1958 年,国务院授予民乐供销社全国供销系统先进集体称号,供销社主任裴在一被评为全国劳动模范,到北京受到毛泽东主席、周恩来总理等党和国家领导人的亲切接见。

到 1957 年,五常县的供销系统具备了相当规模,供销社达到 311 个,职工 1 594 人,基本实现了村村有供销社。

改革开放后,朝鲜族也开始对经商感有兴趣,杜家镇文化村车站屯、范家屯、马家屯 3 个屯居住214 户,968 口人。1985 年到 1988 年末,3 个屯已有 87 户离开家乡投入个体经营事业中。这些人占人口总户数的 40.7%,他们到沈阳、大连、北京、青岛、太原等城市经营朝鲜族泡菜生意。曾有一段时间,朝鲜族大批涌向城市,主要是经营朝鲜族泡菜或创办民族风味饭店。朝鲜族的泡菜生意引起市民重视,受到兄弟民族的青睐。到 1989 年杜家镇文化村就有 71 户涌向城市经营朝鲜族泡菜生意,占全村总户数的 30%。

1981 年 12 月 31 日开业的五常民族商店营业面积不大,只有 67 平方米,经营少数民族用品和侨汇商品 600 多种,但由于良好的服务,普遍受到群众的欢迎,特别深受朝鲜族的欢迎。1983 年,在黑龙江省民族团结先进集体、先进个人表彰大会上,五常民族商店被评为先进集体。

山河镇共和村黄在浩、吴善玉夫妇在五常镇经营服装生意。1994 年春开始租赁柜台出售韩国服装,1999 年起租赁一间 20 平方米的房屋,扩大经营范围,除韩国服装外,还经营韩国领带、袜子等多个品种。

1991 年,龙凤山乡兴源村年轻女性池亨子到五常镇,住在妹妹家,以 30 元作为卖盒饭的经费,开始卖盒饭。经过 8 个月后,净挣 7 000 多元,这在当时是个不小的数目。

随着赴韩国淘金的潮流,2000 年左右五常镇内朝鲜族经商户开始多起来。金今女经营的朝鲜商店、李娜经营的韩元百货、永杰百货、银地服装商店、东元韩国百货和超市,至今还在经营。东元韩国百货旗舰店的经营面积达到 338 平方米,3 000 多种商品。

位于五常市五常镇大市场的金今女所经营的朝鲜商店,虽然几经易主,但商店经营朝鲜族喜爱的主打商品近 20 年始终没有改变。该商店主要经营朝鲜族泡菜、食醢、海鲜汁、糖稀、豆酱粉、豆酱、辣椒面、辣椒酱、裙带菜、海带、明太鱼等商品。

明家糕点店从韩国学得制作食品技术,主要制作打糕、蒸糕、松饼、月亮糕等好看又好吃的食品,营销一直很好。五常镇内朝鲜族婚宴、寿宴一般都使用这家制作的食品。

第三节　民族餐饮服务业及劳务输出

一、餐饮服务

在五常,朝鲜族主要经营项目是饮食服务业。1934 年,五常出现 3 个朝鲜族饭店。1939 年,五常县小山子就有过朝鲜酒家。五常县城内从解放前就开始存在朝鲜族经营的"和平旅馆",解放前由白姓女士经营,解放后成为国营旅馆。山河镇也出现过朝鲜族经营的旅馆。五常红星旅馆分店和平旅馆有 70 个床位,职工 5 ~ 6 人。

五常镇新罗酒店

五常镇爱妈手烤肉汤饭

1929 年生人姜山玉老人，自 1960 年起到 1980 年在和平旅馆任小组长工作了 20 年。姜山玉老人 1946 年参加义勇军三支队教导队，后曾任小学教师。在和平旅馆工作期间，曾多次被评为县、地区模范工作者。据老人讲，20 世纪 60 年代入住和平旅馆大炕一夜宿费是 6 角钱、单间 2 元，每晚都是客满。

五常县城朝鲜族的饮食业坚持到 20 世纪 80 年代。据 1981 年 6 月统计，朝鲜族饭店 33 名职工中，朝鲜族职工 12 人，2 名朝鲜族领导。由于那时实行的是供给制，大米供应短缺，连最起码的朝鲜族狗肉汤大米饭特色都难以体现。

五常镇新世界狗肉馆

1982 年 7 月，朝鲜饭店职工 34 人中，朝鲜族有 7 人。二楼为汉族饮食部，一楼为朝鲜族饮食部，有 5 名汉族职工。两个部门统一核算，分部经营自负盈亏。由于经营面积小，而且条件差，朝鲜族人员又少，原材料、运输等方面经常发生矛盾。

改革开放以后，五常掀起了朝鲜族创办餐饮业的热潮。富含民族特点的餐饮店名称繁多："新罗"、"李太白"、"百济园"、"金草帽"、"图们江"、"长白山"、"金达莱"、"三源浦"、"天池"、"满浦堂"、"高丽园"、"青松林"、"韩都"、"韩圆"、"新世界"、"爱妈手"、"延边冷面"、"首尔烤肉"、"延边烤肉"等，遍及五常镇各个角落，最多时达 30 多个。另外，在朝鲜族聚居的乡镇也都创办了朝鲜族餐饮店。

五常镇中朝大药房

朴红男所经营的"新罗饭店"位于五常市朝鲜族中学对面,1998年开业至今,始终以干净利落、民族传统菜品质量优裕而受到各民族顾客的青睐,回头客络绎不绝。

朝鲜族创办起富含朝鲜族特色的狗肉汤、冷面、打糕、大酱汤、泡菜、烤肉等菜品,不仅受到本民族顾客的欢迎,也深深地影响了其他民族顾客。朝鲜族饮食为兄弟民族所接受与欢迎。现在,不少汉族所经营的饭店也增加了经营狗肉汤、冷面等内容。

朝鲜族也办起了敬老院、美容院、旅店、旅行社、代办赴韩国手续的个体。由于年轻人不在老人身边,朝鲜族空巢老人不断增加,朝鲜族养老问题随之凸显出来。朝鲜族创办的几家敬老院很受欢迎。

朝鲜族创办的歌舞厅不少,但坚持下去的寥寥无几,目前只存在一两家。

二、劳务输出

2001年1月1日,《黑龙江新闻》报报道,五常市海外劳务者2000年向家中汇款额突破2 000万美元。这已大大超过1.5亿人民币的五常市全年财政总收入数额。海外劳务者赚取了大量外汇,为家乡建设做出了不可低估的贡献。2000年海外劳务者共5 000人,其中90%赴韩国,其他人去往美国、日本、澳大利亚、俄罗斯、新西兰等国。

从20个世纪90年代初开始出现赴韩国热,中韩建交后更加热烈。虽然两国建交,仅以正规劳务输出还是很困难的,于是出现以各种不法渠道出国现象,偷渡者也屡屡出现。

出国赚外汇固然可行,但事实上确实改变了朝鲜族社会。

五常镇长林屯原有51户,230口人,水田55.5垧。据2014年调查,该村只剩5户9口人,2户种植水田不足5垧,劳动力基本在韩国,就像整个自然屯搬迁到韩国一样,婚、寿喜宴无法在中国举办,而到韩国全家就能团聚办喜事了。现在屯里只剩一名朝鲜族儿童,他只能在汉族学校读书,因为汉族学校有校车接送,而去离家10余里的五常市朝鲜族实验小学读书是无法实现的。

五常镇银地商店

表5-4　　　　　　　五常镇内部分朝鲜族餐饮业情况表

名　　　称	法人(负责人)	地　　址
鑫鸿朝鲜族旅馆	郑雄杰	冠业小区(文化桥南)19号楼
民俗小吃	崔万羽	冠业二期16号楼
米肠汤饭	金　哲	冠业二期16号楼
丰年居韩国烤肉	金浩烈	希望大街327号
韩国料理		冠业小区8号楼
金牛烧烤王	金永福	冠业小区8号楼
新罗酒店	朴红男	希望大街340号

续表 5－4

名　　称	法人(负责人)	地　　址
韩餐馆	朱世国	冠业 10 号楼
李氏紫菜包饭汤饭馆	柳淑兰	冠业商服二楼
韩城料理	金锦兰	希望大街 356 号
百年酱汤馆		政通路 23 号
韩园狗肉汤饭馆	严成南	翰林名苑 4 号楼东 4 门
韩一馆烤肉	孔容海	学府后街 45 号
图门江饭店	金春玉	亚臣路 121 号
满饱堂	金永南	通达街 321 号
韩都	金京顺	体育路 53 号
韩村饭店	曹春莲	南二道街
新世界狗肉馆	太永洙	诚信大街 147 号
延吉小串城	李虎哲	诚信南区 10 号楼
天池冷面馆	吴政焕	诚信大街 43 号
金诺郎炭火烤肉		诚信大街 34 号
韩浦园	李江泽	诚信大街
长白山烤肉	徐延文	诚信大街 1 号
名家米糕店	金　丽	阳光小区 1 号楼 22 门
三元浦酒家	林龙云	北环名苑 7 号楼
酒友所汤饭馆	金海月	北环名苑 7 号楼
爱妈手烤肉汤饭	金锦兰	民族路 20 号
牛脸汤饭店	沈永燮	北环名苑 10 号楼
妈妈手烤翅王	朴　军	北环名苑 10 号楼
名典咖啡语茶		文教南区
大德亭烤肉	朴桂花	文苑路 356 号
欢喜岭狗肉馆	李锦玉	镇西村欢喜岭屯
金达莱饭庄	金哲浩	杏花山靠山屯
首尔烤肉	金仁淑	希望大街
韩香园碳火烤肉	裴龙玉	荣耀小区
百帝园	文香淑	民族路 2 号
首尔草尾	李光日	诚信大街
韩香馆韩餐	李贞玉	阳光小区

续表 5-4

名　　称	法人（负责人）	地　　址
韩式泡菜	朴永哲	电大小区 1 号商服
金顺来汤饭	金顺来	希望大街 328 号
长城旅行社五常分社	金万吉	通达街 33 号
长城旅行社	张鸿吉	通达街 331 号
黑龙江世一国际旅行社	柳万吉	希望大街 318 号
黑龙江省观光信息咨询有限公司	李泰珍	学府大街 113 号
黑龙江省旅游咨询服务公司	张正爱	希望大街朝高中家属楼
黑龙江省哈尔滨海外旅行社	金英爱	文化路 430 号

表 5-5　　　　　　　　五常镇内部分朝鲜族商店、药店、牙所情况表

名　　称	法人（负责人）	地　　址
韩　品	金哲奎	文苑路 39 号
英杰韩国百货	田成杰	建设大街 604 号
他她喜精装	申贤国	市幼儿园胡同
韩国百货	徐春秋	广场小区 8 号楼
东元韩国百货（服饰）	李红梅	文化路 380 号
东元韩国百货	李　娜	文化路 309 号
永华韩国百货	朴永华	文化路 407 号
首尔韩国女装		冠业小区 20 号楼
银地（服饰）	赵善来	文苑路 88 号
恩元服饰	李明熙	鸿霖小区
韩味十足精品超市	俞　楠	鸿霖小区
韩罕一品	郑　慧	通达街 333 号
洪敏朝鲜商店	金今女	葵花大街 314 号
家家悦超市	韩洪民	希望大街 342 号
金泰园超市	具红兰	金泰新区
凯乐福超市	徐延一	诚信小区（文化桥）
鑫一超市	金大琳	阳光小区
韩国城百货	金　彪	希望大街 354 号
韩园宝贝用品商店	李成日	城西
韩国保健美容中心	金春丽	冠业小区

续表 5-5

名　　称	法人（负责人）	地　　址
宝石宾馆	金香兰	通达街 327 号
丽都宾馆	权春兰	城西
新阿里郎歌厅	金春英	政通路 56 号
朝鲜族托老所	池恩姬	民族路 9 号
金勇善牙科	金勇善	通达街 229 号
延吉牙科	郑莲花	泓霖现代城 9 号楼
金山卫生所	许道文	希望大街 360 号
崔相浩牙所	崔相浩	希望大街 372 号
金山卫生所	许道文	希望大街 360 号
中朝大药房	俞春今	文苑路 338 号
保健美容中心	金春丽	诚信小区 17 号楼

表 5-6　　　　　　　　山河镇内部分朝鲜族商店、药店、牙所情况表

名　　称	法人（负责人）	地　　址
汉中馆	金学哲	自强街
白山烤肉	车政模	自强街
崇义饭店	金仁泉	洪德街
牛头馆	朴英兰	洪德街
玉泰旅馆	赵文学	山河大街
张学哲牙所	张学哲	洪德街
崇义风机厂	金仁泉	洪德街

五常镇我们家养老院

五常镇宝石宾馆

山河镇崇义饭店

五常镇金勇善牙科

第四节 外埠五常籍朝鲜族工商、餐饮服务业

改革开放给国人带来良好的发展机遇,个体工商业、餐饮服务业务如雨后春笋般地生发,聪明勇敢的五常朝鲜族也不例外,他们已不满足于在故土发展事业,纷纷离开家乡到北京、上海、天津、沈阳、哈尔滨、青岛、深圳等大中城市谋求新的发展。他们在异地克服了重重困难,寻找适合自身发展的事业,开辟了一片崭新的天地,为五常人民增光添彩。

表5-7 在哈尔滨市五常籍朝鲜族企业家名录

企 业 名 称	姓 名	职 务
顺德电器有限公司	林洪德	董事长
哈尔滨庆功林泵业有限公司	朴成功	董事长
哈尔滨广旺机电设备制造有限公司	李忠善	总经理
黑龙江省龙特通讯技术服务有限公司	姜浩焕	董事长
哈尔滨市平房区冠盈锻件成品制造有限公司	李根洙	总经理
哈尔滨老朴餐饮有限公司	朴哲学	董事长
哈尔滨市中央大街万隆餐厅	朴龙淑	经 理
金猪烧烤连锁(哈师大店、利民开发区学院路店、农垦学院店)	曹龙云	总经理
哈尔滨双花村饭店	文海军	经 理
南岗区一头牛烤肉店	张成甲	经 理
哈尔滨巨韩贸易公司	金粉淑	经 理

第六章 民族文化艺术

第一节 朝鲜族语言

朝鲜族有自己的语言文字。我国的朝鲜族使用朝鲜语,与朝鲜、韩国使用的语言基本一致。其系属尚无定论,但多数学者认为应属于阿尔泰语系,有如下特点。

一、语音

朝鲜语有辅音 19 个、元音 21 个。音节有以元音结尾的开音节和以辅音结尾的闭音节两种。语音结合有一定规律,辅音都可以出现在元音前。朝鲜语没有声调。

二、语法

朝鲜语是属于黏着语,有丰富的构形构词手段。语法范畴用递加附加成分(词缀)的办法表示。名词、代词有格、数范畴;数词有格范畴;动词有态、尊称、时、式和阶层范畴;形容词有尊称、时、式和阶层范畴。词类可分为体、谓、修饰词和叹词。对不同对象使用不"阶层"。"阶层"一般分为"尊称阶"、"对等阶"、"对下阶"三种,通过这种形式可以表达尊敬、对等、谦卑、亲昵、憎恶等各种不同感情色彩和不同社会地位。句子成分可分为主语、谓语、补语、状语和定语。其排列顺序为主语在句首,谓语在句末,定语在它所限定的成分之前,补语、状语在谓语之前。

三、词汇

朝鲜语的词汇由固有词、汉字词和外来语借词三部分组成。

四、方言

朝鲜语有六个方言:西北、东北、中部、西南、东南、济州岛方言。方言之间略有差别。中国朝鲜语除"济州岛方言"外,其他五个方言在朝鲜族聚居地均能找到其代表性地区。"东北方言"主要分布在吉林省延边朝鲜族自治州和黑龙江省牡丹江地区,"西北方言"主要分布在辽宁省东部,"东南方言"主要分布在黑龙江省西部和吉林省中部,"中部方言"和"西南方言"分散在东北三省与其他方言交错在一起。

第二节 朝鲜族文字

中国朝鲜族使用的文字是朝鲜文,是一种拼音文字,与朝鲜和韩国使用的文字一致。朝鲜文(简称朝文)创制于 15 世纪,当时称"训民正音",简称"正音",也称为"谚文",后改称"朝鲜文"。朝文共有 28 个字母,其中辅音字母 17 个,元音字母 11 个,音节中先排辅音,元音居后。辅音字母按牙、舌、唇、齿、喉、半舌、半齿顺序排列,元音字母按单划字母、二划字母(初生字母)、三划字母(再生字母)顺序排列。现行朝文字母共有 40 个,其中辅音字母 19 个,元音字母 21 个。行款横竖都可以,现在通行从左到右的横排,并按单词或意群分写。过去夹用汉字,1949 年后逐渐取消夹用汉字,使用朝文走上了规范化的道路。

第三节　民族文化艺术

五常县兴盛公社新兴大队宣传队合影,1972 年 7 月 1 日　　　　　(朴相鲁提供)

朝鲜族性情好爽、勤劳勇敢。男子喜欢饮酒;女子对男人十分尊重,劳动观念很强,劳动量超过男人。青少年对老年人、教师、领导十分尊重,待人很有礼貌,乐观大方。男女都能歌善舞,每当农闲和节假日,身着民族服装,男子坎肩白裤,女子长裙短袄,腰挎长鼓,集体唱歌跳舞。六七十岁的老年男女也一起翩翩起舞,边舞边唱,极其欢快。朝鲜族热爱体育活动,女子善秋千、跳板;男子喜摔跤、足球。朝鲜族体育运动大会对这个民族来说是次体育盛宴,男女老少都踊跃参加,气氛非常热烈。

朝鲜族的主食是大米饭,喜欢打糕。副食有各种味美可口的小菜,离不开大酱汤和辣椒。喜欢吃狗肉、牛肉。生活讲究节奏,劳逸结合,喜欢穿戴,爱清洁,讲卫生。喜背负、善头顶。背负的工具是"背架子"携物、担水;妇女带婴亦背而不怀抱,尤擅以头顶物。行路时,包袱、筐篮等器物均用头顶。几十斤重的水罐顶在头上,步履潇洒,泰然自若。这些都反映了朝鲜族的特色文化元素。

一、群众业余文艺组织和文艺演出活动

(一)群众业余文艺组织

五常朝鲜族没有专业的文艺团体,文艺活动只能是业余组织活动。

1958年1月,五常县政府委派金基泰组建民乐朝鲜族文化馆。民乐朝鲜族文化馆兼管全县朝鲜族文化活动。同年,文化馆成立了民乐乡业余文工团,并在民乐供销社设置了图书销售点。

民乐乡业余文工团由30多人组成,他们不脱产,只利用农闲和业余时间排练节目和进行演出。金基泰创作的歌曲《农业宪法万万岁》在当时省朝鲜文报牡丹江朝鲜文报上发表。黑龙江电台开办朝鲜语广播节目,在首播中播送了民乐乡的消息,播放了歌曲《民乐,我美丽的家乡》。

民乐朝鲜族文化馆在建立业余文工团的基础上,积极自筹资金,购置乐器成立了业余乐队,利用业余时间集中排练。乐队除为文工团节目伴奏外,参加了全县文艺汇演,深受朝鲜族广大群众的欢迎。

在民乐乡乐队的积极影响下,20世纪50年代末和60年代民乐乡的友谊、红光、星光村,保山乡、杜家乡等朝鲜族村成立了村级乐队,活跃在农村的各个角落。

五常县朝鲜族各大队都建立了村青年文化室。青年们在自己的文化室里学文化、学科学、学文艺,并经常开展文艺活动。

"文化大革命"期间,全县各朝鲜族村都开展了"红五员(即学习毛主席著作辅导员、新闻广播通讯员、黑板报员、读报员和小评论员)"和"一个队(即毛泽东思想宣传队)"活动。

民乐乡、兴盛乡新兴大队、保山乡金星大队等朝鲜族集聚的村,配上乐队的"文艺宣传队"进行业余文艺宣传活动,很受群众欢迎。

全县40多个朝鲜族中、小学校大部分组织了"宣传队",根据当时的政治形势,准备文艺节目,开展文艺宣传活动。

(二)群众业余文艺演出

五常县朝鲜族群众文艺演出活动起步比较早,刚一解放就十分活跃。那时,编排演出的文艺节目对当时划分阶级阵线,提高阶级觉悟,增强民族团结,鼓舞军民斗志都起到了重要宣传促进作用,从20世纪50年代开始,每年都要举行一、二次群众业余文艺汇演,基本上坚持到"文化大革命"初期。

1964年6月,在民乐公社举行了全县朝鲜族文艺汇演,演出期间,省、地、县有关领导观看后,决定抽调李顺玉、李锦淑等演员演出的舞蹈"最好的大米送北京",去哈尔滨市朝鲜族文化馆加工排练后,代表黑龙江省参加全国少数民族观摩演出。这是五常县业余演员第一次受到毛泽东主席,刘少奇、朱德等党和国家领导人的接见并合影留念。

1965年12月田克政编写的短剧"毛主席呀,我们的生活这么幸福",在民乐人民公社演出,受到群众的热烈欢迎。此剧的出现,填补了五常朝鲜族舞台剧演出的空白。

1966年6月,五常组织的16人朝鲜族演出队参加了"哈尔滨之夏"音乐会,田克政作词,李元益作曲的"鱼儿离不开水"歌曲节目获得了优秀节目和创作奖,经省台播放后,开始在东北三省群众中广为传唱。

1970年,文化馆抽调一些人员,以舍身救出生产队的耕牛,避免一次列车颠覆事故的权大洙英雄事迹为题材,集体创作了歌剧《重于泰山》,并在民乐乡成功演出,引起轰动。

1974年9月,组织28名朝鲜族文艺骨干,参加全省文艺汇演,自编舞蹈节目"双刀山下大寨人"荣获优秀节目奖。

1976年7月26日至31日,召开了五常县中小学业余文艺创作剧目汇演大会。参加汇演的朝鲜族学校有:五常镇朝鲜小学、民乐乡民乐中心小学、民乐乡星光小学、小山子胜利小学、长山乡日升学校、兴盛乡新兴小学、山河镇朝鲜小学、保山乡金星小学、营城子乡新光小学、工农乡曙光小学、向阳乡中原小学、光辉乡光辉小学、向阳乡朝鲜中学、五常县第八中学、五常县第四中学等学校。

1977年8月3日至6日,召开的五常县中小学校文艺汇演上,民乐中学、五常县第四中学、兴盛乡新兴小学的13个单位参加了演出。

二、五常朝鲜族文化站、馆

始建于1958年的民乐朝鲜族文化馆曾兼管全县朝鲜族文化工作,1966年升格为五常县朝鲜族文化站(馆)。县朝鲜族文化馆刚一成立就在"文化大革命"期间停止了工作。1976年6月25日,恢复五常县朝鲜族文化站,并将办公地点迁至县政府所在地五常镇,在县文化馆的统一领导下开展朝鲜族文化工作。1986年9月,县朝鲜族文化站升格为五常县朝鲜族文化馆,编制3人,馆长田克政。现任馆长为金善香。

五常县朝鲜族文化馆成立以来,为五常朝鲜族文化事业发展做了大量工作,普及提升了广大朝鲜族群众文化艺术水平。

(一)艺术培训

五常县朝鲜族中小学校文艺教师训练班留念,1977年6月15日　　(朴相鲁提供)

1978 年 11 月 14 日至 24 日,五常县朝鲜族文化馆举办了朝鲜族群众文艺骨干培训班。全县 16 个公社中,22 个朝鲜族生产大队的 36 名文艺骨干参加了培训班。他们参加培训收获很大,提升了他们的文艺理论水平和表演技巧,为以后各生产大队文艺发展打下了基础。

参加这次文艺骨干培训班的有:长山公社日升学校的金锦花、光辉公社辉煌三队的徐英兰、光辉公社光辉一队的徐龙、光辉公社光辉大队的裴永福、光辉公社辉煌大队的郭顺善、沙河子公社曙光二队的柳英桓、沙河子公社曙光大队的许忠、山河镇公社共和大队的金正兰、山河镇公社东光小学的郑英先、五常镇公社兴光三队的朴允花、向阳公社中源大队的 金基政、向阳公社中源大队的白云玉、向阳公社中源大队的方明日、向阳公社朝鲜族学校的崔英、工农公社曙光大队的黄在五、工农公社文化二队的安相日、胜利公社五一二队的金太华、兴盛公社新建二队的朴正河、民乐中心校的玄永日、民乐公社东光大队的宋文武、龙凤山公社五一大队的康星女、龙凤山公社五一大队的李学哲、双兴公社爱路大队的南玉女、红旗公社朝阳一队的南日顺、红旗公社朝阳二队的金胜姬、保山公社民兴二队的杨今顺、常堡公社红星大队的崔玉粉等。

参加朝鲜族文学创作学习班的五常代表　　　　　　　（朴相鲁提供）

1980 年 12 月 ,五常县朝鲜族文化馆举办朝鲜族文艺轻骑队训练班。这个文艺轻骑队队员有 10 人:向阳公社中源大队沈凤吉、长山公社日升大队金春善、山河镇共和大队朴元洙、兴盛公社新兴大队朴在根、五常镇兴光大队金顺姬、明松浩、民乐公社试验站金连玉、民乐公社红火大队金姬粉、民乐公社红光大队曹太奎、民乐公社友谊大队金德龙。

1981 年 1 月 20 日,县委宣传部、县委统战部、县文化科等有关领导同志观看节目彩排并检查验收。

县朝鲜族文艺轻骑队从 1981 年 1 月 26 日开始下乡巡回演出,直至 1981 年 4 月 10 日。演出节目包括戏剧、相声、三老人、故事、评书等 9 个节目;歌舞节目 15 个。这些节目可演出 4 个小时,一般每场演出安排两个半小时。朝鲜族文艺轻骑演出队在全县巡回演出 68 场,观众达 12 000 多人次。这个演出队,还为松花江地区统战工作会议进行了汇报演出。

县朝鲜族文艺轻骑队对队员有很严格的《十条规定》，要求参加文艺轻骑队训练班时本人和家长签约：

1. 努力学习政治，刻苦钻研业务，不断提高政治和业务水平。

2. 听从组织分配，服从领导，不搞自由主义和无政府主义。

3. 对组织忠诚老实，实事求是，执行党的方针政策和法律。

4. 生活朴素，作风正派，不穿奇装异服，不谈情说爱。

5. 遵守工作时间，执行工作制度，有事请假，坚决做到不迟到，不早退。

6. 在工作时间不会客，如有特殊情况，经领导批准后接待客人。

7. 在工作时间禁止饮酒，凡是饮酒出事者，后果自负。

8. 认真执行集体活动制度，在活动时个人肇事影响演出活动，一切损失由肇事者负责。

9. 在参加活动期间，一切医疗费由个人负责。

10. 凡是参加活动人员要爱护公共财产（包括个人带来的物品），如有损坏，由损坏者按价赔款。

1983 年 7 月、8 月和 10 月份分别举办了两次音乐舞蹈学习班，培训了 354 名朝鲜族文艺骨干。

从 1984 年 7 月 18 日至 8 月 15 日，县朝鲜族文化馆举办了声乐和手风琴学习班。

为迎接国庆 35 周年，1984 年 8 月 11 日至 20 日，县朝鲜族文化馆与共青团五常县委共同举办了全县朝鲜族青年集体舞社交舞培训班。

1985 年 1 月 18 日至 27 日，为发展提高朝鲜族中小学文艺活动质量，县朝鲜族文化馆举办了普及儿童舞蹈基本动作学习班。

为满足朝鲜族中小学音乐教师和广大音乐爱好者学习音乐理论知识的迫切需要，县朝鲜族文化馆于 1986 年 1 月 15 日至 2 月 4 日举办了音乐理论学习班，聘请省朝鲜族教师进修学院副教授池文影先生授课。

（二）文艺活动

1980 年 1 月 11 日，召开征文作品奖励大会，奖励了朴镇万、李元益等的一等作品 5 篇，崔万寿、朴相鲁、方明玉等的二等作品 6 篇，金元经、白云峰等的三等作品 11 篇。

朝中乐队　　　（朝高中档案室提供）　　　朝中文艺会演　　　（朝高中档案室提供）

1981 年，组织全县朝鲜族群众自费观看延边珲春文工团演出。1981 年 7 月自费观看朝鲜歌舞剧《张花红莲传》。此后 30 多年间，坚持组织群众开展观看专业文艺团体的演出活动，丰富了朝鲜族群众的文化生活。舞台上演员演出节目,台下观众呼应载歌载舞,场面壮观,反映了朝鲜族能歌能舞的民族本色。

从 1982 年 1 月到本年 7 月期间,县朝鲜族文化馆开展自唱歌曲征集活动,全县朝鲜族业余音乐爱好者共创作 50 余首歌曲,经省广播电台朝鲜语文艺编辑室审核,精选出其中 30 首歌曲,抽调人员和歌手,排练、录制所选歌曲,送到省广播电台朝鲜语部播放。抽调的人员包括干部 2 人,教师 8 人,工人 2 人和农民 6 人。这些歌曲刊登在 1985 年 1 月 5 日的《五常文艺》歌曲集中,登录歌曲的同时,还介绍了词曲作者的基本情况。

1983 年 12 月 1 日至 6 日,在哈尔滨市召开了黑龙江省首届少数民族文艺汇演大会,我县 20 名演员登台演出,其中朝鲜族演员 17 人。

1984 年 3 月,根据广大朝鲜族群众的要求,将在我国广为流行的中外歌曲、朝鲜民谣复制后提供给爱好者学唱。

从 1985 年开始举办掷柶活动起,年年都开展掷柶活动,至今已坚持 29 年没有中断。掷柶活动是朝鲜族独有的传统娱乐活动,家喻户晓、人人喜爱。

组织掷柶活动最大的困难是经费和场地。过去,筹措经费需东求西筹,获得赞助;因场地不便,容纳不了更多人,参加人数只能控制在 300 名以下。

掷柶活动之所以引起朝鲜族广大群众的高度重视,是因为它是交心的场所、娱乐的场所。各代表队的人们从全县各个角落自带富有民族特色的丰盛菜肴聚集而来,加上大会满足供应的白酒与啤酒,同饮共欢.在助兴的民族歌曲声中,穿着民族盛装的朝鲜族妇女和男士,不分男女老幼,载歌载舞,快乐无穷。人们珍惜这一年一度的盛会,参与的人们越来越多。

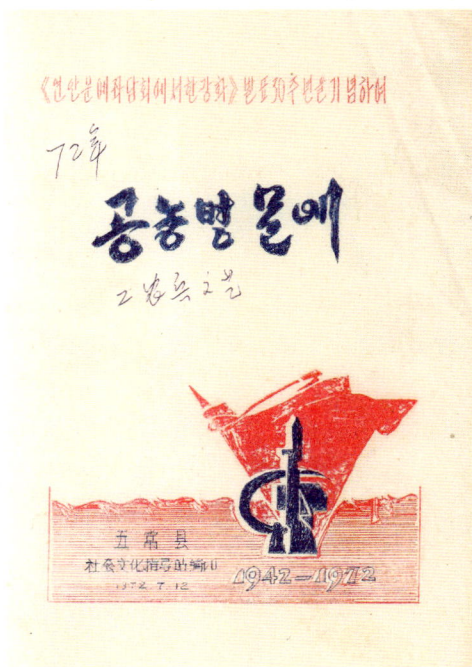

五常县社会文化指导站。1972 年 7 月
编印的工农兵文艺(油印本封面)

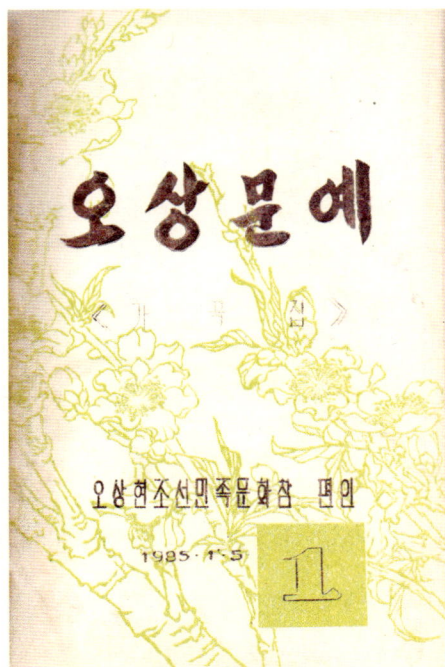

五常县朝鲜民族文化站编印的五常文艺
(油印本),1985 年第一期封面

由于长期坚持这项民族传统活动,使掷柶活动确立了五常朝鲜族民俗活动的重要地位,因而逐步

得到了政府部门的高度重视.近年来,每次活动时,除朝鲜族副市长亲自参加外,政府有关部门主要领导也亲自到场祝贺,有时市委书记亲临掷柶现场祝贺。

政府的重视,掷柶活动列入市政府议事日程。从2012年起,市政府为每次掷柶活动拨款3万元,使活动经费有了基本保证。

五常朝鲜族由于长期不间断的举办掷柶民俗活动,已使之成为五常的一道靓丽风景线。2013年,掷柶民俗活动已成为哈尔滨市非物质文化遗产,目前正向有关部门申请省级非物质文化遗产.

从1987年以来,县朝鲜族文化馆每两年组织一次五常县朝鲜族文艺汇演,至今已历七届。这是对五常县朝鲜族文艺活动的大检阅,大考察。每次汇演活动时都报请县民委,经县政府批准进行的,政府行为为朝鲜族文艺汇演活动增添了深刻的意义。

参加抗联老战士李敏同志的宣传队(前排右为李顺玉)
(后排中原省政协副主席李敏)

参加2009年在韩国首尔举行的国际老年艺术节(前排右二为李顺玉)

(三)创办刊物

1976年以来,根据当时形势需要,五常县朝鲜族文化馆制定了"一大(即坚持文艺为工农兵服务,为无产阶级政治服务,为社会主义服务的大方向)""二反(即反对贪大求洋、反对浪费,根据情况勤俭办事)"、"三小(即精简队伍小而精,钻研业务,能担起多项工作;坚持小舞台演出,能做到田间、地头、炕头演出;节目要短小精悍,起到真正感人,群众愿意看)"、"四不(即不脱离无产阶级政治,走坚持无产阶级政治的道路;不脱离生产,坚持劳动人民本色;不脱离群众,同群众同甘共苦;不脱离三大革命实践,每个宣传员都要成为无产阶级革命战士",方针。

五常县朝鲜族文化馆从1977年开始创办油印不定期刊物《工农兵文艺》,其内容主要是刊登当时群众喜欢唱的歌曲。后来更名为《五常文艺》,主要刊登县内朝鲜族业余爱好者创作的歌曲。

三、民族通讯事业和文艺创作活动

对文化艺术领域的中国朝鲜族积极分子来说,因为有用自己民族语言文字出版的报刊和杂志,当年大部分很难进入大学殿堂和出人头地的人,能够发表自己的文章,是值得骄傲的事。也正因为有了这些作者,才使得通讯事业和文学创作活动更加繁荣。

(一)民族通信事业

20世纪50年代末,五常市民乐乡的金天锡,营城子乡新光村的金士锡,朝鲜族中学的许光一,双兴乡爱路村的金钟植等人,在《牡丹江日报》上发表过文章。70 年代,五常县也召开过朝鲜族通信员会议,参加会议的业余通信员有 20 多人,他们经常在报纸上发表文章。进入 21 世纪,大量年轻人加入了通讯工作。他们以《黑龙江新闻》、黑龙江省朝鲜语广播电台为媒介,报道了大量本土出现的新人新事,讴歌了改革开放以来的社会主义新面貌。五常市(县)广播电视台任记者兼编辑的方艺琴,由于积极投身于通讯事业,多次被中央人民广播电台、黑龙江人民广播电台和《黑龙江新闻》社评为优秀通讯员。黑龙江新闻社特约记者、五常市广播电视台专题部的李红男,每年都积极向有关媒体提供数十篇有见地的稿件,在创建广播电视强省活动中被评为黑龙江省广播电视系统先进个人。她的通讯作品《五常大米飘香全国》获黑龙江省新闻头题征文比赛一等奖。

(二)文艺创作活动

1. 诗歌、小说、歌曲创作

小说和诗歌的创作,歌曲作词、作曲等进行得很活跃,有很多人参与其中。中国朝鲜族文坛的元老诗人、北方文坛代表之一的诗人李三月,从 1956 ~ 1958 年在五常工作期间写下了诗歌《牤牛河之歌》。1978 年,黑龙江人民出版社出版了许道南的诗集《大雁》,这是五常朝鲜族诗歌创作方面值得骄傲的一件事。他的代表作有:《想写的五个字》、《大雁》。

鲜于哲　1940 年出生,1972 年开始参加教育工作,在报纸和杂志上发表过数十篇诗歌。

金龙云　1948 年出生,在民乐中学任教几年后在延边《文学和艺术》杂志社当编辑,发表了多篇诗歌和文学评论。

朴文峰　男,1957 年出生于五常,1982 年毕业于延边大学朝文系,曾在黑龙江省朝文报社工作,擅长诗歌创作,曾发表过数十篇的诗歌。

南相洙　1962 年出生于五常,1984 年 7 月毕业于延边大学朝文系,在五常朝鲜族师范执教。他在诗歌创作方面很有才能,曾发表过数十篇诗歌。

李永日　男,擅长写诗。

金京照　民乐中学教师,对写诗歌很有兴趣,曾发表过多篇诗歌。

郑士龙　在五常县纪律检查委员会工作,1981 年开始创作数篇诗歌。

许光一　工作之余发表过随笔,访问记为主的 30 余篇文章,代表作有:《我的故乡在哪?》、《我见过的日本》、《时隔 45 年后踏过的大地》。出版过传奇文学《那个女人走过的路》。

沈炳洙　1943 年出生,1963 年第一篇小说《牛棚里的春天》发表在《松花江》杂志上,之后发表过多篇短篇小说,“文化大革命”时期停笔。2006 年重新拿起笔开始撰写文章,2009 年发表过长篇小说《像流淌的河水一样》、《那女人的沙滩》。

朴相鲁　1949 年 7 月出生于五常,1972 年开始写小说,主要写短篇小说,在报纸上发表很多文章和报道,成为黑龙江省优秀通信员。

朴镇万　1951 年出生在小山子镇。1976 年 8 月延边大学朝文系毕业后,在中共五常县委宣传部工作。自 1971 年开始投入了小说创作。长篇小说《黑痣》和中篇小说《山下的女人》入选韩国统一院赞助的第一届新春文艺中。他先后发表了 70 多篇 100 多万字的短篇小说。

任国铉　男,1953 年出生,1982 年中央民族学院毕业后,一直在黑龙江新闻社工作到退休,曾长期任黑龙江新闻社副主编。他从 1980 年开始发表小说、随笔、纪实等数十篇。中篇小说《用沙子盖的房子》荣获《阿里郎》文学奖。

张京淑　女,出生于五常,1982 年毕业于延边大学,在《延边女性》杂志社工作,后调到北京。发表过数十篇的小说和随笔。

尹清男 1959 年出生于五常，毕业于五常朝鲜族高中，1978 年 12 月到 1984 年 4 月参军，1996 年毕业于延边大学成人教育学院朝文系，荣获过数次的《延边文学》尹东洙文学奖，延边日报"海兰江文学奖"等，出版过诗集《你离开后归来的春天》、《苇塘里风平静后芦苇站立》。

田克政 五常县朝鲜族文化馆馆长，1942 年 8 月出生，中共党员，1962 年到 1965 年曾在五常市朝鲜族小学教学，从 1965 年 9 月起到退休一直在文化馆工作，为朝鲜族的文化事业勤恳地工作。他边工作边写歌词边创作歌曲。发表过歌曲《建设我热爱的故乡黑龙江》、《黑龙江！幸福的乐园啊》、《党是母亲》、《新长征的号声》等。《我们的母亲中华》曾在黑龙江广播电视台播放过。歌曲《黑龙江是美丽又富裕的地方》于 1981 年被评为黑龙江省 15 首优秀歌曲创作之一。

玄永日 男，五常朝鲜族文化馆馆员，后任馆长，主要从事创作歌曲。他创作的《党的阳光下成长》、《我们的班主任》、《党引导我们前进的路》、《我们的故乡好》、《金色波涛》、《文明礼节的歌声》等歌曲曾在黑龙江人民广播电台播放过。歌曲《在祖国的怀抱里幸福生活》收入 1980 年黑龙江人民出版社出版的《歌曲集》朝文文集第一集。

白昌一 男，擅长手风琴演奏，兴盛乡新兴小学音乐教师，在 20 多年的音乐教学生涯里，他为了丰富群众文艺生活做出了不懈的努力，经常组织小学生演出队和农民业余宣传队到各个乡村演出。

李元益 男，民乐中学教师，对创作歌曲有兴趣，曾创作过数首歌曲。擅长小提琴演奏，甘为群众艺术奉献。

崔勇男 五常市朝鲜族高级中学教师，因口才好而且组织能力强，成为主持人，活跃于朝鲜族各种大型活动中。

沈相文 黑龙江省朝鲜族著名音乐家，曾在五常市朝鲜族高级中学工作，1978 年调到黑龙江朝鲜民族出版社任音乐编辑。

方 华 （方明玉）女，著名的朝鲜族女作曲家、社会活动家。

崔万寿 音乐副教授，曾执教于五常朝鲜族师范学校，出版过创作歌曲盒式录音带。

朴钟锡 曾在五常县朝鲜族广播电台工作，善于写诗。

崔三龙 曾在五常县朝鲜族中学工作，后调延边社会科学研究院文学研究所任所长，文学评论家。

五常朝鲜族在音乐方面很有才干，在文艺活动中发挥重要作用的人很多，如：宋文武、韩德茂、权兴石、李永久、李相彬、池恩淑、崔英、黄再伍、白贺龙、金南淑、徐水龙、任钟浩、郑哲华、具光本、李成春、郭子平等。擅长于写文章，创作歌词，在报刊上发表过文章的人也很多，如：玄太石、李相龙、张世龙、郑德华、方明一、朴云鹤、金太华、朴泰秀、郑海龙、白云玉、金元经等。现今韩国歌手金月女（以唱北京小姐闻名的歌手），也是五常市营城子乡新光村人。

姜大吉 画家。曾出版《岳雷扫北》等 3 部连环画册，创作大量年画和绘画作品，《秋艳》获韩国第 18 届国际美术大展大奖，《白头山》获第 6 届世界和平美术大展优秀奖。

金元根 农民画家，闻名的民乐乡才子，擅长于书画。

金哲镇 在第二届全省少数民族书法、绘画、摄影展中，朝鲜文书法作品《沁园春》荣获铜奖。这些人的积极参与，活跃了五常朝鲜族的文化生活，促使五常朝鲜族的通讯事业和文学创作活动更加繁荣。

四、朝鲜族文化活动室

刚开始，五常朝鲜族小型文化活动在个人家或学校教室，生产队的办公室里进行，比较大的活动在学校的运动场上进行。兴建兴盛乡新兴小学的时候,教室间壁用拉门当隔墙,以便于有大型活动时拆开拉门使用。但是这样做也有缺点,就是教室间壁不隔音,影响上课。

民乐朝鲜族乡是从 20 世纪 60 年代开始有了小型俱乐部,1984 年开始建设能容纳 500 人的乡文化中心活动室。1992 年续建时总共投入 636 945 元,建筑面积为 1 027.8 平方米。有了这个文化中心,便于安排外地演出队的演出活动,成为组织各种大型活动的重要场所。但后来由于朝鲜族人口的大量流失,乡里以 206 179 元出售给大米加工的企业。

企业家林洪德投资的山河镇朝鲜族文化活动中心在 1992 年 10 月 1 日落成。这个文化中心能容纳 600 人,在五常市南片地区朝鲜族大型活动中起到了重要作用。到 2014 年,五常南片朝鲜族老年协会在这个文化活动中心里年年都举办一次文艺演出。山河镇的汉族领导和南片地区的各村党支部书记也亲临这些活动指导。

黑龙江省五常朝鲜族师范学校在五常期间,学校礼堂也为朝鲜族的文艺活动提供了方便条件。

五、朝鲜族广播电视

1958 年,五常县人民政府以副县长金教真为组长,县委办公室副主任许光一为副组长,建立了朝鲜语广播筹备小组。1959 年开始了五常朝鲜语有线广播。许光一任编辑,崔石太和县气象所的 2 名女性任播音员。这 4 名人员都兼职组织朝鲜语节目。

广播时间是每周星期三和星期六晚上各播送一次,每次播送时间是三分钟,节目内容是新闻和文艺节目。1960 年 11 月宋贞淑成为五常朝鲜语广播专职编辑。1962 年以前是许光一审稿。1962 年 5 月朴义甲任专职编辑,聘请林英子、金德洙作业余播音员。1963 年,播送时间为每周 3 次,早晨和晚间各播送一次,每次为 30 分钟。节目内容为报道、通信和文艺节目。编辑下乡采访写作稿件,同时也为黑龙江省朝鲜语广播电台积极提供稿件。

1975 年,安排朴永满任编辑、李光玉为播音员兼编辑。1978 年,朴钟锡任朝鲜语组组长。1987 年,五常县广播站升格为县广播局,有线广播变为调频广播播送(周波数为 104.4)。后来方艺琴任编辑,现在是李红男当编辑兼播音员。

民乐朝鲜族乡也在 1958 年开始至今开办朝鲜语广播。有一段时间里,朝鲜族农村生产大队也开办了广播。兴盛乡新兴大队共有 13 个生产小队,是一个规模很大的农村组织,1970 年,开办了有线广播,宣传党的方针政策,指挥生产,起到了一定的作用。

到了 21 世纪 五常县广播电视局积极开办了电视节目,特别是延边频道的卫星广播,吸引了五常朝鲜族人民,因此,五常的朝鲜族社会人士积极与有关部门联系,在五常也转播延边电视卫星广播,丰富了五常朝鲜族的业余文化生活。

六、朝鲜族文学艺术作品

（一）诗歌

大 雁

许道南

飞过了千里、飞过了万里，飞到春天的北星大地，是把故乡的留恋来寻觅

嘎—嘎，几声鸣啼，是新的水渠，欢乐的人们把你惊起，这可是昔日的北星大地

注：许道南，光辉乡乡土诗人。北星，地名，位于光辉乡裕民村。本诗选自 1978 年黑龙江人民出版社出版的他的诗歌选集《大雁》。

牤牛河之歌

李三月作　李天　译

山顶直矗一爿石崖—石刀山。

牤牛河水绕着青山悠悠地流过。

春到江边，两岸一片绿荫芳草，延绵百里。

幽暗的绿荫垂柳下潺潺流过的河水，不知絮絮低吟了几千载

春江映照了多少采采姑娘和村妇们俊俏的脸庞

盛夏你润爽了多少田作的莽汉子们火热的胸膛

注：此作为《牤牛河之歌》第一段

黄彪部分著作

黄彪诗词六首
点绛唇·杏花

花蕾年年,争添春色芬芳吐。轻风过处,一地微红驻。又是离歌,一阕惜春暮。奇葩去,结晶无数,青绿橙黄树。

七 律·春 曲

迎春未叶满枝开[①],粉杏争相紧赶来[②]。
惹眼株株黄绿色[③],待发簇簇紫白排[④]。
谁言点点榆梅懒[⑤],敢话棵棵梨海乖[⑥]。
沐浴和风悠乐者,千红万紫在心怀。

注:
① 指未放叶先开满枝头黄花的迎春花。
② 指稍后开放的杏花。
③ 指先放满叶后开花的山丁子树。
④ 指含苞待放的紫、绿、白色哈尔滨市花丁香。
⑤ 指含苞欲放的榆叶梅。
⑥ 指美丽的梨花和海棠花。

七律·大美湿地凤凰山[①]

森林湿地凤凰山,千里驱车拜圣颜。
雾起风光羞涩匿,日升景物大方还。
桦形诡异游人恋,石海苍茫摄影繁。
植被葱葱连四野,滋润众生水潺潺。

注:
①凤凰山国家森林公园坐落在黑龙江省山河屯林业局东南部,总面积 5 万公顷,是张广才岭之首,被誉为东北第一大山。凤凰山美在森林,奇在山水,神在人文,集大森林、大河流、大冰雪、大峡谷、大草原、大湿地和 UFO 传说于一体。

七律·深秋山色[①]

姹紫嫣红山地秋,何须霜染已吸眸[②]。
层层落叶萧萧下,片片飞诗遍野沟[③]。
槭树[④]迎风出色美,青枫[⑤]固守献歌悠。
翌年定是花开艳,再邀亲朋更远游。

注：

① 10 月 4 日，与孙绍辉、关键、臧秀云三人自五常镇沿小山子——冲河——沙河子——向阳——山河——五常线路驾车游，经大段山路，道路两旁五花山色美不胜收，故作此。

② 历年霜过后才显五花山色，但今年特别，五花山显现特别早。

③ 也许受台风影响，楸树、水曲柳树、杨树的大部分树叶已被吹落，不少各色树叶。

④ 槭树，落叶小乔木，叶子掌状分裂，秋季变成红色或黄色。当地人称其为色树、暴马子树或拧劲子树。

⑤ 青枫，又叫槲栎，落叶乔木。当地人称其为橡树、柞木。树叶可经冬不落。

朝玉阶·冰雪咏①

冰雪生来是弟兄，北国冬季景，昼重逢。琼花随雨降苍穹，轻风飘洒处，眼朦胧。望银装四野飞龙②，曾八荒稻浪，乐新农③。瞻莹枝玉树辉虹，恰金乌④颂咏，庆年丰。

注：

①日前，整日雨雪交加，次日雪盖四野，树成冰凌，在日光的辉映下，玉树琼枝，晶莹剔透，好一幅北国冰雪和谐图。

②飞龙，风起时，雪地上形成一条条蜿蜒飞舞的雪线，恰似条条飞龙。

③新农，指新形势下的新农村新农民

④金乌，太阳的别称。

七律·踏雪寻梅

京城巧遇雪飞扬①，二月中山②觅景忙。
满眼唐花③争艳草，凝眸蕙院④腊梅昌。
清香四溢八方聚，风骨高洁六路彰。
早岁独开黄色卉，苦寒铸就冷葩芳。

注：

① 北京今冬春节前无雪，正月初五、初六连降小雪，民众喜之。

② 指北京中山公园。

③ 指中山公园中的唐花坞。

④ 指中山公园中的蕙芳园。

（二）摄影、书法作品

黄彪摄影作品《民族魂》获中国教育报征稿三等奖。

朱东秀摄影作品《大地作画》。

金哲镇朝鲜文书法。

黄彪中文书法。

民族魂　　　　　黄彪摄

金哲镇朝鲜文书法

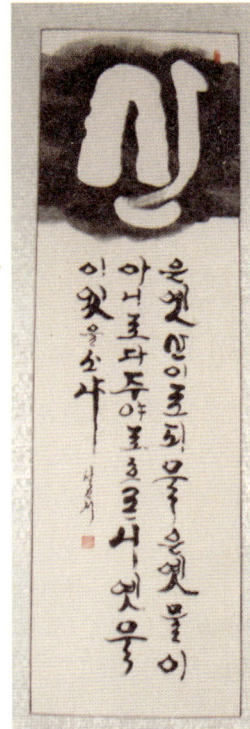

《大地作画》　　　朱东秀摄

黄彪中文书法

（三）绘画作品

姜大吉画作《白云深处有人家》。

《白云深处有人家》　姜大吉画作

（四）创作歌曲

《老年协会之歌》吴赞永词　田克政曲。
《让我们再相逢》朴相鲁词　芳华曲。
《我故乡—民乐沃土是粮仓》金礼三词　金德筠曲　李天译。

（五）部分著作

李英日朝鲜文诗集《奔向地平线》。
黄彪部分中文著作。

《奔向地平线》

让我们再相逢

1=D　3/4

朴相鲁 词　方 华 曲

```
3 — 4 |5 — 6 |5 3 2 |1 — — |3 5 3 |1 7 2 |5 — — |5 — |
```
结　　识　在 艺 术 花 园　的　　朋　友　们
时　　刻　都 想 念 你 们　我 陌 生 的 朋　友

```
1 7 2 |2 — 1 |7 6 3 |6 — |56 5 3 |2 6 2 |2 — — |2 — |
```
走　到　哪　里　都 莫 忘 记　我 们 曾 经 肩　负
让　我　们　相　遇 相 知　携 手 同　行

```
3 — 4 |5 — 6 |56 5 3 |1 — |1 2 1 |7 6 2 |2 — — |2 — |
```
为　　时　代　提　笔　耕 耘 的 荣　耀
无　　论　是　遇　到　风 雪 还 是 雪　雨

```
1 — 1 |2 — 1 |7 6 56 |3 — — |2 3 6 |5·3 23 |1 — — |1 — |
```
让　我　们　在 收 获 的　金 秋·再 次 相　会
无　怨　无　悔 为 祖 国　奉 献 出 赤 胆 忠　诚

```
3 — 4 |5 — — |1 7 2 |6 — — |5 6 1 |7 6 1 |2 — — |2 — |
```
啊　　我　们　是　自 豪 的 文 艺 大　军

```
5 — 3 |3 — 2 |1 7 2 |6 — — |5 - 56 |7 6 5 |1 1 — 1 — — ‖
```
要　　为　祖 国 锦 绣　河 山 添 金 加　彩

我故乡-民乐沃土是粮仓

1=B　　3/4

金礼三作　词

金德筠作　曲

李　天　译

```
1̲2̲ 3 ·3 |3 — — |6̲1̲ 2̲ 2̲ |2 — · |1̲3̲ 2̲1̲ 7̲6̲ |5̲6̲ 5̲4̲ 3̲2̲ |1 1̲1̲ 1 |5 1 |
— |
```

```
3 1 3 |5 — · |3 1 3 |6 — · |5̲5̲ 1 · 3 |2̲1̲ 6 |5 — |5 |
```
黑 土 地 里　　耕 作 的　　拖 拉 机 轰 鸣 声

```
6̲ 5̲ 3̲ 1̲ |4 3 2 |5 — · |3̲3̲ 1 6 |6̲ 5̲3̲ 2̲3̲ |1 — |1 |
```
惊 飞 了　　春 天 的　　云　　雀　　鸟

```
6 — 6 |6 — 1 |5 · 4̲ 3̲5̲ |2 — · |1̲2̲ 3 5 |2 — 3̲4̲ |5 — |5 |
```
平　　展 的 民 乐 沃 土　　无 边 无　　垠

```
6 — 5 |3 — 1 |3̲ 5̲6̲ |5 — · |3̲3̲ 5 1 |6 5̲3̲ 2̲3̲ |1 — |1 |
```
迎 晨 光　　东 出　　的　　铁 牛 到 田　　西 头 已 披 上 晚
霞

```
1̲2̲ 3̲ 3 |2 · 3̲ 1 |6̲1̲ 2̲1̲ 6 |5 6̲3̲ 5 |3̲5̲ 6 6 |5 · 6̲ 5̲3̲ |1̲3̲ 2̲3̲ 2̲3̲ |1 |
— |
```
我 们 的　生 活 像　绽 放 的 春 花 越 来 越 美 民 乐 沃 土　　是　金 稻 滚 滚 的 粮 仓

七、民族传统文学名著

在朝鲜族民间流传着很多家喻户晓的感人的故事,在长期口头流传过程中形成了家喻户晓的传统文学名著,主要有《春香传》、《沈清传》、《兴夫传》、《玉楼梦》、《两班传》等。

(一)《春香传》

小说《春香传》是朝鲜人民在长期口传中形成的一部古典文学名著。故事最早产生于 14 世纪高丽愍王时代,成书于 18 世纪末、19 世纪初李朝英期。在朝鲜族中《春香传》的故事情节是家喻户晓、尽人皆知的。

退妓①月梅之女春香清明游春于广寒楼巧遇两班翰林之子李梦龙,二人相互倾慕,私自结为夫妇。李翰林不久调任京师,命梦龙先行,春香、梦龙不得不依依惜别。新任南原使道卞学道到任后强迫春香为其守厅②,春香不从,被迫下狱,命在旦夕。梦龙在京应试中举,任全罗御使,暗察南原。他查明卞学道作恶真相,微服亲赴卞学道寿宴,丢下讽刺诗一首予以抨击。事后,将卞学道革职惩处,春香、梦龙重获团圆,共赴京师。

注:
① 退妓指改籍的艺妓。
② 守厅是作妾之意,但又不是正式之妾。

《春香传》绝不是一部单纯的恋爱小说,它仅以爱情故事为情节线索,而以反对卞学道的斗争为中心事件,抨击李朝官僚的腐朽统治。歌颂人民的反抗斗争才是它的真正主题。

(二)《沈清传》

《沈清传》是朝鲜民族传统孝行小说。《沈清传》是与《春香传》、《兴夫传》齐名的朝鲜三大古典小说之一, 约成书于 18 世纪。成书之前,故事已在民间长期流传。在朝鲜文学史上占有重要地位。它自问世以来,深得朝鲜人民的喜爱,

这是一个孝女的故事。主人公沈清出生七天后丧母,在盲父沈学圭抚育下成人。父女二人相依为命,艰难度日。他们受了梦云寺僧人的欺骗,相信捐献三百石供米求助神灵,能使盲人重见天日。沈清求告无门,决心作自我牺牲,卖身商贾,充当投海祭神的供品。孝心感动了上苍,沈清得救,做了王后,父女重逢。沈学圭一喜之下,双目复明。作品着力刻画了沈清的善良性格,对贫苦人民的处境充满同情,而且表现了他们之间的互助互爱精神。

(三)《兴夫传》

《兴夫传》又名《兴夫和孬夫》、《燕的脚》,成书于高丽王朝 18 世纪末。

《兴夫传》是在朝鲜民间传说的基础上形成的小说,同时流行的艺术形式还有童话和唱剧。"善有善报,恶有恶报",是这部小说的中心内容。哥哥孬夫贪婪、残忍,为富不仁,对穷苦的弟弟兴夫百般折磨、虐待。兴夫因为救活了一只摔伤的乳燕,燕子给他衔来一粒葫芦种子,从结出的葫芦里得到大量的金银财宝、牲畜、粮食和一座富丽堂皇的房舍。孬夫见财心动,故意摔伤一只燕子,然后再救活它,企图得到同样的报答。结果从葫芦里出现的却是三教九流各色人等,顿时弄得他倾家荡产。兴夫不

念旧恶,接济哥哥,同过富裕生活。小说对兴夫懦弱性格的描写以及结尾的处理,在一定程度上削弱了前半部所表现的贫富矛盾的尖锐性。

(四)《玉楼梦》

《玉楼梦》一名《玉莲梦》,是一部现实主义的古典小说,它是朝鲜小说的最高成就。

《玉楼梦》是64回的章回体长篇小说,文昌星和周围的帝傍玉女、天妖星、红鸾星、诸天神女、桃花星等仙官一起喝酒调笑。据此,玉皇大帝下座的神佛用法力将这些人送到了人间界。文昌星成了杨昌曲,帝傍仙女成了尹小姐,天妖星成了黄小姐,红鸾星成了江南红,诸天神女成了碧城仙,桃花仙成了一枝莲,每个人都在人间界幻生了。

书生杨昌曲一生遍尝爱情曲折酸甜、宦途风波苦乐的故事。他前后娶五女为妻妾,有的是真情相恋的硕果,有的是迫于权势的苦瓜,还有的是贵族们阀的例行公事、媒妁之言的习惯产物。在爱情婚姻过程中,除因双方个人的思想品质而尝受的苦辣酸甜各种滋味以外,还有因内忧外患、朝政得失及官位升贬而导致的离合悲欢。

《玉楼梦》是英雄式的主人公杨昌曲的出世谈、结缘谈、武勇谈、家庭谈等连接为主题的作品,作者将这个时代盛行的英雄主题和爱情伦理主题和家庭伦理巧妙地结合起来了。

仔细研读小说,男女主人公的自由奔放的爱情关系在故事情节发展中为中心内容,所以以主人公杨昌曲和女主人公们之间的纯洁又自由奔放的爱情为爱情伦理性主题,此形成了作品的基本主题。

作者在描写男女主人公之间的爱情关系中比起一夫多妻制的不合理性更能看到纯洁干净的爱情,反映了爱情无论在哪里都应该是自主自由的反礼教的个性解放。

杨昌曲和女主人公们之间的爱情是以同等的人格为基础的自由奔放的爱情。悲惨的娼妓出身的江南红或者是碧城仙,和所谓"藩国"出生的一枝莲等反而被刻画成拥有特别高贵的美德和义气,聪慧大度,有杰出本领的人物,拥有平等的人格与杨昌曲自主恋爱。在这里清晰地体现了主张个性解放的作者进步性的思想。

(五)《两班传》

讽刺小说《两班传》写一个不事生产、空谈礼教的"两班"(贵族出身的愚儒),因无力偿还积欠的官粮,具结出卖两班"名分",而买主发现它竟"不值一钱"。

第七章　民族教育

第一节　民族教育发展概况

伪满以前五常县朝鲜人没有正规学校,只有夜校,以识字多者为师,先学朝鲜文字,然后学汉字《千字文》。朝鲜人虽没有学校,但文盲却很少。

伪康德元年(1934年)在五常镇设立了公立五常崇仁国民优级学校。到伪满康德6年(1939年),五常全县已有小学校7所,有五常的崇仁国民学校、山河屯的崇义国民学校、小山子的崇礼国民学校、五常堡的正义国民学校、安家的大东国民优级校(原址长寿屯,即今之民乐村)、蛤蜊河子崇德国民学校和小孟店(长山乡和平村)的崇信国民学校。共有19名教师,200多名学生。学生接受的是日伪的奴化教育,强迫教师用日文日语教学。

1946年1月五常县解放,成立了人民政府,朝鲜小学很快复课,在解放战争期间,由于党和政府的关怀,加上朝鲜民族本身具有的重视教育,尊重教师,热心办学的优良传统,小学教育略有发展.

解放后,党和政府十分关心少数民族教育,县教育科专设民族教育科员和教师进修辅导员,特拨少数民族教育补助费。各地朝鲜族均办起了小学。民乐学校在校园西侧又增盖了6间校舍,以供日益增多的学生就学。1947年,仅山河、向阳、沙河子3个区就有小学校8所,学生731名。

1949年,民乐小学发展到18个班级,在校学生1 000余人。但校舍仍然不足,所以在原校舍后又盖了一栋草房。1950年随着民乐、新乐两个行政村的建立、学区也分设了民乐、新乐两个学校。

据不完全统计,1950年前民乐小学八届毕业生中,有12名烈士在解放战争和抗美援朝战争中壮烈牺牲,献出了自己的宝贵生命;还有35名复员军人在战场上立了军功,复员后在祖国的各条战线上继续参加社会主义建设事业。另外,49名毕业生在祖国各种不同的岗位上努力奋斗,取得了辉煌的业绩。

表7-1　　　　　　1947年山河、向阳、沙河子三个区朝鲜族教育情况表

区	学校数			班级数			教师人数			学生人数					
	高级	初级	计	高级	初级	计	高级	初级	计	高级		初级		计		
										男	女	男	女	男	女	计
山河区	1	1	2	1	6	7	3	6	9	44	14	137	93	181	107	288
向阳区	1	4	5	1	6	7	2	6	8	9	4	189	172	198	176	374
沙河区		1	1		1	1		1	1			39	30	39	30	69
计	2	6	8	2	13	15	5	13	18	53	18	365	295	418	313	731

1948 年 3 月 15 日经松江省教育厅批准,在五常县松江六中增设朝鲜初级中学部,1949 年 7 月在松江六中东部创建了五常朝鲜初级中学。从此,广大朝鲜高小毕业生得以在县内中学继续学习。

中华人民共和国成立后,在党的民族政策和教育方针指引下,五常县朝鲜族中小学教育不断发展和提高,很快普及了小学教育。

1950 年初,全县有县办朝鲜完全小学 4 所,村办完全小学 5 所,初小 24 所,3 785 名学生,教师 121 名。达到了朝鲜人集居的地区都有了学校,适龄儿童全部入学。以朝鲜语文教学,学科设置除朝文、汉语以外,其他各科与汉族小学相同。

1956 年在五常朝鲜初级中学增设两个高中班,并改为五常朝鲜中学,朝鲜民族形成了完整的中小学教育体系。1959 年在民乐公社创办民乐初级中学。这期间按照教育部的指示,县政府文教科设了朝鲜族专职干部,加强了对朝鲜族中小学教育的领导和管理。每年除正常经费外,还拨给相当数量的少数民族教育补助费,促进了朝鲜族教育的迅速发展。

十年动乱期间,林彪、"四人帮"对朝鲜族教育进行破坏和摧残,曾一度撤销县的民族教育机构和专职干部,致使民族教育无人过问,削弱了党和政府对民族教育的领导和管理;有的学校被撤销、合并或下放到大队。撤销山河朝鲜中学、五常朝鲜中学和一中联办,将五常朝中大部分学生下放回农村;民族教育干部、中小学教师惨遭迫害。以种种莫须有的罪名被打击迫害的干部、教师有十几名,致使大批优秀教师外流,仅五常朝中外流的骨干教师就有 19 名之多,占该校教师总数的 30%,大大削弱了民族学校的师资力量;尤为甚者污蔑民族语言文字为"无用落后",用民族语文教学是"复辟倒退"。迫不得已,一些学校勉强改用汉语授课,教学质量大幅度下降。近 2 000 名朝鲜族中小学生被迫流入汉族学校,其中,多数学生因听不懂课而辍学,后果十分严重。

粉碎"四人帮"以后,特别是党的十一届三中全会以来,拨乱反正,批判和肃清"左"的影响,认真落实党的各项政策,随着整个教育战线形势的发展变化,朝鲜族中小学教育也得到恢复和发展。

1985 年,全县设有朝鲜族中小学 38 所,其中高级中学 1 所、初级中学 11 所(包括帽中)、朝鲜族小学已发展到 26 所,201 个班,4 536 名学生,326 名教师。早已完成普及小学教育,并以基本普及初中,初中升高中的比例,每年都在 70% 左右。

表 7 – 2　　　　　　　　　　　　　1985 年朝鲜族中小学设置

学校名称	所在乡镇	班级数				备注
		计	高中	初中	小学	
五常朝鲜族高级中学	五常镇	12	12			省重点校
五常朝鲜族初级中学	五常镇	12		12		
山河镇朝鲜族初级中学	山河镇	5		5		
民乐朝鲜族初级中学	民乐乡	8		8		
向阳朝鲜族初级中学	向阳乡	4		4		
五常镇朝鲜族小学	五常镇	10			10	
龙凤山兴元小学	龙凤山乡	8		3	5	
龙凤山五一小学	龙凤山乡	5			5	

续表 7 - 2

学校名称	所在乡镇	班级数				备注
		计	高中	初中	小学	
光辉朝鲜族小学	光辉乡	8		3	5	
光辉辉煌朝鲜族小学	光辉乡	5			5	
光辉北星朝鲜族小学	光辉乡	6			6	
小山子朝鲜族学校	小山子镇	9		3	6	
小山子镇宏元朝鲜族学校	小山子镇	6			6	
小山子镇南元朝鲜族小学	小山子镇	6			6	
小山子镇双元朝鲜族小学	小山子镇					
沙河子曙光朝鲜族小学	沙河子镇					
向阳中原朝鲜族小学	向阳乡	6			6	
向阳永明朝鲜族小学	向阳乡	5			5	
向阳日光朝鲜族小学	向阳乡	5			5	
向阳新丰朝鲜族小学	向阳乡	6			6	
保山金星朝鲜族小学	保山乡	6			6	
保山民兴朝鲜族小学	保山乡	5			5	
双兴爱路朝鲜族小学	双兴乡	6			6	
长山日升朝鲜族学校	长山乡	8		3	5	
山河镇朝鲜族小学	山河镇	5			5	
山河镇东进朝鲜族小学	山河镇	5			5	
杜家文化朝鲜族小学	杜家镇	6			6	
杜家曙光朝鲜族小学	杜家镇	8		2	6	
兴盛新兴朝鲜族小学	兴盛乡	12			12	
安家铁西朝鲜族小学	安家镇	5			5	
常堡明星朝鲜族小学	常堡乡	6			6	
民乐朝鲜族中心小学	民乐乡	12			12	
民乐星光朝鲜族小学	民乐乡	5			5	
民乐东光朝鲜族小学	民乐乡	5			5	
营城子新光朝鲜族小学	营城子乡	9		3	6	
兴隆新立朝鲜族小学	兴隆乡	5			5	
红旗东阳朝鲜族小学	红旗乡	5			5	
杜家光明朝鲜族小学	杜家镇	4			4	

第二节　民族教育现状

1986 年,朝鲜族中学(包括高中)共有 5 所,分别是五常县朝鲜族高级中学、五常县朝鲜族初级中学、山河镇朝鲜族初级中学、杜家镇文化朝鲜族初级中学、民乐乡朝鲜族初级中学。另外还有"带帽中学"6 所(中学班附设在小学里);朝鲜族小学 38 所,分设在 17 个乡镇中。

1987 年,向阳镇增加 2 所朝鲜族初级中学,朝鲜族初中总计 7 所。

1989 年,撤销向阳镇 1 所朝鲜族初级中学,总数变为 6 所。

1990 年,撤销杜家镇文化朝鲜族初级中学,总数变为 5 所。

1994 年,朝鲜族生源减少。撤销设在向阳镇的另 1 所朝鲜族初级中学和全部 6 所"带帽中学",师生分别并到山河镇朝鲜族初级中学和五常朝鲜族初级中学。

2000 年,全市有朝鲜族高级中学 1 所,初级中学 3 所,在校生初中 1 561 人,高中生 399 人,教职工 203 人;小学撤并 11 所,有 24 所,分设在 13 个乡镇中,在校生 2 736 人,教职工 245 人。

2002 年,撤销山河镇朝鲜族初级中学,中学总数变成 3 所。

2005 年,全市有朝鲜族高级中学 1 所,五常朝鲜族初级中学 1 所,民乐乡朝鲜族初级中学 1 所。在校生初中 1 045 人,高中生 540 人,教职工 102 人;小学 6 所,在校生 458 人,教职工 132 人。

表 7 - 3　　　　　　　　1986~2014 年朝鲜族小学基本情况统计

年　度	校数（所）	教职工数（人）	在校生数
1986	32	329	4 526
1987	33	371	4 241
1988	33	323	3 999
1989	32	319	3 763
1990	33	320	3 530
1991	33	352	3 456
1992	33	322	3 451
1993	33	328	3 368
1994	33	328	3 499
1995	32	336	3 559
1996	31	321	3 487
1997	29	302	3 362
1998	26	285	3 110
1999	25	277	3 024
2000	24	245	2 736
2001	22	203	1 918

续表 7 - 3

年　度	校数（所）	教职工数（人）	在校生数
2002	9	135	720
2003	9	135	701
2004	8	132	600
2005	6	132	458
2006	6	89	631
2007	4	84	630
2008	4	60	571
2009	4	57	487
2010	4	58	420
2011	3	52	361
2012	3	57	306
2013	2	45	204
2014	2	41	186

表 7 - 4　　　　　　　1986～2014 年朝鲜族中学基本情况表

年　度	校数（所）	教职工人数	在 校 生 数	
			初中	高中
1986	5	211	1 534	725
1987	7	227	1 086	627
1988	7	261	1 489	614
1989	6	222	1 120	915
1990	5	192	1 079	563
1991	5	196	1 059	576
1992	5	231	1 406	580
1993	5	236	1 321	540
1994	4	329	999	542
1995	4	197	1 059	511
1996	4	185	1 079	560
1997	4	188	1 153	529
1998	4	182	1 506	422
1999	4	182	1 739	367

续表 7-4

年　度	校数（所）	教 职 工 数（人）	在 校 生 数	
2000	4	203	1 561	399
2001	4	172	1 910	503
2002	3	165	1 401	670
2003	3	191	1 351	650
2004	3	160	1 290	632
2005	3	102	1 045	540
2006	3	115	367	310
2007	3	113	324	262
2008	3	127	263	208
2009	3	127	240	161
2010	3	126	210	153
2011	3	133	216	141
2012	3	129	202	129
2013	3	135	136	108
2014	3	133	119	103

第三节　民族学校建设

　　学校的校舍、设备也大有改善。建国三十多年来，由于国家的支持，社队群众的积极努力，广大师生员工的辛勤劳动，五常县朝鲜族学校的校舍、设备有了很大改善。建国当时，学校没有一所砖瓦校舍，现在全县 38 所朝鲜族中小学，已有 28 所实现了砖瓦化（其中 4 所是二层楼），占朝鲜族学校总数的 74%，建筑面积 27 600 多平方米，占朝鲜族校舍总面积的 85%。

　　全县朝鲜族学校积极开展"双勤"活动，在 38 所学校中，有 22 所学校办了工厂，年产值一般在 150 万元左右，占全县中小学校办工厂总产值的 60%。各校利用校办工厂的收入，建筑校舍、更新桌椅、增添教学设备、购置图书仪器，为改善办学条件，提高教学质量，提供了较为雄厚的物质基础。

表 7-5　　　　　　　　　　　　朝鲜族校办工厂生产项目

校　　名	生 产 项 目	建 厂 日 期
五常县朝鲜族高级中学	机电厂	1977 年 6 月 1 日
营城子新光小学校	铬黄厂	1977 年 3 月 20 日
民乐乡中学校	五·七厂	1976 年 3 月 23 日
民乐乡民乐小学校	纸箱厂	1976 年 6 月 12 日
民乐乡星光小学校	兽药厂	1976 年 3 月 23 日

续表 7-5

校　　名	生 产 项 目	建 厂 日 期
杜家乡曙光小学校	胶垫厂	1976 年 3 月 23 日
杜家乡文化小学校	车轴厂	1977 年 6 月 1 日
长山乡日升小学校	电瓶厂	1976 年 3 月 23 日
保山乡民兴小学校	拉子把厂	1976 年 3 月 23 日
向阳乡日光小学校	算盘厂	1977 年 6 月 24 日
山河镇朝鲜族小学校	碳酸厂	
五常镇朝鲜族小学校	纸箱厂	1977 年 6 月 1 日
保山乡金星小学校	农机修理厂	1977 年 1 月 1 日
双兴乡爱路小学校	塑料袋厂	1977 年 3 月 20 日
兴盛乡新兴小学校	绝缘材料厂	1977 年 3 月 20 日
杜家乡光明小学校	电器修配厂	1977 年 6 月 1 日

第四节　朝鲜族中小学教师队伍

新中国成立以来,五常县朝鲜族中小学教师队伍,不仅在数量上有很大发展,而且在质量上也有很大的提高。建国初期,当时全县仅有 100 多名朝鲜族中小学教师,其文化程度大部分是伪满时期小学或初中毕业的。据 1985 年统计,全县朝鲜族中小学教师有 530 人,是建国当时的 5 倍。其中,小学教师 294 人,中学教师 236 人。就其文化程度看,在 236 名中学教师中,大学本科毕业的 21 人,占 9%;大学专科毕业的 35 人,占 15%,中学教师尚有 180 人未达到教育部要求的文化程度,占 76%。294 名小学教师中,就其学历看,虽然有 80 以上是中师或高中毕业,可是其中有 60% 以上是"文革"时期参加教育工作的,其实际文化程度和业务能力远远不能适应提高教学质量的需要。因此,提高中小学教师文化业务水平,仍是摆在朝鲜族教育面前的迫切问题。

提高朝鲜族中小学教师文化业务水平的重要途径是系统的函授教育。1985 年统计显示,有 58 名朝鲜族中学教师参加延边大学函授学习,有 5 名参加哈尔滨师范大学函授学习。参加五常朝鲜族师范学校中师函授的朝鲜族小学教师 61 人。

组织以所教学科教材、教法为内容的过教材关学习,是提高中小学教师文化、业务水平的具体有效的应急措施。它既可解决当前教学的急需,又可为今后系统提高奠定基础。经过 1981 年到 1984 年的 4 年努力,已经较好地完成了过教材关的任务。1981 年全县朝鲜族中小学教师有 231 人应该参加过教材关的学习,其中:高中教师 2 人,初中教师 47 人,小学教师 180 人。通过 1982 年、1983 年、1984 年省里举行的三次统一考试,达到过教材关标准的朝鲜族中小学教师 202 人,占应过教材关人数的 86%。其中:高中教师 1 人,占高中教师应过教材关人数的 50%;初中教师 31 人,占初中教师应过教材关人数的 65%;小学教师 169 人,占小学教师应过教材关人数的 91.8%.

此外,尚有少数骨干教师送到延边大学和哈尔滨师范大学离职进修。

五常市朝鲜族学校教学先进个人

五常市朝鲜族教学能手

1. 第三届(1991年)教学能手

中　学:张国松　柳宽馨　金　哲　金英爱　朴春锡　崔勇男　金海英　姜旭昌　朴容顺

小　学:李仁玉　洪大淑　李玉兰　郑莲子　朴顺德　洪贞玉　金明焕　赵顺焕

2. 第四届(1993年)教学能手

中　学:能手标兵　姜昌旭

　　　　能　　手　玄昌春　陈京实　孔月娇　崔勇男　徐顺南　朴容顺　李英兰　安胎莲

小　学:能手标兵　郑莲子　赵顺焕　金明焕

　　　　能　　手　林莲姬　白云玉　成英爱　李康文　李成女　李粉兰

3. 第五届(1995年)教学能手

中　学:魏圣湖　金演哲　朴京玉　韩京玉　徐顺南　李江源　孔月娇　李英兰　安胎莲

　　　　朴容顺

小　学:李美淑　金粉花　秋玉丹　李桂淑　吉英姬　权成淑　金春花　赵福兰

4. 第六届(1997年)教学能手

中　学:白英爱　崔仁杰　沈在东　康冬梅　李金仙　权淑子

小　学:金海兰　李美淑　金善子　吉英姬　金粉花　李桂淑　朴红兰

黑龙江省、松花江地区、哈尔滨市、五常市教学赛事
五常市朝鲜族教师获奖名单

1. 1994年五常市教师基本功比赛朝鲜族教师获奖名单

小　学:一等奖　吉英姬

2. 1996年黑龙江省教育学院教学竞赛

小　学:第一名:李美淑

　　　　"汉字课"优秀指导奖　洪大淑

3. 1997年黑龙江省教育学会教学竞赛五常市朝鲜族教师获奖名单

小学教学竞赛:第三名:金粉花

　　　　　　　优质课　南海兰

　　　　　　　朗读朗诵大赛第三名:金容粉

4. 1996 年松花江地区教育委员会教师基本功比赛五常朝鲜族教师获奖名单

小　学:第一名:全海兰　金粉花

　　　　第二名:2 人　　第三名:2 人

　　　　四项全能第一名:金粉花

　　　　朗读第一名:金粉花

5. 1996 年松花江地区教育学院教师说课比赛

　　第一名:李江源　白京子

　　第二名:1 人

　　优秀奖:2 人

6. 1996 年教师基本功比赛

　　第一名:全海兰　金粉花

　　第二名:3 人　　第三名:3 人

7. 1996 年五常市双十佳"最佳教师"

　　中　学:金　哲　朴京玉　安胎莲　朴容顺

　　小　学:赵顺焕　李美淑　郑莲子

8. 1997 年哈尔滨市骨干教师

　　中　学:玄太石　韩京旭　李江源　安胎莲　朴容顺

　　小　学:金粉花　李桂淑　李美淑　金容粉　郑莲子　吉英姬　赵顺焕

9. 1997 年哈尔滨市希望杯能手比赛

　　康冬梅　金粉花　吉英姬　权淑子　林昌俊　李美淑

10. 1997 年五常市希望杯能手比赛

　　第一名:康冬梅　权淑子　吉英姬　李美淑　金粉花

　　第二名:9 人

　　第三名:4 人

11. 2002 ~ 2005 年度黑龙江省中小学教学能手

　　中　学:安　晶(数学)　　李金仙(汉语)

　　小　学:李京爱(数学)　　金明华(汉语)

12. 五常市中小学优质课

　　中　学:李金仙(1995)

小　学:朴虹兰(1995年)　金善子(1996年)　郑莲子(1996年)

13.五常市教学能手表演奖

中　学:孔月娇(1996年)　李江源(1996年)

14.其他

姓　名	性　别	授奖级别	年　度	光　荣　称　号
玄春玉	女	五常市	1996	优秀导演奖
申明浩	男	黑龙江省	1997	书法奖(中华文化发展基金会)
崔福花	女	五常市	1997	文艺奖
李蓉术	女	五常市	1997	文艺奖
金千石	男	五常市	1997	文艺奖
白云玉	女	中国朝鲜族少年报	1996	优秀指导教师
张玄镇	男	黑龙江省教育学院	1996	科研先进工作者
李美淑	女	哈尔滨市教育局	1996	优秀创作奖
张美玉	女	五常市	1996	优秀创作奖
张桂花	女	少年报	1996	三等"园丁奖"
张美玉	女	五常市	1996	优秀导演
白云玉	女	黑龙江省教育学院	1996	优秀指导奖
李美淑	女	五常市	1996	最佳导演奖
李美淑	女	黑龙江省教育学院	1997	五十佳教师
洪大淑	女	五常市	1997	编导一等奖
金容粉	女	五常市	1997	编导二等奖
全南淑	女	五常市	1994	"六·一"舞蹈编导奖
全南淑	女	五常市	1995	优秀导演奖
千锦花	女	延吉	1995	作文指导奖

第五节　朝鲜族中小学教育科研成果

新中国成立以来,五常县朝鲜族学校为国家培养了大批民族干部,给上级学校输送了大批合格的新生,在造就一代新的知识分子和提高朝鲜族人民文化科学水平方面,做出了贡献。

全县约有2 000名朝鲜族学校毕业生考入省内外高等学校和中等专业学校或直接参加工作成为民族干部和专业技术人员。在1965年前和1979年后,五常朝鲜族高级中学曾两次在全省30多所朝鲜族中学的高考中名列前茅。朝鲜族学校培养出来的学生有的成为科学家、作家、教师、新闻工作者、企业管理干部或党政部门的领导干部。现在这些人分布在全国各地为建设四化做出贡献。

表7-6　　　　　　　1982～1984年省级刊物朝鲜族教师发表的文章

单　位	姓　名	报刊名称	题　目	发表时间
五常朝高中	金光洙	延边教育杂志	汉语文写作能力	1982.8 期
五常朝高中	张京淑	黑龙江报朝文版	小说《春蚕》	1982.3 期
五常朝高中	郑相铉	黑龙江报朝文版	怎样指导生物课高考辅导	1983 期
五常朝高中	张京淑	朝文教学研究	论文道统一	1983.10 期
五常朝高中	张京淑	黑龙江报朝文版	小说《溪边的雾》	1983.10 期
五常朝高中	张京淑	黑龙江报朝文版	随笔一篇	1983.12 期
五常朝高中	金光洙	延边教育杂志	琐谈读与写	1983.3 期
五常朝高中	金斗秀	黑龙江报朝文版	政治考试题类型及答法	1984.6 期
五常朝高中	郑相铉	黑龙江报朝文版	怎样在指导生理卫生复习	1984
五常朝高中	玄太石	延边教育杂志	讲读教学中题目的分析	1984.4 期
五常朝高中	玄太石	黑龙江报朝文版	小小说征文	1984.3.7 期
五常朝高中	玄太石	黑龙江报朝文版	抒情诗	1984.6.3
五常朝高中	玄太石	黑龙江报朝文版	写作教学技巧	1984.7.1
五常朝高中	李天	黑龙江报朝文版	微型小说《静静的家》	1984.1.1
五常朝高中	李天	黑龙江报朝文版	评论《民族妇女人格问题》	1984.8.20
五常朝高中	张京淑	四省经验交流会经验材料	语文教学是作文教学的依据	1984.5.24
五常朝高中	金光洙	延边教育杂志	紧密结合教材指导说明文的写作	1984.11 期
五常朝高中	金光洙	黑龙江报朝文版	谈提高课堂教学效率	1984.3

注：当时五常县教育界在省级报刊上共发表32篇文章，朝鲜族教师共发表18篇，占总数的56.3%。

表7-7　　　　　　　　　1984年朝鲜族县级优秀论文

单　位	姓　名	职　务	题　目
兴盛乡新兴学校	徐松鹤	特级教师	谈小学汉语句型教学
五常县朝鲜族高级中学	金光洙	副教授	紧密结合教材指导学生学好说明文

注：县级优秀论文共15篇，朝鲜族占1.4%。

表7-8　　　　　　　　1995～1997年五常朝鲜族教师部分论文获奖情况

姓　名	性　别	授奖级别	年　度	光荣称号
秋玉丹	女	五常市	1995	二等优秀科研成果奖
李美淑	女	五常市	1995	三等优秀科研成果奖
金容粉	女	五常市	1995	二等优秀科研成果奖

续表7－8

姓　名	性　别	授奖级别	年　度	光荣称号
金容粉	女	黑龙江省教育学会	1996	三等优秀科研成果奖
白玉女	女	黑龙江省教育学会	1995	第八届年会一等科学成果奖
吉英姬	女	松花江地区教育学院	1995	科研成果一等奖
吉英姬	女	东三省	1997	论文奖
金莲子	女	东三省	1997	论文奖

注:所提供资料无详实记载。

表7－9　　　　　　　　　　中小学教师论文获奖情况

年　度	等　级	篇　数	批　准　部　门
2001.12	三　等	7	哈尔滨市教育学会
2002.4	一　等	2	哈尔滨市教育研究院（朝鲜语文年会）
	二　等	6	
	三　等	5	
2002.12	一　等	1	哈尔滨市教育研究院（数学年会）
	二　等	3	
	三　等	8	
2002.12	一　等	1	哈尔滨市教育研究院（班主任工作经验交流会）
	二　等	1	
	三　等	4	
2005	一　等	3	哈尔滨市教育研究院
	二　等	6	
2005	二　等	2	哈尔滨市教育学会民族教育专业委员会
	三　等	12	
2005	二　等	6	黑龙江省教育学会
	三　等	7	
2005	二　等	9	哈尔滨市教育研究院
2005	优秀指导奖	4	黑龙江省教育学院民族教育教研进修部
2005	一　等	5	哈尔滨市教育学会
	二　等	4	
	二　等	4	

续表 7－9

年　度	等　级	篇　数	批　准　部　门
2006	一　等	5	黑龙江省教育学院民族教育教研进修部
	二　等	17	省少数民族中小学文科教学专业委员会
2006	一　等	11	（同上）
	一　等	2	黑龙江省教育学会
	二　等	10	少数民族中小学理科教学专业委员会
	三　等	1	
2007	一　等	3	黑龙江省教育学会
	二　等	5	
	三　等	1	
2007	一　等	2	哈尔滨市教育研究院民族教育教研部
	二　等	4	
	三　等	4	
	优　秀	7	
2007	一　等	4	哈尔滨市教育研究院民族教育教研部
	二　等	2	
	优秀指导奖	2	
2008	二　等	3	哈尔滨市教育研究院民族教育教研部
	三　等	8	黑龙江省教育学会
2008	教学一等奖	1	黑龙江省教育学会
2008	一　等	2	哈尔滨市教育研究院民族教育教研部
	一　等	2	
2009	一　等	5	哈市教育学会民族教育专业委员会
	二　等	8	哈市教育学会民族教育专业委员会
2009	二　等	5	黑龙江省教育学会
			少数民族中小学理科教学专业委员会
2009	一　等	1	哈尔滨市教育研究院
	二　等	2	

表 7－10　　　　　　　　获一等论文情况表

年　度	等　级	篇　　　数	批　准　部　门
2002.4	孔月娇	据哲学性思维,培养创造性思维能力	哈尔滨市教育学会
	朴喜子	课堂教学中应充分体现学生主体性	
2002.12	池浩男	浅谈小学数学实践活动问题设计	哈尔滨市教育研究院
2005.12	金粉花	综合实践活动升华到理性阶段的探究	哈尔滨市教育学会
	金红梅	综合实践活动与学生的创新能力	
	李京爱	适应新编教材 低年级数学教学的基本过程	
	金英实	如何运用新理念 实施思想政治新课程教学	
2006.9	朴贵红	浅谈在音乐教学中 对学生创造力的培养	黑龙江省教育学院 民族教育教研进修部 省少数民族中小学文科 教学专业委员会
	朴美子	浅谈多媒体教学在地理学科中的应用	
	李太仙	倾听、关注学生的心声 ——培养学生健康的心理	
	朴昌吉	思想政治课 应如何激发学生的学习兴趣	
	李太花	浅谈在初中历史教学中的导入法	
	李桂淑	关于培养学生学习兴趣的几点见地	
2007.7	白英爱	班主任如何参与和谐校园的构建	哈尔滨社会科学界联合会 哈尔滨市教育学会
	吉英姬	无悔的人生	
2007.9	金明华	阅读教学中创新性思维的培养	黑龙江省教育学会
	李英姬	新教材阅读个性化教学的尝试与思考	
2007.11	宋吉子	成功无捷径,学习当奋斗	哈尔滨市教育研究院 民族教育教研部
	金红梅	学会感恩,学会关爱	
	李京姬	珍惜零用钱	
	曹永梅	学会感恩,学会关爱	
2008.7	金南淑	"食物中的营养"教学	黑龙江省教育学会
2008.11	金善花	传递友爱	哈尔滨市教育研究院 民族教育教研部
	金寿爱	太平天国运动	

续表 7 - 10

年　度	等　级	篇　数	批　准　部　门
2009.4	李京爱	小学数学教学中导入法应多样化	哈尔滨市教育学会民族教育专业委员会
	姜寿玉	关于数学教学中的开方教学思考	
	金龙日	高中数学新课程推进中的困难与挑战	
	李桂淑	浅谈教学自主探究式课堂教学模式	
2009.5	李英姬	新课标下汉语教学中课堂主体的把握	哈尔滨市教育研究院
2009.9	蒋京福	人生命的独特性	哈尔滨市教育研究院民族教育教研部
	朴贵红	星星、鲜花与老师	
	金英实	人的认识从何而来	
2009.9	白英爱	人的认识从何而来	哈尔滨市教育研究院民族教育教研部
	曹永梅	今天你安全吗	

表 7 - 11　　　　1961～1984 年五常朝鲜族升入大中专院校情况表

年　度	大学(含大专、高职)	中专(含中等师范)	备　注
1961～1965	39		
1966～1970			取消高考制度
1971～1976	22		保送工农兵学员
1977	10		
1978	27		
1979	47	32	
1980	54		
1981	15	4	
1982	45	7	
1983	35	7	
1984	45	7	
总　计	339	57	

注:除 1971～1976 年推荐保送工农兵大学生外,统计出的基本是五常县朝鲜族高级中学的考生,在汉族高中就读的朝鲜族考生基本没有统计。

第六节　部分朝鲜族中小学简介

一、五常市朝鲜族实验小学校

五常市朝鲜族实验小学　　　　　　　　（张民生摄）

　　日本侵略者占领五常后，在五常镇西南一代，已有朝鲜族300余户，1 300多人居住，他们要求成立朝鲜族小学，使自己子女受到教育。伪康德元年（1934年）在五常镇设立了公立五常崇仁国民优级学校。学制是《四、二》制（即国民初级四年，国民优级二年），课程设置有国语（日语）、算术、修身、自然、图画、唱歌、体育、写字等，高小增加历史、地理、军训等科。课本全用日文编写，学生不仅学不到朝鲜语文，还不准说朝鲜话，连学生姓名也都改用日本人姓名。教材内容尽是"等级公民"、"忠孝仁爱"、"共存共荣"等，企图把学生培养成"忠君"、"亲日"的奴隶。

　　日伪的奴化教育，引起了朝鲜族的抵制和反对。很多人拒绝送子女入学。有一名教师任教第一课，公开在黑板上写出"朝鲜独立"醒目的四个大字，给学生留下了深刻的印象。年龄较大的学生常常以打群架的方式，打击那些亲日的学生。

表7－12　　　　　　　　部分年份崇仁小学校一般情况

	学　型	班级数	学生数	教师数	备　考
1937年	国民学校	3	60	4	
1942年	国民优级校	4	60	6	
1945年	国民优级校	7	200	8	补习班

　　"九三"光复后，日本侵略者垮台，学校停办，校舍遭到严重破坏。1946年1月，县、区民主政府成立后，学校复课。校名改为东新朝鲜族小学校，有两个班、60余名学生，教师4名，废除了日伪教材，选

编临时教材。至 1948 年,学生约有 80 到 90 名,4 个学年,两个复式班,4 名教师。

中华人民共和国成立后,党和政府对少数民族教育非常重视,朝鲜族群众纷纷送子女入学。到 1957 年在校学生 300 多人,适龄儿童入学率达到 90% 以上。校名为"五常镇朝鲜族小学"归五常镇人民公社管辖,10 名教师,4 个学年,因学生减少,组成两个复式班。

1958 年以后,强调劳动教育,学校种试验田(水田 5 亩、旱田 2 亩),办木工厂、牙科儿科诊所、养猪、养兔等。经济上收到了一些效益,但严重地影响了学校的正常工作,搞得教师学生整天疲惫不堪,教学质量急剧下降。1960 年以后在"调整、巩固、充实、提高"的方针指引下,学校逐渐走向正规,开展教学研究工作,狠抓"双基"教学,教学质量逐步提高。

1962 年,毕业生 30 名,考入初中 11 名占 38%,名列全县朝鲜族小学第一,被评为全县教育系统先进单位。

五常市朝鲜族实验小学教学楼。　　　　　　　　　　　　　(张民生拍摄)

1963 年,学校迁至今校址,占地面积 13 448 平方米,新建一栋 448 平方米砖瓦结构校舍。

为加强朝鲜民族基础教育,学校升格,归属市教育局直接管理,校名随之更改为"五常市朝鲜族实验小学校"。政府非常关心这所学校的建设,2003 年 10 月,2 280 平方米的新教学楼落成;2013 年 6 月,1 400 平方米的学校附属幼儿园及师生餐厅落成。这些建设一改建校近 80 年来教学使用的平房面貌;加之操场四周植树种花、美化环境,为师生提供了清洁优美的外部教学环境。

学校非常重视内部环境的建设。近年来,微机室、实验室、图书室、语音室、综合活动室等陆续建立起来。2008 年 6 月,获得韩国 KTF 的资助,建立起民族文化教室,为少年儿童接受民族传统文化教育创造了方便条件。学校注重在教室墙壁、走廊、楼梯等处反映双语渗透教育,体现了民族校园文化特色。校园呈现出一派新气象。

多年来,接待了韩国海外同胞财团、韩国全罗北道益山市、韩国文化财团、韩国驻中国沈阳领事馆等人士的来访、接受了他们赠予的计算机、图书等物品,进一步与国外文化接轨,提升了民族文化教育的层次。

表 7 - 13　　　　　　　　1949～1965 年东新朝鲜族小学基本情况

	班　级	学 生 数	教 师 数	毕业生数
1949 年	3	90	4	21
1953 年	6	387	8	78
1956 年	6	308	10	52
1958 年	4	84	5	16
1960 年	5	126	7	25
1962 年	6	154	9	30
1965 年	7	189	10	31

1968 年,学校下放到生产大队,贫下中农代表进驻学校,管理学校。学制改为五年制,取消考试制度,靠民主评定修业或升学。教学内容突出"无产阶级政治",忽视了基础知识学习,造成了"读书无用论"。部分学生流入汉族小学,1970 年就有 50 余名学生流入汉族小学校。

1972 年学校办起了机电厂,生产的电焊机销售各省市。学校购置拖拉机、载重汽车各一台,工厂收入不仅改善了办学条件,而且学生学杂费、书费一律免交。

党的十一届三中全会以后,教育工作受到全社会的重视,开创了新局面。1980 年全镇

有朝鲜族适龄儿童 335 人,入学率达 100%(在朝小读书的有 324 人,在汉族学校读书的仅 11 人)。1979 年至 1981 年,学校连续被评为县的先进集体。

1981 年恢复为镇直学校,开始戴帽初中班。1983 年办起了钢窗厂,收益用以改善办学条件。至 1984 年 9 月,将初中班分出,归县领导。1985 年县财政拨款建 902 平方米的砖瓦结构校舍交小学使用。

朝鲜族小学教师,努力钻研教材,改革教学方法,取得了丰硕的教学成果。他们利用业余时间撰写了质量较高的论文,获得了一致好评。

受省教育厅的委托,2014 年出版了校本教材《白衣民族之真实文化》。

学校与周边 5 所学校合并在一起,教师队伍由原来的 20 名扩大到 35 名,学生 300 余名。全校教师随着世界化、信息化时代的到来,认识到自己身上的使命感、紧迫感,决心不断充实自己,为打造在信息化、世界化尖端科学的 21 世纪具备生存能力、竞争能力的中国国籍的世界人而狠抓教育改革试验、教育科学研究工作。

课间活动

学校锐意改革与创新,各项工作取得骄人的成绩,受到广大学生家长信赖与关爱。多年来,学校成为"黑龙江省教学改革示范学校",承担起东北三省朝鲜族教育科学实验课题任务,受到国家级、省级、哈尔滨市级和五常市级的表彰奖励。近年来的主要殊荣有:"国家课程朝鲜文教材研究基地校","黑龙江省义务教育学校标准化建设工程合格学校","黑龙江省标准化学校","哈尔滨市青少年'中华魂'《祖国在我心中》主题读书活动先进集体",2010 年 8 月被哈尔滨市委宣传部评为"全市民族团结进步模范集体",2012 年 6 月被评为"全国教育科学'十一五'教育部规划课题研究先进单位",2013 年 3 月被省政府、省教育督导室评为"群众满意学校"2013 年被确定为"哈尔滨市教学研究实验基地",2014 年被确定为"东北三省朝鲜语文教材研究实验基地"等。

学校学生经常参加全国、黑龙江省、哈尔滨市的大型竞赛活动并多次取得优秀成绩,荣获特等奖、金奖、银奖、优秀奖。

1998 年六年级学生李海民,在参加全国朝鲜族"神童杯"数学奥林匹克竞赛中获特等奖。

1999 年第八届中国朝鲜族"神童杯"小学生数学奥林匹克竞赛中,五年级学生田成文、元海东分别获得本学年的金、银奖,六年级的崔相东获得该学年级的铜奖。

表 7－14 五常市朝鲜族实验小学教师、学生数

年　度	教学班(个)	学生(名)	毕业生(名)	教师(名)	备　注
1937	3	50		4	初小
1942	4	80		6	初、高小
1945	7	200		8	初、高小
1946		50		2	
1947				4	
1948	4	80		4	
1949	3	80	21	4	
1953	6	387	78		
1956	6	308	52	10	
1958	4	84	16		
1960	5	126	25	8	
1961	6		22	8	
1962	6	154	30		
1963	6		45	9	
1964	6		41	10	
1965	6	189	31	10	
"文革"时期					
1976	7	242	69	14	
1979	8	272	47	16	
1980	9	319	47	21	
1982	10	336	85		

续表 7－14

年　度	教学班(个)	学 生(名)	毕业生(名)	教 师(名)	备　注
1983	10	344	84	36	
1984	10	336	72	35	
1985	12	421	71	24	
1986	12	426	71	28	
1987	12	423	74	30	
1988	12	425	81	29	
1989				25	
1990				28	
1991				30	
1992				31	
1993				31	
1994				31	
1995				31	
1996				31	
1997				32	
1998				31	
1999				24	
2000				26	
2001				29	
2002				26	
2003				29	
2004		308		19	
2005		310		24	
2006		294		26	
2007	12＋2	361		32	
2008	12＋2	378		27	
2009	12＋2	366		26	
2010	12＋2	324		26	
2011	12＋3	339		21	"＋"后为幼儿班。
2012	11＋3			21	
2013	11＋4	190	52	19	
2014	11＋4	188	70	35	

表 7 - 15　　　　　　　　　　　　表校名更迭表

时　间	校　名
1943～1945	五常县五常公立崇仁国民优级校
1946～1949	五常县五常东新朝鲜族小学
1950～1955	五常县第九区朝鲜族完全小学校
1956～1957	五常县新兴乡朝鲜族中心小学校
1958	五常县新兴乡复兴朝鲜族小学校
1959～1998	五常县五常镇朝鲜族小学校
1999～	五常市朝鲜族实验小学校

表 7 - 16　　　　　　　　　　　　历任校长名单

姓　名	任职时间
吴太林	1945
金学珠	1946
金元植	1947～1952
全奉烈	1953～1954
金政敏	1955～1956
郑欲泽	1957～1959
沈成敏	1960～1962
朴彻锡	1963～1965
洪哲秀	1964～1973
尹成宇	1974～1984
张铉镇	1984～2000
洪大淑	2001～2006
秋玉丹	2007～

二、学校附属幼儿园

五常市朝鲜族实验小学附属幼儿园始建于 1990 年,是哈尔滨市一级幼儿园,也是五常市唯一一所朝鲜族幼儿园。党和政府非常关心少数民族幼儿教育,2013 年拨款新建成 1 356 平方米的教学楼,进一步完善了幼儿幸福成长的优越条件。

教学楼内具有教室、寝室、洗手间、图书室、综合活动室、生活体验室和游乐区等现代化教育教学设施,配备了与各年龄段相适应的各类玩具。

现在,幼儿园设有小班、中班各 1 个,大班 2 个共 4 个教学班,70 多名幼儿在这里学习生活。每班都配备了班主任 1 名,教师 1 名,对学生进行朝鲜语、汉语双语教学。这些教师都是从小学优秀教师

五常市朝鲜族实验小学附属幼儿园大班学生在上课

中遴选出来或幼儿师范毕业的年轻教师。

幼儿教育以国家《幼儿教育大纲》和《3～6岁幼儿行动指南》为规范,参考韩国先进教育理念,确立教育目标,开展幼儿教育活动。

教育教学活不是单纯的课程教育,而是在教育教学活动中寓教于乐,追求幼儿的身心健康、培养他们日常生活的自理能力、相互语言沟通表述的能力解决问题的方式方法问题等。

坚持特色教育是这所幼儿园的一大特色。民族传统教育、民族礼节教育贯穿了整个幼儿园的学习生活的全过程。通过阅览、朗读幼儿图书、讲故事等形式,潜移默化地提高幼儿语言表达能力。

幼儿园建立了家长委员会,定期召开家长会,汇报园内工作,听取他们的意见和建议,进而改进各项工作。

现在幼儿园不仅有朝鲜族幼儿入园,而且还有不少汉族幼儿也慕名入园学习生活。双语教学使汉朝小兄弟团结更加紧密。

三、民乐中心小学

民乐中心小学始建于1938年,是时名为五常县安家大东小学,校址在今民乐乡民安屯民乐供销社位置,即安家农场大东小学校。

大东小学在1939年至1941年为初级小学,1942年成为完全小学。随着农场规模的扩大,1943年在项家村设立了分校。1942年至1944年间,共毕业3期4个教学班约140名学生,为解放前毕业生。

该校1945年至1946年的毕业生称为解放后一期毕业生;到1948

民乐中心小学

年共毕业3期,称作建国毕业生;1949年以后毕业的学生称新中国成立后毕业生.这些学生一直到1951年都是每年2月份入学,12月份毕业。由于学制的改变,自1952年起,改为每年9月份入学,7月份毕业。

民乐中心小学项家村分校1950年设立了1～5年级,1951年成为完全小学。1956年,五常县八区取消,同时成立了民乐乡和安家乡,学校名称几经变化,更为民乐中心小学。

民乐中心小学建校 70 多年来共毕业 5 000 多名学生,在该校工作过的教师超过 1,500 位。20 世纪该校规模曾一度达到 18 个教学班,1 080 名学生,教职工 38 名之多。

虽然受到改革开放大潮的冲击,出国、进城人口不断增加,使该学区生源逐渐减少,但学校的教学质量并没有受到影响。特别是"普九"验收之后,该校进一步注重巩固提高工作,强化内部建设,改善办学条件。投资 4 万多元,新购进计算机、复印机,建起了收视室,为全面贯彻党的教育方针,提高教学质量,实施素质教育奠定了重要基础。

随着学校建设的不断推进,教学质量的进一步提高,使得该校适龄儿童入学率、在校生巩固率、小学生毕业率均达到 100%,收到了社会各界的好评和各级教育行政部门的嘉奖。1992 年被评为县级规范化学校,同年步入省级标准化小学行列;1993 年被评为地区级"双全"学校;1997 年被评为五常市精神文明先进单位;1997 年、1998 年连续两年被评为哈尔滨市教育系统先进集体。学校有省级劳模 1 人,地区级教学能手 1 人,哈尔滨市骨干教师 2 人。

表 7 – 17　　　　　　民乐中心小学校名变更及校长更迭情况表

名　　称	时　　间	校　　长
五常县大东小学	1939 ~ 1941	金永生
五常县公立安家大东小学(国民优级学校)	1942 ~ 1945	大　川
五常县安家大东小学	1946.2 ~ 1946.12	李章英
五常县第一朝鲜完全小学	1947.2 ~ 1947.12	朴宗植
五常县第八区朝鲜完全小学	1948.2 ~ 1950.12	李英洙
五常县第八区朝鲜第一完全小学	1951.2 ~ 1955	沈成民
五常县民乐朝鲜族自治乡中心小学校	1956 ~ 1957	崔忠烈
五常县民乐朝鲜族乡中心小学校	1958 ~ 1961	魏　炅
五常县民乐公社中心小学	1962 ~ 1992	权奇泽
五常市民乐朝鲜族乡中心小学校	1993 ~ 2004	宋圣天
五常市民乐朝鲜族乡民乐小学	2004	金泽俊

四、山河朝鲜小学

朝鲜小学创办于伪满康德元年(1934 年),名为五常县组合公立国民优级学校,地址在今山河镇百货二商店后院.有砖瓦结构西厢房五间,共设两个复式班,大约 70 余名学生,4 名教员,校长韩昌发。

伪康德五年(1938 年),更名为五常县组合公立国民小学校,学制四年。是年第一期 19 名学生毕业。伪康德六年(1939 年)第二期 21 名学生毕业。

伪康德七年(1940 年)迁山河镇西门外路北,建了一栋砖瓦结构校舍,更名为山河崇义国民优级学校,学制四年,校长竹内俊一、安内行作、竹内吉枝、梅田雨泽等.

1946 年解放后,山河镇划归吉林省管辖,校名改为舒兰县朝鲜族完全小学校,有 6 个年级,6 个班,8 个教室,200 余名学生,教员增加到 7 人.1950 年山河镇划回五常县,校名为十区朝鲜第二完全小学校,实行 6 年制,有 7 个班,教师 10 名。

1951 年更名为五常县第十区朝鲜完小,教师 11 名.1955 年更名为五常县山河镇朝鲜完小.1968 年到 1972 年新建 10 个砖瓦结构教室.1978 年并入五常县第八中学,为小学部。

五、儿童学院

50 年代初,由于美帝国主义发动侵略朝鲜战争,使许多朝鲜儿童的父母被夺去了生命。我国为了支援朝鲜反侵略战争,主动承担接受、安置战争灾难孤儿。五常县在 1951 年 11 月,于山河、拉林两镇共接收和安置朝鲜战争灾难孤儿 950 余人。院长、教师由朝鲜大使馆选派,保育员、炊事员、勤杂人员由县里负责安排。学院的行政管理,隶属于朝鲜驻中国大使馆在沈阳的儿童教育处。经费全部由黑龙江省财政厅拨款,县民政科具体管理。

到 1958 年,由于朝鲜已转入和平建设时期,学院儿童大部分升入中学或回本国参加建设,从此,这两处学院撤销。

六、山河朝鲜儿童学院

五常县山河镇共接收了约 500 名朝鲜孤儿,建立了一处儿童学校。这批孤儿年龄一般都在 7 ~ 10 岁,个别也有 11 ~ 12 岁的。学校设 13 个班,教职员工 58 人。其中,教师 13 人,保姆 13 人,均为朝鲜族;勤杂人员 32 人,多为汉族,从城镇居民中选定。院长先后由安炳仁、闵炳南担任,经理和教育副院长由姓李和姓崔的担任。学院名称"五常县初等儿童学院",一般通俗称"朝鲜儿童学院"。全部生活教育、房舍维修、卫生医疗费用,年计 10 万余元。仅儿童伙食费、副食补助一项,每人每月 18 元。

七、拉林朝鲜初等学院

拉林朝鲜初等学院 14 个班,500 余名儿童,比山河学院的儿童年龄较大些,开始设初等学院班,后成立中等学院的中学班。院长吴春植,经理副院长朴再宇,教育副院长李学周,教员 20 余人,保育、炊事、勤杂人员 25 人以上

八、五常市朝鲜族高级中学

1948 年 3 月在松江省第六中学附设了朝鲜族中学部,初名为松江省第六中学朝鲜族中学部。1950 年 3 月独立建校,校为松江省五常朝鲜族初级中学校,1958 年更名为五常县朝鲜族中学,1981 年更名为五常朝鲜族高级中学,是黑龙江省首批重点中学。

到 2005 年,学校占地面积 3.6 万平方米,建筑面积 8 800 米,校内具备先进的数理化生物实验室、语音室、微机室,教室和办公室全面实

五常市朝鲜族高级中学原校舍　　　（朝高中档案室提供）

行了微机网络化。学校拥有教职工 59 人,其中任课教师 38 人。有 10 个教学班,学生 418 人。

五常市朝鲜族高级中学原校舍 (朝高中档案室提供)

学校坚持把德育教育放在首位,以教学为中心,全面贯彻教育方针,努力提高师生素质,常年坚持开展文体活动,做到教书育人、管理育人、服务育人。教育教学质量稳步提高。建校以来,学校为国家培养了 8 000 余名优秀人才,有的已成为专家、教授、工程师、军队的高级将领。其中 1979 年恢复高考就有 1 名考生进北京大学,1979 年至 2007 年共有 17 名毕业生考取了清华大学、北京大学。

1986~2005 年,学校的教学经验曾在东北三省同类学校中推广,被评为省"两全"(全面贯彻党的教育方针、全面实施素质教育)、省卫生先进单位,哈市文明单位、哈市德育工作先进单位等光荣称号。

在长期的教育教学实践中,学校形成了明确的校训、校风、教风、学风:

校训	坚定	勤奋	团结	创新
校风	谦虚务实	勤勉好学	为人师表	开拓奋进
教风	教书育人	诲而不倦	自尊自强	净化灵魂
学风	团结守纪	尊师爱校	拼搏求智	同争三好

(一)初创时期(1948.3—1950.3)

在日本侵略者铁蹄蹂躏下,广大朝鲜族人民翻身做了主人。中国共产党和人民政府在解放战争还在激烈进行,各方面条件还极其困难的条件下,为朝鲜族青少年创造了接受中等教育的条件。1948 年 3 月在松江省第六中学附设了朝鲜族中学部,即"松江省第六中学朝鲜族中学部"。负责朝鲜族中学部的六中副校长是从尚志朝中调来的朝鲜族权宁可同志;朝鲜族教员有郑斌、金义洙、姜千基、金奎洙四位;学生三个班,来自去尚志朝鲜中学读书的五常县朝鲜族学生和民乐小学"带帽的"中学补习班学生。学生构成复杂:参过军后参加过土改工作队的,伪满时读过中学一、二年级的,伪满曾读过小学后在家种田的等等。这些学生年龄差异大,而且文化程度不一,但他们求知欲强、热爱劳动、进取心强烈。

1948 年秋,招生两个班;1949 年春招生 3 个班。这样建国前中学部已有 8 个教学班,37 名学生,21 位教师。

1950 年 1 月,松江省第六中学朝鲜族中学部送走了 36 名首届毕业生,接着招生两个班,全校共 9 个教学班,在校生 434 名。

为发展民族教育事业的需要,1950 年 3 月朝鲜族中学部从松江省第六中学分出,独立设校,校名为"松江省五常朝鲜族初级中学校"。

朝鲜族高级中学师生插秧劳动　　（朝高中档案室提供）

1950年秋季，招生两个班。是时，学校已有11个教学班，516名学生，教职工26人。

当年成立了教育工会。

这创业的三年，在中国共产党民族政策的照耀下，学校从无到有，从附属到独立，一步步发展起来，成为具有一定规模的民族学校。

学校的发展也离不开全校师生的辛勤努力和广大朝鲜族群众的大力支持。民主联盟、妇女联盟等群众组织帮助修缮教室、宿舍，帮助腌菜，改善学生的生活学习条件。教师自己编印教材，学生一边学习，一边生产劳动，建设自己的新校园。

在抗美援朝的日子里，学校30多名学生投笔从戎，奔赴抗美援朝前线，柳哲熙、沈相忆、赵春植、朱一英、洪祥杓、李井雨等八位烈士的青春热血洒在朝鲜的土地上。

（二）建国后至“文化大革命”前（1951～1966）

这一时期，学校教育以老解放区教育为榜样，借鉴苏联的教育教学经验，积极贯彻党中央提出的“教育为生产服务”、“向工农开门”、“办正规化学校”的方针，使学校出现了繁荣的局面。

1951年1月，学校送走第二届初中毕业生两个班88名。同年，根据上级指示，春季始业改为秋季始业。先后招生7个班333名新生，送走3个班毕业生113名。到年底，学校共有14个教学班751名学生，34位教职员。

1952年7月毕业生两个班88名；8月招收新生5个班（3个男生班、2个女生班），全校共13个教学班，712名学生。新中国培养出的大专毕业生崔元龙分配到学校充实教师队伍。

1953～1957年是我国“第一个五年计划”期间，纳入国家计划的教

朝鲜族高级中学师生与解放军官兵田间休息时促膝谈心

（朝高中档案室提供）

育事业得到迅猛发展。在“教育为无产阶级政治服务，教育与生产劳动相结合”的方针指引下，学校配

备了专职支部书记,建立了自己的劳动基地—1 所木工厂、1 个修配厂和 500 多亩的农场。

这一时期,师生除参加劳动基地的生产劳动外,还要参加很多社会上"大跃进"的活动,打乱了学校工作的正常秩序。

到 1958 年,学校在校初中生 12 个班,高中生 1 个班共 600 多名学生,教职工 41 位.学校成为完全中学。到了 1960 年学校已有高中 5 个班初中 12 个班 770 名学生,教职工 70 多位,在省内较有名气的朝鲜族完全中学。

三年自然灾害给人民生活带来暂时的困难,学校生活也自然出现了困难,产生了学生大量流失的现象。

经过三年经济调整和恢复,国民经济基本好转,学校工作出现稳定局面。小型基本稳定,保持在初、高中各 6 个班,学生名额 550 名左右的完全中学。到 1966 年,48 名教师中,已有 15 名大学本科学历,24 名大专学历的教师队伍。1965 年毕业生中 19 名升入大学。

(三)"文化大革命"时期(1966～1976)

这一时期,学校教育同其他事业一样受到极大的冲击。1966 年"文化大革命"开始后,学校"停课闹革命",师生纷纷走出课堂,冲向社会"破四旧、立四新"批判"走资派"、揪斗"牛鬼蛇神"搞派性斗争、打、砸、抢,使学校领导和教师惨遭迫害,金重文老师被害致死,学校正常秩序被完全打乱,无法按着中央精神"复课闹革命"。1969 年,虽然复课,但学生毫无学习兴趣。1970 年,林彪、"四人帮"对朝鲜民族教育的破坏和摧残登峰造极,实行五常朝中和五常一中联办,成立联合中学。全校朝鲜族班、汉族班学生各 4 个,同时调入 3 名汉族教师。校名由"五常县朝鲜族中学"改称"五常县第四中学"。

1970 年春,根据松花江地区革委和县革委的指示,松花江地区医专筹办到朝中校园内。战火纷飞中创立的朝中搬迁到五常县苗圃西侧,开始修建新校舍盖起了 1 800 平方米的砖瓦结构校舍。但 1972 年,地区医专同中医学院合并回哈尔滨,学校继续在原址办学。

1971 年,"四人帮"在炮制的"全国教育工作会议纪要"中提出"两个基本估计",把建国后 17 年的教育说成执行了修正主义教育路线,把广大教师列为资产阶级知识分子,看成专政对象,派工人和贫下中农宣传队进驻学校,管理学校。砍掉基础课,大搞"开门办学"、"接受贫下中农再教育",以学生下厂、下乡劳动代替教学。并把中学教育"三三制"改为"二二制",取消升学考试,初中毕业全部升入高中,高中毕业自找门路,造成有文凭没水平的现象。是时,学校有高中 6 个班,初中 4 个班。

1973 年 10 月,根据上级指示精神,出现"社社办高中,队队办初中"的局面,生源被分散到各地帽中。1974 到 1976 年,像其他学校一样,学校也办起了红医班、农机班、农技班、文史班等各类专业班,以技术课代替基础课。这时期,24 位本科学历、14 位大专学历的骨干教师外流。

这一时期,中学生"只升级、不上课",成为"有文凭、没水平"的毕业生。民族教育勉强改用汉语授课,形成民族语言文字"无用论"的论调,教学质量大幅下降。

(四)拨乱反正,调整改革时期(1977～1989)

粉碎"四人帮"后,拨乱反正、深入揭批"四人帮"破坏教育的反革命罪行,撤出"工宣队",落实知识分子政策,广大教育工作者摘掉了"四人帮"强加在头上的莫须有罪名,获得了彻底解放。

1977 年恢复了高考招生制度,1978 年开始执行新的教学大纲、新的教学计划,使用新教材。

1978 年 4 月 14 日,确定五常县第四中学校为五常县重点学校。

1979 年,学校输送大学本、专科生 34 名,高中专生 28 名。同年,高中学制改为 3 年。

1980 年,学校被列为省首批办重点中学。

从 1981 年开始,学校不再招收初中生,逐步撤销初中部分,把初中部分移交给五常镇朝鲜族小学帽中,成为纯高中,校名随之为"五常县朝鲜族高级中学"。

这期间,由于学校注重教育教学,高考成绩初现好兆头,向上级学校输送了不少优秀学生,仅 1982 年升入本科的毕业生就有 25 名;近年来考入北京大学的就有 4 名。

学校教育在民族政策的照耀下,民族教育补助费随着经济发展形势在增加。

表 7 - 18　　　　　　　　1971～1988 年学校享受少数民族补助情况表　　　　　　　　单位:元

年　度	金　额	年　度	金　额
1971	130	1980	73 384
1972	170	1981	70 000
1973	160	1982	11 373
1974		1983	8 545
1975	540	1984	26 605
1976	1 497	1985	43 500
1977	1 675	1986	8 000
1978	660	1987	2 846
1979	1 300	1988	60 900(含食堂基建核销款)

学校被列为重点校后,在省教育厅、县教育局特别关怀下,通过上级拨款和自筹经费,建起藏书 3 万余册的图书室,武装了两人一组的物理、化学、生物三个实验室,购入了电化教学设备。

学校利用校办农场、工厂勤工俭学,既锻炼了学生,又解决了待业青年和家属就业问题,也为学校创造了经济收入。

表 7 - 19　　　　　　　　1971～1988 年学校勤工俭学收入明细表　　　　　　　　单位:元

年　度	金　额	年　度	金　额
1971	37 423.67(含工厂收入)	1980	9 292.81
1972	86 867.51(含工厂收入)	1981	12 737.11
1973	15 848.82	1982	21 701.52(含汽车运输收入)
1974	12 940.25	1983	6 410.15
1975	19 393.57	1984	5 381.36
1976	29 506.93	1985	14 120.27
1977	10 206.84	1986	28 619.85
1978	9 863 14	1987	27 584.97
1979	12 852.69	1988	42 .64.77

（五）巩固发展时期（1990～2014）

这一时期是学校大丰收时期，无论是德育方面，还是教学方面都得到空前发展。

大胆改革内部管理体制，使之成为有利于师德建设。

打破多年来以教研组办公的机制，改为以学年组办公。领导分工到各学年组办公，教导主任到一年组，政教处主任到二年组，副校长到三年组办公。这样做有三点好处：一是干群关系好；二是领导带头作用发挥得好；三是减少层次，遇事能当场定夺。

学校以党的十四届六中全会精神及《爱国主义教育实施纲要》精神为指针，进一步加强德育工作突出思想道德教育在素质教育中的重要地位，切实将学校办成社会主义精神文明建设基地。抓住九七香港回归、九九澳门回归为契机和党的十五大召开等大事，深入开展爱国主义教育和国际国内形势教育。深入开展五爱教育，把"爱祖国、爱人民、爱劳动、爱科学、爱社会主义"教育作为德育教育的基本内容和基本任务，使学生树立起做中国人的自豪感和自信心，极大地激发了学生的爱国主义情感。

学校针对新时期青少年成长的规律，加强学生的心理健康教育，培养学生坚韧不拔的意志和艰苦奋斗的精神增强学生适应社会生活的能力。

学校从师德创新入手，培育一代高素质人才。要求教师的教育思想新、教育方法新，使学生的责任心、进取心得到增强；求知欲、成就感得到激发；思维力、想象力、注意力得到锻炼；自信心、自尊心、同情心得到强化；意志力、创造力得到培养。

学校引导广大教师树立"现代教育观念是教师立教之本"的思想，改变"教学任务就是讲授课本"的陈旧教学思路；树立"为促进人与社会的可持续发展而教"的新教学观念；改变"以教师为中心"的陈旧教学模式；树立"以学生为中心"、"教学过程就是学生学习过程，教师的任务是引导学生进行自觉和成功的学习"的新教学观念。

朝中化学实验课 （朝高中档案室提供）

1991年的高考成绩在全省朝鲜族中学中连续7年获第一。

常年坚持五个制度是学校七连冠的法宝：一是坚持公开课制度——每位教师一学期必须上一堂以上公开课；二是坚持观摩课制度——每个教研组必须经过评课后拿出一节观摩课；三是坚持评课制度——每学期学生对各课教学提出评讲意见，各教研室评课一次；四是坚持开展教学竞赛活动——全学年第一名班级表彰奖励，全学年前15名学生给家长送喜报；五是坚持循环制——老教师采取"一、一、一"循环制，青年教师采取"二、二、一"循环制，即老教师从一年级开始带到三年级并进行毕业和升学指导，青年教师在一、二年级均重复教学一年后到高三年级指导升学。

学校实行普通高中和职业高中并行的双轨制教育，在保证普通高中不减少班数，学额的情况下，招收 3 个职业班—俄语专业班、家用电器专业班、体育专业班。

1992 年 8 月,学校足球队在全国朝鲜族足球赛中荣获高中组冠军。

学校自 1994 年实行高三分流,把高三学生分为 3 个教学班,其中两个升学预备班(文、理各一),一个职业预备班。职业班除了开设会考科目外,开设英语、计算机、书画、朝汉翻译、写作、音乐等职业性科目。为了便于优秀的职业班学生就业,学校在大连、北京、天津、青岛等地设有办事联络处,便于为毕业生推荐工作。

朝中庆祝高考大捷　　　　（朝高中档案室提供）

学校深化课程改革,提高青年教师业务水平。2002 年学校 35 岁以下青年教师 36 人,占教师总数的 72%,教师的平均年龄 34 岁。以争创"经典一节课"工程为载体,使每位教师都树立起正确的课堂教学观、学生观,在说课、上课、评课上下功夫。做到一人作课,全组参与,听完即评,是学生是课堂主人的观念、学生主动学习的观念,深入每位教师的思想。

1995 年 12 月 9 日学校举行了盛大的黑龙江省重点中学挂牌仪式,牧童、丁英成、黄友万等省地有关部门的领导,五常市领导刘振怀、吴智勇、李海洙和 50 多所外省、市、县中小学领导参加了挂牌仪式。

1998 年学生会考率达到 96.66%,高考升学率达到 74.1%,创全市最高纪录。

学校有一支师德优秀、业务过硬的教师队伍。据 2003 年末统计教师基本情况如下:

计	性　别		学　历			职　称		
	男	女	本科	专科	其他	二级	中级	高级
	31	27	37	18	3	18	25	10
	58		58			53(1 人 3 级,其余未定级)		

教师在教育教学实践中积累了大量经验,撰写了大量教育科研论文发表。仅 2005 年 1 年就撰写 30 余篇教育科研论文获奖。

据不完全统计,这一时期共向上级学校输送了 1 686 名新生,其中向北京大学、清华大学就输送了 14 名新生。

这一时期加强了学校建设:

1991～1992 年用 3 万元左右装修了教学楼;用 5.7 万元修筑了以操场为中心横贯南北的两条甬路;用 4.3 万元新建 84 平方米学生食堂的厨房并装备了厨具;用 3 万元左右开始装修三个实验室和阅览室。

仅 1992 年 7 月至 11 月,就投资 2.29 万元改善办学条件,完成 19 项,增添了设备,改变了校容。

1996 年修建配套、新型的化学实验室,造价 6 万元。购置 25 台计算机和配套座椅,修建一处小餐厅、修建男生宿舍二层、三层洗脸室,增设供水设备,维修女宿舍 3 个室,增加床位。学校又增添价值 5.5 万元的乐器。

1998 年教师住宅楼交付使用,使困扰多年的教师住房难的问题得到彻底解决。同年更新了实验室的试验设备和试验仪器,筹建语音室。

1998 年举办建校五十周年校庆活动。

表 7 - 20　　　　　　　　　　学校历年招生、毕业、升学情况统计表

年　度	招　生	毕　业	升　学			备　注
			本科	专科	中专	
1949	370					
1950.1		36				升高中 14、中师 3、当教师 8 人
1950 年秋	434					学生总数
1951 年春		88				
1951 年 8	751	113				学生总数
1952.7	712	88				学生总数
1953～1957						无记载
1958	600 多					学生总数
1960	770					学生总数
1961		39	7			
1962		4				
1963		3				
1964		5				
1965		19				
1972		116				
1973		45				
1974		94				
1975		178				
1976		232				
1977		180	6		2	
1978		98	10	2	1	

续表 7 – 20

年 度	招 生	毕 业	升 学			备 注
			本 科	专 科	中 专	
1979		29	22	21	28	
1980		120	4	16	12	
1981	学制改为三年,无高中毕业生。					
1982		150	25	9	1	
1983 – 1989 年无统计记录						
1990	225（高中生,下同）	142				高中毕业生数（下同）
1991	195		36		4	
1992	217	101	35	19	4	
1993			33	44	4	
1994	145	151	33	34	3	
1995			36	15	2	
1996		151	43	15		
1997		119	45	20	8	
1998		144	72		7	
1999		96	38	32	9	
2000	185	87	56			
2001	180	95	56	18		
2002	285	164	101			
2003	170	160	84	61		
2004	117	173	121			
2005	122	240	154			
2006	81		62	50		
2007	68	115	127			
2009			43			
2010			51			
2011			50			
2012			27			
2013						
2014			29	5		

朝高中升入北大、清华学生名单

北京大学		清华大学	
1979 年	金姬玉	1993 年	李清铉
1982 年	金元福	1996 年	李 哲
1984 年	金贤伊	2001 年	李 星
1986 年	朴昌洙	2002 年	金海兰
1992 年	丁哲根	2003 年	白雪莉
1998 年	李仁娜	2004 年	韩昌浩
2002 年	黄香子	2006 年	崔相东
2002 年	崔黎明	2007 年	陆美龄
2003 年	朴龙浩		
2007 年	林 宏	计:18 名	

表 7 – 21　　　　　　　　学校名称更迭表

名　称	起 止 时 间	备　注
松江省第六中学附设朝鲜中学部	1948 年 3 月 ~ 1949 年 6 月	"松江省第六中学"即今五常一中
松江省五常朝鲜初级中学校	1949 年 7 月 ~ 1954 年 5 月	
黑龙江省五常朝鲜族初级中学校	1954 年 6 月 ~ 1958 年 7 月	
黑龙江省五常朝鲜中学校	1958 年 8 月	成为完全中学
五常县第四中学校	1969 ~ 1981 年	1978 年 4 月被省评定为重点中学
五常县朝鲜族高级中学校	1981 年	初中部分出,成为独立高中
五常市朝鲜族高级中学校	1993 年 8 月	五常撤县设市

表 7 – 22　　　　　　　　朝高中历任校领导名单

姓 名	时 间	职 务
李江春	1948.1 ~ 1948.12	校长
权宁河	1948.3 ~ 1948.12	副校长
夏毅文	1949 ~ 1950	校长
李仁淳	1948.12 ~ 1950.7	副校长
梁在华	1950.8 ~ 1953.7	校长
权泰俊	1953.8 ~ 1956.7	校长
刘逸洙	1956.7 ~ 1957	校长
李庆弼	1958.8 ~ 1959	党支部书记兼校长

续表 7 – 22

姓　名	时　间	职　务
全在东	1958 – 1968	副校长
李起洙	1961.8 ~ 1964.7	党支部书记
许光一	1964.8 ~ 1967	党支部书记
陈建浩	1967 ~ 1968	党支部书记
金连洙	1968 ~ 1969	革命委员会主任
李应洙	1967 ~ 1972	党支部副书记兼副校长
李载元	1972.4 ~ 1987.12	党支部书记兼校长
金正烈	1984.3 ~ 1987.11	副校长
金正烈	1987.12 ~ 1992.6	党支部书记兼校长
马云龙	1987 ~ 1988	党支部书记
池东铉	1992.6 ~ 1996.8	党支部书记兼校长
安　云	1996.8 ~ 2006	校长
路永洙	2006.3 ~ 2012.3	党支部书记兼校长
李康文	2012.3 ~	党支部书记兼校长

九、山河朝鲜初级中学

山河朝初中创建于 1960 年 8 月,原名为山河镇朝鲜族民办农业中学. 镇长周毓英兼任校长,副校长张运昌. 初建时有 18 名学生,均为朝小毕业后无地就学,在社会上闲散者. 由公社委托朝小代课教师张运昌办理这所学校,地点在镇朝小南边 1 间草房,借用 8 套桌凳,作为办学设备,不久迁到镇三小学南面一个教室.

1961 年 3 月,学生增至 80 余人,学校又迁往南门外山河粮库西南的 4 间房里,开两个班,招用两名教师.

山河朝鲜族初级中学　　　（张民生拍摄）

1962 年,学校迁到镇三小学后院原朝鲜儿童学院. 正房为办公室,东西下屋做教室. 学生已达 200 余名,初一两个班,初二两个班,初三一个班,到 1963 年 8 月,在校学生 260 名,教师增至 9 名,1964 年定为民办重点中学.

1967 年,根据南片朝鲜族的普遍要求,县委批准在山河镇建立朝鲜族中学,新校舍设在双兴公社西边.1968年5月迁回原儿童学院西下屋.1970年增加一个高中班.共6个班200余名学生,20名教师.校址在电器厂办公室,金亨德为这一时期校革委会主任.毕业生大多数参加农业生产,有一少部分考入农垦大学.

1973年,梁永锡任党支部书记兼校长.1974年改为五常县第八中学,学制十年,即小学5年,初中3年,高中2年。

1978年8月,朝小与该校合并,迁到镇西门外朝小南边新建的朝中教学楼,金永福任党支部书记兼校长、崔元龙为副校长,计9个班,350名学生,34名教师.恢复高考之后,升入大专院校的学生为数不多,其大部分在家待业或回乡参加农业生产。

1980年,全在东任校长.1982年3月改为山河朝鲜初级中学,撤销高中建制。

据1982年底统计,朝中、朝小共有11个班,中学部分6个班,250名学生;小学部分5个班,252名学生.教职员工42人。

2002年,撤销山河镇朝鲜族初级中学。

十、农业中学

1952～1956年,因为小学毕业生未能升学年龄小不能参加农业生产,开始在民乐中心小学办起了初中班。

五常县第八区中心小学校第三期学生毕业生纪念,1948年12月25日　　　（权云龙收藏）

1957年7月～1960年7月,借大成屯公会堂办起了民办中学,设初中1～3年级3个班,120多名学生。校长,崔昌均,教员7名。

1960年8月～1962年7月,与民乐中学合属办公教学。学生学习统一领导,统一安排,农业中学经费由公社统筹安排,独立核算,农业中学由金元经负责,教员8名,设初中1～3年级,3个班,高中

1 个班,共 4 个班学生 150 多人。

1962 年 8 月~1964 年 7 月,校址移到陆家东、坝底、原公社林场(敬老院)、新扩建校舍 500 平方米,设初中 1~3 年级和 1 个汉族班,共 4 各班级,200 多名学生。校长金元经,教员 8 名,农工 2 名。经营水旱田 10 垧地,办学经费基本自力更生。

1964 年 8 月~1968 年 7 月,校址迁到公社工农队(罗圈泡),改修社员民房 40 多间 1 000 平方米做校舍。设初中 1~3 年级汉族 1~2 年级,高中 1 个班,共 6 个班级,学生近 300 名。有校田水田 30 垧,校长金元经,教师 15 名,农工 8 名,10 头耕牛。办学经费自给,学生学费、食宿、书费全免。对农业中学来说,正处兴旺发达时期,深受五常县教育局,哈尔滨市朝鲜民族教育处等上级主管部门的重视。但由于 1966 年开始的"文化大革命"影响,农业中学宣告终结。农业中学的生源是公办学校招生后剩余学生,所以在当时来说,民乐是已普及了初中教育,开始步入高中普及阶段。1968 年 8 月和合并到民乐中学。

十一、民乐中学

民乐中学是以朝汉两民族学生为生源的农村初级中学,始建于 1958 年。班级 2~6 个,学生 120~300 人,教职工 15~20 余人,校舍 500 平方米,占地 20 000 平方米,1968 年与民乐农业中学合并为民乐中学,首任校长崔忠烈。

1966 年前后学校几经搬迁由民乐乡政府所在地、老敬老院、罗圈泡迁至今荣华屯。

1968 年至 1986 年设立高中班,1986 年末高中班并入五常县朝鲜族高级中学。

1996 和 1997 年举办了两期初职班。设立了内燃机维修、家电维修、乐器演奏三个专业班。初职班除开设必修的文化课外,重点学习相关专业知识。

目前校园占地面积 40 020 平方米,校舍面积 3 156 平方米,教职工 51 人,其中专任教师 48 人,学历达标率为 100%,正副校长经过岗位培训合格。现有教学班 11 个,在校生 198 名,其中 96 名属于小学部。

学校配备了相应的教学设施,

民乐中学　　　　(张民生拍摄)

现有物理实验室、生化实验室各一个,仪器、设备均达到了三类要求;藏图书 6 000 册的图书室一个,生均达 15 册。校田地 60 亩,保证了劳技课所需的实践基地。

学校认真执行《德育大纲》和《进一步加强中小学德育工作的若干意见》,严格执行《教师职业道德规范》和《教师十不准》,严格控制学生流失,使巩固率达到 99%,把学生辍学率控制在 1% 内。

在学校素质教育工作中,端正了办学思想,开全科目,保证课时,注重基础,发展技能。1998 年初中毕业生 151 名,全科及格人数 145 名,及格率 98%,体育合格人数 150 人,合格率 99.3%。

在各级政府的正确领导下,学校以"团结、严谨、求实、进取"为校训,坚持团结办学原则,严谨办学,锐意进取,开创了学校办学新局面培养了大批合格人才,为上级学校输送了大批合格新生,以及工农业生产的后备劳动大军。

学校办学50多年来,培养了大批合格人才,为上级学校输送了大批合格新生,以及工农业生产的后备劳动大军。学校工作取得了优异成绩,受到了各级政府部门的多次表彰和广大群众的欢迎与支持。

表7-23　　　　　　　　　　　　民乐中学历任朝鲜族校长名单

姓　　名	时　　间
崔忠烈	1959.8～1968.7
李相天	1968.8～1984.2
金圣年	1984.3～1986.7
金在东	1986.8～1993.11
朴大春	1993.11～1996.7
徐青松	1996.9～

十二、省直属学校——五常朝鲜族师范学校

五常朝鲜族师范学校是黑龙江省唯一的一所朝鲜族师范学校。她是为黑龙江省和内蒙古朝鲜族小学和初中培养师资的重要基地。

这是一所省直属学校,创建于1948年1月,经历了尚志(1948年1月～1953年8月)、牡丹江(1953年8月～1978年2月)、五常(1978年2月～2003年5月)和哈尔滨(2002年5月～2005年7月)四个历史时期,2005年8月,与黑龙江省民族干部学院、齐齐哈尔民族师范学校合并成立黑龙江民族职业学院。

这所学校建校以来,几经搬迁、调整、停办、重建,历经坎坷,道路曲折。她既经历了20世纪40年代末和50年代初期艰苦创业的阶段,又受到50年代末和60年代初期"左"的思想路线的干扰,更遭受了十年"文化大革命"的严重破坏。粉碎"四人帮"之后,特别是党的十一届三中全会以来,在党的正确路线指引下这所学校获得了新生,开始沿着正确的方向发展壮大,成为黑龙江省内外有一定影响的朝鲜族师范学校。

(一)松江省立第一朝鲜中学(1948.1～1953.8)

1948年1月,解放战争正处在紧要关头,但是中国共产党十分关心朝鲜民族教育事业的发展。松江省教育厅决定,在松江省立第一朝鲜中学(即今尚志市金策中学)附设了师范部,为省内朝鲜民族小学培养师资。于是,在该校初三学生中选拔了24名优秀学生,培训三个月后,派到珠河(今尚志市)县各朝鲜小学任教。同年四月,又招收了松江省内各地保送来的56名青年学生,经过三个月的培训后,派回各地朝鲜中小学任教。接着开办了为期半年、一年、一年半的师训班。从1951年起,师范部正式招收学制三年的初中毕业生。1953年党和政府为了满足朝鲜民族教育日益发展的需要,决定在原有师范部的基础上成立朝鲜民族师范学校,并定名为"松江省立尚志朝鲜师范学校",校址定在原尚志镇第二小学,同时,松江省教育厅派原五常县朝鲜中学校长梁在华担任校长。

在尚志办学的 7 年期间,学校共培养出 380 名毕业生。

(二)黑龙江省立牡丹江朝鲜师范学校(1953.8～1978.2)

1954 年,原松江省和原黑龙江省合并。两省合并之际,黑龙江省教育厅做出决定,将松江省立尚志朝鲜师范学校迁到朝鲜民族比较聚居的牡丹江市。校名随之改为"黑龙江省立牡丹江朝鲜师范学校",校址定在牡丹江市北山。1954 年 8 月正式开学。

学校在招收三年制初中生的同时,为了提高在职朝鲜小学领导的政治文化水平和管理水平,招收了 45 名学员举办了脱产一年的"校长培训班"。

1956 年,随着教育领导体制的变化,学校隶属于牡丹江市教育局,校名随之改为"牡丹江朝鲜师范学校",学校搬迁到牡丹江市朝鲜中学东侧。在这以后的一段时间里,两校虽然各自保留其领导机构,但对教师的调配和使用是统筹安排的。

从 1957 年起举办了为期三个月至半年的"汉语教师培训班",共举办了 10 期,共培训 371 名,基本上轮训了全省朝鲜族小学汉语教师。

1960 年 9 月,承担了一期 81 名,学制为两年的高师专科函授任务。

1962 年 6 月,在贯彻中央"调整、巩固、充实、提高"的方针之际,撤销了牡丹江朝鲜师范学校,学校划归牡丹江市朝鲜中学,成为该校的附属师范班,1964 年 7 月,师范班的学生毕业后,师范班停办。

1964 年 7 月～1974 年 7 月学校停办十年,使全省朝鲜族基础教育的师资队伍水平严重下降,造成不可挽回的损失。

1974 年 4 月,黑龙江省教育革命委员会根据朝鲜族基础教育的实际情况,决定在牡丹江市朝鲜族中学重新附设师范班,并于同年 7 月招收了 100 名学制为一年制和二年的工农兵学员。

在牡丹江办学的 28 年里,学校经历了搬迁、合并、停办、重建的艰难曲折的道路。但学校在逆境中前进,仍然培养出 553 名中师毕业生,函授毕业生 1 500 名。培训各类教师 646 名,为黑龙江省朝鲜族教育事业做出了重要贡献。

(三)五常朝鲜师范学校(1978.2～2002.5)

1. 前十年(1978～1988)

1978 年 2 月,学校由牡丹江搬迁到了五常,校名随之改为"五常朝鲜族师范学校"。

学校搬迁时,由于事前没有周密的安排,只好借用五常县第四中学的教室和宿舍组织教学,使从牡丹江随校过来的 100 名学生在 7 月毕业出校。同时,抓紧时间创造办学条件,在短短的八个月,盖起了 1 000 平方米的校舍及三栋教职工家属宿舍。除随校搬迁的牡丹江时期的 7 名教职工外,又从全省各地调入了 30 名教职工,招收了汉语、朝鲜语两个专科班和汉语、朝鲜语、音乐三个中师班,共 155 名学生开展教学.

当时,学校的教学人员严重不足,一位教师教两三门课,自编大纲和讲义,通宵达旦地工作.教职工住集体宿舍、吃集体食堂。学生的学习和生活条件也非常艰苦。没有教室借用家属房,没有食堂只好到四中食堂用餐。新校舍建成已是隆冬时节,教室和宿舍又冷又潮,学生自己动手生火炉取暖;没有自来水和洗脸室,学生只能自己挑水洗漱。但是全校师生员工的办学积极性很高,形成了良好的教学氛围。

1979 年,在党的十三届三中全会精神推动下,学校建设出现了新局面。这一年,建成了 650 平方米的学生宿舍,盖成 5 栋教职工家属房,调进了 32 名教职工,招收了 160 名学生。

1978 年 5～6 月间,梁在华、朴三峰调回牡丹江,学校工作由张万连主持,韩百链协助工作。

1985 年五常朝鲜族师范学校教职员工与省地领导共庆第一个教师节

1979 年 4 月,上级为了加强学校的领导工作,派原五常县副县长,8233 厂副厂长金教真主持工作。

1980 年 1 月,为加强党对学校工作的领导,中共松花江地委决定成立中国共产党五常朝鲜族师范学校委员会,实行党委领导下的校长负责制。金教真任党委书记、校长,张万连任党委委员、副校长,李重杓任党委委员、副校长,慎典范任党委委员。学校由原来的科级升格为正处级单位。

1980 年 7 月,学校培养出的 55 名第一批大学生和 108 名中师毕业生走上了工作岗位。

1981 年 3 月,停办了 20 多年的朝鲜族函授教育得以恢复。为了加强函授教育工作,学校在全省及内蒙古建立了 24 个函授辅导站,形成了黑龙江省朝鲜族函授教育网。1984 年 3 月～1989 年 7 月有 1 650 多名中师函授生毕业。1987 年 7 月举办了三年制高师函授教育,招收了朝鲜语、汉语、日语三个专业 110 名函授生,于 1990 年毕业。

1981 和 1982 年,根据省教育委员会的统一部署,进行了教育职称

教学楼

评定工作,池文影晋升为中等专业学校副教授,南庭松等 18 位教师晋升为中等专业学校讲师。从此,学校有了自己的副教授和讲师。

1982 年 12 月,黑龙江省人民政府批准五常朝鲜族师范学校冠以黑龙江省朝鲜族教师进修学院。黑龙江省朝鲜族教师进修学院是黑龙江省第一批国家教委备案的成人高等学校之一。从此,学校“两个牌子,一套人马”,不仅承担了培养全省朝鲜族基础教育师资的任务,又承担了全省朝鲜族基础教育在职教师的进修任务。学院下设培训部、函授部和教育科学研究室。

1983 年 8 月,根据我省朝鲜族中学日语教师短缺和老化的实际情况,经省教委批准,学校连续开

办了3期日语专科班,共培养了89名毕业生。

学生食堂

1984年1月10日,学校举行了新教学楼落成典礼。省民委主任李敏同志以及省教委松花江地区的领导同志光临,各地市县负责朝鲜族教育的同志前来祝贺。辽宁省朝鲜族师范学校、吉林省延边第一师范学校特派领导同志前来祝贺。

1984年4月金教真同志离职修养。中共松花江地委派金基哲同志任党委书记,慎典范同志任校长、刘仁基同志任副校长。同年7月,中共松花江地委任命金基哲同志为黑龙江省朝鲜族教师进修学院院长,慎典范、刘仁基同志为副院长。

1985年7月14日,黑龙江省人民政府副省长靖伯文,省教委副主任陈龙俊、松花江地区教育局局长李德岩等领导同志到学校视察指导工作。靖伯文副省长对学校的工作给予肯定,并指出:"你们是我省唯一的朝鲜族师范学校,提高朝鲜族基础教育的质量要靠你们","你们的办学条件很差,省里给你们条件,你们要把学校办得更好。"靖副省长当场拍板拨款65万元,扩建教学楼和宿舍楼。第二年,学校完成了1 200平方米的教学楼和600平方米的宿舍楼扩建任务。

1985年9月,根据我省朝鲜族中学的需要,经省教委批准,在参加黑龙江省成人高等学校统一考试的朝鲜族学员中,招收了学校管理、地理和日语三个专业110名学员,经过两年的脱产学习后,于1987年7月毕业。

1985年9月10日,学校隆重举行庆祝第一个教师节大会。省教委、省民委、松花江地区的领导同志前来表示祝贺。

1987年2月为推动全省教育教学研究工作,经省委宣传部批准,学校以黑龙江省朝鲜族教师进修学院的名义办起了《教学与研究》季刊。这是全省唯一的朝鲜族教育的刊物。省顾问委员会主任陈雷,省政协副主任李敏送来了题词,省教委主任戴谟安、省民委副主任李正镐写来了贺词。陈雷的题词是:"办好《教学与研究》,为提高我省朝鲜族教育质量服务。"这个刊物已成为我省朝鲜族中小学教师发表论文的园地,是了解和联系我省朝鲜族中小学教学实际的桥梁。

1987年4月,学校党委书记、校长兼院长金基哲调离。中共松花江地委任命慎典范为学校党委书记,刘仁基为校长兼院长,金正德为副校长兼副院长。

1987年6月开始,根据国家教委文件精神和省职称改革领导小组的部署,在学校进行职称改革工作。经过思想动员、组织考核、自报评审,经省职改领导小组批准,刘南铉等10同志为副教授、高级讲师,张春子等14名同志为讲师,金章汉等同志为图书馆馆员、实验员和主治医师。

1987年7月,学校隆重举行四年制中师第一届毕业典礼。在毕业典礼之际,学校邀请全省各地负责朝鲜族教育的领导和学生家长,对毕业生进行了一次全面验收,并征求了他们对学校教育工作的意见,从而进一步明确了培养目标的规格要求。

1987年9月,刘南铉老师被评为朝鲜语文教授。

1988 年初,为适应学校教育事业发展的需要,省教委批准建专业楼,包括图书馆、琴房、音乐室、舞蹈室、美术室、体育室等在内,面积为 2 900 平方米的专业楼。

1988 年 6 月,根据松花江行署的决定,学校实行校长负责制。

同年 10 月 19 日~21 日学校举行了盛大的建校四十周年庆典,黑龙江省政治协商会议副主席李敏、省民族事务委员会主任舒景祥、省教育委员会副主任苏林、松花江地区行署副专员赵恩荣、牡丹江军分区政委金钢熙少将、五常县人民政府副县长姜化民等领导、辽宁、吉林和内蒙古的兄弟院校领导、各地的校友代表,以及朝鲜民主主义人民共和国驻沈阳领事馆领导、新义州第二师范大学领导参加了庆祝活动。

五常定点办学十年来,在党的十一届三中全会路线指引下,学校的规模不断扩大,教职工队伍不断充实,办学条件有了很大改善.

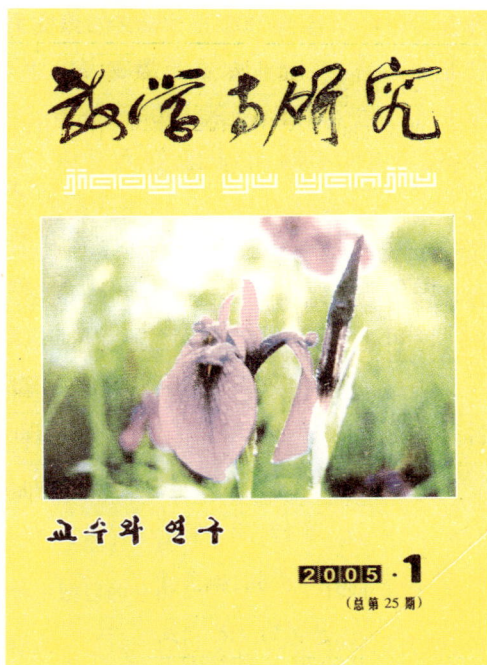

黑龙江省朝鲜族教师进修学院院刊

1989 年学校的总面积为 13 142 平方米。包括 3 300 平方米的教学楼,1 600 平方米的综合楼,2 900平方米的专业楼,800 平方米的生活服务楼,1 800 平方米的学生宿舍楼和其他用房 2,142 平方米。学校图书馆藏书 50 000 册,各种报刊 300 种,有物理、化学、生物三个实验室和现代化的语音室,还有电影放映机、放像机等,并着手筹建微机室和电化教室。

学校有教职员工 122 名,其中副教授、高级讲师 10 名,讲师 14 名,具有其他技术职称的 7 名,在教师队伍中,大学本科毕业生占 95% 。

学校在校生总数为 573 名,教学班 14 个,其中大专班 4 个,中师班 10 个。朝鲜族教师进修学院有高师函授生 110 名,中师函授生 580 名和内招生 90 名。

在五常办学的前 10 年里,为国家培养了 1 000 名(包括内招)中师毕业生和 374 名(包括离职专科)毕业生以及 1 150 名中师函授生,总计 2 524 名。

2. 后十四年(1989~2002.5)

这一阶段,学校工作一如既往,正常开展教育教学工作。

五常朝鲜族师范学校建筑群

由于地处五常,青年教师的流动性很大,加之老教师的离退休,教师不足。基于此,学校决定接收非朝鲜族教师任教,先后有 10 余名非朝鲜族教师进校工作。

1989~1990 年,金亨德、李炳烈、魏炅、朴在兴、李学宰、安仁洙、黄东植、曹甫铉等八位同志先后离休,松花江地委组织部发文,八位同志离休后享受副处级待遇。

这一阶段,共培养出大、中专各类毕业生 2 777 名。

这一阶段,同时抓紧了学校搬迁哈尔滨市的工作。

由于学校坐落在经济、文化落后,信息、交通不便的五常办学,给学校教育事业的发展带来很多困难。为此,学校师生员工一致要求,将学校搬迁到哈尔滨。

1993 年 3 月 27 日,黑龙江省教育委员会向省人民政府发出《关于五常朝鲜族师范学校搬迁校址的请示》黑教委发〔1993〕100 号文件,说明了五常朝鲜族师范学校的基本情况,阐述了搬迁的必要性,提出了搬迁的投资途径。

1994 年 6 月 6 日,黑龙江省人民政府办公厅《关于做好五常朝鲜族师范学校迁入哈市前期准备的批复》黑政办函〔1994〕39 号文件,同意五常朝鲜族师范学校迁入哈市,"但必须在资金筹措到位的情况下方可立项,望抓紧做好具体筹备工作。"

同年 10 月 17 日,黑龙江省计划委员会下发黑计社字〔1994〕650 号文件《关于五常朝鲜族师范学校校舍搬迁建设计划任务书的批复》,就在校生规模为 480 人,12 个班型;建设规模征用土地 5 万平方米;投资规模 1 745 万元;建设期限为三年等作了具体批复。

基于此,学校党委制订了"上动下不动、外动内不动"双线并进的工作方案。学校成立了"黑龙江朝鲜族师范学校"筹建处,主任刘仁基,副主任金正德、孙光益,成员黄彪、李益先、白太日、徐美玉。同时成立基建处,主任孙光益,副主任李益先、白太日,成员金日善、智享月(会计)、韩红兰(出纳)。上述人员主要进行筹建工作,即"上动"、"外动";黄彪在学校主抓教育教学工作,广大师生员工按部就班,进行各自的工作与学习,"下不动"、"内不动"。各司其职,开展工作。

1994 年哈尔滨市人民政府《关于黑龙江省朝鲜族师范学校移地建校用地的批复》哈政土〔1994〕146 号文件,同意付费征用动力区黎明乡荣进村土地 52 675 平方米。

为了解决搬迁经费问题,学校和省内外朝鲜族积极投入集资捐助活动。学校拿出全部自身创收款,教职工集资住宅款,朝鲜族歌手崔京浩来哈义演,省内外毕业生积极赞助,连朝鲜族中小学校师生都投入了捐助的行列。香港邵逸夫先生赠款,韩国国际协力团赞助款,省教育委员会拨款。

1997 年 3 月,学校向周铁农副省长并省计委递交《关于在哈建校前期准备工作进行情况的报告》,报告了学校根据上级文件精神两年多来的工作情况。报告的主要内容是:

(1)开展了建校资金筹集工作。1996 年到位资金总数 12 839 373.66 元,包括校内自筹、国内企事业及文化教育界赞助和国外赞助款;1997 年即将到位资金 5 000 000.00 元。

(2)征购了学校用地。学校在哈尔滨市动力区黎明乡荣进村哈绥公路零公里处征地 65 995 平方米。

(3)进行了规划与设计。聘请哈尔滨市规划土地局和黑龙江省设计研究院对校园和校舍分别进行了总体规划和设计。

(4)启动了以教学楼为主的其他设施的施工。教学楼 5 764 平方米,已完成土建工程的 70%;图书馆、实验楼、家属楼已完成基础工程打深水井、改架高压线路、安装变压器等。

资金尚缺口 10 760 626.34 元,望省主管部门给予资助。

由于缺口资金一直不到位,已启动的以教学楼为主的其他设施的施工不得不长期停滞下来。

2001 年 9 月黄彪老师成为黑龙江省第一位朝鲜族中文教授。

（四）在哈尔滨磨合期（2002年5月~2005年6月）

随着省内和内蒙古朝鲜族学校不断减少,朝鲜族学校教师普遍超员,毕业生分配困难,造成生源不足,而且学校合并信息愈切,学校决定迁移哈尔滨借地黑龙江省民族干部学院办学,提前进入磨合阶段。

学校决定轻装上阵,由主管教学校长黄彪带队,带领中青年教师及在校生于2002年5月赴哈尔滨办学;其他领导每周到哈检查并例会研究处理所遇到的问题。赴哈尔滨教学的教师,在五常有家眷的每周末通勤,未婚者在哈尔滨住宿。

这期间,学校培养出普通师范毕业生520名。

2005年3月23日黑龙江省人民政府办公室《关于建立黑龙江民族职业学院的批复》黑政函〔2005〕18号文件,黑龙江省民族干部学院、五常朝鲜族师范学校、齐齐哈尔民族师范学校三校合并后成立黑龙江民族职业学院,前两所学校进行人、财、物实质性合并,后者部分蒙古族领导与教师并入。

同年7月举行黑龙江民族职业学院成立大会,五常朝鲜族师范学校使命终结。

黑龙江省内唯一的朝鲜族师范学校,自1948年成立以来,培养出大学专科、普通师范、大专函授、中师函授等各类毕业生1万余名,充实了黑龙江省和内蒙古自治区朝鲜族教育队伍,为民族教育做出了不可磨灭的卓越贡献。

表7-24　五常朝鲜族师范学校名称

名　称	时　间
松江省立第一朝鲜中学附属师范部	1948年1月~1953年7月
松江省立尚志朝鲜师范学校	1953年7月~1954年8月
黑龙江省立牡丹江朝鲜师范学校	1954年8月~1956年4月
牡丹江市朝鲜师范学校	1956年4月~1962年6月
牡丹江市朝鲜中学附设师范班	1962年6月~1964年7月
牡丹江市朝鲜族中学附设师范班	1974年4月~1976年2月
牡丹江朝鲜族师范学校	1976年2月~1978年2月
五常朝鲜族师范学校	1978年2月~2005年7月

表7-25　五常朝鲜族师范学校领导人名录

职　务	姓　名	任职时间	离职时间
党委书记	梁在华	1953年8月	1964年2月
校　长	梁在华	1953年8月	1964年7月
党委书记	朴三峰	1976年3月	1978年2月
校　长	朴三峰	1976年3月	1978年2月
党委书记	金教真	1980年1月	1984年4月
校　长	金教真	1980年1月	1984年4月
校　长	慎典范	1984年4月	1986年8月

续表 7 - 25

职 务	姓 名	任 职 时 间	离 职 时 间
党委书记	金基哲	1984 年 4 月	1987 年 4 月
校 长	金基哲	1986 年 8 月	1987 年 4 月
党委书记	慎典范	1987 年 4 月	1992 年 4 月（病故）
校 长	刘仁基	1987 年 4 月	2005 年 6 月
党委书记	刘仁基		2005 年 6 月
副校长	梁在华	1976 年 3 月	1978 年 2 月
副校长	崔相和	1976 年 3 月	1978 年 2 月
副校长	张万连	1980 年 1 月	1983 年 9 月
副校长	李重杓	1980 年 1 月	1983 年 9 月
副校长	慎典范	1982 年 5 月	1984 年 4 月
副校长	刘仁基	1984 年 4 月	1987 年 4 月
副校长	金正德	1986 年 6 月	1993 年 2 月
党委副书记	金正德	1993 年 3 月	2000 年 6 月
副校长	孙光益	1990 年 11 月	2005 年 6 月
副校长	黄彪	1993 年 3 月（列孙光益前）	2005 年 6 月

表 7 - 26　　**朝鲜族师范学校五常籍教职员工职务、职称情况表**

姓 名	性 别	职 称	评 定 时 间
黄 彪	男	教授	2001 年 9 月 1 日
高日善	女	副教授	2008 年 9 月 1 日
金丽花	女	副教授	2009 年 9 月 1 日
崔红男	女	副教授	2011 年 9 月 1 日
刘仁基	男	高级讲师	1987 年 9 月 1 日
曹甫铉	男	高级讲师	1987 年 11 月 1 日
张春子	女	高级讲师	1993 年 8 月 1 日
金海月	女	高级讲师	1996 年 9 月 1 日
李文俊	男	高级讲师	1997 年 9 月 1 日
权石哲	男	高级讲师	1999 年 9 月 1 日
李哲学	男	高级讲师	2000 年 10 月 1 日
张 南	男	高级讲师	2002 年 10 月 1 日
金 光	男	高级讲师	2003 年 9 月 1 日

续表7－26

职　务	姓　名	任职时间	离职时间
慎镛大	男	高级政工师	1997 年 9 月 1 日
金圣年	男	副研究员	1998 年 9 月 1 日
黄鹏瓁	女	讲师	2001 年 9 月 1 日
裴文花	女	讲师	2003 年 9 月 1 日
金哲镇	男	讲师	2005 年 9 月 1 日
赵贞姬	女	实验师	1995 年 9 月 1 日
金章汉	男	馆员	1987 年 11 月 1 日
金京海	男	馆员	1994 年 9 月 1 日
黄重粉	女	馆员	1994 年 9 月 1 日
朴贤淑	女	馆员	1998 年 9 月 1 日
智亨月	女	馆员	2000 年 9 月 1 日
韩红兰	女	馆员	2005 年 9 月 1 日
李成久	男	科长	2005 年 9 月 1 日
安永焕	男	副科长	1990 年 11 月
关英辉	男	技师	1995 年 9 月
朴基浩	男	技师	2002 年 5 月
金红日	男	技师	2002 年 9 月

注：2005 年以后获得职称者系在三校合并后的黑龙江民族职业学院获得。

第七节　教育系统朝鲜族先进集体、先进个人

一、教育系统朝鲜族先进集体

表7－27　　　　　　教育系统出席县各届人民代表大会朝鲜族代表名单

年　度	届次	各族代表	代表地区	姓　名	工　作　单　位	职　务
1957	三届	23 名	五常镇	曹汉钟	五常县朝鲜中学	总务主任
1960	四届	36 名	五常镇	曹汉钟	五常县朝鲜中学	总务主任
			五常镇	姜谦基	五常县朝鲜中学	教员
1962	五届	33 名	山河镇	曹汉钟	五常县朝鲜中学	总务主任
			民乐公社	许光一	五常县朝鲜中学	党支部书记

续表7-27

年度	届次	各族代表	代表地区	姓 名	工 作 单 位	职 务
			民乐公社	姜谦基	五常县朝鲜中学	教员
			背荫河公社	金钟洙	背荫河公社朝鲜小学校	校长
1965	六届	6	主席团	许光一	五常县朝鲜中学	党支部书记
			政府委员	金钟洙	背荫河公社朝鲜小学校	校长
	八届	22		金永福	五常县第八中学·	退休干部
				尹成宇	五常镇朝鲜族小学	校长
1985	九届		知识分子	安云	五常朝鲜族初级中学	副校长
			知识分子	徐松鹤	兴盛乡新兴小	副校长
			知识分子	权顺子	安家乡房身岗村朝鲜族小学	教员
			知识分子	崔海根	长山乡日升学校	校长
			知识分子	林孝角	五常县朝鲜族高级中学	教员

注:五常县第七届人民代表会议无资料(略)

表7-28　　1952～1984年受省、地、县表彰的教育系统朝鲜族先进集体名单

受 奖 单 位	受表彰级别	表彰年度	光 荣 称 号
五常县朝鲜族高级中学	松江省人民政府	1952	田径第一名
五常县朝中政、史、地组	五常县人民政府	1962	文教系统先进集体
五常镇朝鲜小学校	五常县人民政府	1962	文教系统先进集体
民乐公社中心小学校	五常县人民政府	1962	文教系统先进集体
长山乡日升小学校	五常县人民政府	1962	文教系统先进集体
龙凤山公社兴源朝鲜小学校	五常县人民政府	1962	文教系统先进集体
民乐公社红光生产大队	五常县政府	1962	文教系统先进集体
杜家乡光明小学	县教育科	1963	教育系统先进单位
五常县朝鲜族高级中学	县文教党委	1964	先进党支部
长山公社日升学校	地区	1972	模范单位
杜家乡文化小学	县教育科	1972－1974	教育系统先进单位
五常县朝鲜族高级中学	县文教科	1974	教育革命先进集体
长山乡日升学校	县人民政府	1974	教育系统先进集体
保山乡民兴小学	县人民政府	1975	教育系统先进集体

续表 7－28

受奖单位	受表彰级别	表彰年度	光荣称号
五常镇朝鲜小学	县人民政府	1977	先进单位
民乐公社民乐学校	县人民政府	1977	学大寨、学大庆先进集体
长山公社日升学校	地区	1977	模范单位
五常县朝鲜族高级中学	省体委	1978	足球第二名
长山乡日升学校	省委、省革委	1978	教育先进集体
五常县朝鲜族高级中学	地区行署	1978	足球第一名
五常县朝鲜族高级中学	地区行署	1978	排球第一名
五常县朝鲜族高级中学	县体委	1979	女排第一名
五常县第四中学	县人民政府	1979	文教战线先进集体
五常县第四中学总务处	县人民政府	1979	文教战线先进集体
五常县第八中学数学组	县人民政府	1979	文教战线先进集体
五常镇朝鲜族小学	县人民政府	1979	文教战线先进集体
山河镇东光小学	县人民政府	1979	文教战线先进集体
民乐公社中心小学	县人民政府	1979	文教战线先进集体
长山公社日升小学	县人民政府	1979	文教战线先进集体
民乐公社农科站幼儿班	县人民政府	1979	文教战线先进集体
五常县第四中学	县人民政府	1980	教育系统先进集体
民乐公社中学	县人民政府	1980	教育系统先进集体
长山公社日升小学	县人民政府	1980	教育系统先进集体
五常县第四中学	县文教科党委	1980	先进党支部
五常县第四中学	县人民体委	1980	足球第一名
五常县第四中学	县人民体委	1980	女排第一名
五常县第四中学	县人民政府	1981	教育系统先进集体
民乐公社中学	县人民政府	1981	教育系统先进集体
五常镇朝鲜小学	县人民政府	1981	教育系统先进集体
长山公社日升小学	县人民政府	1981	教育系统先进集体
营城子公社新光小学	县人民政府	1981	教育系统先进集体
五常县第四中学	地区行署	1981	总分第二名
五常县第四中学	县教育党委	1981	先进党支部
五常县朝鲜族高级中学	县人民政府	1982	卫生教育先进单位

续表7-28

受 奖 单 位	受表彰级别	表彰年度	光 荣 称 号
五常县朝鲜族高级中学	省卫生厅	1982	卫生教育先进单位
杜家乡曙光小学	县教育科	1982	"五讲四美"先进单位
民乐乡中心小学	地区教育局	1982	勤工俭学先进单位
五常县朝鲜族高级中学校	县人民政府	1982	教育系统先进集体
五常县民乐中学校	县人民政府	1982	教育系统先进集体
五常县民乐公社中心校	县人民政府	1982	教育系统先进集体
杜家公社曙光小学校	县人民政府	1982	教育系统先进集体
民乐公社星光小学校	县人民政府	1982	教育系统先进集体
长山公社日升小学校	县人民政府	1982	教育系统先进集体
双兴公社爱路小学校	县人民政府	1982	教育系统先进集体
向阳公社中原小学校	县人民政府	1982	教育系统先进集体
保山公社金星小学校	县人民政府	1982	教育系统先进集体
光辉公社光辉小学校	县人民政府	1982	教育系统先进集体
龙凤山公社兴源小学校	县人民政府	1982	教育系统先进集体
营城子公社新光小学校	县人民政府	1982	教育系统先进集体
五常县朝鲜族高级中学	县体委、教育科	1983	总分第一名
五常县朝鲜族高级中学	县体委	1983	足球第一名
民乐乡中心小学	地、县	1983	百万青少年上冰雪活动先进集体
五常县朝鲜族高级中学校	县人民政府	1983	教育系统先进集体
五常县民乐公社中学校	县人民政府	1983	教育系统先进集体
五常县民乐公社中心校	县人民政府	1983	教育系统先进集体
民乐公社星光小学校	县人民政府	1983	教育系统先进集体
杜家公社曙光小学校	县人民政府	1983	教育系统先进集体
光辉公社光辉小学校	县人民政府	1983	教育系统先进集体
龙凤山公社兴源小学校	县人民政府	1983	教育系统先进集体
长山公社日升小学校	县人民政府	1983	教育系统先进集体
双兴公社爱路小学校	县人民政府	1983	教育系统先进集体
向阳公社新丰小学校	县人民政府	1983	教育系统先进集体
营城子公社新光小学校	县人民政府	1983	教育系统先进集体
五常县朝鲜族高级中学	省财政厅、教育厅	1984	改善办学条件先进单位
五常县朝鲜族高级中学	县人民政府	1984	爱国卫生先进单位
五常县朝鲜族高级中学	县委、县人民政府	1984	文明单位

二、教育系统朝鲜族先进个人

（一）教育系统出席表彰优秀教师代表大会的朝鲜族代表名单

表 7 - 29　　　1951～1957 年参加省优秀教师代表会议五常朝鲜族代表

姓　名	工作单位	时　间	会　议　名　称
郑贞顺	五常朝小 教员	1951.8.26	松江省首届小学优秀教师代表会议代表
崔元龙	五常朝中 教任	1955.2.12	黑龙江省第一次优秀教师代表会议代表
沈成敏	民乐朝完小 校长	1955.2.12	黑龙江省第一次优秀教师代表会议代表
金亨德		1957.1.24	黑龙江省第二次优秀教师代表会议代表

表 7 - 30　　参加 1962 年文教系统先进集体先进工作者代表会议朝鲜族代表

单　位	姓　名	单　位	姓　名
五常县朝鲜中学	金璣浩	长山公社日升小学校	崔海根
五常县朝鲜中学	崔日善	兴盛公社新源朝鲜小学	郑相泽
五常县朝鲜中学	慎洪范	向阳公社中原小学校	崔宗永
五常县朝鲜中学	徐正相	常堡公社朝鲜小学校	金在吉
五常镇朝鲜小学校	沈晟敏	双兴公社金星朝鲜小学	尹成宇
山河镇朝鲜小学校	郑载甲	龙凤公社兴源朝鲜小学	韩志国
民乐朝鲜族初级中学	金亨德	光辉公社朝鲜小学校	张和善
民乐朝鲜族初级中学	宋圣旭	民乐公社红光生产队	金昌龙
民乐公社中心小学校	金承一	民乐公社友谊大队	李东哲
民乐公社中心小学校	金承一	民乐公社红光大队	李英子
工农公社东站小学校	金钟浩		

　　1962 年文教系统先进集体先进工作者代表会议代表共 261 名，其中朝鲜族代表 21 名，占代表总数的 8.04%。

（二）教育系统朝鲜族先进个人

表 7 - 31　　　　　1950～1983 年教育系统朝鲜族先进个人

工　作　单　位	姓　名	性别	授奖级别	年　度	光荣称号
五常县朝鲜族高中	李载元	男	县	1950	模范教师
五常县朝鲜族高中	洪哲秀	男	县	1954	优秀教师
山河朝鲜族中学校	崔元龙	男	县	1954	优秀教师
五常县朝鲜族高中	慎洪范	男	县工会	1954～1955	工会积极分子
五常县朝鲜族高中	洪哲秀	男	地区	1957	优秀教师

续表 7－31

工作单位	姓名	性别	授奖级别	年度	光荣称号
五常县朝鲜族高中	洪哲秀	男	地区	1957	工会先进工作者
五常朝鲜中学	洪哲秀	男	县	1958	优秀辅导员
五常县朝鲜族高中	李炳植	男	县	1959	劳动模范
五常县朝鲜族高中	慎洪范	男	县	1959	工会先进工作者
五常县朝鲜族高中	朴成日	男	县	1959	先进工作者
五常县朝鲜族高中	李炳植	男	县	1959	劳动模范
五常县朝鲜族高中	慎洪范	男	县	1959	工会先进工作者
五常县朝鲜族高中	柳宽馨	男	市	1959	劳动模范
光辉乡朝鲜小学	朴治占	男	县	1959	文教系统先进工作者
五常县朝鲜族高中	李载元	男	县	1960	先进工作者
五常县朝鲜族高中	慎洪范	男	县	1961	优秀教师
五常县朝鲜族高中	马云龙	男	县工会	1961	工会积极分子
五常镇朝鲜族小学	姜善爱	女	县	1961	优秀辅导员
五常镇朝鲜族小学	黄贵顺	女	县	1962	优秀辅导员
五常县朝鲜族高中	林孝角	男	县	1962	优秀团员
五常县朝鲜族高中	林孝角	男	县	1962	优秀团干部
五常县朝鲜族高中	慎洪范	男	县	1962	优秀教师
杜家乡曙光学校	金中浩	男	县	1962	先进工作者
五常县朝鲜族高中	慎洪范	男	县	1963	优秀教师
五常县朝鲜族高中	崔日善	男	县	1963	优秀教师
五常县朝鲜族高中	李载元	男	县	1963	优秀教师
五常县朝鲜族高中	马云龙	男	县	1963	五好干部
五常朝鲜小学	金光洙	男	县	1964	优秀辅导员
五常县朝鲜族高中	慎洪范	男	县工会	1964	积肥积极分子
五常县朝鲜族高中	金光洙	男	县工会	1964	先进工作者
五常县朝鲜族高中	林孝角	男	县工会	1964	学习毛著积极分子
五常县朝鲜族高中	马云龙	男	县工会	1964	优秀辅导员
五常县朝鲜族高中	慎洪范	男	县工会	1964	先进工作者
五常县朝鲜族高中	马云龙	男	市	1964	先进工作者
光辉乡朝鲜小学	陆中守	男	县	1964	先进工作者
光辉乡光辉学校	安七星	男	县	1964	先进工作者

续表 7 - 31

工 作 单 位	姓 名	性别	授奖级别	年 度	光荣称号
山河朝鲜族中学校	崔元龙	男	县	63 - 65	先进工作者
山河镇朝鲜小学校	郑在甲	男	县工会	1965	工会积极分子
五常县朝鲜族高中	马云龙	男	县工会	1965	先进工作者
五常县朝鲜族高中	金光洙	男	县工会	1965	三八作风奖
五常县朝鲜族高中	金光洙	男	县工会	1965	先进工作者
五常县朝鲜族高中	郑相铉	男	县工会	1965	优秀辅导员
杜家乡曙光小学	金玉顺	女	县	1965	先进工作者
五常县朝鲜族高中	柳宽馨	男	县工会	1969	优秀教师
五常县朝鲜族高中	郑昌浩	男	县工会	1969	共青团优秀干部
五常县朝鲜族高中	李载元	男	县工会	1970	先进工作者
五常县朝鲜族高中	张宗实	女	县	1970	先进工作者
五常县朝鲜族高中	张宗实	女	县	1971	先进工作者
五常县朝鲜族高中	崔日善	男	县	1971	先进工作者
五常县朝鲜族高中	李载元	男	县	1971	先进工作者
五常县朝鲜族高中	玄昌春	男	县	1971	优秀教师
五常县朝鲜族高中	金演哲	男	县	1971	优秀教师
五常县朝鲜族高中	池东铉	男	县	1971	先进工作者
五常镇朝鲜族小学	曹善玉	女	县	1972	优秀教师
五常镇朝鲜族小学	李顺玉	女	县	1972	优秀导演
光辉乡光辉学校	安七星	男	县	1972	先进工作者
五常县朝鲜族高中	金光洙	男	地区	1973	先进工作者
五常县朝鲜族高中	马云龙	男	县	1973	先进工作者
五常县朝鲜族高中	林孝角	男	县	1973	先进工作者
五常县朝鲜族高中	崔日善	男	县	1973	先进工作者
五常县朝鲜族高中	金光洙	男	县	1973	先进工作者
五常镇朝鲜族小学	曹善玉	女	地区	1973	优秀教师
五常镇朝鲜族小学	许金顺	女	县	1973	优秀教师
五常镇朝鲜族小学	李顺玉	女	县	1973	优秀导演
光辉乡朝鲜小学	陆中守	男	县	1973	先进工作者
五常县朝鲜族高中	金光洙	男	县	1974	劳动模范
五常县朝鲜族高中	林孝角	男	县	1974	先进工作者

续表 7 – 31

工 作 单 位	姓　名	性别	授奖级别	年　度	光荣称号
五常县朝鲜族高中	慎洪范	男	县	1974	先进工作者
五常县朝鲜族高中	金光洙	男	县	1975	先进工作者
山河朝鲜族中学校	李德宽	男	县	1974	教育系统先进工作者
五常镇朝鲜族小学	许金顺	女	县	1975	劳动模范
五常镇朝鲜族小学	曹善玉	女	县	1975	优秀教师
山河朝鲜族中学校	郑宽元	男	县	1973 – 1976	教育系统先进工作者
五常县朝鲜族高中	马云龙	男	县	1976	先进工作者
五常县朝鲜族高中	金光洙	男	地区	1977	先进工作者
五常县朝鲜族高中	林孝角	男	县	1977	先进工作者
五常县朝鲜族高中	金光洙	男	县	1977	先进工作者
五常县朝鲜族高中	马云龙	男	县直机关	1977	模范党员
五常县朝鲜族高中	金正烈	男	县	1977	先进工作者
兴盛乡新兴小学	徐松鹤	男	地区	1977	先进工作者
兴盛乡新兴小学	徐松鹤	男	县	1977	先进工作者
杜家乡曙光小学	金玉顺	女	县	1977	科技战线先进工作者
五常镇朝鲜小学	金光洙	男	县	1978	优秀教师
五常县朝鲜族高中	金光洙	男	县	1978	先进工作者
五常县朝鲜族高中	林孝角	男	县	1978	先进工作者
五常县朝鲜族高中	林孝角	男	县	1978	模范党员
五常县朝鲜族高中	金正烈	男	县	1978	先进工作者
五常县朝鲜族高中	李载元	男	县	1978	先进工作者
兴盛乡新兴小学	徐松鹤	男	地区	1978	先进工作者
兴盛乡新兴小学	徐松鹤	男	县	1978	先进工作者
五常镇朝鲜族小学	许金顺	女	县	1978	劳动模范
五常镇朝鲜族小学	李顺玉	女	县	1978	优秀导演
五常县朝鲜族高中	金正烈	男	县委	1979	优秀党员
五常县朝鲜族高中	慎洪范	男	县	1979	先进工作者
五常县朝鲜族高中	马云龙	男	教育党委	1979	模范党员
五常镇朝鲜族小学	李顺玉	女	县	1979 – 1980	优秀导演
五常县朝鲜族高中	金光洙	男	教育党委	1980	模范党员
五常县朝鲜族高中	林孝角	男	教育党委	1980	模范党员

续表 7 – 31

工 作 单 位	姓　名	性别	授奖级别	年 度	光 荣 称 号
五常县朝鲜族高中	马云龙	男	教育党委	1980	模范党员
五常县朝鲜族高中	郑昌浩	男	县工会	1981 – 1982	先进工作者
五常县朝鲜族高中	洪哲秀	男	地区	1982	勤工俭学先进工作者
五常县朝鲜族高中	金元俊	男	教育党委	1982	模范党员
五常县朝鲜族高中	金元俊	男	教育党委	1983	模范党员
五常县朝鲜族高中	金光洙	男	教育党委	1983	模范党员
五常县朝鲜族高中	林孝角	男	教育党委	1983	模范党员
五常县朝鲜族高中	郑昌浩	男	教育党委	1983	先进工作者
五常县朝鲜族高中	金成日	男	县	1983	卫生教育先进个人
五常镇朝鲜族小学	李顺玉	女	县	1983	优秀导演
五常县朝鲜族高中	洪哲秀	男	地区	1983	学校建设先进工作者

注:此表根据搜集到的材料进行了整理,不完整,以下分年度分奖项分列出。

第八章　民族体育

第一节　学校体育

一、体育课程

建国初期获奖足球队合影。　（姜斗七提供）

足球赛

　　建国后,随着教育事业的蓬勃发展,学校体育也迅速发展。建国初期,一般朝鲜族学校不开设体育课。党关于德智体全面发展的教育方针下达后,幼儿教育开始有体操、舞蹈等活动,进入小学则进行系统的体育教育。学校配备专兼职体育教师,每周固定两节体育课,内容和项目有广播体操、各类球类和田径。此外,每周还有两小时的课外体育活动。各级学校都根据不同季节,分别选择重点训练内容。春、夏、秋三季主要抓球类和田径运动,冬季重点抓冰雪运动。按照国家规定的教育大纲授课,体育成绩记入期中和期末考试总分,作为学生升级和留级的标准之一。体育活动开展的好坏,也作为评定先进班级、"三好"(学习好、身体好、劳动好)学生的重要条件。大多数学校坚持早操和课间操。各学校都有篮球场足球场、单杠、双杠、木马等,学生根据自己爱好选择锻炼项目。

二、竞赛活动

　　全县朝鲜族学校从20世纪50年代开始,平均每年举行两次学生运动会。时间在"六一"儿童节和"十一"国庆节前后。竞赛的项目主要是田径、也有团体操、篮球、足球。各级学校通过竞赛选出代表队,参加县一、地区和省的学生运动会。中学和规模较大的小学,每年冬季举行一次冰上运动会,进行速度滑冰比赛,从中选出代表队出席县、地区和省举办的冰上运动会。历届参加地区和省运动会代表队的成员,大多数来自学校。五常朝鲜族中学的足球代表队,多次代表松花江地区参加全省中学生足球赛,均获得好成绩。

三、运动员培养

排球赛

参加哈尔滨市第二十六届朝鲜族体育运动
会的五常女排队员与领导及教练合影

建国初期,运动员的培养主要靠中、小学校通过体育课和各种比赛发现人才,然后选出重点加以培养训练。1956 年以后,县文教部门每年举办一、两次业余训练班,训练参加上级专项比赛的运动员。1959 年正式成立业余体育学校,配有专职干部和教练员,业余体育学校的主要任务是专门培训专项运动的运动员,为上级体校输送人才,为基层培养体育骨干。开设的体育项目有篮球、足球、速度滑冰和乒乓球等。学员主要是爱好体育、身体素质好、有专项特长的中、小学校学生。20 世纪 50 年代,五常县朝鲜族中学学生李凤子被输送到国家女子篮球队。五常县朝鲜族中学学生朴俊义被输送到解放军某部,参加全军第二届运动会,获手榴弹比赛第二名。五常县朝鲜族中学学生延龙泽和陈永德被输送到黑龙江省足球队,参加前苏联莫斯科足球赛。五常县朝鲜族中学学生申善义被输送到松花江地区师范学校体育班。70 年代,五常朝鲜族高级中学学生方日正被输送到黑龙江省足球队。金刚胜被输送到哈尔滨市速滑队。1992 年,县朝鲜族高中足球队参加了全国朝鲜族足球比赛获得了高中组第一名。

第二节　群众体育

一、民间传统体育

摔跤、秋千、跳板、象棋、掷柶这类活动今天已发展成为传统的民族体育项目,而朝鲜族作为民间娱乐活动,已有悠久的历史。长期以来,民俗娱乐活动丰富了朝鲜族人民生活内容,培养了朝鲜族人民团结向上的高尚情操。

(一)摔跤

朝鲜族摔跤的历史悠久,据集安高句丽古墓壁画上绘制的场景表明,朝鲜族人民在公元 4 世纪以前已经开展摔跤运动。

正规的朝鲜族摔跤，一般在朝鲜族体育运动会或端午节游乐中进行。使用腿带，是朝鲜族摔跤的特点。腿带长3米，用麻布或棉布制作，缠在右大腿上。比赛时，双方先蹲着，身躯略往前倾，右膝着地，左膝弯曲，足掌轻扣地面，互相搂住右肩，各用右手抓对方的腰带，左手抓住对方的腿带，裁判员哨声响起，双方起身进行

摔跤

比赛。比赛过程中，不许扭对方的脖子和胳膊，不准用头或手击打对方，一旦选手故意伤害对方，裁判员当即发出警告制止，情节严重时，勒令其退场。摔跤技巧有内勾、外勾、背肚子摔倒等多种。这是一种小伙子们比气力、比技巧的剧烈运动。

摔跤冠军奖品

这个比赛项目像今天的拳击比赛一样分体重分组进行，也可不限体重进行。比赛一场时间限定5分钟中间有休息时间，3场决定胜负。

在乡、县一级的民族运动会上，冠军的奖品经常是头黄牛，也有其他奖品。

摔跤是朝鲜族男子喜爱的游戏娱乐项目之一，除大型正规比赛外，田间地头、场院草地都可以进行，尽管场地不规范，没有必要的设备，不管观众多少，休息时，两人对抗，直到一人倒地，就可以决出胜负来。

摔跤能培养人刚毅的斗志、敏捷的动作、奇妙的解数，所以很受青壮年男人的钟爱。

(二)秋千

这是专由妇女从事的比赛娱乐活动，流传至今。

秋千架高11米，左右两个柱子间距：上端2米，下脚3.5米，柱子上端搭有两个横杆。

秋千有两种裁判方式，一是把铃铛悬挂在秋千前方某一高处，让荡秋千的人踢它；一是把标好尺寸的绳子系在秋千的踏板上，衡量秋千达到的高度。两种比赛方式都是以高者取胜。

荡秋千赛。　　　　（朱东秀拍摄）

（三）跳板

跳板用有弹力的木材来制作。长4.5～5米，宽35～40厘米，中间的支架高30～35厘米。

跳板比赛的方法有：直立跳、轮班跳等，每次限时2分钟。

直立跳由两个人比赛，在两分钟内平均高度达到2.3米，就可得到10分，如达不到这个标准就递减分数。

轮班跳由4人分成两组进行。一个组里的两人轮换着跳，在两分钟内跳24回，平均高度达到2米以上，就可得到10分，达不到则递减分数。

比赛分个人赛和团体赛形式进行。比赛过程中因没能跳完规定的时间；两脚或一脚触地则扣分。

每到赛事时，大姑娘、小媳妇、中年妇女和儿童，个个穿戴鲜艳，跃跃欲试，在空中显示她们轻盈、优美的身姿。

关于跳板运动的由来，还有一段富有浪漫神奇色彩的传说呢。相传很久很久以前，一个少女被她的父母幽禁在自家深宅之中，她日夜思念守候在院外的心上人。为了能见上意中人一面，她心生一计，逗引妹妹在院中与自己做跳跳板游戏。每当身体腾空而起越墙头的时候，她便向自己的心上人投去匆匆的一瞥。这种既美丽又健身的活动一直延续至今，成为朝鲜族人民热爱生活、憧憬未来的一种健身娱乐形式。

（四）拔河

拔河是朝鲜族所喜爱的一种能显示集体智慧和团结力量的民俗游戏和体育项目。朝鲜族在民间举行拔河游戏的历史很长。早在15世纪已盛行拔河比赛。过去，每逢正月十五，人们以村为单位进行拔河比赛。这一天，一早开始就热闹异常，方圆数十里的农民，各自组织"农乐队"从四面八方涌来聚集在拔河赛场上，载歌载舞，锣鼓喧天。中午时分，双方壮丁各自扛着自己的绳子，进入赛场分界线接绳。拔河绳分"雄绳"和"雌绳"，联结时把雄绳尖头插入雌绳圈头里，然后插上大木簪子固定。随着裁判员的一声令下，全场群情激昂，助威呐喊。雷鸣般的呼叫声，锣鼓声，响彻云霄。比赛结束后，取胜的一方队员扛着拔河绳子，在农乐队的助兴下，欢天喜地凯旋回村。全村男女老幼，又载歌载舞，夹道欢迎，庆祝胜利。

（五）象棋

朝鲜族象棋与汉族象棋棋子数目相同，双方各执16子：帅（将）一枚，士（仕）、相（象）、车、马、炮（砲）各2枚，卒（兵）5枚。棋子数虽然相同，但走法不同。比如相（象），汉族象棋走"田"，且不能越过楚河汉界，而朝鲜族象棋走"目"，楚河汉界对它没有约束。卒（兵）除了不能后退之外，汉族象棋在越过河界之前不能"横"走，朝鲜族象棋中在越界之前就可以"横"行。

朝鲜族象棋通常是朝鲜族男人日常生活中喜闻乐见的娱乐活动之一，而且是比赛项目之一。

（六）掷柶

柶戏。四伏曰牟，四仰曰流，三伏一仰曰徒，二伏二仰曰开，一伏三仰曰杰。局画二十九圈，二人对掷，各用四马。徒行一圈，开行二圈，杰行三圈，流行四圈，牟行五圈。

掷柶比赛

用现代话说,掷柶中的"柶"是把约15~20公分(大型比赛中可能更大些)长,3~5公分粗的两段圆木居中顺势劈成均匀的四截。比赛时,根据掷出后落在指定区域所得分数记载于棋盘上,四马全部走完者获胜。游戏中不仅需要掷柶者的技术,也需要执掌棋盘落"马"者的智力程度。

这种活动是妇女们经常做的一种游戏。这种游戏简便易行,可在家庭中游戏,也可在大型场地上进行,人数不限。多者(数十人乃至数百人)可分组对抗,实行淘汰制。比赛时呼声此起彼伏,热闹异常。

直到现在,朝鲜族多在农历正月初一到十五,或在庆祝三八妇女节等节日时安排掷柶活动。

从1985年开始举办掷柶活动起,年年都开展掷柶活动,至今已坚持29年没有中断。掷柶活动是朝鲜族独有的传统娱乐活动,家喻户晓、人人喜爱。

组织掷柶活动最大的困难是经费和场地。过去,筹措经费需东求西筹,获得赞助;因场地不便,容纳不了更多人,参加人数只能控制在300名以下。

研究布马

掷柶活动之所以引起朝鲜族广大群众的高度重视,是因为它是交心的场所、娱乐的场所。各代表队的人们从全县各个角落自带富有民族特色的丰盛菜肴聚集而来,加上大会满足供应的白酒与啤酒,同饮共欢.在助兴的民族歌曲声中,穿着民族盛装的朝鲜族妇女和男士,不分男女老幼,载歌载舞,快乐无穷。人们珍惜这一年一度的盛会,参与的人们越来越多。

由于长期坚持这项民族传统活动,使掷柶活动确立了五常朝鲜族民俗活动的重要地位,因而逐步得到了政府部门的高度重视.近年来,每次活动时,除朝鲜族副市长亲自参加外,政府有关部门主要领导也亲自到场祝贺,有时市委书记亲临掷柶现场祝贺。

政府的重视,掷柶活动列入市政府议事日程。从2012年起,市政府为每次掷柶活动拨款3万元,使活动经费有了基本保证。到2013年,五常市朝鲜民族事业促进会和五常市老年协会在每年的正月十五已经组织了29届全市掷柶比赛活动,市内各老年协会都踊跃参加,受场地容量限制,人数最多时可达350余人,可见这一传统民间游戏的魅力。

五常朝鲜族由于长期不间断的举办掷柶民俗活动,已使之成为五常的一道靓丽风景线。2013年,掷柶民俗活动已成为哈尔滨市非物质文化遗产,目前正向有关部门申请省级非物质文化遗产。

五常县少数民族运动大会简报

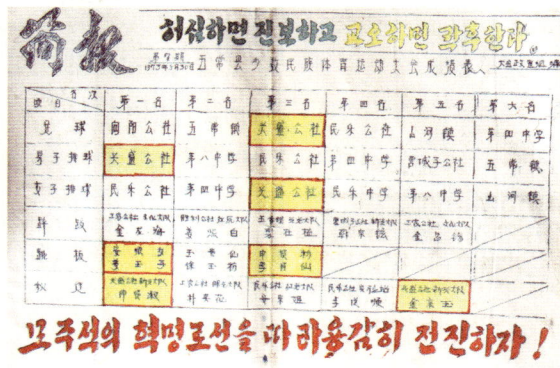
五常县少数民族运动大会简报

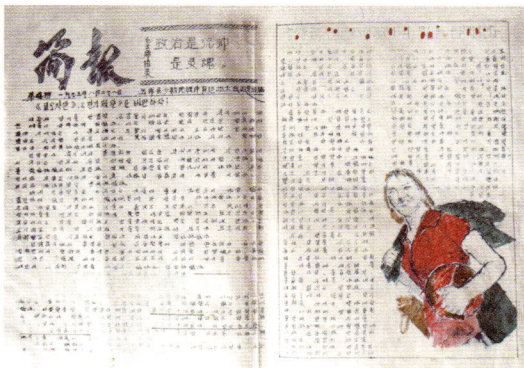
五常县少数民族运动大会简报

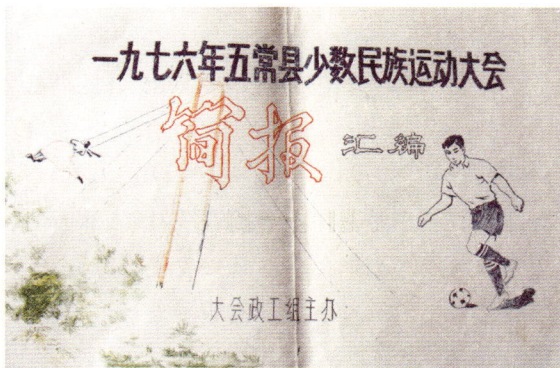
五常县少数民族运动大会简报(油印)汇编封面及选页

第三节　体育竞赛

一、体育运动会

随着五常县朝鲜族人口的不断增加,体育活动随之开展起来。体育活动的主要形式是以村为单位,在农闲期举办运动会。

朝鲜族群居的地方一般都有学校,学校操场给朝鲜族组织运动会提供了良好的条件。

即便是村里召开的运动会,场面也十分壮观。搭建主席台、插上彩旗、按运动会程序进行。开幕式很正规:运动员入场式、村支部书记致开幕词、运动员裁判员代表发言、运动员裁判员退场。各项赛事开始、大会总结等按部就班进行。运动会当然也邀请了上级领导、嘉宾参加。

开幕式结束后,首先由村屯领导们进行跑赛,活跃整个运动会的气氛。运动会的比赛项目有足球、排球、田径、拔河、串瓶子、抽烟、穿线、摔跤、荡秋千、踏板等项目。

运动会是朝鲜族的盛大活动,男女老少都衣着民族服装参加,一般都宰牛,杀猪、狗等享用连续进行好几天,边饮酒边载歌载舞,到处都洋溢着助威的声音。

其中,足球比赛属于最有人气的项目,也经常发生口角。有时因一方抗议裁判不公正输掉比赛,拒绝参加而导致比赛一时中止,这时,村干部们则为了协调而绞尽了脑汁。

由于朝鲜族特别喜欢足球，即使在买不起足球的贫困年代，小朋友们也用稻草编织球去运动，进而掌握足球运动技巧。所以朝鲜族几乎都会踢足球。足球比赛虽然难免发生口角，大家开始扯着脖子吵架，但问题一解决就一起快乐地饮酒歌舞。

体育运动会在朝鲜族村落风行，反映了朝鲜民族在中国共产党的领导下，成为这片土地的主人而紧密团结生活实况。

第一届五常县朝鲜民族运动会于1949年，第二届于1950年，第三届于1951年在五常镇举行。从1952年到1965年的13年间，每年都会举办一次。运动会从1966开始，因"文化大革命"曾一度中止，1975年才开始恢复。1975年和1976年在五常县朝鲜族中学举行了运动会。1979年和1980年因全县农事紧张未能举行。。

1981年9月3日至9月8日举行的五常县朝鲜族体育运动会的主办单位是五常县体育运动委员会、中共五常县统战部、五常县人民政府民政科。地点是朝鲜族中学。五常县朝鲜族副县长韩千根任办公室主任，宣传组组长朴钟华、竞赛组组长马云龙、后勤组组长徐承焕、保卫组组长具基山、场地组组长李相穆、医务组组长金凤岐。参加运动会的17个代表队和运动员分别有：

民乐公社：39人	民乐中学：18人	常堡公社：18人	第八中学：18人
兴隆公社：37人	工农公社：36人	沙河子公社：17人	向阳公社：21人
五常镇公社：28人	双兴公社：23人	兴盛公社：38人	保山公社：38人
光辉公社：18人	营城子公社：37人	朝鲜族师范：25人	第四中学：25人
机关联合组：25人			

以上17个代表队中，足球运动员233名；男子排球运动员64名；女子排球运动员86名；教练员31名；领队19名；其他461名。

1984年五常县朝鲜族体育运动大会竞赛项目有足球、排球、摔跤、踏板、田径、顶水等项目。宽敞的朝鲜族中学运动场被来自全县的几千名观众填满，大家可以在运动场周围的临时饭店里，吃着可口的民族饭菜，喝着香甜的米酒助兴。

穿针引线、点烟、吊瓶、寻人等娱乐项目也引来欢声一片。摔跤第一名的奖品是黄牛，荡秋千第一名是缝纫机，跳板第一名是钟表。

为期5天左右的五常县朝鲜族运动会是全县朝鲜族最大的盛会。虽然是以体育竞技为主，却给朝鲜族同胞提供了聚会的机会，体现了民族团结和特色。平时不常见的朋友和亲戚们也会在运动会上见面，坦诚交流，饮酒助兴。兄弟民族朋友也赶来助兴，热烈赞扬朝鲜族体育活动，投来羡慕的目光并津津有味地观赏。

1984年五常县朝鲜族体育运动大会各项成绩如下：

红旗公社代表队、朝鲜族高级中学代表队、山河镇公社代表队、民乐公社代表队获先进集体；五常镇公社代表队获足球第一名；营城子公社代表队获男排第一名；杜家公社代表队获女排第一名。

尹明石(朝中)获摔跤第一名；姜玉子(兴盛)赵顺贤(朝中)获跳板第一名；尹明石(朝中)或径赛男子100米第一名；金仁善(杜家)获径赛女子100米第一名；金兰淑(五常镇)李恩丽(五常镇)获秋千第一名；朝中获混合接力400米第一名。

双兴公社足球代表队、山河镇公社男子排球代表队、朝中女子排球代表队获风格奖。

二、老年门球运动

近些年来,五常朝鲜族各村相继修建起自己的门球场地,各门球队经常拉出去、请进来,切磋交流球艺。五常镇镇西村老年协会在村委会的大力支持下,集资修建了两个草坪门球场地,并在2014年6月成功举办了2014年度五常镇镇西村老年协会门球邀请赛暨五常市门球培训基地落成仪式,市文体局有关领导参加了落成仪式。

市朝鲜民族事业促进会和市朝鲜族老年协会每年都组织全市老年门球赛。

在五常体育界,盛传马云龙推迟三次婚期的故事:

门球比赛

马云龙是20世纪50年代优秀的运动员和教练员。1959年,在五常县朝鲜族中学任体育教师工作非常忙。当时与他的未婚妻原定于冬天举行婚礼,但临近婚期,组织交给他一项紧急训练任务,就把婚期推迟到了次年3月份。但婚期临近时,组织又交给他一个紧急任务,当时都已生好了婚宴用的黄豆芽,并已通知了亲戚,但马云龙又一次推迟了婚期。其未婚妻一度以为他喜欢上了别人,组织上特意为此事做了解释。他的婚礼到5月1日完婚。他一时成为五常体育工作者学习的榜样。马云龙从1975年开始负责五常县业余体育学校工作。

第九章　民族医药卫生

　　被称为"白衣同胞"的朝鲜民族素来喜欢洁净，爱着白衣，即使在生活困难、环境简陋的条件下，也注重讲究卫生，把院子屋内打扫、整理得干干净净。

　　解放前，在医疗条件十分落后的情况下，即使生病也难以医治。虽然人口出生率高，但死亡率也高。一家生了7~8个孩子，但存活的也就一半多些。那时，更没有先进的科学技术设备和高科技药品，对鼠疫、伤寒、肺结核、霍乱、天花、流感等传染性疾病束手无策。

　　新中国成立后，中国共产党和人民政府十分关心广大民众的健康问题，医疗卫生事业随之不断发展壮大。朝鲜族聚居的村庄开始出现了医生和卫生所。建国初期，五常县人民响应党的号召，开展了轰轰烈烈的爱国卫生运动，讲卫生、树新风。到1957年，五常县各乡村普遍成立了卫生院和卫生所。

第一节　朝鲜族医疗卫生机构

民乐朝鲜族乡卫生院

　　在大连市档案馆查阅资料时，我们意外发现一部尚未公开出版的1934年6月编写的伪满洲国《五常县志》，里面记述了在县城里有朝鲜人经营的没有住院设施的五常医院及朝鲜人经营的公济医院。

　　1952年，民乐乡群众集资创办了民乐乡卫生所，设西医1名、护士3名、药剂师1名。其他有条件的村落也办起了村卫生所。

　　1962年11月，成立了五常镇朝鲜民族卫生所，该卫生所于1969年并入五常镇医院。

　　五常朝鲜族的医疗卫生机构主要是村办卫生所。1969年，五常县开始创办农村合作医疗，培养了大批农村卫生所的"赤脚医生"。赤脚医生是为当地农民看病挣工分的农民大夫，接受村委会的领导。

　　20世纪80年代，民乐朝鲜族乡的友谊、民乐、红光、星光、新乐等村开办了卫生所。该乡卫生院发展壮大成为2名领导、8个科室、23名医生和职工的规模较大的乡镇卫生院。

　　现在五常镇内有规模较大的朝鲜族私立牙科医院金勇善牙科。

第二节　朝鲜族医务人员

在五常专设的医疗卫生机构里,朝鲜族医务人员比较多。

五常镇医院,20世纪60年代,有韩一、林雄哲医生;80年代,内科有林守元、朴京玉、金锡顺医生,外科有朴秀男、李春日医生,总护士长金明淑,药剂科有任桂淑、玄京淑,检验科有金仁贤、李连玉,护士有李华、金福顺、林英子,放射线科韩亨武,后勤韩亨哲;90年代,院长朴秀男,业务院长金松山,妇产科医生朴熙月、金花。

1980年,五常县中医院成立以后,朝鲜族医生有金顺玉、赵喜哲、李春日,西药房林明淑、金英子,中药房张英姬,放射线科崔星浩、崔南哲,护士朴海月、林连贤、权英淑、白明子、金香锦、权明娇、刘美兰、金贞花。现在内科医生有赵成日、金成艳,儿科医生权春英,CT室崔相国,护士朴连顺。

在五常县(市)医院工作过的朝鲜族医务人员有:

儿科主任金凤起(20世纪60年代起至90年代退休),外科主任医师许美学、儿科副主任医师金丽华、五官科副主任医师郑春顺,内科副主任医师崔英爱、徐美英,外科医生朴成根(20世纪80年代)、朴京华(20世纪90年代),护士有金英子、朴允顺、李今生、尹明淑、姜善淑、郑万琴、金红梅、许玉锦,后勤金哲,办公室金花。

五常镇启智社区医院有朝鲜族医生李明元,兴盛公社卫生院的朝鲜族金京云在上世纪末曾任院长,后于80年代初调到五常县医院从事门诊工作。

五常朝鲜族名医详见本志人物篇。

第三节　肝吸虫病防治

喜欢食用生鱼片、生田螺肉是朝鲜族的饮食习惯之一,这个习惯导致了很多人患上肝吸虫病,生产、生活带来严重影响,甚至有的年轻人也因此病而死亡。

民乐公社卫生院从1970年起,根据省、地、县有关部门的指示精神进行了对肝吸虫病的调查研究工作。调查结果显示,患有肝吸虫的患者为:1970年360人;1972年360人;1976年290人;1981年286人。4年总计1 296人,占全公社人口的25%。其中朝鲜族患此病率占患者总数的90%,而汉族仅占10%。

民乐公社卫生院对1 000多名患者的临床医案记载表明,凡是患有肝吸虫病的,百分之百都吃过生拌鱼或生田螺肉,可见吃生鱼或生田螺肉是产生肝吸虫病的根本原因之一。

民乐卫生院积极采取了如下措施:

1.卫生部门经常深入村屯,宣传教育群众,讲解吃生鱼、生田螺肉对人身健康的危害,贯彻以防为主、以治为辅的方针,使患此病的人逐渐减少。

2.尽管民乐卫生院设备简陋,但一经发现疑似肝吸虫病的患者,就组织他们到五常县医院化验检查,确诊后再对患者进行对症治疗。凡是患有肝吸虫的患者,经过服用血防846片等药品,病愈康复。

当时,虽然民乐卫生院已积累了对肝吸虫病的临床经验,但由于医疗器械设备条件太差,如连显微镜都没有,很不适应疗治需要。由于不能及时化验确诊,延误了治疗的最佳时间甚至致死。

第四节 计划生育

中华人民共和国成立以前，历代官府鼓励民众多生多育，民间祈求人丁兴旺、多子多福。但由于百姓生活贫困，卫生条件差，缺医少药，出生多，死亡亦多，人口增长速度极其缓慢。

中华人民共和国成立之初，政府曾一度鼓励人民多生。随着生活环境和医疗条件的日益改善，高出生、低死亡。1949～1961 年五常县年平均人口增长率为 27%，人口增长速度比旧社会加快了 16 倍。

从 1962 年开始，中国共产党和人民政府号召中共党员、干部实行节育，部分干部迫于子女多、负担重，自愿采取避孕措施。但广大群众尚未实行节育，人口增长速度仍然很快。

1966 年"文化大革命"开始后，节育工作遭到严重破坏，人口剧增。

1978 年 12 月中国共产党十一届三中全会确立计划生育为基本国策之后，计划生育成效突出，"一对夫妇一个孩"蔚然成风，已形成了低出生、低死亡、低增长的人口生育模式。

1983 年 1 月，省委、省人民政府颁布了《黑龙江省计划生育若干规定》（1984 年又下发了补充规定）后，4 月，县委、县政府下发了《五常县贯彻执行黑龙江省计划生育若干规定的实施细则》，突出强调：实行一对夫妇一个孩，控制二胎，禁止生三胎。

1973 年，民乐朝鲜族人民公社建立了计划生育办公室，专门管理计划生育工作。

少数民族有条件地生二胎。1983 年，民乐朝鲜族人民公社就计划生育制定了一系列奖惩制度：

奖励制度：负责对独生子女每月补助入托费 6.00 元，5～16 岁的保健费；对做绝育手术者，假期每天补助 2.00 元；对晚婚晚育者，婚假优待，免收生育手术费。

惩罚制度：生第三胎，罚款 1 200 元，所育三胎 16 岁以前不分给土地。无指标生育，罚款 100 元。早婚，罚款 200 元，每月收计划生育费 5.00 元。怀孕外逃，加罚 200 元；窝藏怀孕外逃者，罚款 200 元；抱养者，罚款 1200 元。开假证明、改户口、非法取节育环者，罚款 100 元。

1992 年，民乐朝鲜族乡计划生育工作达标，无计划外生育，无多胎生育，计划生育率 100%。全乡只生一个孩子户 615 户，其中 572 户，人年均收入达 1 300 元以上。

五常朝鲜族人口，从 1982 年的 38 535 人到 2010 年的 23 900 人的锐减情况看，除迁徙流动外地人口流失外，证明五常朝鲜族计划生育政策执行得好。从 20 世纪 90 年代初，新生儿就在锐减，到了 21 世纪初表现得更为突出。

表 9 - 1　　　　　　　　　1981～2010 年五常人口增长比例

年　　龄		朝鲜族（总人口 23 900 人）		满族（总人口 65 266 人）	
年龄段	出生年度	人数	增长 %	人数	增长 %
0～4 岁	2006～2010	328	0.0137	3 216	0.0492
5～9 岁	2001～2005	398	0.0166	2 966	0.0454
10～14 岁	1996～2000	630	0.0263	3 178	0.0486
15～19 岁	1991～1995	818	0.0342	4 012	0.0614
20～24 岁	1986～1990	1703	0.0712	5 841	0.0894
25～29 岁	1981～1985	2 044	0.0855	5 144	0.0788

第十章　宗教信仰

第一节　宗教团体

据资料表明,五常县解放前有佛教、道教、天主堂基督教、伊斯兰教等宗教团体。新中国成立后,党和政府执行了独立自由、自办教会和"三自(自传、自治、自养)的方针和"争取、团结、教育的原则,保护了宗教信仰自由。

第二节　基督教

基督教,光绪十九年十一月传入五常县。五常县曾有 5 处,设有教堂,于 1947 年解散。解放后,原基督教徒,虽仍信教,但不公开活动,1983 年以来全县有基督教徒近 200 人。其中多数是从尚志、牡丹江、延吉等地传入发展的。分布在小山子、双桥子、营城子等乡镇境内。没有具体资料表明朝鲜族基督教教堂和教徒数目。

1986 年,五常基督教信徒没有法定教会,信徒在各家庭集会活动,信徒有 500 余人。1990 年开始,基督教信徒发展到 8 000 人。这时的基督教信徒在县内没有合法教堂,接受哈尔滨市教会领导,与道里、南岗教会联系,进行洗礼和圣餐。1992 年,朴英男作为第一批学员,到中国东北神学院学习一年,被命名为五常县基督教传教师。1995 年,五常县正式建立合法教堂。第一个教堂设在五常镇。1996 年,有教堂 16 个,其中朝鲜族教堂 11 个,汉族教堂 5 个,信徒近万人。是年,五常教会送徐一根等人到黑龙江省圣经学校学习。2000 年以后被任命为传教师。2003 年正规合法教堂又增加了 10 个,集会点(包括各乡镇)50 处。2004 年,五常市基督教堂教职人员中,有国家级基督教承认的牧师 3 人。

2005 年 7 月 28 日,成立五常市基督教"两会",即"基督教三自爱国委员会"和"基督教协会"。是时,五常市共有基督教信徒 22 300 人。

表 10 - 1　　　　　　　五常市部分基督教朝鲜族礼拜堂一览

名　　称	负 责 人	职　　称	教 徒(人)
民乐礼拜堂	徐一根	牧　师	50
永乐礼拜堂	金南海	牧　师	40
曙光礼拜堂	赵一峰	牧　师	60
民乐屯礼拜堂	金海花	教　师	30
星光礼拜堂	白成日	传道员	20
新建礼拜堂	朴正和	执　事	6
山河崇义礼拜堂	李英姬	执　事	40

附：   **徐一根牧师简历**

宗教学历：
    1996～1999 年　黑龙江神学院毕业
    2007～2009 年　中国人民大学宗教哲学研究科毕业
    2012 年　　　　香港浸信会神学院释经学毕业

社会学历：
    2009～2013 年　中央广播电视大学本科毕业

宗教职务：
    五常市基督教民乐礼拜堂　主任牧师
    五常市基督教以马内利礼拜堂　主任牧师
    五常市基督教三自爱国会主席
    五常市基督教协会会长
    哈尔滨市基督教两会常委

社会职务：
    五常市政协委员

永乐礼拜堂

第十一章　民风民俗

第一节　传统衣着

朝鲜族自称为"白衣民族"或"白衣同胞",因为他们比较喜欢白色服装,给人以清洁、干净、朴素、大方的感觉。衣料多棉布、亚麻布(20世纪五六十年代多见),已有各种绸缎做高级衣料。

一、男装

男装有裤子、袄、坎肩及长袍。

裤子:裤腰、裤腿都比较肥。穿裤子时,裤腰向前折上后用裤腰带系上。裤脚向外侧折后系上绑带。

男袄:袄的前襟可以敞开,有领子(领子上缝有白布领边,便于经常换洗)、前襟、袖子、领边和袄带。

穿时,左襟掩住右襟,在右胸前系上袄带。袄带宽约3~4厘米,长约40~50厘米。系袄带要按照一定的方式系成活扣做装饰。

当外衣穿的有坎肩和长袍。坎肩左右两边上下各有一个衣袋,胸前有扣子,用颜色和花纹多样的衣料缝制。

长袍的样式和袄一样,不同的是衣襟一直垂到膝盖以下,下摆渐宽。长袍主要用于男子出门时的礼服。

二、女装

女装有裙、袄和长袍。

裙子,有紧身长裙和筒裙。紧身长裙用宽大的裙幅来裹身;筒裙与西式裙子相同,把裙幅缝成筒状。裙子只在上边打了密密的细褶,下边自然地下垂。

筒裙,用做礼服或外出服的较长,平时穿的较短。

裙料质地和颜色可按季节选用,可以用花纹华丽的衣料制成。

女袄的样式与男袄基本相同,不同的是,线条柔和而强调曲线美。衣领略呈圆形,前襟和下摆呈弧形,而且缝制的衣料多为鲜艳的颜色和美丽漂亮的花纹。

女用外衣也是长袍。样式像做得很长的袄,用上等衣料缝制,由于外出时穿着。

今天,随着人民生活的极大提高,在节假日和喜庆的日子里,妇女们穿着比过去更为华美,更为讲究。

在劳动时,男女装简约多了,男装只是单裤、大袄和背心;女装则是单袄、短裙,在厨房工作时则系围裙。民族传统的保持和现代审美观点的体现在她们身上并行着。

今天,在日常生活中并不多见的民族传统服装,但一到重大纪念日、重要活动日,就能显现其靓丽的风采,本民族的传统服装特色来。

三、童装

童　装

童装的基本样式与成人服装相同,只是做得符合儿童的生活特点与喜好。由于孩子皮肤柔嫩,因而选用柔软的衣料,且颜色鲜艳多样。

在童装中,彩袖袄是其突出特点。把红、黄、蓝、绿等颜色的布条像彩虹一样拼起来再做袖子。

如今,人们喜欢给女孩子穿上大红裙子和彩袖袄。

第二节　传统饮食

一、主食

朝鲜族饮食中的主食大致与汉民族相同,一般用大米、小米、大麦米、高粱米等做成食用。主食中比较有特色、有影响力的是冷面与打糕。

(一)冷面

冷面可分为白面面条、荞麦面条、淀粉面条、玉米面条等,其中人们最喜欢食用的还是荞麦面条。冷面汤很讲究,最好的要数野鸡汤,依次是牛肉汤、鸡肉汤了。在炎热的夏季里,在冷面里放上切成薄片的梨和黄瓜、煮熟的鸡蛋、切成片的牛肉,再加上各种作料,再放进冰块来吃,爽人脾胃、消汗解暑。

反之,在寒冷的冬季,可以把面条放进滚热的肉汤里,再加上各种作料和肉去吃,用以取暖补身。

(二)打糕

打糕是把糯米蒸熟后放在石臼或木槽里反复捶打,使所蒸之米不见一个整粒,取出后切成块,蘸上事先制成的熟豆面,以免切成的块相互粘连,食用时方便而且可口。当然也可蘸糖或蜂蜜食用。人们也经常在打糕凝固后煎着撒上糖食用。

二、菜肴

菜肴中具民族特色和广泛影响力的有泡菜、大酱汤、狗肉汤、烤制品和生鱼(肉)片。

做打糕

(一)泡菜

泡菜在朝鲜族菜肴中占有突出地位,它不仅最为普及,而且最富有民族特色。

泡菜是把白菜、萝卜等各种蔬菜,辣椒、葱、蒜、姜等作料和水果,以及鱼虾酱等掺合在一起,使之发酵的蔬菜加工品。泡菜在发酵过程中产生乳酸等有机酸,产生其特有的香味,吃起来爽口宜人。

泡菜的种类很多,大体可分成两类:越冬的泡菜和春、夏、秋季即腌即食的泡菜。

(二)大酱汤

大酱汤是朝鲜族餐桌上最为常见的和最为老百姓喜爱的菜肴,大酱汤的基本配料是黄豆酱、白菜、土豆和水豆腐。制作时用朝鲜族自制的大酱稀释在水中,可加入合乎食用者口味的各类蔬菜、肉类、虾蛤类,煮沸后汤菜一起食用,既简便又爽口,还可解酒。

(三)狗肉

狗肉具有滋补作用,人们多在夏季食用。狗肉汤是把狗肉调制成汤食用。狗肉汤一般有两种调制方法:狗肉烀熟后,一是盛出肉汤对上作料,再放上熟肉同食,称之为清汤狗肉;一是把熟肉撕成丝后,与焯好撕成的白菜(干白菜)丝,再加入辣椒酱等作料同熬食用,这种吃法称之为混汤狗肉汤。在夏季、在冬季热炕头上喝起来,大汗淋漓,浑身爽然。

今天狗肉馆里出现了狗肉汤的另一种调制法,将狗肉汤里加入水豆腐同炖,称之为狗肉炖豆腐。应该说这是民族大融合过程中的产物,是狗肉汤的发展,表明狗肉汤深受食客们的欢迎。

(四)烤制品

烤制品以加作料的肉、鱼为主要材料,也可以用沙参或桔梗等山菜来做。烤制品中最著名的当推烤牛肉。

(五)生鱼(肉)片

生鱼片是把生肉、生鱼等切成片儿,加上加醋的酱或加醋的辣椒酱拌成。

朝鲜族的各种小拌菜也颇受人们喜爱。焯好的黄豆芽、各种山野菜、撕成丝的明太鱼干等,加入加醋的辣椒酱等各种作料,就成了一盘盘爽口的小菜。

数到这些菜肴,就不能不提一提朝鲜族的米酒了。

过去,逢年过节大都喝上一些自酿的米酒,那是提前就开始酿造的。各家早用麦麸等制曲,酒曲制好后,把曲粉碎与碎米混合放置大容器里等待发酵然后用来筛淋出液体,那就是黄酒,也就是名副其实的米酒了。米酒的酒精度很低,而且可口。为了增加甜度,有的加进糖精。如今市面上出现的米酒恐怕在"纯"字上差距甚大了。

第三节　传统礼仪

朝鲜族向有"东方礼仪之族"的美称。在遇有长幼单独进餐时的礼仪,晚辈若被允许

同长辈同席,也不能当着长辈面饮酒,若要饮酒,也须转过身去饮用,生活在朝鲜族当中,处处都能体现对长辈的尊重。如平日饮食,老年人不同晚辈同席,在酒席上,要按年龄辈分依次就座、斟酒。只有长辈举杯后,其余人才可以依次举杯。晚辈不得在长辈面前吸烟,不准向长辈借火,更不能同长辈对火。老人或长者外出,全家要鞠躬礼送。老人在吃饭时未归,全家要等老人归来方能进餐。平常遇有家中烹制美味佳肴,亦须在老人或长辈品尝用过之后,家人才可享用。在众多礼仪活动中,冠礼、婚礼、丧礼、祭礼是朝鲜族最重视的人生礼仪朝鲜族讲究夫慈子孝,长子赡养父母,人们非常鄙视不孝不敬的人和行为。朝鲜族晚辈对长辈说话必须用敬语,平辈之间初次相见也用敬语。吃饭时长辈动筷子后其余的人才能就餐。吃饭时,匙要放在汤碗里,若放在桌上则表示已吃完。与长者同路时,年轻人须走在后面,若有急事非超前不可,须向老者说明原委。

孩子们从幼儿园回家后见到大人敬礼

(张民生提供)

朝鲜族是一个"能歌善舞的民族",丰富多彩的歌舞,可称为全民族的活动。因而,朝鲜族聚居地素有"歌舞之乡"的美称。

到朝鲜族民俗村或家中去做客,这种带有浓郁民族特色的歌曲和舞蹈都会时时地陪伴着人们。朝鲜族的歌舞具有一种特殊的艺术魅力,经常映入人们眼帘的就是人们翩翩起舞的舞姿。飘进耳中的是动人的歌声和乐曲,因为朝鲜族是一个喜欢载歌载舞的民族。特别是女性的舞姿,轻柔雅致,一举手一投足,都有给人一种飘飘欲仙的感受,给人无限的美感。朝鲜族歌舞的感染力极强,只要有一个人起舞,大家便会不知不觉地跟着舞起来。歌儿越是唱得齐,手越是拍得响,也越是振奋人心。朝

鲜族民间歌舞的内容大多是表现爱情,如《阿里郎》就属于这一类型.朝鲜族歌舞的基调是表达情感形式,是爱情,是一种民族情,所以最能感染本民族,也能打动其他民族,因这是发自他们内心,心底的心声。

歌舞在朝鲜族人的生活之中,如阳光一样时刻不可离开。当苹果梨熟了,当水稻丰收了,当大地到处飘荡着瓜果的芬芳时,当飞雪飘飘大地银装素裹的时候,载歌载舞表演节目的时候,他们通过歌曲和舞蹈来表现自己内心对生活的憧憬和对大自然的热爱,让一切参与人都融合在他们内心的幸福和快乐当中。早在国庆十周年时,延边歌舞团进京做献礼演出,受到毛主席等老一辈领导人的高度赞扬。朝鲜族的歌舞艺术,具有悠久的历史传统和广泛的群众基础。唱歌跳舞不仅是年轻人的爱好,上至白发苍苍的老人,下至天真可爱的儿童也常常加入歌舞行列。歌舞是朝鲜族表达感情的重要方式。也是本民族性格爽朗、活泼、富于幽默感的象征。优美的民族歌舞。传统朝鲜族舞蹈有刀舞、象帽舞、扇子舞、顶水舞、长鼓舞、龙鼓舞、农乐舞、春耕谣、桔梗谣等,伽椰琴、奚琴、筒箫、长鼓、手鼓是朝鲜族的传统民族乐器。深为当地各族群众所喜爱。朝鲜族民族音乐,民族歌舞,独具风格,它们多半反映劳动和丰收的欢乐的场面和青年男女之间的爱情。每到朝鲜族的传统节日和庆祝的场面,他们都会引吭高歌,举杯畅饮,充分体现了这个民族对生活的热爱和对未来的向往。朝鲜族的民族节日有岁首节、上元节、寒食节、秋夕节。

第四节　传统游艺

朝鲜族传统民间游艺形式多样,别具特色,至今流传不衰的有农乐舞、假面舞、花图等,儿童中盛行放风筝、坐爬犁、打陀螺等游戏。

一、农乐舞

"农乐舞"是朝鲜族农民在插秧、修水渠、筑堤坝、秋收后,为表达喜悦心情,在笛、萧、唢呐、长鼓等民族乐器伴奏下,头系较长绸带,边摇头、边跳舞的游戏。现多在舞台上演出。

二、假面舞

"假面舞"是朝鲜族农民在农闲季节或节日时的化妆舞,身着异服,头戴假面具,形象逼真地模仿统治阶级的丑态或怪相逗人取笑。现在不少地方结婚娱乐晚会等场合,变通原来形式,跳假面舞。

三、花图

"花图"是朝鲜族普遍喜欢的传统民间游戏中的一种娱乐节目。尤其在新春正月和农闲时,老年人更喜欢去玩。花图,类似扑克,规格比扑克小,共48张,图案分12组,每组4张。每组图案都以一年12个月动植物或自然景色为背景。这些牌中有24张是计分的,计240分;另24张是不计分称"皮子"。1月份为松鹤(一张20分、一张5分、两个皮子)2月份为梅花(一张10分、一张5分、两个皮子)、8月份为明月(一张20分、一张10分、两个皮子)11月为泡桐(一张20分、三个皮子,但5人玩时,写"福"字的一张计10分);12月份为雨(一张20分、一张10分、一张5分、一张皮子)。其余3月称樱花,分数同一月份;4月为青胡枝子、5月为兰草、6月为牡丹、7月为红胡枝子、9月为菊花、10月为丹枫,计分都与2月份等同。花图的玩法较多,人数一般是2人以上6人以内,但最常见的是5个人一组的玩法,如果是5人玩牌,给坐庄人上牌后,坐庄人给每人分两次2张牌,底牌掀8张。其余的牌全部扣下。出牌由坐庄人开始,然后按逆时针方向为序出牌。用自己手里的牌对回下面掀起的与其相同的一张牌,然后从扣下的牌中掀起一张放底牌,若有同一组的图案时也可对回来。依次类推,直到把牌全部吃回来为止。最后,算各自所得的分数。分数多的为赢家。2～6人玩,玩法都相同,只是每人牌数不一样。玩法各地也不尽相同,一般玩前常讲一些各自不同的条款。花图由于多变化,玩起来更具趣味性。

第五节　传统礼俗

尊敬长辈、爱护晚辈、待人诚恳、互帮互扶是朝鲜族的优良传统,随着历史的进程,朝鲜族坚守的礼节也在发生变化,向着更为简洁、更为高尚、更为亲切的方向发展。

受儒家传统教育影响,朝鲜族是非常注重礼节的,这一点突出地表现在见面时低头行礼上。

行礼时欠身的程度则按双方年龄的差异大小而有所不同。

过去,凡是见了辈分、身份比自己高的,都要行深鞠躬礼,甚至要跪地叩头。

今天,只在久别重逢时,向长辈拜年或举行仪式时,才低头行大礼。

晚辈不能在长辈面前饮酒、吸烟,这是传统,但今天也发生了巨大变化:晚辈可以在长辈面前饮酒,但为了表示对长辈的尊重,须转身饮酒。

一、宴席

朝鲜族每个家庭都很重视老人的花甲寿辰。父母诞辰60周年那天,子女们要为老人举办"花甲宴"(也叫花甲礼)。花甲宴上,子女亲戚欢聚一堂,老两口穿上新衣(多以民族服装)端坐正中,身穿民族盛装的子女按辈分长幼为序排开坐下。祝寿开始,从长子夫妇起,到孙子及外孙止,依次斟酒向老人跪拜祝福,感谢老人的辛苦操劳及养育之恩。接下来是亲朋好友向老人恭拜祝福,礼毕后子女盛情款待亲朋好友,实是发自内心之诚意。为老人祝寿场面热闹隆重,体现朝鲜族尊老爱幼的风俗。

花甲宴　　　　　　(权云龙收藏)

(一)花甲(回甲)宴

以10天干(甲、乙、丙、丁……)和12地支(子、丑、寅、卯……)循环相配,可成甲子、乙丑、丙寅等六十组,叫作"60花甲子"。古代用来表示年月日和时的次序,周而复始,循环使用。现今夏历的年和日仍用干支。就是说人从生年计起,第61年又逢生年的干支。生年如果是甲子(属鼠)年,第61年

室外花甲宴　　　（张民生提供）

（60 周岁）还是甲子年，也就是"回甲"。

朝鲜族在为老人庆祝花甲（回甲）时，有条件的人家都要为老人摆设花甲（回甲）宴，隆重庆祝老人 60 诞辰日。为老人摆桌，桌上摆满各色糕品、糖果、酒类。老人新装端坐中央，两边是特请的长辈和同龄人代表。身着盛装的子孙晚辈依次大礼，向寿星和长辈们敬酒，在桌前跳起民族舞蹈，翩翩起舞，好不热闹。

（二）婚宴

朝鲜族的婚姻为一夫一妻制，按照传统习惯，强调近亲、同宗、同姓不通婚。旧时婚姻，姑娘和小伙的接触传话，需要一个"媒人"。首先，男方家要让媒人到女方家"看善"，与汉族的"相亲"类似，如满意，小伙正式向姑娘求婚，女方若也同意，男方家就往女方送"四柱"。四柱就是在一张纸上写着姓名和星辰宿象（出生年月日时辰），女方再拿姑娘的四柱与之对"穹合"。所谓"宫合"就是指男女的属相是否相顺而不相克。如二人生肖相合，女方就经媒人通知男方家，说两个人的"宫合"相对，男方可以"择日"确定举行婚礼的日期并送彩礼到女方家，一般要有"青缎"、"红缎"等。结婚仪式在新娘家举行。新郎一行人手捧用红布包着的木雕大雁来到新娘家后，新娘家用木盆接过去，然后把新郎让进客房——"新郎房"，新郎在此带上纱帽，系上冠带，新娘头上戴"簇头里"，手戴"汉衫"走进樵礼厅举行结婚仪式。仪式结束后，新郎便开始"赏大桌"，即品尝佳肴，由新娘家的客人和自家的亲戚们陪同。行过樵礼仪式后，双方便正式结为夫妻。

结婚照　　　（权云龙提供）

权云龙花甲宴

新中国的婚姻简便多了，男女经媒人撮合，或双方恋爱同意结婚，领取了结婚证，就办婚宴。现在广大农村朝鲜族还保留着婚姻两段进行式。新郎到新娘家迎娶新娘，要在新娘家举行隆重的结婚仪式，称之为"新郎婚礼"。然后接受新娘家为新郎摆设的婚庆喜桌，同时要吃喜面，面碗中埋有剥好的喜蛋。新郎如果不机灵，喜蛋就会被同陪的同龄朋友抢先找出吃掉。新郎把新娘接到家，婆家要为新娘举行"新娘婚礼"。在接新娘回婆家的路上免不了遭"劫道"。"劫道"的是娘家指派或新娘的同龄人，新郎不留下"买路钱"不予放行。所"劫"得的买路钱要全部交给娘家，以备新人三天回门的酒资。

朝鲜族人家极重视婚宴摆桌,认为新人接受摆桌是预祝新人今后生活的美好,所以尽家庭生活状况所能摆设丰盛,五彩缤纷。在伴郎伴娘的协助下一对新人象征性地吃上长寿面,饮过交杯酒后,婚宴开始了。桌上丰盛的酒水果馔分发到各酒桌上共来宾分享。酒宴结束后,欢快的舞蹈开始了,新人与来宾共同翩翩起舞,同庆一个新的家庭诞生。

说到婚庆,就必须提到两个重要角色:接亲人和送亲人。不像其他民族接、送亲的人数众多,在一般情况下,接亲人和送亲数各一人。他们是婆家和娘家派出的代表,身上具有考察对方家庭的使命,要向对方父母交代或请求今后教育新人等有关事宜。

(三)周岁宴

小孩出生百天有给孩子过百岁,出生满一周岁过周岁宴的习惯。孩子过周岁要比过百日隆重得多。孩子过百岁时,家庭亲属和邻居们来预祝孩子茁壮成长,并送衣物、玩具等礼物作纪念。孩子过周岁时,要宴请亲戚、朋友和邻居。给孩子摆喜桌,桌上摆好色彩耀眼的食品、玩具、人民币、铅笔、钢笔、毛笔、日记本等文化用品,供孩子抓周。家长最希望的是孩子能抓起钢笔之类的文化用品,因为那预示着孩子今后能学习好长大能出息。

(四)丧礼

旧时丧礼很隆重。人死亡之后,一般在家里挺灵3天后举行葬礼。也有停灵5天、7天或9天后举行葬礼的。停灵期间,必须素衣素食。期间对妇女的要求极严:不能梳头洗面,蓬头垢面地为死者在后厨制作供品,为奔丧者提供必备的食品。

出殡时,覆盖着写有"显考学生府君(显妣孺人)××(籍贯)×(姓)氏之灵柩"字样的红布放在丧舆上,由许多人扛着到墓地掩埋。现自然是用灵车出殡,运往火葬场火化了。

掩埋灵柩后,用土堆起坟包,上植草被,坟前放置一块做祭桌的平板石,以供而后祭祀用,旁立墓碑。每年寒食节(从冬至算起,第105天)和中秋,后人备好祭品前去扫墓祭奠。

第六节　称　谓

朝鲜族使用一种特殊的方法——"寸数",来确定亲属之间的远近和亲疏。夫妻被视为一个整体,无远近之分,故"寸数"为零;父母和子女之间的关系为"一寸";兄弟姐妹之间为"二寸";叔伯子侄之间是"三寸";堂兄弟之间是"四寸";同一曾祖父的远方堂叔侄之间关系为"五寸";同一曾祖父的远方兄弟之间相互成为"六寸"。在"寸数"中,凡单数的为叔伯子侄关系,双数为兄弟姊妹关系。因为舅舅是母亲的亲属,故舅舅又称为"外三寸"。姑表、姨表兄弟之间互相称为"外四寸"。表亲有姑表、姨表之分,所以表兄弟之间又有"姑宗四寸"(父系表亲)、"姨宗四寸"(母系表亲)。

旧时的朝鲜族"八寸"之内不分家,等同中国过去讲的"没出五服",一般认为"八寸"以外的亲戚就不算近亲,但之间仍有宗亲关系,即共同祭祀五代以上的老祖宗。

朝鲜亲戚关系表

一、本家（数字表示行辈）

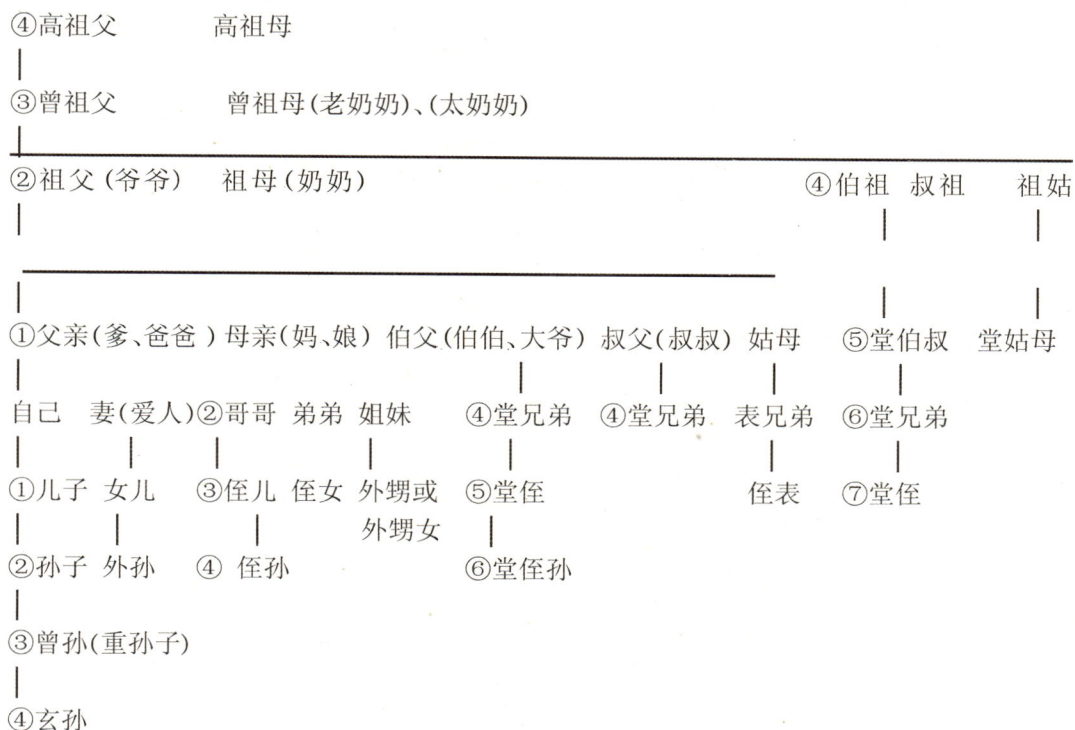

二、外祖家

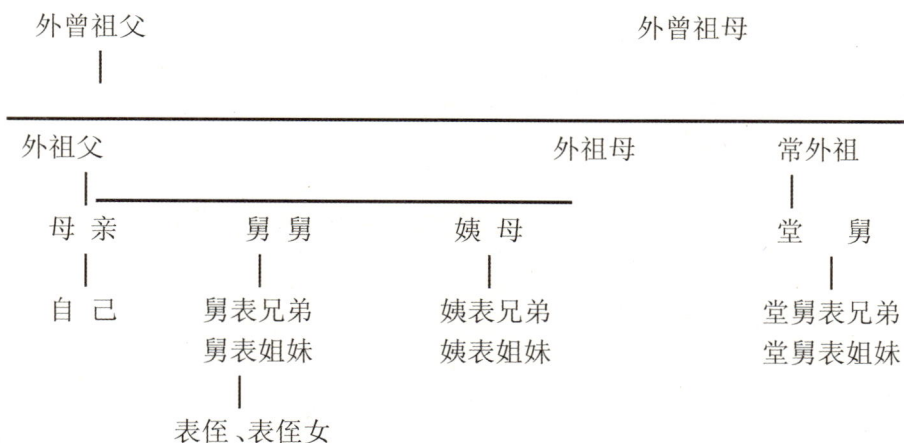

三、岳家

```
        岳曾祖                              岳曾祖母
         |                                 |
        岳 祖                              岳祖母
         |                                 |
        岳 父                              岳 母
         |
  ┌──────────────────────────────────────────┐
  自己  妻          内兄   内弟   大姨子   小姨子
                            |
                      内侄、内侄女
                            |
                         内侄孙
```

四、婆家

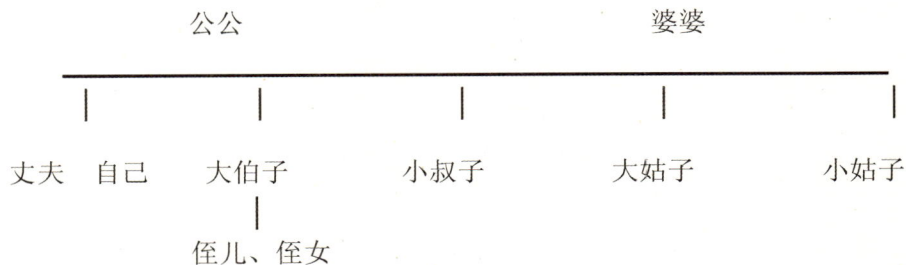

```
        公公                              婆婆
  ┌────┬──────┬──────────┬──────────┬──────────┐
 丈夫  自己  大伯子      小叔子      大姑子      小姑子
              |
          侄儿、侄女
```

第七节　取　名

　　朝鲜族深受儒家思想影响,像汉族一样,以自己的姓氏表示血缘关系的"族谱"去追查历代的血缘关系。朝鲜族从开始就是以父系为中心,所以一个家庭里的所有成员都跟随着父亲的姓氏。结婚后女方仍继续使用自己的姓氏名字(新中国成立之前,汉族妇女出嫁后,要随男方的姓,比如张家女嫁到王家,她的姓氏名字就要改成"王张氏"了,至于待字闺中是叫什么都失去了意义。)除了同辈和朋友之外,不允许直呼对方的名字,更不能直接叫丈夫的名字。

　　过去,朝鲜族也相信"生死有命,富贵在天"的宿命论。一个新的生命诞生后,朝鲜族通常以天干地支来记录出生年月日(即"四柱八字")。现在就简单多了,以公元去记出生年月日就可以了(当然也有用阴历去记录生日的)。

　　给孩子取名,通常请算命先生或让知识渊博、德高望重的长辈取。取名的基本依据是看生辰八字。取名很看重名字的深远意义,希望还以后能成为有福气、有学问或对社会有用的人才。

　　望子成龙:家长希望孩子学业有成、事业顺利,名字就会出现"学龙"、"博文"、"元顺"之类的字样。希望孩子有钱多福，可叫"鑫男"、"福子"；希望孩子成为文质彬彬、道德高尚的人，可以用类似"贤淑"、"明君"、"顺福"字样的名字。朝鲜族给女孩取名，多嵌入"善"、"美"、"淑"等字。

重男：在儒家思想的熏陶下，男尊女卑的心理意识明显地反映在取名上。"后男"、"末女"、"毕女"等都体现出希望不要再生女孩，下一个是男童的愿望。

望子多福：孩子的名字里还反映出家长对未来孩子健康、长寿、幸福的良好祝愿，诸如"长寿"、"永远"、"寿福"、"万福"、"万喜"、"喜哲"等。

第八节 民间节日

元日（春节）、寒食节、端午节、秋夕（中秋节）一起并称朝鲜民族的四大传统节日，朝鲜族的民间节日除四大节日之外，还有立春、清明、七夕、重阳、冬至等节日。朝鲜族在长期的生产生活实践中，取其精华，去其糟粕，使民间节日更加适应现实生活，更加丰富多彩。

一、元日（旧正、春节）

正月初一是农历第一天，作为"岁首"，朝鲜族非常重视这个日子，谨言慎行，以崭新的姿态进行各项有意义的活动：

（一）拜年

除夕之前，除洒扫庭院、清扫房屋、制作岁馔、岁装之外，还行挂"福笊篱"或年画。俗信旧正前夜将新笊篱用红线悬于墙壁，可全年纳福。正月初一清晨，全家着新装，摆好年饭、年酒，先向祖宗牌位（纸榜）叩头，敬酒上饭，举行简单的祭祀活动后，全家就座，按辈分先向最年长者叩头，然后按年龄长幼依次进行。大人接受小孩的叩拜后通常会勉励几句后给压岁钱。吃完早饭后，晚辈还要去给邻居和全村长辈拜年。

（二）年饭

朝鲜族的年饭，是一年中最为讲究的饮食。一般吃汤饼、蒸糕、打糕、松饼等。汤饼是年饭中的代表饮食。

二、上元（元宵节）

据说，正月十五作为节日是从新罗时代开始的。这天是一年中第一个月满之日，也是抵御灾害与厄运的祭日，喝明耳酒、吃药饭、放鼠火、踏桥等都是正月十五的重要活动。

三、立春

立春标志着春季开始的节气。这一天家家要进行"祝春"活动，在大门、柱子、房梁、天棚等处张贴春联，上书"立春大吉"、"建阳多庆"、"舜之日月、舜之乾坤"、"寿如山、福如海"、"去千灾，临百福"等，以迎接万物复苏、欣欣向荣的春天。有些地方，官府还将木质牛带到乡间转一圈儿，以此鼓励百姓热衷农事，多打粮食。

四、寒食节、清明节

寒食节也称"禁烟节"、"冷节"、"百五节"。寒食节从12月下旬的冬至开始算起第105天。是日初为节时,禁烟火,只吃冷食,并在后世的发展中逐渐增加了祭扫、踏青、秋千等风俗,曾被称为民间第一大祭日。在韩国历史上的高句丽时代则由当天准许大臣们回乡扫墓以及禁止在这一天对犯人行刑的做法。到了朝鲜时代,每到这一天,朝廷都会在宗庙和朝鲜王陵举行盛大祭祀活动,而在民间也会为祭祀准备水果、点心、酒酿等作为简单的茶礼. 寒食节是清明节的前一两天,是民俗节日,而与它相近的清明节数二十四节气之一,是农耕节气,但清明作为节日则包含着一定的风俗活动和某种纪念意义,作为我国传统节日,清明节是祭祖和扫墓的最重要日子。随着时间的推移,而且两节时间距离很近,主要活动又相同,中国朝鲜族大都将两者合一在清明节了。

五、端午节

阴历五月初五为端午节,也称"重五节"、"端阳节",是朝鲜族民间4大节日之一。

朝鲜族端午有采益母草、艾蒿做药材的风俗。端午节前后采的草药药力最大,人们都起早去割益母草和艾蒿,成捆挂在大门旁,以驱邪并做药材用。

端午节吃印有车轮图案的艾蒿糕,游戏活动由女子荡秋千、跳板,男子摔跤等。

六、七夕

七夕也称"七星",是七月七日牛郎织女鹊桥相会的日子。晚上姑娘们向牵牛星祈祷,以求自己针线活更长进;读书的少年以两星为题作诗写文;妇女们铺七色缎摆饮食,祝全家平安。

七、秋夕(中秋)

农历八月十五称"秋夕"、"秋夕节",即中秋节,朝鲜语也称"嘉俳日"。据《三国史记》记载,新罗儒理王时,每年七月十五日,将织布女工分成两派进行织布比赛,到八月十五揭晓,用酒食招待胜者。在招待宴会上,妇女们边唱《强羌水越来》,边跳舞尽兴玩乐,这叫"嘉俳"。"嘉俳日"从此得名。

八、重阳节

朝鲜民族过重阳节始于三国时期。据《三国史记》记载,这一天新罗举行国宴,君臣共饮。到了李朝时期,九月九日便成为官定节日。此日,文武百官、文人墨客或登山赏菊,或吟诗作画;妇女吟内房歌辞;农夫们唱农家乐。民间以菊花煎和花茶送给老人。这种风俗一直保留到现在。

九、冬至

在朝鲜族民间,冬至的主要饮食为红小豆粥。传说,冬至如不吃红小豆粥,人易老,小病不断。

第九节　传统歌舞

朝鲜族是能歌善舞的民族,在民间凡节日、婚礼、农事总结等喜庆活动都离不开歌舞。歌曲旋律流畅婉转、欢快明朗。百姓们经常歌唱的有传统歌谣《阿里郎》、《桔梗谣》、《诺多尔江边》等。著名的民间舞蹈有农乐舞、长鼓舞、扇舞、顶水舞等。舞姿或轻盈舒展，或柔婉沉静，或刚劲跌宕。

一、传统民歌

朝鲜族民歌的音调和节奏常常和轻盈飘逸的舞蹈动作紧密结合，节奏多属于三拍子体系，3/8、3/4、6/8 等等。音色婉转，旋律优美流畅，曲调迂回、婉转、悠扬，具有很强的感染力和表现力。民歌是朝鲜族老百姓生命里流动的血液，是用心吐出的真情，是生生死死永远不老的调。

（一）阿里郎

《阿里郎》是朝鲜民族口头流传与非物质文化遗产中最具民族文化传统特色的代表，它是朝鲜民族口头传承下来的历史最悠久、流传最广泛、男女老少人人喜爱的民谣。它的创作年代久远，有说《阿里郎》创作于两千多年前，当时朝鲜民族的先民曾经经历了民族大迁徙，当他们越过乐浪山岭时始唱这首民谣。也有说，这首歌谣起源于19世纪后期，当时劳动人民以非暴力形式反抗统治者的苛政，开始流传《阿里郎》歌曲的雏形《我离娘》、《我难离》。

1.《阿里郎》的原型歌词只有四行：

阿里郎，阿里郎，阿拉里哟，

阿里郎越过那含恨的山岭。

离我远去的郎君啊，走不出十里路，迈不动步。

从歌词里不难看出此歌的主题是爱情，反映出别离之情。

2.关于《阿里郎》有很多传说：

（1）一种版本是：在朝鲜的李朝中叶，名叫里郎的小伙子和圣姑的姑娘参加了反抗地主的暴动，暴动失败后，俩人躲在名叫水落山的深山里过上了与世隔绝却浪漫、幸福的生活。一天，里郎决定要为冤死的村民报仇雪恨，越过山岭走向战场。

（2）另一种是：一天，里郎回家看见财主和妻子在一起，于是起了疑心，离家而去。圣姑望着里郎远去的背影，唱起这首歌谣。

3.《阿里郎》歌词有不同版本，其一为：

阿里郎、阿里郎、阿拉里哟！翻越阿里郎山岭，弃我而走的丈夫，走不到十里路，就会生脚病。

阿里郎、阿里郎、阿拉里哟！翻越阿里郎山岭，天上有很多星星，我们的心里有很多梦。

阿里郎、阿里郎、阿拉里哟！翻越阿里郎山岭，阿里郎山岭有 12 个山岭，云儿，人儿，慢慢走。

阿里郎、阿里郎、阿拉里哟！翻越阿里郎山岭，远远的那座山就是白头山，寒冬腊月也能开花。

4.再录一种版本：

阿里郎、阿里郎、阿里郎 呦 ，阿里郎、阿里郎、阿里郎 呦！

阿里郎、阿里郎、阿里郎 呦，我的郎君翻山越岭路途遥远 。你真无情啊，把我扔下，出了门不到十里路你会想家 。

阿里郎、阿里郎、阿里郎 呦，我的郎君翻山越岭路途遥远 。春天黑夜里满天星辰 ，

我们的离别情话千言难尽。

阿里郎、阿里郎、阿里郎 呦 ，我的郎君翻山越岭路途遥远 。今宵离别后何日能回来？请你留下你

的诺言我好等待。

　　漫长的岁月的流传,使之形成不同形式。大体分为《本调阿里郎》、《新调阿里郎(新阿里郎)》、《珍岛阿里郎》、《密阳阿里郎》、《永川阿里郎》、《江原道阿里郎》、《旌善阿里郎》、《海洲阿里郎》、《西道阿里郎》等12中最具代表性的阿里郎。《阿里郎》也被公认为世界民谣中的名曲。

阿里郎

(二)桔梗谣(道拉吉)

　　《桔梗谣》(道拉吉)是描写朝鲜族妇女们采集桔梗时的劳动场景,音乐轻快明朗,生动活泼,塑造出朝鲜族妇女们勤劳愉悦的形象。歌词是:

　　道拉吉,道拉吉,道拉吉,白白的道拉吉长满山野,只要挖出一两棵,就可以装满我的小菜筐,哎嘿哎嘿哟,这多么美丽,多么可爱哟,这也是我们的劳动生产。

　　这首歌谣常常伴以轻松愉快的朝鲜族集体舞蹈动作演唱。

桔梗谣

朝鲜 民歌
李云英译词
屠咸若配歌

(三)诺多尔江边

歌词是:

诺多尔江边的春杨柳,千丝万条在风中摇荡,难道我们不能让岁月紧紧地缠在那垂柳枝上? 哎哟哟！春杨柳，啊，怎能相信你哟！只见那岁月无情如流水，滔滔不息地流去。

诺多尔江边的白沙滩，每颗沙粒都留下痕迹，长年的风霜，悠久的岁月，风吹雨打已不像当年。哎哟哟！白沙滩，啊，怎能相信你哟！只见那岁月无情如流水，滔滔不息地流去。

诺多尔江边奔腾的流水，你啊，为什么如此无情？青春美貌的才子和佳人，你带走了不知有多少！哎哟哟！流水，啊，愿你能快回头哟！把这人间的千愁万恨，全都冲洗的干干净。

从歌词中我们不难看出这是一首对无情流逝岁月的哀怨之作，但对作者到底要表达什么却不甚了了。

据专门研究新民谣的学者指出，这首民谣创作于1930年。当时朝鲜已成为日本侵略者的殖民地，朝鲜民族成了亡国奴，尽管日本侵略者高压奴役朝鲜人民，反动军警疯狂逮捕爱国志士，但各地反抗日本侵略者的义勇军志士此伏彼起，为赶走侵略者而前赴后继。这首民谣就在这个大背景下出现。作者借对诺多尔江边的春杨柳、白沙滩、江上奔腾的流水、青春美貌的才子佳人等景物的评述，曲折委婉地表达出对日本侵略者的怨恨、不满、反抗情怀。

以诺多尔江边在春风舞动的垂柳和奔腾的江水为基点，珍惜时光，把"人间的千愁万恨，全都冲洗的干干净。"

这首老少咸宜的民谣，在朝鲜族欢庆娱乐活动中，人们不拘多少，边唱边跳，欢乐无限。

诺多尔江边

朝鲜民歌
崔东均译配

（四）阳山道

以歌颂大自然为基调的京畿道民谣《阳山道》歌词如下：

金永任民谣　五常朝鲜族高级中学教师李天译

哎嗨哟——

阳德孟山流淌的水哟，日夜不息环绕着浮碧楼脚下。三山崖顶耸立牡丹峰，大江中流遥见绫罗岛。

哎嗨哟——

大同江水回荡着浮碧楼，绫罗岛黄昏炊烟缭绕锦绣山。夕阳落西山，新月升东岭。

哎嗨哟——

萧瑟丹枫，失偶的南飞雁，掠溪水越荒山，鸣啼声断深深夜。莫哀唤，寸断肠，世间多炎凉，岂能负心。

另有歌词翻译版本：

哎嗨——

阳德孟山流淌的清水，围绕着清流壁蜿蜒而去。锦绣江山多么美丽，丝丝垂柳透露着青春的气息。

哎嗨——

抬头一望是牡丹峰，低头一望是绫罗岛。垂柳上喜鹊鸣叫，花丛中彩蝶飞舞，到处是春的景象。

哎嗨——

我来问你，你住在哪里？我就住在这片美好的土地上。春天啊，请你不要如此快的离去，莫让我的青春如此快的老去。

和着这首民谣拍节跳起朝鲜民族舞蹈，喜庆丰收，场面宏大，欢乐无限。

延边筝（伽倻琴）曲

阳 山 道

朝鲜族民谣
金利子演奏

注：此曲活泼、轻快，尤其附点音符和三连音的连续出现，使乐曲更加生气勃勃。它表达了人们喜爱春天的感情。曲中sol音和do音（5音、1音）要用大颤，尤其要强调do音的力度。

二、传统舞蹈

朝鲜族被称为"歌舞的民族",朝鲜族舞蹈流传在东北三省朝鲜族聚居区。朝鲜族是从事水稻种植的古老民族,民间舞蹈在传统农业文化基础上形成,舞蹈风韵典雅、含蓄。朝鲜族舞蹈动作多为即兴性,幅度大,表演者的内在情绪与动作和谐一致,长于表现潇洒、欢快的情绪。其伴奏音乐旋律优美,节奏多变。朝鲜族传统舞蹈的主要有《农乐舞》、《长鼓舞》、《扇子舞》、《顶水舞》、《乞粒舞》、《鹤舞》、《僧舞》等。

(一)农乐舞

"农乐舞"俗称"农乐",流传于吉林省、黑龙江省、辽宁省等朝鲜族聚居区。"农乐舞"是一种融音乐、舞蹈、演唱为一体综合性的民族民间艺术。2009 年 9 月 30 日,在阿联酋阿布扎比举行的联合国教科文组织保护非物质文化遗产政府间委员会第四次会议审议并批准朝鲜族农乐舞列入《人类非物质文化遗产代表作名录》。

"农乐舞"创始于农业劳作,并具有古代祭祀成分的朝鲜族代表性民间传统活动。"农乐舞"一般有两种形式:一种是以舞蹈和哑剧形式进行情节性的演出;而另一种,是在新年伊始和欢庆丰收时节,以热烈而丰富的传统舞蹈为内容所进行的群众性表演活动。舞队的最前方,由"令旗"和一面写有"农业为天下之本"的"农旗"为先导,随后是一名在队首敲打"小锣"担任总指挥的男子。在他的带领下,手拿"太平箫"、"喇叭"、各种鼓类乐器的乐队、各种乔装人物,组成"农乐舞"舞队的仪仗部分。接下来是即将参加表演"小鼓舞"、"扁鼓舞"、"长鼓舞"、"扇舞"、"鹤舞"、"象帽舞"、"面具舞"及"哑剧"的演员队伍。"农乐舞"的表演共包括十二部分。

为"农乐舞"最后压阵的男子"象帽舞"(最早时象帽由锯成一半的葫芦制作而成,将一个木棒插于其底部,然后用牛皮绳绑上长长的窗户纸固定在木棒上。目前,舞者头上所戴的帽子种类繁多,大多由硬塑制成,其彩带也演变为一种"玻璃纸",因特点不同而分为长象帽、中象帽、短象帽、线象帽、羽象帽、火花象帽等。长、中、短象帽因其彩带的长短不同而得名,短者仅 1 米多,长者达 12 米,目前最长者已有 28 米。),象帽舞是农乐舞中的最高表现形式,表现出整个农乐舞当中的最高技巧和最高兴奋点,并散发出浓郁的民族情趣,可以称之为农乐舞当中的华彩篇章。一个个身着节日彩服、头戴盘有彩带圆帽的男青年,先后表演处于站立、行走和支、转于地面姿态下,用头部将彩带甩出水平、垂直、倾斜方位的圆弧。更有技艺高超者置身场地中央,表演着甩动长达 20 米彩带的高难技巧。顿时,满目的若干彩带,似万道霓虹横空出世,若干条丝雨旋落碧空,令人目不暇接、浮想联翩。高潮之中,手持"小鼓"、身挂"扁鼓"和"长鼓"的舞者再度登场,在彩带的纷飞中再度起舞,作为"农乐舞"的终结。丰富而热烈的"农乐舞"之后,人们将转入自娱性的集体自娱舞蹈,作为欢度节日的继续。

(二)长鼓舞

长鼓舞也叫作"杖鼓舞",是朝鲜族自娱和娱人经常跳的舞蹈。长鼓舞用的鼓是两面的,但是两面的音高是不同的。在舞蹈中,两只手同时击打鼓的两面。一只手用一尺长的鞭敲打着高音鼓面,另只手拍打低音鼓面,由于鼓的音高不同,节奏也不同,变化多端的鼓点和着优美的舞姿,使人格外的兴奋和愉悦。长鼓舞的特点,常常是由慢板起拍逐渐加快,几经跌宕,最后结束在飞快地旋转里,戛然停止,使人热血沸腾、非常激动人心。

长鼓舞是朝鲜族代表性舞蹈之一,源于传统的农乐舞中的个人表演,最早以男性独舞为主。后来,舞台上的即兴对唱表演对长鼓舞发展起了一定的影响,使长鼓舞有了男、女长鼓舞、双人长鼓舞及长鼓群舞等多种形式。

朝鲜族长鼓为两面鼓,其两端音高不同,女性长鼓舞风格优雅,男性长鼓舞活泼潇洒。现代长鼓舞有两种击打法:一为舞者用鼓鞭(一尺许细长的竹鞭)兼用鼓槌(一端圆粗,长约尺许的木槌);一为只用鼓鞭不用鼓槌。前者开头只用鼓鞭按慢鞭拍子边击边舞,鼓插在长鼓上,舞至高潮时,方抽出鼓槌进行技巧表演。后者春持鼓鞭随乐起舞。长鼓的表演,以柔软的扛手、伸肩、鹊雀步等动作为主,以肩挎长鼓,右手持鼓鞭,边跳边敲鼓的形式表演,身、鼓、神融为一体,高度协调统一。长鼓两面具有不同的音高。舞蹈时,右手用鼓鞭敲打高音鼓面,左手拍打低音鼓面。由于音高不同,节奏不同,变化多端的鼓点和着优美的舞姿,令人赏心悦目、兴奋异常。

(三)扇子舞

扇子舞源于传统巫俗,后来发展成为表演性的一种舞蹈形式,15 世纪后期,由流浪艺人组成的以卖艺为生的组织,为谋求生存,常在村落里进行各种表演,内含"绳上杂技"、"地面技艺"等,称为"歌舞百戏",其中常有扇子舞蹈。朝鲜族扇子舞是持花扇表演的女性舞蹈。扇子表演有单扇舞、双扇舞两种形式。它具有朝鲜族特有的节奏、含而不露的内在情绪、曲线性的律动和自由自在的表演,随着队形的不断变化而变化。

(四)顶水舞

顶水舞因舞者透顶水罐而得名,是朝鲜族女性表演的传统舞蹈。

朝鲜族妇女习惯用头部顶着器物行走。在插秧、除草季节,妇女们常用头顶水罐将水或米酒等送至田间地头。顶水舞即在这种生活习俗基础上形成。

舞者顶的水罐,原是生活中的实物,后来为便于舞蹈,多用纸糊的罐形道具,在表层上绘以漂亮的花纹,轻巧别致。

顶水舞以"挫垫步"、"踏波步"、"碎步"为基本步伐,主要动作有"甜泉舀水"、"玉指弹珠"等。舞蹈通过模拟顶罐行进中的各种生活动作,抒发欢乐喜悦的内心感情,舞姿轻松优美。

第十节　传统乐器

朝鲜民族的民间乐器曾多达 40 多种,多有失传,流传至今的只有伽耶琴、洞箫、长鼓、唢呐、片鼓、横笛、短箫、筚篥等 10 余种。

一、伽倻琴

伽倻琴,为朝鲜族传统弦乐器之首,是民族色彩很浓的弹拨乐器。它的形状近似于汉族民乐器古筝。据《三国史记》记载,伽倻琴"法中国乐部等面为之","伽倻国嘉实王,见唐之乐器而造之"。

伽倻琴的种类大体可分为"正乐伽倻琴"(古制伽倻琴)、"散调伽倻琴"、现代用的"21 弦伽倻琴"

等三种。

伽倻琴在演奏时,一端着地,一端放于腿上,右手弹,左手弄,表演姿态稳雅别致。伽倻琴由共鸣箱、琴弦、琴码三部分组成。共鸣箱长150厘米,宽25厘米、中间厚5厘米。质料分别用梧桐树板和桦木板制作。琴线用蚕丝制作。共13根弦,琴弦的两头各固定在琴头和琴尾,在琴头有弦枕。13根琴弦用码子支柱,琴头可以左右移动,调节音阶。伽倻琴富有表演力,是善于表达民族柔和情感的民间乐器。因此,伽倻琴弹唱是各族人民喜闻乐见的一种表演形式。

伽倻琴

二、筒箫

筒箫是朝鲜族民族音乐中的重要吹奏乐器,是竹管乐器中的中音乐器。其管长70~74厘米,内径2.5厘米,外径3.8厘米。有5个音孔(前4后1),吹孔在上端,吹孔下端有振动膜孔,还有一个底孔,用来调整音准,振动膜孔贴有苇膜制的笛膜,笛膜上面有一个膜孔盖。

筒箫的音色情调伤感,低音区沉闷,中音区柔和优美,高音区尖锐,声音持续不断,强弱自如,能生动地表现出喜怒哀乐等各种情感。筒箫的吹法很难掌握。其最基本的吹法是"晃奏",即演奏时不标记符号,演奏者根据乐曲情感的需要,自由的加以运用,一般演奏都少不了顿音、颤音、滑音、微分装饰音等。特别是筒箫吹奏出来的滑音,音色几乎接近语言声腔,十分悦耳动听。

筒箫

筒箫自其诞生以来就备受朝鲜族人民的青睐。它音色优美,携带方便,每当逢年过节喜庆的日子,能歌善舞的朝鲜人民,常常穿上节日的盛装,在四五把筒箫和一个长鼓的伴奏下边歌边舞。朝鲜族的老人尤其喜爱筒箫,离退休的老年人常相约公园和村头,在优美悠扬的筒箫声中安度晚年。

三、长鼓

长鼓也称"杖鼓",长鼓是朝鲜族一种独特的民族打击乐器,分为长鼓、舞蹈长鼓、儿童长鼓和幼儿长鼓等几种。形状是两头粗、中间细,左边鼓筒直径比右边鼓筒直径大1厘米,右边鼓皮薄,左边鼓皮厚。古代的长鼓,用獐皮做左边的厚鼓皮,用狗皮做右边的薄鼓皮,鼓筒采用木材或多层纸、薄铁等材料制成。长鼓有6个铜制的龙头形钩子,钩住松紧绳.松紧绳用三股真丝线制成,每只鼓上装有8全

长鼓

套袖,即用来调整鼓绳的皮套。长鼓起源于中国的宋代,后来流传到朝鲜半岛,成为朝鲜民族音乐的主要打击乐器。我国东北朝鲜族聚居的地方,长鼓在朝鲜族音乐和舞蹈中起重要作用。长鼓的右边用一根饰彩穗的竹条敲,左边用手,右边声高左边声低,能敲击出丰富多彩的节奏,著名的朝鲜族长鼓,在全世界闻名,艺术水平相当高,真正代表了能歌善舞的朝鲜民族的艺术特色。

第十一节　老事物

随着科学技术的高度发展,社会生产力的大解放,人们日常生活在不断提高,20 世纪70 年代以前农村那没有通电时代所使用的与人民生活休戚相关的事物已淡出人们的视野,那些朝鲜族农村没实现机械化以前耕种水稻所使用的器械,也将随着稻花米香而淡忘。但是,那些富于民族特色的老事物、老照片所承载的毕竟是那个时代的见证,记载着那个时代人们的劳动、工作、学习与生活。因而那个时代的人们忘记不了与他们相濡以沫了几十年的老事物、老照片,即使几经搬迁也舍弃不得。2014 年6 月,《五常市朝鲜民族志》编辑部成员深入五常朝鲜族调研时,发现了很多旧时朝鲜族所使用的老事物,将它们记录了下来。

一、日常生活用具

石臼

蒸锅

小石磨

(一)石臼与杵

朝鲜族日常生活工具之一,用于舂米、碾面、粉碎辣椒、打糕等。

(二)蒸锅

朝鲜族厨房用具之一,在瓦盆底部均匀地钻上几个圆洞,以备透气。在此特制的瓦盆里铺上干净的稻草,稻草上加铺屉布,放置在锅上蒸制面食黏米饭等。

（三）小石磨

朝鲜族日常生活工具之一，常用于磨制米粉、打浆。

（四）旧式铁熨斗

熨斗

木砧、棒槌及木尺

朝鲜族日常生活工具之一，将烧好的炭火置入熨斗膛内温暖熨斗以熨平衣物。

（五）棒槌与木砧

捶打浆洗晾干的棉布，使之柔软。木砧上铺所浆洗晾干的棉布，双手各执一棒槌捶打棉布。

（六）精制量布尺

度量布匹用，直尺上有金属镶制的刻度，旁有带刃的金属片用于将布匹割开。

（七）朝鲜精制箱笼

装置衣物等用

箱笼

草编席子

(八)手工编制的生活用品

朝鲜族多用稻草、木条等编制出日常生活用品,包括各种形状的坐垫、撮子、背篓、草袋草包、敞口篮、盖帘、待字闺中的女子用线钩织的被帘等物品。

钩织的被帘

草编撮子

(九)证照

从解放起,在中国共产党光辉政策照耀下,五常朝鲜族人民就享受了与其他民族人民一样应有的待遇,他们分得了土地、持有了居民证、成为人民代表,那些老证照放射着党的政策光芒。

《五常县民主政府土地执照》(第八区张仪行政村权定镐持有—中华民国三十六年五月六日颁发)。

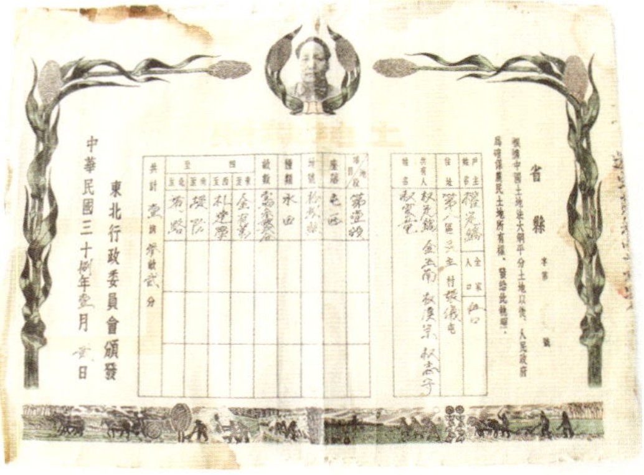

土地执照　第八区张仪行政村权定镐持有,中华民国三十八年一月二日东北行政委员会颁发

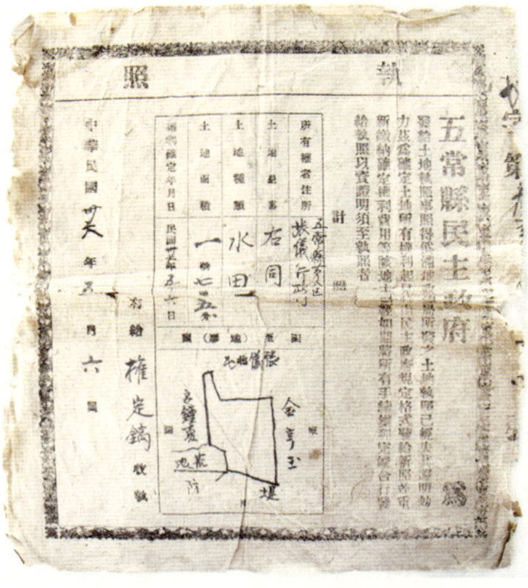

五常县民主政府土地执照　第八区张仪行政村权定镐持有,中华民国三十六年五月六日颁发

《土地执照》（第八区张仪行政村权定镐持有，中华民国三十八年一月二日东北行政委员会颁发）

《1951 年居民证》（松江省五常县第八区民乐村张义屯权定镐持有）

《人民代表当选证》（五常县富胜村人民代表大会代表权定镐持有，1953 年 8 月 14 日）

《毕业证书》（1954 年、1956 年五常县第八区朝鲜第一完全小学校初级四学年、高小二年，权云龙持有）

《中国共产党黑龙江省第一次代表大会代表证》（1956 年 7 月 1 日中共黑龙江省委员会颁发，李七夕持有）

《中国共产党黑龙江省第二届代表大会代表证》（中共黑龙江省委员会颁发，李七夕持有）

《五好队员荣誉证》（1966 年 1 月 1 日中共松花江地区社教工作总团政治部颁发，权云龙持有）

《结婚证》（1968 年 11 月 14 日五常县民乐人民公社革委会颁发，权云龙、李日燮持有）

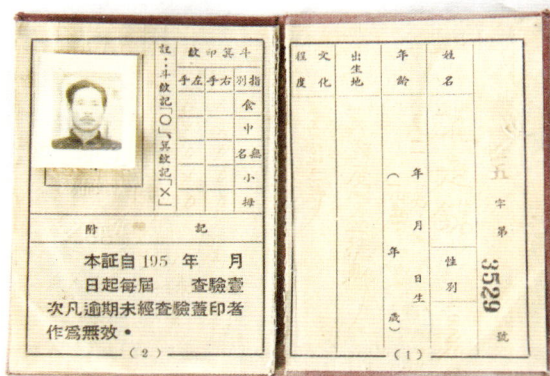

1951 年居民证，松江省五常县第八区民乐村张义屯权定镐持有

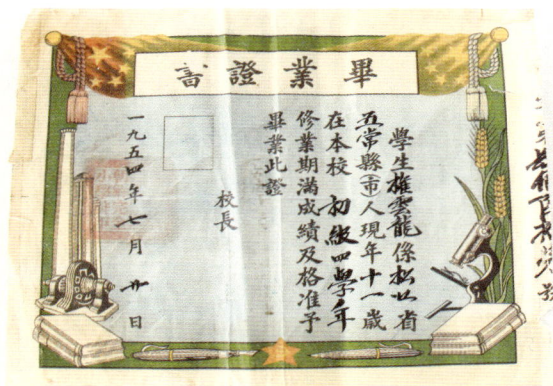

权云龙毕业证书，五常县第把区朝鲜第一完全小学校初级四学年，1954 年 7 月 20 日

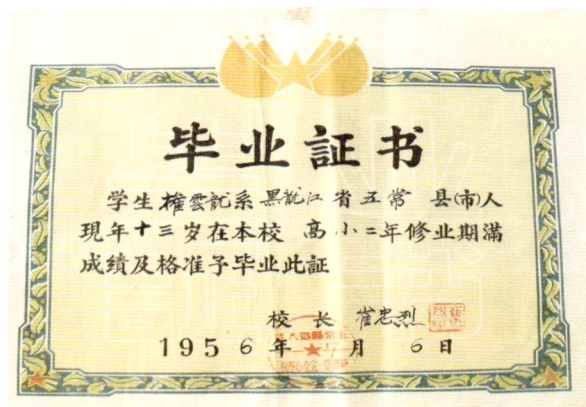

权云龙毕业证书，五常县第八区朝鲜第一完全小学校高小二年，1956 年 7 月 6 日

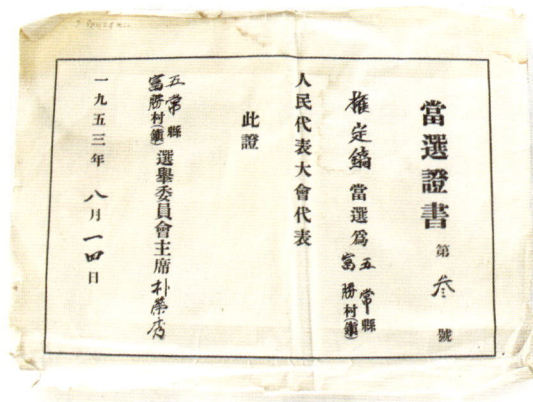

人民代表当选证，五常县富胜村人民代表大会代表，权定镐持有，1953 年 8 月 14 日

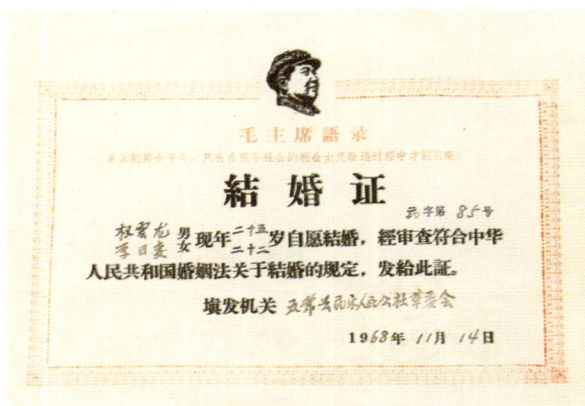

结婚证,五常县民乐人民公社革委会颁发,
权云龙 李日燮持有,1968 年 11 月 14 日

五好队员荣誉证,中共松花江地区社教工作总
团政治部颁发,权云龙持有,1966 年 1 月 1 日

中国共产党黑龙江省第一次代表大会
代表证,李七夕持有(1956 年 7 月 1 日)

中国共产党黑龙江省第二次代表大会代表证,
李七夕持有(编号 295)

(十)奖章、奖状、纪念章

军功章两枚及军功证书(朝鲜民主主义人民共和国颁发 1950 年、1951 年林基太荣誉)。

解放华中南纪念章、和平万岁纪念章(1950 年,金正根荣誉)。

松江省三届劳模大会奖章(1953 年,李七夕荣誉)。

农业增产模范(1956 年,李七夕荣誉)。

爱国丰产奖章(中华人民共和国农业部奖 1957 年 2 月,李七夕荣誉)。

农业劳动模范(全国首届农业劳动模范 1957 年,李七夕荣誉)。

社会主义农业建设积极分子奖章(1958 年,李七夕荣誉)。

防汛模范奖章(1960 年,李七夕荣誉)。

田永太部分获奖证书。

劳动模范奖章及证书(黑龙江省人民政府颁发 1991 年,李哲求荣誉)。

哈尔滨市劳动模范奖章及证书(哈尔滨市人民政府颁发 2000 年,李哲求荣誉)。

2002 年度水稻大王(哈尔滨市科学技术协会、哈尔滨市农业委员会、哈尔滨市畜牧局颁发 2003
年,李哲求荣誉)。

解放华中南纪念章
金正根持有,1950 年

和平万岁纪念章
金正根持有,1950 年

李七夕参加全国首届农业
劳动模范代表会议奖章

李七夕荣誉
农业劳动模范,1957 年

李七夕荣誉
农业增产模范,1956 年

李七夕荣誉
防汛模范奖章,1960 年

李七夕荣誉 哈尔滨
市红旗手,1960 年 10 月

李七夕荣誉 哈尔滨市
红旗手,1960 年 7 月

劳动模范证书(黑龙江省人民政府
颁发,李哲求持有,1991 年

中李哲求哈尔滨市劳
动模范奖章,2000 年

李哲求黑龙江省劳动
模范奖章,1991 年

林基太获得的军功章

林基太所持朝鲜民主主义人民共
和国颁发的军功证书,1956 年 7 月

第十二章　民间团体

第一节　五常市朝鲜民族事业促进会

一、机构沿革

第四届代表大会第一次会议

　　五常市朝鲜民族事业促进会（以下简称促进会）由原五常市民族事务委员会主任金基泰策划发起，及政府有关部门的支持下成立的五常市唯一朝鲜族民间社团法人组织，成立于1998年12月30日。

　　促进会聘请原市政府副市长李海洙，五常朝鲜族师范学校校长刘仁基、五常甜菊集团总裁姜浩奎、哈尔滨市国际经济技术合作公司总经理金明述等担任名誉会长，聘请市文化局局长徐华、民乐朝鲜族乡党委书记林炳龙为顾问，会长为金基泰，副会长为原文化局工会主席崔顺镐、原市农机局经销公司经理徐浩植。

　　促进会成立初期，会员由五常市38个朝鲜族村、五常朝鲜族师范学校、市朝鲜族高级中学、五常朝鲜小学为集体会员外，政府机关、各乡镇朝鲜族干部为会员，个人会员36名组成。

二、主要活动

(一)报刊发行工作

报刊是朝鲜人学习生活的精神食粮,促进会自成立以来,每年都发动朝鲜族群众为多征订一份"黑龙江新闻"和"老年世界"工作,做出了不懈的努力。

促进会自成立以来到2013年,每年配合市民族宗教事务局组织"黑龙江新闻"发行会议,调查研究、积极宣传,为动员朝鲜族群众订阅报纸做了大量工作。促进会成立第一年,订阅报纸就比成立前的1998年增加273份,订阅总数达到1 173份。

报刊发行工作会

(二)为群众排忧解难

积极配合司法部门开展法律宣传,为朝鲜族群众因语言上的限制而代言。通过法律咨询,在解决100多名朝鲜族群众遇到的法律案件中起到了积极作用。

自1990年起,五常的朝鲜族赴韩国的人员多起来,急需安装电话联系。当时五常市电信局缺少建设资金,每部电话收取安装费4 000元。促进会了解到群众的反映后,与有关部门沟通。根据国家政策、法律,与电信局协调解决了多收的手续费10万多元问题。2000年10月30日电信局把钱退还给群众。

1999年,发生一起五常市60多名赴韩国劳务人员与劳务派遣单位黑龙江国际工程技术合作集团公司的担保纠纷案。

劳务人员于1996年10月出国,合同规定:"受聘期间,每人每月支付基本工资为370美元,工资原则上支付美元。"为防止劳务人员随便脱离,把现金存款3万元的存折交给公司。由于1997年发生的韩国金融经济危机,韩币贬值。韩币兑换美元达不到合同规定的370美元数额,有的只能达到100美金。因此担保人(父母、兄弟)要求公司全部退还担保金。当时为出国而借贷的担保金利息很高(民间借贷3~5分利),必须按期还款。经几次交涉,省公司同意返还出国人员的存折,但没到银行取款之前,省公司通过哈尔滨市中级人民法院把47名的担保金128.05万元冻结,冻结期为1999年5月20日至1999年11月1日,计6个月,同时省公司起诉了这47人。哈尔滨市中级人民法院于2000年4月20日判决被告人应担负担保责任。不服判决的担保人向黑龙江省高级人民法院上诉。省高级人民法院于2000年12月25日认为担保存折已返还,不存在担保关系,判决撤销哈尔滨市中级人民法院错判。这起轰动五常朝鲜族的韩国劳务担保案,以省法院的判决,老百姓胜诉而告终。

2006年3月21日,受黑龙江省瑞华出国服务有限公司的委托,组织28名赴韩国劳务人员收手续费,交公司81 600元。公司法人代表是汉族,当时办公室里有一名专门管理劳务朝鲜族职员李成哲,就把钱交给了他。当时在场的有签委托书的公司法人代表。但后来李成哲把从别处收取的钱一起卷走40万元逃往韩国。公司为推卸责任,发表声明:李成哲已被公司解雇,他的行为属个人行为,与公司无关。促进会找公安局机关等有关部门,他们认为当事人已出国无法立案,让赴韩国劳务人员去法院告公司。

于是2006年8月2日向哈尔滨市道里区人民法院起诉,12月26日判决。由于2006年3月13日,李成哲被解雇,本人已签字,所以后收取的钱属个人行为,应另案审理。问题的核心是,是否李成哲被公司解雇,本人是否签了字。还有一个问题是收据上所盖的章是"黑龙江省瑞华出国服务有限公司一部",公司不承认一部,分明在公司很多人员在场的办公室里交给了李成哲,怎能说李成哲不是公司人员呢? 但法院却还是站到了公司一边。无奈之下,向哈尔滨市中级人民法院上诉。2007年哈中院维持原判,但促进会并没有屈服,继续要求再审。2008年3月28日,判决前两次判决为误判,但钱还是迟迟拿不到手。要求法院强制执行,但还是没有结果。于是上告到黑龙江省政法委员会,2010年1月终于得到彻底解决。

(三)继承和发展民族文化

20世纪70年代中期,哈尔滨市长大的17~18岁的知识青年来到杜家镇下乡锻炼4年,返城成材。他们没有忘记"第二故乡",于2003年8月30日,特邀朝鲜族著名歌手崔京浩、金学峰,出资60~70万元,组织知识青年慰问团来五常慰问演出。促进会组织全市朝鲜族群众1万多人观看了演出。

2007~2008年,促进会成功组织赴韩国人员文化学习、协助报名。先后为150多名赴韩国人员减轻了经济负担。

喜迎中国共产党成立90周年、中华人民共和国成立60周年,促进会组织全市朝鲜族大型文艺演出,歌颂了在党的光辉民族政策指引下欣欣向荣的民族气象。

2013年9月3日,由民族企业家林洪德赞助,五常市委宣传部、五常市文体局主办,促进会协办,举行了五常市朝鲜族文艺汇演。汇演以长鼓舞、扇子舞、社交舞,男、女独唱等形式23个节目登台演出。本次汇演继承发扬了民族文化精华,富于新的文化内涵和特征,促进了民族文化的发展。同时发掘了朝鲜族民俗文化特色,使文化服务、文化惠民、支持文化,引导文化理念融合于少数民族文化,起到了积极推动作用。

大多数青壮年已在外谋职,五常朝鲜族社会现实已成为老龄化。为解决老年人语言方面的困难,促进会与市广播电视局协调,增设了延边卫视频道,收视朝鲜语节目。

文化是一个民族的代名词,民族工作离不开民族文化。促进会成立15年来,始终为继承与发展民族文化做了大量具体工作。15年来,接待外地专业文艺演出单位演出30多次,组织朝鲜族观众达3万多人次,丰富了朝鲜族群众文化生活,为传播促进民族文化发展起到了推动作用。

(四)组织群众性掷栖活动

五常市朝鲜族自1985年起组织群众掷栖活动,至2014年已历29届。

起初,由县民族事务委员会发起组织,后来由市朝鲜族文化馆主管。组织者四处走动,求来赞助费,加上参加人员的入场券费作为活动经费,组织了迎正月十五元宵节掷栖活动。组织时,克服场地、经费等困难,坚持下来,至今没有中断过。1998年,促进会成立后,与市文化馆一起共同组织开展掷栖活动。到了2011年,由于促进会的积极努力,掷栖活动由是民族宗教事务局直接主管,形成了政府出钱开展的掷柶民俗文化活动。

掷柶项目已成为哈尔滨市级非物质文化遗产名录，正在申报省级非物质文化遗产名录。

（五）为群众解决疑难问题

去韩国打工，虽然使中国朝鲜族富了起来，但也不乏被诈骗而家破人亡者，特别是20世纪90年代要去韩国很困难，诈骗案屡屡发生。

五常镇新兴村10队崔永哲为儿子办理去韩国手续而民间借贷被骗。当时民间借贷最低利息3分利（30%），利滚利，3年还不上就是本钱的一倍。

崔永哲还不上借款，就把自家的承包地以30年为期做了抵押。1998年6月，他借了1万元，1999年还上8 000元后，写下5 000元的欠据。过了两年，崔永哲仍无力还款，被起诉到法院。法院判崔永哲还款7 600百元。他不仅有这一欠款，还有借款10万多元。为还债，连房子都做了抵押。再也没有能力还款的他连自杀的念头都产生了。他的3个儿子选择了逃走。

得知崔永哲为的难处，促进会帮他卖了100斤粮食和自行车，并去外地打工，让他用3年时间还回本钱。促进会找到借他钱的债主们，做他们的工作：他连土地、房屋都没有了，再逼他也没有用，能拿回本钱就不错了。债主们也都同意了。

此外，土地纠纷、家庭矛盾等，凡是群众反映的问题，事无巨细，促进会都积极出头，为他们排忧解难。

促进会成立以来，先后由金基泰、林成太、李仁权任会长，现由金优锡接任会长工作。

促进会属民间团体，所以没有固定的经济来源，坚持组织活动有很大困难，但为民族事业对民族发展有利的工作尽心尽力地努力工作着。

五常市朝鲜民族事业促进会于2010年8月出席了哈尔滨市民族团结进步表彰大会，被评为先进集体。

第二节　五常县（市）朝鲜族老年协会

五常市朝鲜族老年协会的前身是从解放初土改时期扫盲运动开始，后来自然形成的"读报组"（以老年妇女为主）。"读报组"以自然屯为主要单位，老年人自愿聚集在个人家或生产队办公室去"读黑龙江新闻报"为主要活动内容。

20世纪80年代初开始，成立了具有一定规模的老年协会组织，其影响力也很大。

1980年末，全县40多个朝鲜族村中，有一半以上成立了老年协会。这是

老年协会领导与分会领导合影

自发的群众团体,从成立那一天起,就自觉地接受当地党组织的领导,有组织有计划地学习党的方针政策,协助村、屯领导维护社会治安,教育后进青年,调节家庭纠纷,负责料理婚丧嫁娶事宜,美化环境卫生,积极开展有益老年人身心健康的各种文艺活动,深受群众的欢迎。

1990年11月20日至25日,为总结经验,扩大影响力,在朝鲜族文化馆召开了"五常县朝鲜族老年协会活动经验交流会"。参加这次会议的是在全县朝鲜族老年协会中工作比较优秀的9个协会的村、屯领导和会长等21人。会议期间,县政协、县委宣传部、民委、老龄委、老干部局、广播局的领导同志自始至终按着会议日程和参观路线参加会议,给予具体指导。会议采取走、看、听、谈的形式进行,互相检查学习。会议参观了小山子镇南源村、保山乡民兴老年协会、向阳镇中源、营城子乡新光村、民乐朝鲜族乡红光村、民安村、光辉乡光辉村、兴盛乡新村一队、杜家镇文化村等9个老年协会。首先听取当地协会活动经验、参观活动场所、观看自编自演的文艺节目;然后进行了深入的座谈讨论。与会者一致认为,老年协会的活动内容健康向上,有益,具有贡献性。

协会经费来源主要靠集资,会费和会田(村屯专门为老年协会预留的水田或旱田)经营收入。虽然经费有限,但为村、屯做了大量的公益事业。

1991年8月5日,县朝鲜族文化馆把1990年11月20日参加经验交流会的9个协会的经验材料汇成《五常县朝鲜族老年协会活动经验汇编》,印刷成册下发。

1999年8月9日,文化馆组织召开"五常市朝鲜族老年协会文艺调演",参加调演的有五常镇、营城子乡新光、龙凤山乡兴源、杜家镇光明、小山子镇南源、红源、安家镇新联、光辉乡光辉、头屯、民乐乡、保山乡新屯等老年协会的70个节目登台演出,从中选拔出部分优秀节目参加了哈尔滨市朝鲜族老年文艺调演大会。

2000年4月18日,五常市文化局主持召开第16次办公会议,议题是关于成立"五常市朝鲜族文化活动委员会"问题。参加会议的有五常市副市长李海洙、赵敏杰,文化局长徐华等领导和全市朝鲜族基层协会会长,部分村长、村书记。特邀出席会议的有哈尔滨市民委副主任金龙云、哈尔滨市朝鲜民族事业促进会会长许明勋、哈尔滨市朝鲜族老年文化活动协会会长尹应淳、延边朝鲜族自治州民委副主任韩龙洙、延边《老年世界》杂志社总编金哲焕等。会议选举产生了以金基泰为主任委员的第一届"五常市朝鲜族老年文化活动委员会"。

2000年1月,市朝鲜族文化馆在举办"老年人健身操学习班"的基础上,9月13日在五常朝鲜族师范学校的广场上举办了全市朝鲜族老年人广场舞表演大会,同时演出了朝鲜族传统文艺节目。这次是市朝鲜族老年文化活动委员会成立后与文化馆共同组织的大型活动。

参加这次表演大会的共有13支代表队的演员500多人。参赛队历时一天的表演,经评委认真评比,主管领导审定,评选出集体表演奖13个,优秀表演奖6个,组织奖16个,编导将19个,个人优秀表演奖27个。

2000年10月初,市朝鲜族老年文化活动委员会成立后举办了首届全市朝鲜族老年门球赛。此后,全市各地开始普及门球运动。为普及门球运动,曾多次举办门球教练员学习班。山河镇共和村老年协会无处建门球场,他们就投资2万元,拉土和砂石填平250平方米的大水坑,建成门球场。全市上下迅速掀起门球活动热,共成立80多个门球队,建立了40多个门球场地。

2000年以来,每年都举办全市朝鲜族老年人门球赛,至今已举办了14届。在五常举办了三次哈市朝鲜族老年人门球邀请赛.还多次派代表队参加省内外门球比赛。

五常市朝鲜族老年协会，继第一任会长金基泰后，林成太、田克政先后任会长，现任会长为朴相鲁。2000年市协会成立初，下属38个分会，3 000多名会员，到2013年末，减少了1 000余名.

五常市于1998年末，由原市民委主任金基泰提议策划下，成立了"五常市朝鲜民族事业促进会"，所以老年协会以促进会的分支机构注册登记。因此，到2007年第三届老年协会会长由促进会会长兼任。2007年12月7日第四届会员代表会议决定两会长不再由一人兼任.但以后仍在一起办公，一起活动。

随着改革开放的深入，朝鲜族农村人口急剧减少，朝鲜族农村中小学都被取消，已有不少村屯空无一人，所以老年协会成了朝鲜族社会的主流.

老年协会逐步在五常朝鲜族社会里起到独特的作用。农村党支部和村民委员会对老年协会的活动非常支持，大部分村屯在机动田里拨给老年协会土地，作为老年活动经费，没拨给老年协会土地的村屯，每年都拨给几千元的活动经费。

为便于组织活动和联系方便，市老年协会把全市的分会分成以山河为中心的南片，以五常镇为中心的中片外，杜家镇、民乐乡、营城子乡新光、龙凤山乡、小山子老年协会为市协会常委。

五常市朝鲜族老年协会自成立以来，始终与市朝鲜族文化馆、市朝鲜民族事业促进会联手，共同举办了多次大型群众性文艺活动。

2001年4月3日，接待延边夕阳红艺术团来五常演出，在五常镇、山河镇和民乐乡老年活动中心组织了4场演出，观众达2 500多人次。此后到2013该艺术团年年年到五常演出，观众超万人次。

2001年6月27日，哈尔滨太阳岛艺术团，9月3日朝鲜咸境北道艺术团;2003年9月22日长春市阿里郎艺术团，10月14日朝鲜咸境北道艺术团;2004年3月19日，延边阿里郎艺术团，7月5日，韩国北川市民间艺术团，8月16日，朝鲜慈江道艺术团;2005年9月1日，朝鲜万景台少年艺术团;2010年9月11日，吉林市老年协会艺术团等，来到五常演出，老年协会为丰富朝鲜族老年人生活，都积极组织了观看活动。

2008年10月21日，组织参加哈市第三届老年文艺汇演，取得了好成绩。2009年9月3日，在五常影剧院举办了迎国庆60周年全市朝鲜族老年文艺演出，观众达千余人。

五常各地老年协会都以"黑龙江新闻"报、《老年世界》为订阅对象，确定有才能的辅导员，定期组织学习，使老年人老有所学，了解天下大事。

老年协会的生命力在于组织活动，五常各地协会组织老年人寻访名胜古迹，开阔视野。通过组织野游活动，促进老年人身心健康。

老年协会的健康发展，发挥应有的作用，与各会长及分会会长的积极努力密不可分。他们是，民乐朝鲜族乡的姜录权、朴赫、金元经、卢三峰;五常镇的金仁炳、金有学、金春植;南片的崔海根、孔在文、明春植;杜家镇的罗斗七;龙凤山乡的金长禄小山子镇的金云吉;营城子乡新光村的白成久、文天活;朝鲜族高级中学的崔日善、柳宽馨;五常镇新兴村的张成龙、赵成焕等会长。

申京子，2010年被评为全国朝鲜族老年联谊会先进个人;2011年8月20日被评为全国朝鲜族敬老爱幼模范。

1952年12月生的申京子是山河镇东进村人。她是爱的天使，在爱别人的路程上，她自己分享着爱的幸福。她是一个普通的农村妇女，她一直走在为他人着想的路上，已经走了四十来年。这是她的慈善之旅，辍学的学生、贫困教师、重病患者、残疾人、精神病患者……同村的或远隔千里的，熟识的或陌生的,曾先后有200多人得到过她的钱与物上的资助及生活上的照料。后来他又通过红十字会、民政、妇联、救灾办公室等爱心通道,把一批批装载着关切与祝福的善款和衣物送到各灾区人民的手中。

在她的帮助下,8名生活困难,面临辍学的学生得以继续学习,其中3人考入大学,还有一人出国深造。她长年照顾3位孤寡老人;二十年来像亲生母亲一样在精神和物质上鼓励和资助残疾妇女千玉兰,为她而耗资近3万。素不相识的精神病患者申成吉曾住在她家16年,她像亲姐姐一样为他积极治疗,病情好转后,又帮他花2.3万多元钱成了家。

发洪水、冰雹、四川大地震、玉树大地震,老年活动……涓涓细流汇成大海。几十年下来她竟捐出10万多元现金,上万件衣物。她并不富裕,只是一个能维持温饱生活,普通家庭妇女,而且丈夫和她都是常年需要服药的病人,同时还要供3个儿女读书成长。她靠什么全靠她的节衣缩食、良善之心和执着精神!

得知申京子事迹的山河镇党组织,2010年12月28日,批准60岁的她为中国共产党党员。她无愧于五常市朝鲜族第一位民间慈善家,她做到了有益于人们、有益于社会的人。

五常镇朝鲜族老年协会副会长郑英珠,是对老年协会有特殊贡献的人。五常镇朝鲜族老年协会是由镇内居住的老年人组织起来的,不同于农村老年协会,没有固定的经费来源。但是,由于有为协会肯于贡献的人来支持协会活动,其中代表人物就是郑英珠。

2008年,她为老年人文艺活动捐出5 885元,购买了长鼓10面、扇子20把、演出用水罐9个。

活动室缺少椅子,不便活动,她就掏出856元购置了40把椅子,花881元买回了电饭煲和煤气罐。

2010年5月,她捐出13 500元,重新装修了老年活动室,改善了老年活动环境。

郑英珠为门球活动捐出2 000元,四川大地震捐款1 000元,还为五常镇朝鲜族小学、山河镇洪德朝鲜族小学捐款800元,支持他们开展运动会和订阅报刊,为敬老院捐3 000元,用以改善敬老院的福利事业。

第三节　省内外五常朝鲜族同乡会

一、哈尔滨五常朝鲜族同乡会

哈尔滨五常朝鲜族同乡会是目前生活或工作在哈尔滨市区的以五常的地缘关系为纽带自愿结合的一种非政治、非宗教、非盈利的朝鲜族的群众组织。本会以"相联、相思、相助、相契"为宗旨,努力构建团结乡友、增进友谊、促进会员间互联互动互助的友情关系,积极为哈尔滨市区的各项事业及五常家乡的和谐发展献计献策,竭诚为会员提供和打造有效的信息分享和资源交流的平台。

2013年1月26日经过积极的筹备在哈尔滨市召开了哈尔滨五常朝鲜族同乡会成立大会,通过了章程,产生了组织。经过筹备组的协商提名和与会同志们的讨论表决产生了以林洪德同志为顾问团团长、任国铉同志为顾问团副团长,以金正烈、朴成功、李忠善、姜浩焕、尹武荣、南炳华、崔万寿、李根洙、金云成等同志为顾问,以李成一同志为会长,以朴泰秀(常务)、金强、金贤淑、朴哲学、刘大龙、李国烈、金哲振(兼秘书长)为副会长的第一届组织机构。目前在册的会员近70名。

同乡会成立以来组织过多次互联、互动、互助的活动,积极促进了会员之间的真诚互助和真挚友爱,协力参与了哈尔滨朝鲜族各同乡会联合组织的各项联谊活动。

二、青岛五常朝鲜族乡友会

在青岛五常乡友会(以下简称为"本会")是以在青岛工作或生活的五常籍乡友及曾经在五常念过书,工作过的非五常籍乡友自愿参与的非政治性,非宗教性,非营利性的群众团体。本会以乡友间互帮,互助,互爱为基本原则,通过开展各项有益活动,增强乡友间的友谊和感情;倡导"红十字会"精神,携弱扶贫,传递爱心,尊老爱幼,和睦相处;积极参与社会公益事业,为创和谐社会,建两个文明做贡献为自己的宗旨。

2008年8月以来,由李峰山、慎京才、金京元等五常市籍的有志人士牵头,积极串联和筹备的结果,于2008年11月末在青岛市城阳区快通大酒店召开了在青岛五常乡友会成立大会,并通过了本会的章程,产生第一届领导班子,李峰山任会长,车源根任常务副会长,慎京才任事务局长,李德宽、安云任监事。

2011年12月,在青岛市城阳区快通大酒店召开的第二届领导班子选举中,张成武任会长,金哲龙任首席副会长,李相录任事务局长,南哲洙任监事。

2013年12月,在青岛市城阳区海兰江民俗宫举行的第三届领导班子选举中,朴德浩任会长,洪杰任常务副会长,林强浩任事务局长,金明哲、延长烈任监事。本会现有会员400余人。

本会自成立以来的7年中,在三届班子的正确领导下,做了大量有益的社会公益活动,如对"爱心孤儿院"的慰问与支援;对"白头山养老院"的慰问与支援;对80岁以上高龄老人的节日慰问;对先天性心脏病儿童手术治疗的募捐支援;组织乡友们的野外娱乐;积极参与连续五届的"故乡杯"青岛朝鲜族民俗运动会并所取得好成绩。在青岛朝鲜族社会中得到深情厚爱,享有很高的威望。本会在现任朴德浩会长为首的班子带领下,发扬谦虚、谨慎、戒骄、戒躁的优良传统,为在青岛的五常乡友献出了所有真诚与友情。

第十三章　旅游休闲场所

第一节　龙凤山水库风景区

龙凤山水库距五常市所在地50公里，龙凤山乡境内。东临高耸的滚蛋岭，西立秀丽的鸡冠砬子，陡峭如削的红石砬子和形似鸡冠的小石砬子，分别屹立于东南和西南，隔水相峙。正南还有中央山、大猪山拔地而起。一尺晶莹碧水，镶嵌在群峰之间，山光水色，妩媚多姿。

龙凤山　　　　　　　　（张民生航拍）

千米长堤，像一把利剑，将滚滚牤牛河拦腰斩断。截流蓄水形成一个拦洪、蓄水、灌田、养鱼、发电综合性的大型水利枢纽工程。

春日碧波万顷、夏日逆水荡舟上溯、秋日两岸层林尽染、冬日冰封雪盖，风光无限。

在西岸众多的餐饮娱乐服务设施里，你可以解除旅游的疲劳，尽你所好，享受地产美味、吟诗作赋、歌舞欢唱。

红崖碧水龙凤山风光　（张民生摄）

西峰夕照龙凤山风光　（张明生摄）

第二节　凤凰山国家森林公园

　　五常凤凰山坐落在黑龙江省五常市山河屯林业局凤凰山经营所林区内,位于长白山系张广才岭西坡,"天鹅"腹部之上。五常凤凰山总面积为5万公顷,有海拔1 000米以上山峰89座,主峰海拔1 675米,为张广才岭之岭首,被誉为"东北第一大山"。周围群山连绵,森林繁茂、峰峦叠嶂。海拔超过千米的山峰有89座,以其东北大森林、大湿地、大峡谷、大冰雪为资源特色。五常凤凰山因1994年"UFO"事件而驰名中外。

凤凰山春夏秋冬四季风景

（张民生拍摄）

　　凤凰山国家森林公园为收费公园,有空中花园和凤凰山大峡谷两大核心景区。凤凰山空中花园原生态地生长着高山岳桦、杜鹃、偃松等八大景观。"六一"期间竞相开放的杜鹃花海,浑然天成的高山石海,郁郁葱葱的偃松,婀娜多姿的崖柳,千姿百态的岳桦,青山绿水伴着鸟语花香,凤凰山像一位神奇的魔术师将雄伟壮观与玲珑秀丽完美融合。凤凰山大峡谷是黄河以北14省垂直落差最大、延伸度最长、原始韵味最浓的峡谷瀑布群。游在其中,瀑布冰川、峡谷溪流的美景定会让你流连忘返。凤凰山是天然的博物馆,凤凰山大峡谷有高等植物 150 科,脊椎动物 309 种,国家重点保护动植物 52 种,是一个天然的野生珍稀物种的基因库。

近年来作为旅游景点逐渐被国内国际的人们所青睐,每年的"六一"和"十一"车水马龙、游人比肩继踵,云集凤凰山,一睹"东北第一大山"真容。

第三节　石刀山风景区

石刀山风景区位于安家镇北 8 里处牤牛河西岸。因山上有 1 石刀屹立山腰而得名。石刀高丈余,酷似古代腰刀.石刀由刀身、刀座、刀柄三部分组成。刀身上刻有"石刀山"3 个字。隔河对面的石峰有一道深沟,人称"刀劈碴子",传说是对岸石刀所劈就。夏秋时节,游人如织,爬山与石刀亲密接触,下河游泳清凉、摸出河蚌炖吃。农闲时候,近处的朝鲜族农民车载步量,至此休闲娱乐,杀狗炖鱼、饮酒歌舞,直至夕阳西下,愉悦而归。

石刀山　　　　　　　　　　　　（张民生拍摄）

第四节　杏花山风景区

杏花山风景区位于五常市镇南 3 公里许,早年因山上有大量杏树而得名。

杏花山主峰大红石碴子海拔 212.8 米,蔚为壮观。革命烈士纪念碑和革命烈士纪念馆坐落在山路东,电视转播塔耸立在山巅,西麓有拉滨铁路,东麓是哈蛟公路(哈尔滨至蛟河)通过,位居要冲。

建国后,在党和政府领导下,每年春季都动员各界群众上山植树造林,现已林木葱郁,遮天蔽日,鸟鸣山间。

杏花山是休闲吸氧、娱乐玩耍的好去处。山上设有适合青少年运动的着装对抗阵地等游乐设施。每到端午节,从黎明起,成千上万人涌向杏花山,踏青游览,采摘花草,惬意而归。小商贩随机叫卖,好不热闹。

杏花山风景——西游记

第五节　金山公园

金山公园位于五常镇北,哈五公路(哈尔滨至五常)入城段西侧。在长3里、宽1里的山坳里,生长着茂密的杨、柳、榆、桦等树木,杂以灌木。公园内建有水库和鱼池。七八月份金山水利科技园内的三池荷花开放时,给公园增添了无限魅力,前来观赏莲花的人络绎不绝。五常市政府办公楼矗立在公园南侧,宾馆建立在山坳里。

金山水利科技园的东侧是规划的续建工程。那里有宽阔的塑胶跑道、篮球和羽毛球场地,供人们展开体育活动。设计独特的亭台水榭供游览者小憩,山坳深处种植的茵茵草坪给游人以无限遐思。

金山公园已成为市民晨练、垂钓、约会散步的好去处。

金山公园景色

第六节　金山休闲广场

　　金山休闲广场坐落在五常市人民政府南,哈五公路西,占地5万平方米。

　　广场中央是宽阔的健身跑道,围绕着跑道的有宽敞华丽的露天广场、形态各异的雕像、两侧弧形文化长廊的中间是音乐喷泉和巨幅雕塑稻谷女神和假山,弧形长廊的后面是花香树绿的植物园。广场西侧有儿童嬉戏游艺的儿童乐园、草坪铺地的门球场地。白天游人不绝,夜晚游人在如昼的华灯下流连忘返。

　　金山休闲广场是大型集会、文艺公演、节日晚会、市民散步、情侣约会、儿童玩耍、体育健身的公共场所,市民向往的乐园。

五常市人民政府广场一角

第十四章 人物篇

第一节 五常朝鲜族革命烈士传略

金春根（1925.7~1951）

金春根，中共党员，五常民乐乡民安村（今民乐朝鲜族乡红火大队）人，生于 1925 年 7 月，1946 年 10 月参军，朝鲜人民军 7 军团 7 师团 53 联队 1 大队大队长。

1951 年，金春根在朝鲜洛东江大桥追击敌人时遭敌机轰炸光荣牺牲，时年 26 岁。

李斗燮（1928.8~1949.10）

特级战斗英雄，中共党员，五常民乐乡民安村（今民乐朝鲜族乡红火 1 队）人，1928 年 8 月生于一个贫苦农民家庭，7 岁给地主当童工。1945 年 8 月参加东北民主联军，中国人民解放军第 47 军（原东北野战军第 10 纵队）"钢八连"班长。

曾先后参加了东北剿匪、新开岭、三下江南、四保临江等战斗，荣立一等功一次。

1947 年东北解放军夏季攻势中，随部攻占长春机场。辽沈战役中，参加攻打锦州的战斗，曾用炸药炸毁一座敌碉堡，战后记大功一次。

1948 年 10 月在平津战役中，李斗燮等 3 名战士生俘包括一名敌团长在内的逃敌 174 人，缴获重机枪 2 挺、炮 1 门，其他枪械 140 支，出色地完成了消灭外围之敌的任务，再记大功。

1949 年 10 月随所在的 47 军继解放湖南大部后挺进湘西。16 日在大庸、慈利一带与敌激战。激战中率三营八连三班追击残敌至大庸城北子午台，俘敌 170 多名，缴获迫击炮 3 门。在追击至城门时，腹部中弹，用手按住涌出的肠子继续追击，再击倒几名敌人后倒地牺牲，时年 21 岁。战斗结束后，被四野追认为特级战斗英雄。

李斗燮烈士一生曾荣立大功 7 次，曾荣获"毛泽东勋章"。人民为了永远纪念他，为他修建了烈士墓。李斗燮烈士墓位于张家界市烈士陵园。

蔡昌锡（1929.1~1951）

1929 年 1 月出生于五常县杜家镇曙光村郑家屯。幼年读书，后因家境贫寒，不得不停学随父种地。全家老少一年到头起早贪黑,打下的粮食除去交"出荷粮"和给日本开拓团缴纳地租以外,只能过着半饥半饱的生活。1945 年"九.三"光复,虽然日本侵略者投降,开拓团解散,土地谁种谁收,但国民党建军土匪武装遍布境内。他们杀人放火,抢劫绑架,制造谣言,扰乱社会治安,人民还是过着提心吊胆的生活。1946 年 1 月,中国共产党领导的东北人民自卫军二支队(田松部队)解放了五常县城,随后蔡昌锡的家乡也得到了解放。不久在杜家镇建立了第一个区人民政权。但是,由于境内建军土匪各处骚扰,偷袭新生的民主政权机关,杀害革命干部,破坏土改、支前运动,境外国民党军队压境,人民仍生活在兵燹匪患之中。杜家区民主政府成立不久,土匪赵斌便率队偷袭了区政府,区队长马连会及数名战士在交战中先后牺牲,土匪抢去枪支弹药和支前物资以后逃窜。年仅 18 岁的蔡昌锡,目睹土匪的残暴罪行,他义愤填膺,在亲人的支持下,于 1946 年 1 月依然参加了东北民主联军。

蔡昌锡参军后,在中国共产党的培养教育下,不久便加入中国共产党。很快由战士、班长提升为排长。1948 年辽沈战役中,他参加多次战斗,在战斗中他身先士卒,英勇杀敌。战役刚刚结束,他又随部队参加了平津战役,然后随军南下转战各地。1949 年 9 月部队奉令调回东北休整。同年 10 月被编入朝鲜人民军七十二联队,蔡昌锡任独立中队长。朝鲜战争爆发后,他又入朝参战。

1951 年,在朝鲜元山战役中,蔡昌锡的中队担任阻击任务。他率部下冒着硝烟弥漫的炮火,迂回于枪林弹雨之中,出没在堑壕里,英勇果敢地指挥全中队战士连续打退敌人的多次进攻。在他的指挥下全体指战员英勇顽强,精神抖擞,不畏艰险,越战越勇。在激烈的战斗中全中队的战士大多牺牲,后来只剩下蔡昌锡等 3 人。在他的指挥下,又打退了敌人的数次进攻,守住了阵地,完成了阻击任务,为整个元山战役大反攻赢得了时间。最后蔡昌锡不幸中弹牺牲,时年 23 岁。

朝鲜民主主义人民共和国为表彰他的功绩,授予他二级战斗英雄称号,并在平壤人民英雄烈士纪念馆陈列着他们中队的英雄事迹和蔡昌锡烈士的遗像。

为了永远纪念他,五常市人民政府在五常市革命烈士陵园为他修建了烈士墓。

金相哲(1963～1994)

1963 年 10 月生于五常县山河镇,1982 年 9 月入伍,1984 年 12 月入党,1994 年因患肝癌医治无效病故。生前为原大连陆军学院军事理论教研室副主任,营职教员。多次参加军事技能比武,成绩优异,荣立三等功一次。1986 年主动请缨赴老山前线,参加越南自卫反击战,因作战机智勇敢,表现突出,荣立一等功。参战期间,光荣负伤,虽经治疗,但因当时奋勇杀敌流血过多,对肝脏造成损害。担任陆军学院教员期间勤奋耕耘,积极作为,因劳累过度,肝病恶化转为肝癌,虽经多方治疗,但因病情过重,英年早逝。

金相哲

在他病危时,收到了战友们凑在一起寄来的 2 100 元钱和一封信,勉励他"一定要挺住,我们一起跨进 21 世纪"。看完信他强忍着泪水对院首长和亲人说:"21 世纪的大门我是跨不进去了,再也不能为学院做什么了,有抚恤金的话,就捐给学院作育才奖励基金吧……"

金相哲拖着一条被弹片打残的手臂,开始在三尺讲台上创在他人生的再一次辉煌。在教学工作中,因贡献突出先后获军区学雷锋标兵一次,三次被评为优秀共产党员。

在五常市革命烈士纪念馆里介绍了他的英雄事迹,陈列着他生前所使用的遗物和在北京八宝山殡仪馆火化的证书。

第二节　五常朝鲜族革命烈士英名录

表 14－1

姓名	性别	出生	籍贯	参加革命时间	政治面貌	牺牲时间	牺牲地	所在单位	职务
朴赞根	男	1927	五常镇兴光一队	1945.9		解放战争		119 师 356 团 2 营	侦查员
高翰道	男	1929.12	五常镇兴光二队	1945.11		1951	朝鲜	中国人民志愿军	战士
木人考	男	1925.4	五常镇兴光三队	1945.11		1948.8	汤原县	359 旅 4 团 8 连	连长
崔铁俊	男	1927	五常镇兴光五队	1945.12		1950.9	朝鲜	志愿军独立 4 师 7 团 3 营 8 连	排长
金英杰	男	1928.7	五常镇成功街	1945.12	党员	1948.7	通化	东北人民解放军 38 师 85 团 1 营	排长
朴寅彩	男	1926.8	五常镇兴光一队	1946.2		1951	朝鲜	47 军 139 师 417 团 3 营 7 连	战士
李炳彦	男	1927	五常镇兴光二队	1946.3		1951	朝鲜	中国人民志愿军	排长
崔荣旻	男	1929	五常镇兴光二队	1946		1950.12	朝鲜	中国人民志愿军	战士
权赫道	男	1926	五常镇兴光六队	1946.7		1951	朝鲜	中国人民志愿军	战士
李成求	男	1924.12	五常镇兴光六队	1946.4		1950	朝鲜	中国人民志愿军	战士
金应基	男	1929	五常镇兴光五队	1946.7		1951	朝鲜	中国人民志愿军	战士
权永浩	男	1926.7	五常镇兴光三队	1946.12		1950.7	朝鲜	朝鲜人民军 535 部队	队长
玄仁范	男	1922.2	五常镇兴光一队	1946.8		1950	朝鲜	中国人民志愿军	队长
徐昌洙	男	1925.2	五常镇兴光五队	1946.7		1950.10	朝鲜	朝鲜人民军 6 军 15 连	战士
崔昌大	男	1932	五常镇红旗街	1947		1950	朝鲜	40 军 118 师 352 团 1 营	战士
李寅道	男	1922	五常镇尽朝晖街	1947		1950	朝鲜	41 军后勤部	战士
金基宪	男	1917	五常镇尽朝晖街	1947		1950	朝鲜	中国人民志愿军	战士
张奉柱	男	1922	五常镇兴光五队	1947.7		1950	朝鲜	中国人民志愿军	战士
权赫务	男	1929	五常镇兴光大队	1946.12		1947	四平	东北人民解放军	战士
郑元哲	男	1915.7	五常镇红旗街	1951.12		1952.12	朝鲜	中国人民志愿军	战士
朱一英	男	1930.3	五常镇兴光一队	1950.9		1951	朝鲜	中国人民志愿军	排长
崔在石	男	1928.8	山河镇东进大队	1945.10		1951.9	朝鲜	43 军 129 师 387 团 1 营	战士
郑龙凤	男	1920.5	山河镇东进一队	1945.11		1950	朝鲜	朝鲜人民军 5 团作训股	股长
邱凤黄	男	1926.3	山河镇东进大队	1945.12		1950	海南岛	46 军 137 师 411 团	排长

续表 14 – 1

姓 名	性别	出生	籍 贯	参加革命时间	政治面貌	牺牲时间	牺牲地	所 在 单 位	职 务
邱凤春	男	1924.3	山河镇东进大队	1945.12		1950	朝鲜	39 军 117 师 349 团	副营长
金昌浩	男	1920.9	山河镇东进大队	1946.2		1951	朝鲜	47 军 140 师 418 团 3 营	战士
李忠杰	男	1920.12	山河镇共和大队	1946.7		1950	朝鲜	中国人民志愿军 3 师 3 团警卫连	班长
赵甲浩	男	1928	山河镇共和大队	1947		1950	朝鲜	中国人民志愿军	战士
吴在波	男	1928.7	山河镇东进大队	1946.4		1950	朝鲜	中国人民志愿军	班长
金相哲	男	1963.10	山河镇东进大队	1982.9	党员	1994.3	北京	大连陆军学院教师	少校
朴昌根	男	1915.12	拉林镇	1946.3		1946.7	吉林汪清县	汪清县中心乡	连长
李再烟	男	1928.5	小山子双元大队	1945.10		1951	朝鲜	朝鲜人民军 3 支队 8 师 12 团	战士
金太春	男	1927.7	小山子宏源大队	1946.3		1951	朝鲜	中国人民志愿军	战士
林逢仁	男	1928.12	小山子宏源大队	1946.11		1951	朝鲜	朝鲜人民军 4 师	战士
金太日	男	1928.6	小山子宏源大队	1947.6		1952	朝鲜	朝鲜人民军 4 师	战士
孙斗万	男	1922.4	小山子双元大队	1948.4		1951	朝鲜	中国人民志愿军 3 支队 10 大队	战士
金田松	男	1930.10	小山子宏源大队	1948.8		1951	朝鲜	朝鲜人民军 4 师 15 连	战士
白铁峰	男	1950.3	小山子新成村	1969.4		1976.1	延安	兰州军区空军后勤部汽车连	战士
权有福	男	1927.6	民乐红光四队	1945.12		1946	吉林白龙山	东北人民解放军 13 师 2 团 1 营	战士
金贞叶	男	1920.7	民乐友谊一队	1945.10		1951	朝鲜	朝鲜人民军 7 军团 7 师 53 联队	营长
郑云七	男	1916.12	民乐红光一队	1945.11		1951	朝鲜	朝鲜人民军 3 支队侦察排	排长
柳彰荣	男	1926.3	民乐红光六队	1945		1948	长春	东北人民解放军 3 支队	排长
徐官锡	男	1928	民乐红光三队	1945.9		1952.8	朝鲜	中国人民志愿军	战士
李相集	男	1926	民乐红光一队	1945.11		1945.12	五常	东北民主联军 3 支队五常中队	文书
金初福	男	1925.7	民乐友谊三队	1945.10		1952	朝鲜	中国人民志愿军	小队长
金锡道	男	1923.3	民乐友谊六队	1945.11		1948	锦州	东北人民解放军 11 师 2 团 1 营	排长
柳正奎	男	1922.3	民乐友谊三队	1945.10		1953	朝鲜	中国人民志愿军	排长
金三龙	男	1924.10	民乐友谊五队	1945.10	党员	1950.11	朝鲜	中国人民志愿军	指导员

续表 14-1

姓 名	性别	出生	籍 贯	参加革命时间	政治面貌	牺牲时间	牺牲地	所在单位	职 务
李相殷	男	1926	民乐星光三队	1945		1946.6	五常山河屯	东北民主联军3支队4大队1中队	战士
闵炳哲	男	1925.10	民乐红火四队	1945.12		1951	朝鲜	朝鲜人民军第8步兵师12联队	中队长
姜润权	男	1929	民乐友谊五队	1945.10		1950	朝鲜	中国人民志愿军	战士
白万石	男	1927	民乐新乐二队	1945		1948	黑山	东北人民解放军3支队3中队	战士
李允出	男	1926.6	民乐友谊一队	1945.10		1948	长春	东北人民解放军3支队2大队	战士
李相仁	男	1929.6	民乐红光二队	1945.10	党员	1952	朝鲜	中国人民志愿军	中队长
金熙春	男	1923.2	民乐红火四队	1946.3		1952.5	朝鲜	朝鲜人民军535军团8师15联队	战士
郑舜范	男	1918.4	民乐友谊二队	1946.4		1950.8	朝鲜	中国人民志愿军	排长
郑只永	男	1931.2	民乐红火五队	1946.9		1951.10	朝鲜	中国人民志愿军	战士
金永善	男	1926.5	民乐红光三队	1946		1950.6	朝鲜	中国人民志愿军	战士
姜太俊	男	1922.7	民乐红火一队	1946.8		1951	朝鲜	朝鲜人民军535军团8师	战士
李斗燮	男	1928.8	民乐红火一队	1946.11	党员	1949.10	湖南大庸县	47军139师416团3营	通讯员
郑熙元	男	1923.11	民乐星光二队	1946.8		1947.5	鹤岗	东北人民解放军3支队	战士
金同铁	男	1925.3	民乐东光二队	1946.6		1951	朝鲜	中国人民志愿军	副大队长
吴光弼	男	1919	民乐新乐二队	1946		1951	朝鲜	中国人民志愿军	班长
徐龙洙	男	1927.9	民乐友谊六队	1946.8		1951.2	朝鲜	中国人民志愿军	排长
林炳国	男	1928.10	民乐友谊五队	1946.7		1951	朝鲜	中国人民志愿军	战士
金锡俊	男	1929.3	民乐友谊六队	1946.9		1951	朝鲜江原道	中国人民志愿军	中队长
金斗益	男	1927.11	民乐红光三队	1946.7		1950	朝鲜	中国人民志愿军	战士
金守基	男	1929	民乐红火一队	1946.3		1950	朝鲜	中国人民志愿军	战士
裴炳植	男	1928.4	民乐红光二队	1945.10	党员	1950	朝鲜失踪军人	中国人民志愿军1980.11追认为烈士	战士
郑炳律	男	1926.3	民乐新乐大队	1945.11		1950	朝鲜失踪军人	志愿军战士1981.1追认为烈士	战士
姜善浩	男	1925.4	民乐东光3队	1945.11		1950	朝鲜失踪军人	志愿军1981.1追认为烈士	战士
郑俊权	男	1920.11	民乐星光3队	1945.10		1950	朝鲜失踪军人	志愿军1980.11追认为烈士	战士

续表 14－1

姓 名	性别	出生	籍 贯	参加革命时间	政治面貌	牺牲时间	牺 牲 地	所 在 单 位	职 务
姜会仲	男	1930	民乐红火一队	1945		1950	朝鲜失踪军人	中国人民志愿军 1980.11 追认为烈士	战士
南实熙	男	1627.10	民乐友谊一队	1946.5		1950	朝鲜失踪军人	中国人民志愿军 1980.11 追认为烈士	战士
金善龙	男	1923.2	民乐朝鲜族中学	1946.3		1948	长春失踪军人	中国人民志愿军 1981.1 追认为烈士	战士
姜善大	男	1930.7	民乐东光三队	1945.11		1949	朝鲜失踪军人	中国人民志愿军 1980.11 追认为烈士	战士
尹太永	男	1930.7	民乐红光六队	1946.2		1950	海南岛	40 军 120 师 359 团	战士
崔任学	男	1920.6	民乐红光四队	1946.8		1950	朝鲜	中国人民志愿军	战士
罗真生	男	1919.1	民乐红火四队	1946.4	党员	1950	朝鲜	535 军团 8 师团 15 联队	战士
金春根	男	1925.7	民乐公社	1946.10	党员	1951	朝鲜	7 师团 53 联队 1 大队	大队长
李廷林	男	1924.4	民乐红光二队	1946.4	党员	1950.9	朝鲜	人民军 717 军步兵中队	中队长
白太植	男	1932.7	民乐红光三队	1946.2		1949	渡江战斗	第四野战军	战士
辛太植	男	1922.7	民乐红光三队	1946.4		1948	吉林乌拉街	舒兰县县大队	战士
张守太	男	1928.1	民乐星光三队	1946.12		1951	朝鲜	7 军团 6 师团 48 联队 2 大队	小队长
金俊洙	男	1927.12	民乐星光三队	1946.4	党员	1948	山海关	122 师 366 团 2 营 1 连	连长
金龙吉	男	1928.5	民乐红光三队	1946.6		1951	朝鲜	1 军团 27 师团 36 联队 2 大队	战士
金龙锡	男	1923.11	民乐红光六队	1946.1		1948	沈阳	11 师 33 团 3 营 7 连	副连长
崔益海	男	1928.1	民乐友谊五队	1947.1		1949	江西	43 军	战士
全昌律	男	1925.12	民乐公社	1947.2	党员	1951.6	朝鲜	中国人民志愿军	小队长
安教善	男	1918	民乐民乐屯	1947.1	党员	1950	朝鲜	志愿军 50 军 149 师 1 营 2 连	联络员
全弘国	男	1926.1	民乐新乐大队	1947.4		1948	长春	东北人民解放军	战士
姜东洙	男	1929.6	民乐红火三队	1947.9		1950	朝鲜	中国人民志愿军	战士
张贞国	男	1931	民乐东光一队	1948.6		1950	朝鲜	中国人民志愿军	战士
吴长松	男	1930.8	民乐红火三队	1948		1948	吉林乌拉街	11 师 32 团 3 营	战士
洪相彪	男	1929.10	民乐红火二队	1949.8		1953	朝鲜	朝鲜人民军 2 军团 8 师团 15 联队	中队长

续表 14－1

姓 名	性别	出生	籍 贯	参加革命时间	政治面貌	牺牲时间	牺牲地	所在单位	职务
曹秉善	男	1930.9	民乐红火二队	1949.3		1950	朝鲜	中国人民志愿军	战士
金海东	男	1923.5	民乐友谊六队	1949.2		1950	朝鲜	中国人民志愿军 19 兵团 65 军炮兵团	翻译
金洪叶	男	1913.8	民乐友谊一队	1950.10		1951	朝鲜	中国人民志愿军 39 军 26 师 35 团	战士
玄世元	男	1918.12	民乐红光三队	1950.10		1952	朝鲜	中国人民志愿军医院	院长
沈相亿	男	1929.8	民乐红火一队	1950.10		1953	朝鲜	中国人民志愿军 50 军 150 师 449 团	翻译
金世根	男	1930.11	民乐公社	1950.10		1952	朝鲜	47 军 140 师 415 团 3 营	战士
安学黾	男	1913.5	民乐星光二队	1951.2		1952	朝鲜	47 军 140 师 418 团	翻译
权重元	男	1933.6	民乐红光三队	1951.8		1953	朝鲜	49 军 436 团	班长
金明洙	男	1924.10	民乐红光二队	1945.10		1951	朝鲜	朝鲜人民军通讯团	政委
李相哲	男	1922	民乐星光大队	1946		1950	朝鲜	中国人民志愿军	战士
姜南洙	男	1928.3	民乐红光一队	1943.8		1946	黑龙江宁安	东北民主联军宁安独立团	排长
金京俊	男	1922.5	民乐红光三队	1946.8		1951	朝鲜	中国人民志愿军	战士
田相学	男	1927.5	民乐红光三队	1945.3		1946	五常小山子	东北民主联军 3 支队	战士
韩正洙	男	1924.7	民乐红光五队	1946.3		1951.2	朝鲜	中国人民志愿军	战士
尹永春	男	1927.12	民乐公社	1946.9		1950	朝鲜	中国人民志愿军	战士
崔在汗	男	1914	兴盛文化十队	1945.10		1948	四平	东北人民解放军 4 纵队 3 营 5 连	战士
李学权	男	1910	兴盛公社	1945.12		1947	延吉	延吉游击队	战士
文兴善	男	1927.11	兴盛新兴二队	1945.10		1953	朝鲜	39 军 116 师 3 营	战士
蔡希权	男	1926.8	兴盛文化十队	1945.11		1947	四平	哈尔滨 3 支队	战士
金永成	男	1922.8	兴盛公社	1945.11		1951	朝鲜	140 师 418 团	班长
赵甲七	男	1927	兴盛文化七队	1945.12		1948	四平	10 纵队 29 师 85 团	战士
孙元弼	男	1927.4	兴盛新兴二队	1945		1950	朝鲜	中国人民志愿军	战士
元银常	男	1928.8	兴盛文化十队	1946.9		1950	朝鲜	中国人民志愿军 164 师	战士
朴永东	男	1927.10	兴盛文化十队	1946.3		1950	朝鲜	128 师炮兵团 2 营 4 连	战士
韩光旭	男	1922.1	兴盛文化七队	1947.10		1950	朝鲜	中国人民志愿军	战士
金明俊	男	1928.1	兴盛公社	1947.2		1952	朝鲜	中国人民志愿军	连长
李秉南	男	1924.11	兴盛公社	1946.2		解放战争		43 军独立 3 团	战士

续表 14 - 1

姓 名	性别	出生	籍 贯	参加革命时间	政治面貌	牺牲时间	牺 牲 地	所在单位	职 务
申炳浩	男	1927.5	兴盛文化十队	1950.12		1951.11	朝鲜	中国人民志愿军	战士
田炳哲	男	1935.4	兴盛文化八队	1950.10		1952	朝鲜	38 军 112 师 336 团 3 营	班长
宋钟坤	男	1921	兴盛文化二队	1945		1950	朝鲜 江原道	朝鲜人民军第 5 师 通讯科	战士
张京植	男	1922.8	兴盛文化十队	1948.7		1950	朝鲜	140 师 418 团 2 营 4 连	战士
张政大	男	1933.12	兴盛文化三队	1949.6		1950	朝鲜	中国人民志愿军	战士
朴仁泽	男	1921.10	兴盛公社	1949.7		1950	朝鲜	38 军 113 师 337 团 1 营 3 连	战士
权曾德	男	1927.12	兴盛公社	1946.8		1950	朝鲜 失踪军人	中国人民志愿军战士 1981.1 追认为烈士	
郑荣善	男	1930.5	兴盛新兴三队	1949		1950	朝鲜 失踪军人	中国人民志愿军 1644 部队 1 团 1 营 2 连战士 1981.1 追认为烈士	
蔡昌锡	男	1929.1	杜家曙光三队	1946.1	党员	1951	朝鲜元山	朝鲜人民军 72 联队独立中队	中队长
金济元	男	1909	杜家曙光二队	1945		1946	通河县 通河村	359 旅 5 团 3 营	战士
权宁度	男	1929.5	杜家文化一队	1946.1		1950	朝鲜	中国人民志愿军	战士
罗仲道	男	1926.8	杜家文化三队	1945.11		1950	朝鲜	朝鲜人民军 5 师	战士
廉哲彬	男	1929.8	杜家文化三队	1946.4		1947	齐齐哈尔	东北人民解放军	战士
金浩哲	男	1926.5	杜家曙光五队	1946.7		1950	朝鲜	中国人民志愿军	战士
朴凤甲	男	1927.6	杜家曙光一队	1946.12		1947.11	吉林 桦甸县	东北人民解放军 12 纵队 35 师	战士
李大权	男	1928.8	杜家光明大队	1949.4	党员	1952	朝鲜	中国人民志愿军	副排长
李云松	男	1918.4	杜家曙光三队	1949.10		1951	朝鲜	39 军 116 师 348 团 2 营	战士
郑成道	男	1932	杜家文化三队	1950.6		1951	朝鲜	65 师独立炮兵团	战士
权承龙	男	1929.4	杜家曙光四队	1946.7		1950	朝鲜	中国人民志愿军	战士
方永哲	男	1933.6	杜家文化三队	1950.10		1951	朝鲜	中国人民志愿军 65 军炮兵团	战士
李在权	男	1929.7	常堡明星一队	1946.1		1951	朝鲜	49 军 146 师 438 团 1 营	卫生员
崔在坤	男	1930.1	常堡四岗大队	1947		1950	朝鲜	116 师政治部通讯排	战士
金志元	男	1922	常堡明星大队	1947.3		解放战争		152 师 456 团 1 营 3 连	战士

续表 14－1

姓名	性别	出生	籍贯	参加革命时间	政治面貌	牺牲时间	牺牲地	所在单位	职务
金成三	男	1930.2	常堡明星大队	1948.3		解放战争		43 军 129 师 385 团 机枪连	战士
金昌学	男	1931	常堡四岗大队	1948		解放战争		123 师 395 团 1 营 1 连	战士
尹京凤	男	1930	常堡明星大队	1950.10		1951	朝鲜	中国人民志愿军	战士
李明三	男	1931	常堡中华六队	1948.10		1951	朝鲜 失踪军人	志愿军战士 1980. 11 追认为烈士	
金洪奎	男	1929.5	光辉光辉三队	1946.3		1951	朝鲜	中国人民志愿军	战士
赵春植	男	1930	光辉光辉一队	1949		1951	朝鲜	中国人民志愿军	战士
赵万亿	男	1924	光辉光辉一队	1949		1951	朝鲜	炮 1 师 27 团 3 营 7 连	战士
尹学峰	男	1928.10	光辉光辉一队	1946.1		1952	朝鲜	中国人民志愿军	战士
金德玄	男	1926.7	龙凤山五一大队	1946.3		1950	朝鲜	中国人民志愿军 6 团政治部	翻译
韩英男	男	1926.11	龙凤山五一大队	1946.3		1946	吉林 敦化县	东北民主联军 18 团 2 营 6 连	战士
朴应英	男	1927.9	龙凤山五一大队	1945.12		1947	吉林 江密峰	东北人民解放军	战士
李基男	男	1926.4	龙凤山五一大队	1945.11		1946.6	拉林	359 旅 7 团	战士
白君善	男	1920.9	龙凤山五一大队	1946.7		1951	朝鲜	朝鲜人民军	战士
安义俊	男	1922.9	龙凤山五一大队	1948.3		1948.12	沈阳	东北人民解放军 116 警卫营	战士
赵水龙	男	1921.11	红旗东阳二队	1944.10		1952	朝鲜	63 军 189 师	战士
赵南郁	男	1919.5	红旗东阳大队	1945.12		1948.5	长春	359 旅 3 团机炮连	连长
赵元基	男	1929.12	红旗东阳大队	1945.11		1951.8	朝鲜	中国人民志愿军	指导员
金永勋	男	1929.12	红旗东阳大队	1946.6		1953.7	朝鲜	39 军 116 师 347 团 1 营	战士
金宗甲	男	1928.2	营城子新光五队	1950		1951	朝鲜	志愿军 7 兵团 司令部	翻译
朴海益	男	1932.8	营城子新光六队	1950		1951	朝鲜	中国人民志愿军	通讯员
申东勋	男	1931.2	营城子新光六队	1950		1951	朝鲜	志愿军第 7 兵团	战士
李景雨	男	1931.1	营城子新光四队	1950		1951	朝鲜	126 师 377 团 2 营 4 连	联络员
金洙南	男	1928.2	营城子新光七队	1949		1950	朝鲜	140 师 2 营 5 连	排长
郑昌海	男	1930.4	营城子新光三队	1949		1950	朝鲜	146 师 2 营 4 连	战士
张斗星	男	1923.7	营城子新光四队	1949		1951	朝鲜	146 师 437 团 2 营 4 连	连长

续表 14 - 1

姓名	性别	出生	籍贯	参加革命时间	政治面貌	牺牲时间	牺牲地	所在单位	职务
崔大烈	男	1932.10	营城子新光一队	1949		1950	朝鲜	中国人民志愿军	连长
李振柏	男	1929.3	营城子新光二队	1948		1950	朝鲜	朝鲜义勇军 3 支队	战士
曹允赫	男	1930.3	营城子郎家二队	1947		1950	朝鲜	朝鲜义勇军 3 支队	战士
金时年	男	1921.4	营城子公社	1947		1948	沈阳	东北人民解放军 5 师 3 团 1 营 2 连	战士
安基永	男	1925.6	营城子公社	1947		1950	朝鲜	中国人民志愿军	战士
韩光春	男	1928.8	营城子公社	1947		1952	朝鲜	中国人民志愿军	战士
金成奎	男	1931.6	营城子新光五队	1947		1950	朝鲜	朝鲜人民军 4542 部队	战士
李相善	男	1926.4	营城子营城十三队	1947		1950	朝鲜		战士
金元敬	男	1930.4	营城子公社	1947		1950	朝鲜	中国人民志愿军	战士
安泽善	男	1920.2	营城子新光五队	1946		1952	朝鲜	中国人民志愿军	战士
朴成根	男	1928.4	营城子新光一队	1946		1950	朝鲜	中国人民志愿军	战士
崔洙山	男	1921.5	营城子公社	1946		1950	朝鲜	中国人民志愿军	战士
李京	男	1928.2	营城子新光二队	1945		1950	朝鲜	中国人民志愿军	战士
郑炳燮	男	1920.9	营城子新光三队	1945		1950	朝鲜	中国人民志愿军	战士
车宗国	男	1924.2	营城子公社	1945		1949	朝鲜	中国人民志愿军	侦察员
金井奎	男	1925.5	营城子公社	1945		1949	朝鲜	中国人民志愿军	战士
金洛元	男	1923.2	营城子营城十三队	1945		1950	朝鲜	中国人民志愿军	战士
金光云	男	1923.4	营城子公社	1945		1950	朝鲜	中国人民志愿军	战士
金龙吉	男	1927.4	营城子新光二队	1945		1950	朝鲜	中国人民志愿军	战士
权昌福	男	1917.1	营城子新光二队	1945		1950	朝鲜	中国人民志愿军	战士
咸文吉	男	1922.7	营城子新光三队	1945		1948	锦州	东北人民解放军独立 8 团	班长
白鹤洙	男	1930.4	营城子公社	1946		1949	朝鲜	中国人民志愿军	战士
崔东淑	男	1928.4	向阳东光一队	1946.3		1946.10	吉林乌拉街	民主联军 4 纵 29 师 84 团	排长
许明山	男	1928.11	向阳东兴四队			1946.11	吉林乌拉街	民主联军 4 纵 29 师 84 团	战士
金钟权	男	1923.3	向阳中原四队	1948.8		1952.9	朝鲜	43 军 125 师 373 团	排长
宋宗浩	男	1921.9	向阳东兴大队	1945.10		1951.5	朝鲜	朝鲜人民军	大队长

续表 14－1

姓 名	性别	出生	籍 贯	参加革命时间	政治面貌	牺牲时间	牺牲地	所在单位	职 务
裴成焕	男	1928	向阳中原大队	1946.11		1947	龙潭山	东北人民解放军29师7连	战士
金星镇	男	1926.10	向阳中原一队	1946.1	党员	1951	朝鲜	47军141师423团1营3连	战士
朴容哲	男	1927.3	向阳中原五队	1946.2		1946.5	吉林汪清	东北人民解放军	班长
公令俊	男	1929.3	向阳建国四队	1946.2		解放战争		359旅7团3营9连	战士
咸昌吉	男	1924.8	向阳日光一队	1946.5		1951	朝鲜	47军141师423团2营5连	战士
金在范	男	1927.4	向阳东兴四队	1946.2		1952	朝鲜	43军128师炮兵团	连长
李奎焕	男	1924.1	向阳中原四队	1946.8	党员	1951	朝鲜	4418部队3大队1中队	指导员
洪永哲	男	1929.1	向阳新丰三队	1946.12		1950	朝鲜	47军140师419团1营1连	战士
金太云	男	1927.2	向阳东兴一队	1947		1951	朝鲜	第四野战军炮1师26团3营9连	班长
张用局	男	1928.11	向阳中原一队	1947.9	党员	1951	朝鲜	127师380团3营8连	排长
张相仁	男	1929	向阳中原一队	1947.10		1951	朝鲜	47军139师416团3营9连	战士
尹元鲁	男	1926.8	向阳东兴一队	1947.7	党员	1949.11	辽宁开原	219师656团2营6连	战士
李千日	男	1928.7	向阳日光一队	1947.4		1950	朝鲜	47军141师421团2连	战士
安松吉	男	1932.5	向阳日光四队	1948.10		1951	朝鲜	独立5师3团工兵排	战士
朴汉泳	男	1925.11	向阳新丰大队	1945.12		1950	朝鲜	中国人民志愿军	连长
林秀相	男	1927.5	向阳日光一队	1945.10		1951	朝鲜	47军139师416团3营	战士
卢在直	男	1928.9	向阳日光一队	1945.10		1951	朝鲜	中国人民志愿军	战士
桂学允	男	1922.12	向阳中原四队	1945.12		1950.9	朝鲜	朝鲜人民军535部队	特务长
俞等学	男	1925.7	长山日升四队	1946.11		1948	吉林大荒地	吉东司令部警卫连	战士
俞等赫	男	1927.9	长山日升四队	1945.10		1948	吉林大荒地	吉林军区司令部警卫1连	战士
崔秉永	男	1929.12	长山日升四队	1946.4		1948	吉林大荒地	12纵34师102团1营2连1排	战士
赵成元	男	1923.4	长山七星大队	1948.5		1950.7	朝鲜	朝鲜人民军525部队	班长

续表 14 - 1

姓名	性别	出生	籍贯	参加革命时间	政治面貌	牺牲时间	牺牲地	所在单位	职务
李成甫	男	1923	长山日升二队	1948		1948	吉林延吉	东北人民解放军	战士
赵清海	男	19304	长山日升六队	1948.1		1948.10	吉林大荒地	4800 部队 1 营 2 连	战士
朴南洙	男	1921.4	长山日升三队	1949.10		1951	朝鲜	朝鲜人民军 535 部队	护士
赵忠仁	男	1926.3	长山日升六队	1949.9		1950	朝鲜	中国人民志愿军	战士
黄龙镇	男	1930.11	长山七星大队	1950.11		1951.1	朝鲜	40 军 120 师 360 团 1 营	战士
郑兴	男	1927.10	沙河子曙光三队	1946.4		1950.12	朝鲜	38 军 113 师 337 团 3 营 7 连	战士
崔凤泽	男	1928.6	沙河子公社	1947.2		1948	吉林大荒地	东北人民解放军独立团 1 营 1 连	战士
金成来	男	1923.1	双兴沿河大队	1945.10	47.3 党员	1950	四川	47 军 141 师 422 团 3 营 8 连	排长
金学君	男	1924.3	双兴公社	1950.10		1951	朝鲜	中国人民志愿军	战士
南帮玄	男	1923.1	双兴公社	1946.11		1952	朝鲜	中国人民志愿军	战士
崔太植	男	1921.10	双兴爱路大队	1947.7		1951	朝鲜	39 军 117 师 351 团 3 营	班长
尹万太	男	1924.1	志广刘油坊屯	1946.11		1947	四平	东北人民解放军 10 纵 8 团 2 营	战士
安国成	男	19128	志广刘油坊屯	1950.3		1951	山东	39 军后勤救护营	战士
南成春	男	1929.1	吉林和龙县西城	1946.10		1951	朝鲜	中国人民志愿军	战士
朴相奎	男	1923	吉林延吉县	1945		1951	朝鲜	炮兵部队	连长
韩光一	男	1922.5	吉林安图县	1946.5		1950	朝鲜	朝鲜人民军 476 部队 7 大队	战士
曹长权	男	1921	吉林延吉县	1946.2		1950	朝鲜	中国人民志愿军	战士
裴顺华	男	1921	吉林延吉县	1946.2		1949.7	长沙市	第四野战军炮兵团	战士
金在哲	男	1929	吉林舒兰县	1947.2		1949.8	湖南	47 军 140 师警卫营	战士
南宫勤	男	1921	虎林县杨岗公社	1948.2		1951	朝鲜	中国人民志愿军	战士
金元燮	男	1929	吉林汪清县	1948.7		1953	朝鲜江源道	中国人民志愿军	战士
李正南	男	1924.1	吉林延吉县	1945.11			朝鲜	朝鲜人民军 16 团 2 营 3 连	班长
高永植	男	1925.5	汤原县汤旺公社	1950.2		1951	朝鲜	中国人民志愿军	翻译
郑逸秀	男	1925				1946.3	向阳山	五常义勇军独立团	战士

注：烈士籍贯中未注明县份者全部为五常县人，如"五常镇"即五常县五常镇公社、"山河"即五常县山河镇公社、"拉林"即五常县拉林镇公社、"小山子"即五常县小山子镇公社、"民乐"、"兴盛"、"卫国"、"杜家"、"常堡"、"光辉"、

"龙凤山"、"红旗"、"营城子"、"向阳"、"长山"、"沙河子"、"双兴"各公社类推。原籍为外省烈士均系后迁入五常者。

因有些五常籍烈士的家属搬迁到外地,在异地接到革命烈士证明书,在五常有关部门史料中无法查找到,如在本书第二章第三节"解放战争"中牺牲的三位烈士(在长山区大明家参军的元永基、在山河镇参军的金永杰、在安家区大成屯参军的曹万叶)等就未能录入五常朝鲜族革命烈士英名录中。

第三节　五常朝鲜族革命残废军人名录

表 14 - 2

姓　名	性别	出生年月	曾　任　职　务
徐判德	男	1924.12	朝鲜人民军 11 联队 1 大队　小队长
李炳烈	男	1930.1	中国人民志愿军 125 师供给部政工室政工　干事
柳大莱	男	1922.9	中国人民志愿军 1 纵队 3 师炮兵 1 营　副排长
林八龙	男	1923.12	朝鲜人民军 44 师 18 连　战士
金奎七	男	1922	朝鲜人民军 825 军侦察连　连长
朴根淳	男	1931.8	中国人民解放军 166 师侦察连
元日燮	男	1952	中国人民解放军海军 37013 部队　战士
姜信哲	男	1921.4	中国人民志愿军 140 师 418 团 3 营　班长
曹永元	男	1925.3	朝鲜人民军 4 军 4 师 18 连队　副排长
白宗权	男	1933.4	朝鲜人民军 395 部队　副班长
李周英	男	1921.11	朝鲜人民军 775 部队　中士
金登南	男	1923	65 军 194 师 11 部　联络员
林圣泽	男	1929.5	朝鲜人民军 6 师 14 团　战士
赵龙淳	男	1924.11	朝鲜人民军 5 师 3 团　战士
张汉奎	男	1931	65 师炮兵营　联络员
金龙培	男	1932.5	64 军炮兵团　翻译
李永培	男	1958	中国人民解放军海军快艇 1 支队　战士
姜禄中	男	1929.7	朝鲜人民军 16 高炮师　战士
姜春浩	男	1930.8	朝鲜人民军 4 军团 47 师工兵大队　排长
车永道	男	1929	47 军 140 师 419 团　副班长
金何石	男	1925.6	十纵 29 师炮兵营　战士
刘海云	男	1928	1 纵 3 师 9 团 1 连　战士
金斗焕	男	1917.10	朝鲜人民军 53 军　班长
洪忠烈	男	1933	朝鲜人民军 5 军团　班长
朱一云	男	1922	朝鲜人民军后方总局

续表 14－2

姓　名	性别	出生年月	曾　任　职　务
许信亿	男	1920.12	朝鲜人民军 3 军 5 师　班长
韩实根	男	1954	中国解放军 81329 部队
朴钟汉	男	1928.12	中国人民志愿军 38 军
金礼元	男	1927.11	朝鲜人民军 53 军 8 师　连长
南东植	男	1927.9	朝鲜人民军　小队长
申日凤	男	1920.3	朝鲜人民军 539 军　排长
宋乙善	男	1934	119 师 355 团　联络员
金永钟	男	1927.12	朝鲜人民军 37 师　排长
金哲云	男	1927	朝鲜人民军 13 师通讯大队　经理长
严在硕	男	1927.7	中国人民志愿军 65 军 194 师　战士
白宽祝	男	1919.10	67 军　联络员
尹学俊	男	1931.7	341 团 8 连　战士
金钟律	男	1926.1	朝鲜人民军 5 师 1 联队　排长
朴斗锡	男	1927.9	朝鲜人民军 18 连队　排长
徐太植	男	1925	朝鲜人民军 12 军 34 师　排长
许昌俊	男	1923	10 纵 28 师 3 营机械连　连长
郑允植	男	1928.2	朝鲜人民军 5 师 114 联队　战士
方东珠	男	1922.10	中国人民志愿军 20 军后勤部仓库　战士
李秀铉	男	1919.7	朝鲜人民军 165 师 3 中队　班长
金四锡	男	1929.3	47 军 30 师　侦查员
金汉	男	1929	38 军 113 师 339 团 7 连　卫生员
金浩善	男	1926.2	107 团 1 营 3 连　战士
南昌国	男	1923.5	朝鲜人民军 7 师 5 中队 1 小队　排长
桂官集	男	1927.7	朝鲜人民军 5 师 12 连 5 中队中队长
崔日升	男	1919	四野 47 军 139 师　战士
许明俊	男	1925.12	4 纵队 29 师 86 团 3 营 6 连　战士
金基善	男	1930.2	10 纵队 29 师 56 团 3 营队　通信员
金炳石	男	1916.12	朝鲜人民军 57 师　战士
文明善	男	1921.10	10 纵队 29 师 56 团 3 营 9 连　副排长
金荣浩	男	1930.3	
郑承植	男	1932.4	10 纵队 29 师 86 团 3 营 9 连　战士

续表 14－2

姓　名	性别	出生年月	曾　任　职　务
崔泽龙	男	1923.3	朝鲜人民军 556 部队　班长
金范植	男	1925.10	护路军 1 团 1 营 3 连　班长
白宗勋	男	1939.2	3272 部队　战士
元日燮	男	1952	海军 37013 部队　战士
李万义	男	1932.1	中国人民志愿军 101 部队　副连长
李　龙	男	1925.1	朝鲜人民军 146 师　排长
金正植	男	1925	朝鲜人民军 54 军　排长
金元学	男	1931.9	朝鲜人民军 2 师 17 联队　排长
郑仁善	男	1928.4	朝鲜人民军 13 师　副连长
金星奎	男	1923.2	朝鲜人民军 99 军　战士
廉正基	男	1930.4	朝鲜人民军 58 师　排长
李起洙	男	1923.12	朝鲜人民军 1 师 1 联队炮兵队　队长
朱升云	男	1917.3	朝鲜人民军 519 部队　班长
朴义淳	男	1932.12	朝鲜人民军 26 师 1 营 1 连　班长
崔文学	男	1920.1	朝鲜人民军 15 师　战医
金龙云	男	1929.12	朝鲜人民军 41 师 141 团　战士
崔南默	男	1932.3	朝鲜人民军 2 军团 27 师 33 联队　排长
赵龙淳	男	1924.11	朝鲜人民军 5 师 3 团 1 连 1 排　战士
金昌希	男	1916.11	朝鲜人民军 632 军特务连　上士
崔南虎	男	1928	朝鲜人民军 105 师 303 部队 3 大队 3 中队　队长
诸荣高	男	1925	朝鲜人民军 12 师 1 联队 2 大队 5 中队　排长
方在天	男	1929.12	朝鲜人民军 5 师 10 联队 3 大队重机中队　排长
金时旭	男	1918	朝鲜人民军
郭炳熙	男	1918	朝鲜人民军 3 军团 18 师 3 连队　连长
金淑东	男	1930.11	朝鲜人民军 1 师 1 联队 2 大队 6 中队　班长
沈丁泽	男	1929	朝鲜人民军 166 师 3 联队 3 大队 7 中队　排长
朴炳镐	男	1925.8	10 纵队 30 师 89 团侦察排　排长
李炳权	男	1931.10	67 军 199 师 596 团　联络员
崔尚俊	男	1930.2	12 纵队 36 师 106 团 2 营 1 连　战士
金凤基	男	1921	10 纵队 29 师 25 团 3 营 9 连 1 排　班长
韩世植	男	1928.12	7 师 3 联队　班长
朴尚珠	男	1931.9	49 军 147 师 440 团　战士

续表 14－2

姓　名	性别	出生年月	曾 任 职 务
金凤树	男	1929.4	40 军 120 师 360 团侦察排　班长
朴斗星	男	1930.2	朝鲜人民军 615 军　战士
金致彦	男	1931.8	朝鲜人民军 4 军 21 炮兵团 1 大队　排长
朴全凤	男	1917.10	运输 4 营　班长
朴良训	男	1928	40 军 119 师 356 团　战士
成永浩	男	1914	汽车 1 团 2 连　班长
朴广秀	男	1927	朝鲜人民军 539 部队　小队长
金三凤	男	1925	第 8 师 1 团 1 营 1 连　副班长
金松善	男	1930.8	朝鲜人民军 7 师　排长
金镇善	男	1929.11	29 师 86 团 3 营 9 连　副班长

注：此表所列名单从五常市民政局获得。

第四节　朝鲜族副县、市长简历

金教真

金教真（1925.4～1995.1）男，1925 年 4 月生于朝鲜庆尚北道青松郡，中共党员。十几岁时随父逃难来到中国，1941 年完成了优级学业。1946 年 4 月参军，成为 359 旅 5 团 8 连的一名战士，1946 年 10 月被组织上任命为独立 1 师 2 团 3 营 8 连指导员，1948 年秋参加黑山阻击战。1949 年从野战医院出院后，回到黑龙江省，先后在苇河、双城、佳木斯荣军学校任指导员、教导员、组织科长、副校长、校长等职。1955 年 10 月被调往五常县任副县长。在任职期间，他经常组织干部深入基层进行调查研究，关心群众，深受广大干部群众爱戴。他主持的文教卫生、人事、劳动、民政等工作一直居于全省上游。

1967 年 3 月，时值"文化大革命"，他受到隔离审查，被下放到"五七"干校进行劳动改造。1972 年解除反省，被安排做临时工作。1973 年落实政策，任五常县革命委员会副主任。1974 年 5 月，调到位于尚志县境内的向阳机械厂（327 军工厂）任厂长、副书记。因上级对产品要求严格、任务紧迫，他每天工作达 15 个小时以上。在他任职的两年多的时间里，每年都出色地完成了生产任务，被评为大庆式企业。

1976 年 7 月，组织上为了照顾他的身体，把他调回五常县境内的国营曙光厂（8233 厂）任党委书记。建厂 10 多年来，一直没能完成生产任务，年年亏损。他进厂后，一心依靠群众，团结技术人员，充分调动积极性，使生产形势逐渐好转。1978 年终于完成了生产任务，摘掉了亏损帽子。

1979 年 5 月，他调到五常朝鲜族师范学校任党委书记。1983 年离职休养。

1995 年 1 月 30 日，在北京市朝阳区面坎河煤炭医院，他因胃动脉破裂经抢救无效逝世，享年 70 岁。

许光一　男,1934年生于吉林省龙井县,中共党员。东北师范大学中文系毕业,编审职称。

1951年在黑龙江省五常县参加工作。历任青年团县委干事、青年团区委书记、县农业生产办公室主任、公社社长、县朝鲜中学党支部书记、副县长,黑龙江朝鲜民族出版社社长、总编、编审等职务。"文化大革命"期间受迫害,后平反。

曾为黑龙江省政协委员、中国作家协会延边分会理事、黑龙江省出版系列高级职称评审委员会委员、中国少数民族作家协会理事、中国朝鲜族历史学会常委等职。

许光一

主要著作:《女人走过的路》、《朝鲜、韩国地名录》等。发表于报刊的随笔、访问记、散文、回忆录等30余篇。

主要译著:《轰动世界的中国》(合译)、《莫斯科的幽灵》等20余部。

在国家级和国际论文交流会上发表有关文学、翻译、出版方面的论文6篇。

1985年他的著作《全国边境地区的优秀儿女》获铜奖。

《中国出版人名词典》、《黑龙江当代名人》中均有他的词条。

根据《当代中国朝鲜族人物录》(东北朝鲜民族教育出版社,1999年7月,第一版)整理。

韩千根(1931.8—1998.4)　男,1931年8月生于黑龙江省勃利县,初中文化,离休干部。1947年8月任五常县沙河子区土改工作队员,1948年8月加入中国共产党1948年5月参加安家民运干部培训班学习,同年回沙河子老家务农。1950年参加工作,1951年12月任县供销合作社干部股干事,1954年7月任县委组织部干事,1957年3月任背荫河公社党委书记,1968年后任民乐公社、光辉公社党委书记。1974年后历任县革命委员会副主任、副县长,1988年至1990年3月任县人大常委会主任。

韩千根

李海洙　男,1948年生于吉林省舒兰县,中共党员,大专文化。2005年在五常市政协常务副主席任上退休。

曾务农、参军,在部队任连长、政治指导员等职,立功受奖9次。在国营9203厂曾任厂长等职。富于开创意识,在靶场10公里弹道线上成功地建成农林牧副渔全面立体发展的后勤生产基地,彻底解决了本厂几万员工和家属副食品供给难的问题,也给国防工业系统趟出了一条新路,被评为黑龙江省国防工业系统先进工作者,劳动模范。

曾任五常县兴盛乡政府副乡长,民乐朝鲜族乡党委书记、人大主席等职。

李海洙

在担任党委书记期间,锐意改革,搭档创新,在全省率先实施并村、并校和乡政府机关改革,受到省、松花江地区和县有关部门的高度评价,也受到群众的热烈拥护。在他的带领下,各项事业协调发展,在全县乡镇中名列前茅。

1992年11月至2000年12月,担任五常市人民政府副市长先后分管外事侨务、民族宗教、中小企业、人民防空、城乡建设、公路交通、文教卫生等工作,并带领朝鲜族干部和朝鲜民族事业促进会,联系群众、勤政务实,开创了五常朝鲜族社会空前的繁荣稳定的大好局面,荣获黑龙江省政府"民族团结进步模范"称号。

2001年1月,任五常市政协常务副主席。新一届党政班子采纳了他的"关于政府机关北迁建议",并任命他为北城区改造和政府机关北迁工程总指挥。他精心设计、周密安排、积极协调,用自己的心血,为五常城市建设增添上浓重的一笔。

林炳龙　男,1955年1月生,黑龙江省五常县人。大专学历,1973年参加工作,1973年11月加入中国共产党。历任五常县第三批抓基层党建工作队员,向阳公社种子站干部、日光大队党支部书记。1976年12月后任向阳公社革委会副主任、党委委员、武装部长、管委会副主任、委员。1985年起先后任县政府信访办副主任、县农业局党委副书记,1996年2月任民乐朝鲜族乡党委书记,2000年12月任市政府副市长,分管工业、人事、计划、民族宗教等工作。2011年9月起,先后任市人大常委会党组成员、副主任。

林炳龙

第五节　五常朝鲜族先进个人

因资料奇缺,本节只开列了国家和国家部委、黑龙江省先进个人;所列朝鲜族先进个人名单只包括有关资料可查找到的五常籍先进个人。

一、全国先进个人

表14－3

姓　名	性别	获得时间	工　作　单　位	备　注
李极雨	男	1955	民乐乡民安高级社主任	已病逝　全国劳模
裴在一	男	1956	民乐供销社主任	已病逝　全国劳模
李七夕	男	1956	民乐乡红光村	已病逝　全国劳模
弓东均	男	1956	民乐信用社主任	全国劳模
郭炳熙	男	1957	民乐星光大队第一生产队队长	曾参加北京国庆观礼,全国劳模
康昌鹤	男	1978	吉林大学	全国科技大会奖
黄相基	男	1978	五常县水利局	1985年病逝

续表 14－3

姓　名	性别	获得时间	工　作　单　位	备　　注
权贞淑	女	1983	民乐朝鲜族乡新乐村幼儿教师	全国"三八红旗手"
金顺实	女	1983	五常镇镇西村	全国"三八红旗手"
金基太	男	1988	五常县民族事务委员会副主任	全国民族团结先进个人
任仲吉	男	1989	营城子乡新光村	全国劳动模范
金英子	女	1989	五常镇朝鲜族小学	全国优秀教师
姜录权	男	1992	安家邮电局	国务院"全国老有所为带头人创新"奖杯。
申京子	女	2010	山河镇共和村	全国朝鲜族老年先进个人
申京子	女	2011	山河镇共和村	全国朝鲜族敬老爱幼模范

二、国家部委、黑龙江省先进个人

表 14－4

姓　名	性别	获得时间	工　作　单　位	备　　注
郑贞顺	女	1951	五常朝鲜小学	松江省首届优秀教师
李七夕	男	1953	民乐乡红光村	松江省劳模，已病逝
成龙浩	男		民乐公社星光大队党支部书记	连续3年被评为黑龙江省劳动模范。
崔元龙	男	1955	五常县朝鲜中学	黑龙江省第一届优秀教师
沈成敏	男	1955	民乐朝鲜完小	黑龙江省第一届优秀教师
金亨德	男	1957		黑龙江省第二届优秀教师
金钟植	男	1958	双兴乡爱路村	黑龙江省劳模、参加国庆观礼
李英彬	男	1973	民乐朝鲜族乡	黑龙江省劳动模范
权云龙	男	1995	民乐朝鲜族乡农技站	劳动模范　省农牧渔业厅授予
徐松鹤	男	1980	兴盛乡新兴小学	特级教师，已退休
申洛均	男		五常市司法局	2009年病逝。
李昌林	男	1984	五常县水利科	黑龙江省农机局科技进步奖
郑春泽	男		黑龙江电视台	东北三省一市电视科技进步一等奖
金锦德	男	1988	五常县公安局	优秀政工干部　省公安厅授予
林孝角	男	1989	五常朝鲜族高级中学	优秀教师　省教育厅授予
李明洙	男	1989	五常民乐中学	优秀教师　省教育厅授予
全月善	女		五常市农业技术推广中心	中国林业科学院技术进步特等奖
金京子	女	1990	五常五金百货商场	劳动模范省　商业厅授予
李哲求	男	1991	龙凤山镇辉煌村	黑龙江省第七届劳动模范

续表 14－4

姓　名	性别	获得时间	工　作　单　位	备　　注
金京子	女	1992	五常五金百货商场	劳动模范　省商业厅授予
韩太俊	男	1995	五常市水务局	"黑龙杯"竞赛先进个人
金　哲	男	1995	五常朝鲜族高级中学	优秀教师　省教育厅授予
李海洙	男	1995	五常市副市长	民族团结进步先进个人
梁松竹	女	1995	民乐朝鲜族乡民乐村农民	省十佳孝妇
罗仙花	女	1995	营城子满族乡新光村农民	省十佳孝妇
洪大淑	女	1998	五常镇朝鲜族小学	优秀教师　省教育厅授予
李美淑	女	1998	五常县朝鲜族实验小学	优秀教师　省教育厅授予
秋玉丹	女	2004	五常县朝鲜族实验小学	模范教师　省教育厅授予

第六节　名人简介

一、国际知名人物简介

李相荣　男，研究员，中共党员，是我国优秀的火箭工程专家及载人航天工程专家。1941 年 9 月出生在韩国庆尚北道，1942 年随父回到祖籍中国黑龙江省五常县，从小学一直读到高中毕业。1964 年毕业于北京工业学院。先后在原国防部五院一分院、七机部二院、上海新中华机器厂、805 所、上海航天技术研究院等单位工作。历任设计员、工程组长、所长助理、长征四号 A、B 运载火箭副总设计师，长征二号丁运载火箭副总设计师，神舟飞船副总设计师，长征四号 B、C 运载火箭总指挥、总设计师，长征四号乙、丙运载火箭总指挥、总设计师，上海市宇航学会理事长、名誉理事长，上海市科学技术协会常委，上海航天技术研究院科技委副主任；现任上海航天技术研究院高级顾问。

李相荣

　　1957 年，人类第一颗人造卫星发射那一天，就在正读高中的李相荣心中萌发了当火箭专家的梦想，后来大学时代为他的梦想插上了翅膀，开始了一步步向火箭专家的目标迈进。他先后 15 次，成功发射"长征 4 号"大型乙型火箭，让 19 种 23 颗卫星准确升空，创造了"百发百中"的神话。

　　李相荣先生在航天领域，一干就是 40 多年。2013 年他被评为 20 位"感动中国朝鲜族杰出人物"之首，在由吉林省朝鲜族经济科学振兴总会、中国朝鲜族史学会、中国国际广播电台东北亚中亚中心、黑龙江新闻社、辽宁朝鲜文报、吉林朝鲜文报、延边电视台联合主办的感动中国朝鲜族杰出人物颁奖晚会"圆梦的人们"上，他诚恳地说："这些功劳不是我个人的功劳，而是整个团队干出来的！"当主持人问他"您一辈子从事科研工作，人生是不是感觉相对孤独，您觉得如何"他激情地坦言："每次为了获得成功，我都选择了非常严格的管理，作为总设计师，机械的、电子的、软件的、硬件的、物理的、化学的、力学的、热的、冲击的、震动的，什么都要比别人多懂一点，所以要读很多书。我在会上发言时，我手下的主任设计师们有时会掉眼泪。我就想，你们哭，回去后就会更加仔细地做工作，过了我这道关，你们就会成为英雄。现在他们都成了英雄,所以我工作并不孤独,白天开会,别人下班后,我利用两、三个小时检查技术问题,回到家,妻子做好饭和大酱汤等我。她常笑着说我把家都当成旅馆了,我获得的军功章中有一半是妻子的功劳。妻子是朝鲜族妇女的典范,所以我并不孤独。"

颁奖晚会"圆梦的人们"颁奖词上说:"遨游太空四十载,中国宇宙开发事业的先驱,您是真正的火箭发射专家,百发百中的神将,傲宇太空的雄鹰——李相荣!"

40多年来,他努力学习,刻苦钻研,全心投入,无私奉献,从一个普通的大学生成长为造诣颇深,成果斐然的航天专家,带领上海航天领域的科技人员攻克了一个又一个科技难关,取得了一项又一项航天成果,做出了重大的创造性的成就,为国家赢得了荣誉,为综合国力的提高做出了重要贡献。

在工作中认真接待国家领导人的到访,李相荣对来视察上海航天局的邓小平国家主席解说有关"长城4号"。在上海航天局与来访的胡锦涛国家主席紧紧握手。陪同朱镕基总理视查上海航天设备厂房。与中央军委副主席刘华清亲切交谈。

李湘荣与原17机械部副部长、全国人大常务委员任新民亲切交谈。

原上海市市长、中国工程院院长徐广迪紧紧握住李相荣的手。

李相荣先生先后获得的荣誉主要有：

1991 年获 1 项国家科学进步特等奖；

1996 年获 1 项国家科学进步二等奖；

1987 年被记入国家科学进步特等奖光荣册 1 次；

1994 年获 1 项上海市科学进步一等奖；

1989 年获 1 项航天部科学进步一等奖；

1986 年、1989 年获 2 项航天部科学进步二等奖；

1984 年、1989 年 2 次荣立部一等功；

1988 年获全国及上海市"讲理想、比贡献"先进个人称号；

1990 年获国家级中青年有突出贡献专家称号；

1991 年获航天部劳模称号；

1992 年获航天部航天奖 1 次；

1997 年当选为上海市"十佳归侨"和上海市统战为两个文明建设服务先进个人；

2001 年获全国优秀科技工作者称号；

2004 年获全国"五一劳动奖章"及"全国侨界十杰"荣誉称号；

2005 年获全国劳动模范称号。

2013 年被评为 20 位"感动中国朝鲜族杰出人物"之首。

李相荣先生自从事这一行业起，他就放弃了个人的幸福，在这条件难与孤独的科学探索之路上，马不停蹄地奔跑。已步入古稀之年的他仍在我国宇宙研发第一线辛勤耕耘着。

金宗哲　男,1935 年 9 月生于五常县山河镇,原中国建筑材料科学研究院教授级高工,北京交通大学材料研究所特聘博导,日本东北大学工学博士,我国著名健康养生材料专家。全国政协第七、八、九届委员会委员。现任东亚(中日韩)离子养生水协会会长,中国农村教育发展中心 量子/离子能研究院 技术总监,中国保健协会专家委员会委员。

从事材料科学研究 40 余年,离子营养水研究 10 余年。获得国家科技进步二等奖和国家发明二等奖;获中国特陶杰出贡献奖和中国生态建材杰出贡献奖。

最近提出"健康水评价准则","平衡补离子促体内离子循环"、"多种离子水的循环能增强免疫力"和"饮食物的贫化"等新概念,并致力于"健康离子水"的研究 15 年,已协助或合作开发的免疫功能多元素营养液相关项目 10 多项产品及计划与企业合作项目 20 项,都属于健康功能产品。并对于未来饮用水、食品、制药以及健康养生等方面的发展方向作出了前瞻性的诠释与引导。

1986 年被评为有突出贡献专家,享受国务院特殊津贴。

论著:脆性材料性能评价、无机抗菌材料、健康水的科学等 5 本;发表 100 多篇论文;稀土离子激活材料、协合材料、自由基转换材料等 9 项获发明专利。2007 年同日本细田和韩国 ARILANG 合作研发了离子激活燃油节能器,负氢离子水发生器,都已投产。

1996 年其脆性材料评价技术研究成果获国家科技进步二等奖。2004 年,稀土离子循环健康材料发明获国家技术发明二等奖,部级 1、2 等奖 6 次,相关发明专利 9 项。

2007 年提出多种离子循环模型。最近提出'平衡补离子促循环增免疫'的新概念,最近研制 70多种元素的细胞离子激活液、美容养生液、精心研制发明经络量子/离子养生水、循环离子水并发明离子增强草药水之后,探索通过量子/离子能技术—六形养生法增强体能、智能,实现不得病健康聪明百年的中国梦的目标。

2008 年 9 月 获中国特种陶瓷事业杰出贡献奖(中国硅酸盐学会奖)。

2010 年 4 月 获中国生态建材产业杰出贡献奖(首届中国建材协会生态建材分会奖,此奖项只金先生一人获得)。

田永太　男、朝鲜族,1937 年 8 月生于韩国庆尚南道。五常人称之为"稻花香之父"、"东北的袁隆平"。初中文化,中共党员。曾任五常市龙凤山乡农机推广站站长,农艺师。

1957 年从外地落户到龙凤山乡五一村。1969 年担任生产队长。1969 年夏天,生产队的稻田得了稻瘟病,眼看秋天颗粒无收了。为了第二年的稻种问题,走遍生产队的稻田,寻找着可做稻种用的水稻。第三年就是培育出清香四溢的 5 000 斤稻谷。田永太把亲手培育出的稻谷称之为"517"。在之后的 9 年时间里,"517"被广泛耕种在五常的大片稻田里。因此,田永太被调到五七大学任副校长,1979 年调任农技站站长。

1983～1990 年,先后引进省内外的 500 多个新品种进行对比实验。这期间,虽然选育出具有优良性状的新品系如"89—15"、"88—11"和"901"粘稻,但都没有达到心目中理想要求。

1993 年培育出的长粒米"93-8"口感柔软、香气四溢,被誉为"五常香米"。1999 年 2 月通过省农作物品种审定委员会鉴定,正式命名为"五优稻一号"。"五优稻一号"在 1996～1999 年,全市种植面积达 135 万亩,创经济效益近 4 个亿。

1998 年选育出的"五优稻 3 号",成为黑龙江第二积温带的主栽品种,给农民带来巨大经济效益。

2000 年培育的"稻花香 2 号",在五常和周边地区种植达 14 年,仍是无与伦比的水稻主栽品种,累计种植面积达到 1,400 万亩,按亩均增收 500 元计,合计增收 70 亿元。其中,仅五常 2009 年就增收 12 亿元。

专业部门通过评审,先后将自己培育出的水稻新品种命名为"五优稻 1 号"、"五优稻 3 号"、"五优稻 4 号"。

五常大米凭借"五优稻系列品种"诱人的食味品质,先后取得了"地理标志证明商标"、"中国原产地域产品"、"中国名牌产品"等荣誉,五常大米成为全国人民炙手可热的优质产品,五常乃至黑龙江的"名片",对拉动地方经济起到了积极作用。

由于骄人的成绩,1995 年获中国林业科学院生根粉研究与推广二等奖,1999 年荣获中华农业科教奖,2000 年荣获黑龙江省科技重大效益奖,2006 年荣获黑龙江省科学进步二等奖等多个奖项。

2002 年作为党代会代表,光荣地的参加了黑龙江省第九次党代会。《人民日报》、《黑龙江日报》《黑龙江农村报》、《黑龙江新闻》(朝文报)等新闻媒体多次登载了田永太同志的先进事迹。

田永太同志退休后仍活跃在五常水稻产区,创办了龙凤山长粒香水稻研究所,中粮美裕长粒香水稻研究所和五常市利元种子有限公司。老百姓尊敬地称呼他为"田老师",目前仍任中粮美裕公司高级顾问。

李英俊　男,1939 年生于吉林省和龙县,小学至初中在五常县读书,吉林大学化学系教授。

发明"聚芳砜型光学塑料制备",1991 年 5 月获国家专利,完成了"聚芳 004 砜中试(聚醚砜/PES)"通过吉林省科委鉴定,可广泛应用于制作密封接插件,亦适合结构件和绝缘件;完成了"聚芳砜型大分子单体的合成及其应用基础研究",通过吉林省教委鉴定,可用于开发耐温、高折射率 JD 系列光学塑料的理论数据;完成的"耐温、高折射率光学塑料暨双烯 A 单体中试"通过吉林省科委鉴定,可应用于树脂眼镜及防护医疗处方镜等,该项目曾多次获得多项奖励:国防工办技术成果三等奖,全国第二届发明展览会铜奖,长春科技成果暨高新技术展览二等奖等。

主要论文有:

"新型耐高温热塑性工程塑料"(《工程塑料应用》李英俊、林德厚、吴忠文);

"塑料光纤的研究和开发前景"(《高分子材料科学与工程》李英俊、沈家聪);

"相转移催化法合成双酚 S 型聚芳酯的研究"(《高等学校化学学报》李英俊、林德厚、刘洪志等);

主要专利有:

《聚芳砜型光学塑料的制备》(专利申请号:87104537;发明专利权:13608 号)。

《聚芳砜大分子单体的合成》(专利申请号:87104154)。

《光学塑料镀铬码盘的制造方法及其码盘》(申请专利号:ZL931008867,发明专利权:40531 号)。

张龙奎　男,1939 年 7 月生于五常县,中共党员。毕业于辽宁中医学院成人函授部,自幼随舅爷学中医,拜毛杖高教授为师,中国特技名医,现任沈阳市于洪区红十字医院特技中医科主任。身兼中华当代医学学会副会长,亚洲中医学会中国大陆特效医药分会理事及世界华人名医协会会员,中国特效医药研究会委员及研究员,香港中华中医药学院国际学术委员,全球执照中医师联合会会员,西柏坡新华联合医学院客座教授等职。

主要业绩:从事中医事业 30 多年,经过多年临床实践,在大胆探索创新,积累了较丰富的经验,擅长治疗内、外、妇科等疑难杂症,利用针灸、穴位注射配以中药治疗痹症、癫痫、经乱、胃脘痛等疑难病,有一定疗效和见解。1990 年曾荣获"辽宁省社会公德标兵"称号。几年来先后发表 14 篇学术论文在省、国家、国际级刊物上发表。其中《针灸与中药治疗杂症》、《针灸与穴位外敷膏治疗高血压》、《针灸配以中药治疗经乱症》、《针灸配以中药治疗尖锐湿疣症》、《针灸配以中药治疗癫痫症》、《穴位注射配以按摩治疗痹症《类风湿、颈椎病》等学术论文荣获国家级金杯奖、华佗杯一等奖、国际金杯奖、金像奖，并被选入《中华特效医术一卷》、《疮疡荟萃二集》、《中华医学临床研究》、《国际名医论坛》、《世界传统医学杂志》、《中华当代医学家学术成果荟萃》等专著（合著）书中，传略辑入《中华医护杰出贡献者先进技术业绩录》、《中国特技名医录》、《中华当代医药名人》、《中国专家人才库》、《中华骄子》、《世界优秀专家人才名典》等书中，并进入《世界人物辞海》入网编。

　　鉴于张龙奎对中医学发展的突出贡献，业绩已获得首都北京精英科学档案馆陈列收藏入库的荣誉。

吴相顺

　　吴相顺　女，1954 年 5 月生于五常市杜家镇，中共党员，文学博士，现任中央民族大学朝文系教授，博士生导师、文学教研室主任，兼任中央民族大学中国少数民族文学研究所副所长、国际韩国与应用语言学会副会长、中国朝鲜—韩国文学研究学会副会长等社会职务。

　　1978 年毕业于中央民族大学并留校任教，勤奋耕耘教坛近 40 年，著述等身。出版学术专著 5 部，合著或主编 6 部，在国内外学术刊物上发表学术论文 100 多篇，参加在中国、日本、美国、德国、英国、韩国、俄罗斯、土耳其、澳大利亚等国家召开的国际学术会议 60 多次，并发表学术论文。主持《朝鲜族文学的比较研究》等 20 多项国内外科研项目，主持召开《黑龙江地区朝鲜族文学创作的现状与未来》等国际、国内学术研讨会 20 多次。

　　代表著作有《文学创作的美学特点》、《朝鲜族小说史》、《改革开放与中国朝鲜族小说》、《中国朝鲜族文学史》、《朝鲜族文学中的身份认同意识研究》。代表论文有《改革开放与朝鲜族女性文学》、《朝鲜族女性文化与女性文学》、《20 世纪末中国朝鲜族小说中的"寻根文学"》等。

　　曾荣获大量荣誉，主要有："北京市优秀青年骨干教师奖"、"宝钢优秀教师奖"、"延边大学卧龙学术奖"、"中国朝鲜族文学批评奖"、"道拉吉文学批评奖"、"国家民委社会科学研究成果奖"等。

尹吉山 男,1959年3月生于山河镇,中共党员,中国人民大学劳动人事管理学院毕业,"生命动力素"创始人,现任北京金山生态动力素制造有限公司(中美合资)董事长。

1976年参军,曾参加中越自卫反击战,英勇负伤。

1986年转业,次年成立北京市德茂供水设备总厂,任厂长,该厂1990年获北京市大兴区百强企业。

从1993年起,投资进行生命动力素的研发工作。1997年建立北京金山生态动力素制造有限公司。

尹吉山

1997年至今先后收购北京仅升净德科技发展有限公司、北京黄草洼山泉水有限公司。

先后与河北省消防局合作成立生态水有限公司;与韩国克隆集团合作成立北京金山美奥雪科技发展有限公司;在韩国成立金山生态水株式会社;在韩国成立(株)金山SAMOSPIA、韩国生命动力素研究院、金山太空浴体验馆;在美国成立太空浴体验场所及矿溶系列产品研发;在韩国成立矿物质生命科学研究院;在北京成立金山生态动力素制造有限公司技术研发中心。

主要科研成果:

1998年通过了河北省科技厅生态水科技成果鉴定(冀科鉴字[1998]第774号),其结论为生态水的工艺路线及相应产品国内外文献均未见报道,属国内外首创的新产品,达到国际先进水平。

20余年来,投资上亿元,会同中科院院士及众多专家教授,从天然无毒非共晶火成岩矿石中提取含20多种微量元素含水络合离子的高活性、高能态、多功能的矿物质微量元素浓缩矿溶液"生命动力素",并用其核心技术研发出包括饮用水型、洗浴型、农用水溶肥性等系列产品。

通过国土资源部对生态动力素的鉴定,结论为该项研究及成果为国内外首创,达到国际领先水平;经中国预防医学科学院营养与食品卫生研究所实验证实产品无任何毒性(检品编号99—020),产品具有免疫调节(营卫功检字第00—006号)、辅助抑制肿瘤作用(营卫功检字第00—005号);公司产品"丰产动力素"获得中华人民共和国肥料正式登记证;中国质量检验协会颁发证书,被列为"打假扶优重点保护企业";《生态矿溶液及其制备方法》获得国家专利局颁发发明专利(专利号:ZL00121456.X);《漂浴方法及其漂浴设备》获得国家专利局颁发发明专利(专利号:ZL02153348.2);获得国家有机产品认证证书(证书编号:CHC11010166RIS);

合作论文《丰产动力素在农业上的应用》在第三届全国两高一优农业及农业产业化学研讨会评为优秀论文;合作出版《微量元素与生命》,《微量元素中的瑰宝—生命动力素》。

热心公益事业,1998年通过民政部向灾区捐赠价值103.6万元的抗洪物资;通过空军向参加抗洪部队捐赠价值105.4万元的抗洪物资。

尹明五 男,1960年9月生于五常县五常镇,作曲家、上海音乐学院教授,博士生导师,从事音乐创作及现代作曲技法、管弦乐配器技法教学与研究,国家级精品课程"管弦乐配器法"成员,国家级特色专业"作曲与作曲技术理论"成员,兼任东亚作曲家联会中国分会秘书长、中国朝鲜族音乐研究会副会长。曾多次出任国家级和国际性音乐比赛评委。

毕业于五常四中、五常朝鲜族师范学校音乐专业,后考入上海音乐学院作曲指挥系作曲专业。本

科毕业后，免试直升作曲硕士研究生，继续师从著名作曲家王建中教授。硕士毕业后留校任教至今。1998～2001年在职攻读作曲博士研究生，师从著名作曲家杨立青教授。

主要创作有：舞剧《那年五月》（管弦乐）、《交响音画·韵》、大型交响合唱《飞向太阳·光的赞歌》、多媒体·京剧·交响音乐剧场《白娘子·爱情四季·夏》、《黄河九歌》、《长白山随想曲》、《水墨画意》、《交响诗·岜沙》、《夕》、《丰碑》、《唤魂》、《意韵》、《思》、《岜沙素描》、《长笛与钢琴组曲》、无伴奏混声合唱《茉莉花》、《摇篮曲》等多种不同体裁作品，其许多演奏发表于上海、北京及韩国（首尔、光洲、大邱）、日本、德国（柏林、汉堡、美茵兹）、丹麦、奥地利、加拿大

尹明五

等地区和国家，包括ISCM国际现代音乐节、欧洲古典音乐节、欧洲合唱节、东亚国际现代音乐节、首尔NONG project国际现代音乐节、韩国岭南国际现代音乐节、上海国际艺术节、上海之春等许多重大国际性音乐节。

主要学术论著有：《卢托斯拉夫斯基成熟时期的创作思维及技法》、《音色的结构作用》、《当代音乐创作中的若干管弦乐配器技法特征》等。

主要作品获奖有：韩国第二届大型交响乐作品作曲比赛大奖、全国第十届音乐作品（交响乐）评奖—大型作品三等奖、第四届中国音乐金钟奖（合唱）优秀作品奖、第四届文化部创新奖、第十四届上海之春音乐节新作品创作奖、上海春兰杯作曲、演唱双大赛创作奖、上海市文艺创作优品奖、上海市研究生优秀成果（博士学位论文）等。

其他荣誉奖有：上海高校市级优秀青年教师、宝钢（全国）教育奖—优秀教师奖、上海音乐学院（首届）院长奖一等奖、上海市教学成果二等奖（作曲）、贺绿汀音乐基金奖十余（2004）等。

指导学生作品，有许多如联合国教科文组织的"UNESCO国际青年作曲比赛"等国际性作曲比赛中获奖。

申东日 男，1972年10月生于黑龙江省安达市，长江商学院高级管理人员工商管理硕士（EMBA），上市公司朗姿股份有限公司董事长，登福布斯全球时尚界25华人榜，中国服装协会副会长。

曾在五常县读完朝鲜族初、高中，1994年中央民族大学毕业。先后任北汽国际旅行社亚洲部经理、北京朗姿服装服饰有限公司董事长、北京卓可服装有限公司董事长。2006年11月注册成立朗姿股份有限公司，任董事长至今。

公司以自营和经销相结合的经营模式，在全国29个省级行政区的近百座城市的大型高端商场内拥有350多个销售终端，初步建立了覆盖全国的销售网络。目前的三大核心品牌：成熟、典雅的"朗姿"，妩媚、精致的"莱茵"和时尚、

申东日

个性的"卓可"系列产品。朗姿品牌2007～2010连续4年荣获"北京十大热销品牌"；2008年荣获"北京十大时装品牌最具潜力奖"；同年卓可、莱茵品牌入选《郑州晚报》中原商业影响力年度风云榜；2010年荣获由中国百货商业协会、中华全国商业中心、中国商业统计学会、中国纺织报社共同发起、组织的"2009～2010中国市场十大畅销女装品牌"；公司和子公司均通过了质量管理体系认证；2011年荣获由北京市质量审定委员会颁发的"2010年度北京知名品牌"以及"2010年度北京质量奖入围

奖";2010 年度全国大型零售企业同类产品市场综合占有率前三位;2011 年经北京市工商行政管理局认定为"北京市著名商标";2011～2012 年荣获北京十大文化创意品牌;2013 年荣获北京十大文化创意品牌银奖;同年荣获中国服装品牌年度营销大奖。2011 年 8 月 30 日朗姿股份在深圳证券交易所成功上市。

公司 2008 年参与北京顺义区王泮庄扶贫活动,同年参与政府献爱心、捐赠汶川地震 200 余万款项与物资,2009 年赞助由正义网与女检察官协会联合举办的大型活动《祝福母亲》,2010 年捐赠玉树灾区 35 万余元,2010 年度设立朗姿奖学基金支持民族教育,2013 年设立朗姿光明爱心基金支持孤儿教育。

先后担任北京市顺义区人大常委、北京市人大代表、北京服装协会副会长、中国青年企业家协会常务理事、《时尚北京》杂志副理事长等社会职务。

二、军政名人简介

金连洙 男,1925 年 10 月生于吉林省吉林市,中共党员,初中文化,首任民乐公社党委书记。

1947 年 2 月参加工作,曾任民乐公社芳华屯文书、主任,五常县十三区兰彩桥朝鲜族村村委会主任。1948 年到吉林省延边党校学习一年后,到沈阳东北军区政治部秘书处任科员。1952 年起,先后在五常县民政科、安家、民乐公社、光辉公社任职。1956 年 5 月任中共民乐公社(乡总支)委员会书记,1958 年任中共民乐公社委员会党委书记,1966 年 3 月任光辉公社党委副书记。1974 年起,任安家粮库主任、书记,1986 年 12 月离休。

金连洙

陈太元(1927～1993) 男,1927 年 10 月生于黑龙江省阿城县,中共党员,高中文化,原民乐人民公社党委书记。

1944 年 12 月哈尔滨市师道学校特修科毕业,曾在阿城、宾县任小学教师;1950 年 8 月起,先后在宾县、五常县人民政府民政科任科员、中共五常县委政研组研究员。1954 年 6 月起,先后任五常县九区委员、副书记,五常县胜国乡党支部书记,五常县工农乡委员会书记,民乐人民公社乡长、副书记、书记,1973 年 9 月起,先后任五常镇公社、安家公社、五常县水利

陈太元

科、五常县革委农建办副书记,1979 年至 1980 年 12 月任五常县民乐公社委员会书记,1981 年任五常县民族事务委员会副主任。

申洛均

申洛均（1933～2009）　男，1933 年 5 月生于朝鲜庆尚南道居昌郡，中共党员。

1940 年随父母来到中国，先后在五常县八区及松江省六中朝鲜部读书。从上世纪起，先后在五常县公安局、人民检察院、民政劳动科、县委知青办工作。1979 年任五常县人民检察院批捕科科长，1984 年 6 月起先后任五常县法律顾问处副主任，五常县律师事务所主任，一级律师。1991 年 4 月起任律师事务所科级调研员（并先后兼任省民委法律顾问处副主任、黑龙江省春鲜律师事务所副主任）。期间参加省司法厅组织编写《中国法律制度》一书，负责翻译和其中三个章节的起草工作（为第一部在韩国发行的关于中国法律方面的书籍）。

金仁学

金仁学（1933～2004）　男，1933 年 6 月出生于朝鲜咸镜北道旺川群。中共党员。五常县人大常委会 副主任，1993 年退休，2004 年 8 月病故。

曾就读于五常县背荫河朝鲜族小学，1950 年参军，在抗美援朝战争中立三等功 2 次。1955 年转业到拉林县，在民政科工作。曾担任五常县民政局 局长，五常县统战部部长，五常县人大常委会副主任等职位，多次被评为县级模范工作者。

申应泽　男，1934 年 4 月出生五常杜家镇曙光村二道通屯，中共党员。1951 年参加中国人民志愿军。1958 年为副师级。

李英彬（1938～2011）　男，1938 年 1 月生于朝鲜平安南道阳德郡，初中文化，原民乐朝鲜族乡副书记、副乡长。

曾在民乐乡读书，务农，1973 年参加工作。

先后任民乐公社农业科学试验站书记、站长，公社党委委员，民乐公社主管农业副主任，民乐乡党委副书记兼乡长，民乐公社常务副主任。

1971 年为黑龙江省党代会代表，1973 年荣获黑龙江省劳动模范。

1989 年 退休。

崔顺镐

崔顺镐　女，1938 年 6 月生于五常县双兴乡，中共党员。1959 年中等师范学校毕业后，被分配到五常，先后在五常中师、山河、保山、五常等小学任教。1977 年调五常县妇联工作，1984 年调五常县文化局任工委主任、党委委员，1995 年退休。在县妇联和文化局工作期间，年年都被评为五常县先进工作者和优秀党员。

金基泰（1938～2015）　男,1938年10月生于朝鲜庆尚北道达城郡,中共党员,大专学历,原五常市民族事务委员会主任。

曾先后在齐齐哈尔师范学院政治经济管理专业、中央民族学院干训部政治理论班学习。

1958年7月参加工作,曾任民乐朝鲜族乡文化馆馆长、五常县朝鲜族文化馆馆长、民乐乡党委宣传委员,五常县委宣传部、统战部、民族事务委员会工作,1987年12月任民族事务委员会副主任,1998年10月退休。

自参加工作以来,39年一直在从事民族工作,历任民委秘书、副主任、主任。为民族团结进步事业呕心沥血,被称为"农民的贴心人"、"民族团结的带头人"、"民族工作的好参谋"。

数十次获得五常县市、松花江地区、哈尔滨市扶贫帮弱、统战工作、民族团结进步先进个人称号。1988年4月赴北京参加全国民族团结进步先进集体先进人物表彰大会并获中华人民共和国国务院颁发的民族团结进步奖章;1994年9月参加国务院第二次全国民族团结进步表彰大会获铜质镀金纪念章。1988年和1991年,先后两次获得黑龙江省民族团结进步先进个人称号。

朴俊益　男,1940年生于五常市杜家镇曙光村,中共党员。1960年1月入伍,被编入中国人民解放军64军192师574团。1980年考入国防大学,1983年毕业后被分配到双鸭山军分区,曾任牡丹江军分区副司令员兼预备师师长,大校军衔。

金钟洙（1940年～2014）　男,1940年5月生于吉林省蛟河县,中共党员,中专毕业,原五常县人民政府大连办事处主任。

毕业于松花江工业学校,曾在五常县委组织部、农机科工作,1976年9月任民乐人民公社党委书记、革委会主任;1979年6月起,先后任五常县外贸科副科长、农业党委副书记、水利局副局长,民乐乡党委书记、乡长,环保局局长。1992年7月任五常县人民政府大连办事处主任,1995年3月任五常市政府正科级调研员。

李　青　女,1941年2月出生于五常县,中共党员。曾任中共中央对外联络部一等秘书(正县处级)。

1964年毕业于中央民族学院汉语言文学专业。1964～1998年在中共中央对外联络部亚洲局朝鲜处工作至退休。

代表文著有:《韩国人名录》、《韩国市场经济模式》等。

注:根据《当代中国朝鲜族人物录》(东北朝鲜民族教育出版社,1999年7月,第一版)整理。

罗钟律　男,1941年8月生于五常县长山乡,中共党员,注册会计师。曾任中国人民解放军总后勤部财务部助理员(正团职)、中国人民解放军审计署装备审计局局长(正师职)、局党支部书记、署党委委员、中国人民解放军军事经济学院财务二系兼职副教授、中国审计协会理事等。

曾就读于五常县长山乡小学、山河镇朝鲜族小学、五常县朝鲜族中学,毕业于吉林财贸学院会计

罗钟律

统计系。

1964 年 6 月,在大学时加入中国共产党。同年 7 月步入中国人民解放军的行列,1996 年 12 月退休。

先后在总后勤部财务部主要从事对外军事援助财务工作。曾参加"四清"工作,担负经济领域的清查工作。1968 年在"文革"期间错误地被审查,被诬陷为朝鲜特务嫌疑。1980 年,为国家外交斗争所需,向国家相关部门及时送达了新中国成立以来对部分受援国的历年军援及专项经费财务数据及资料,荣立三等功。随后搜集整理出中华人民共和国对外军事援助经费、资料的汇编集,填补了历史资料档案的空白,年终授嘉奖。

曾在中国人民解放军后勤学院指挥系一队(大专),系统地参加学习。在学院学习期间,曾在全队介绍学习体会,被评为好党员,好学员。

学习结业后,分配到总后勤部财务部。继续深化军事援外财务管理改革工作。曾随国家有关部门联合出国考察,在征求受援国的要求与建议的基础上,改革了援外专家的后勤保障体制、经费供应标准及管理办法。

1986 年 9 月,在中国人民解放军审计署(局)装备审计局(处)就职。其间,参加解放军审计署的组建、参与拟定并颁布军队审计条例及相关规定和实施办法等工作,取得良好的社会效益及军事效益,得到中央军委首长、解放军总部领导的肯定和表扬,国家财政部授予"中华人民共和国会计人员荣誉证书"。曾随团赴澳大利亚出席 26 个国家及地区参加的国际政府财政管理联合会年会,会后随团对澳进行了审计工作考察。回国后进一步推进了审计制度的改革。由于坚决执行党的路线、方针、政策,自觉维护国家利益、认真执行并圆满完成所承担的援外财务管理及审计任务,2010 年被中华人民共和国商务部授予"中国援外奉献金奖"荣誉证书。

曹圭珍

曹圭珍(1941～1992.4)　男,1941 年 9 月生于韩国庆尚北道金泉郡,中共党员,国家一级检察官。

1945 年随父母来到五常县,1956 年进入五常县朝鲜中学。1958 年参加中国人民解放军,历任侦察排长、侦察参谋、团作训处长、64 军军军训处大队队队长等职。1979 年转业到五常县人民检察院,历任法纪科科长、控告申诉科科长、技术科科长,为检察院检察委员会委员,正科级检查员。

全昌会　男,1942 年出生,黑龙江省五常市五常镇李元屯人,中共党员。中国政法大学毕业。在五常县公安局实习后被分配到国务院、农业部工作,曾任法规司司长。

金钟海(1942～2010)　出生于五常县志广乡鲜合村,中共党员,大专文化,四级高级法官。

高中毕业后应征入伍,被选拔到沈阳军区侦察大队专修英语,从事机密工作。1968 年转业后,先后担任五常县革委会派驻五常县朝鲜族高级中学和五常县第一人民医院路线工作队队长,民乐朝鲜族乡党委副书记兼武装部部长,松花江机械厂副厂长。1979 年 10 月调到五常市人民法院工作,先后

任经济庭、刑庭庭长、党支部书记、审判委员会委员等职。

在部队期间，因好学上进、钻研业务，成绩突出，连年被评为先进个人和模范标兵，曾出席团、师级先进个人代表大会。

在民乐乡任职期间，因在组织民兵训练、研制"土手榴弹"和组建女炮排工作成绩突出，曾多次受到松花江军分区，黑龙江省军区的赞誉和嘉奖。

在长期从事法院工作期间，严于律己，依法办案，业绩突出。1987 年被评为五常县三年严打先进个人，并记功一次；1993 年被评为全县政法战线先进工作者；1994 年被评为县级先进个人。1995 年发表的浅论利用经济合同诈骗与经济合同纠纷的区别获松花江地区法院系统调研成果二等奖。1991 年获全国法院系统成人高等教育大学法律专业毕业证书，1998 年 11 月获得中华人民共和国最高人民法院颁发的四级高级法官证书。

1996 年 3 月，退休后继续为社会提供法律服务，直到因病故去。

金钟海

李太俊　男，1946 年 7 月生于哈尔滨市，中共党员，大学学历，三级警监。现任全国朝鲜族足球联谊会（国家 A 级社团组织）常务理事及该组织哈尔滨代表处副会长，哈尔滨市朝鲜民族事业促进会历届理事。

从小学起至高中一直在五常县读书，大学毕业后，接受工农兵再教育到部队锻炼两年多。

1970 年 3 月起，先后在五常县委组织组、人事科，五常县公安局工作。1979 年调至松花江地区公安局工作，先后任副科长、科长、副处级局长助理。1997 年起至退休在哈尔滨市公安局安全保卫支队工作，历任副处级、正处级调研员。

李太俊

发表论文多篇：在公安部出入境管理研讨会上发表论文；在黑龙江省公安厅论文上刊登论文 1 篇；省、市级刊物、简报上登载多篇。

编辑了两部专业书籍：《黑龙江省公安国内安全（政治）保卫工作历史沿革》、《哈尔滨市公安局国内安全（政治）保卫工作历史沿革》。

曾获哈尔滨市公安局优秀公安干警荣誉勋章、公安部国内安全保卫局荣誉勋章、荣立三等功 1 次。

《黑龙江新闻（朝鲜文报）》曾以"专家型公安干部"为题登载介绍李太俊的专题报道。

金振浩　男，1948 年 9 月生于吉林省榆树县，：中共党员，大专学历，国际商务师。

曾先后就读于五常县朝鲜族中学初中、五常县第一中学高中，先后在中国人民解放军国防大学政治学院基本系、东北财经大学外贸系毕业。

1968 年 4 月参军入伍，历任连指导员，营教导员，守备区政治部主任，团政委（正团职）。1988 年转业到地方历任外贸公司科长，分公司副经理，外贸公司经理。2008 年退休。

军旅生涯期间，曾荣获国防大学先进学员，荣立三等功两次。

金振浩

金云成 男,1949年1月生于五常县民乐乡民安屯,中共党员,大专文化,哈尔滨市道外区农林局正处级调研员。

曾就读于民乐乡朝鲜族小学、五常县朝鲜族中学。

1968年2月～1978年9月参军,历任中国人民解放军3283部队战士、排长、政治部干事。1978年转业,历任哈尔滨市太平区团结乡组织委员、纪委书记、党委副书记兼纪委书记、区纪委委员、市政协委员。工作期间,为团结乡成为全国百颗星,省市先进单位做出了积极努力。2001年至2009年1月先后任哈尔滨市太平区乡企局副局长、道外区农林局副局长。

姜永求 男,1950年1月生于五常县民乐乡,中共党员,本科学历,原民乐乡党委书记。

曾务农,1973年参加工作以来,历任民乐信用社信贷员、公安特派员、民政助理、组织委员、民乐公社党委副书记、乡长;1996年以后先后任五常市粮食局副局长、民族宗教事务局副局长。

在民乐朝鲜族乡工作期间,为全乡群众性文化体育事业发展,为建设光缆、安装有线电视等做了大量工作。特别是为提升民乐大米的知名度拓宽思路,改变种植方式,摒弃农药与化肥,种植无公害大米,推广稻田养鱼,施用农家肥,加强水管里,尽早使高品质、鲜品味的绿色大米上市.并与市农机局联手,引进自动化大米生产线,促使民乐大米在中秋、国庆两节上市,推进民乐大米乡品牌化方向发展积累经验,打下了更坚实的基础。

郑相浩 男,1950年出生于五常县五常镇,中共党员。

1968年高中毕业后,于1969年参加中国人民解放军,先后在沈阳军区、昆明军区服役。期间,曾出国到老挝执行过特殊任务,在机关做过文秘机要工作。1974年退伍,被选为五常镇兴光大队党支部副书记。翌年考入阿城继电器厂技工学校,曾任团支部书记、政工组长等职。后考入呼兰师范专科学校中文专业,毕业后分配到阿城县教育局任研究院、局党委委员。工作期间,函授毕业于延边大学汉语系,曾发表多篇科研论文,被吸收为东北地区朝鲜族汉语文教学研究会会员、黑龙江省朝鲜族汉语文教学研究会理事。1984年调到阿城县委办公室任副主任。1987年任阿城市委常委、宣传部部长兼市文联主席。1993年出任阿城市副市长,主管商贸和外向型经济工作,1995年分管市政府的常务工作;1997年起任阿城市市长;2001年调任哈尔滨市水产局副局长、副书记2004年起任哈尔滨市渔业集团董事长、党委书记;2009年退休。

高光武 男,1950年5月生于五常县冲河乡,中共党员,大专学历。政协五常市第一届、第二届、第三届委员会常委,原市工商局党组书记、局长。

自1970年参加工作以来,35年一直工作在工商部门,从基层市管员、工商所长到市局业务、常务

高光武

副局长、局长、党委书记,2008 年 5 月退休。

先后 5 次放弃调转升迁的机会,心系工商事业,把全部工作历程和工作精力都毫不保留地投入到了工商事业中。工作以来,数十次被评为松花江地区和哈尔滨市工商系统先进工作者,五常市廉政典型、优秀党务工作者、财贸系统工作标兵、劳动模范,多次获哈尔滨市局和五常市政府通令记功嘉奖。在担任局长的 8 年里,带领全体干部职工,以服务市域经济发展为己任,以推进工商事业的跨越式发展为方向,无私奉献。先后组织建设了市工商局机关办公楼、家属楼、大千集贸市场和基层单位办公楼等。担任局长期间,五常市工商局被授予黑龙江省级文明单位标兵称号,工商系统创建为五常市精神文明单位,"双评"工作连续 5 年实现最佳单位称号,推进了工商工作的跨越式发展,为市域经济的科学发展、赶超做出了重要贡献。

金在根

金在根　男,1951 年 5 月生于五常县五常镇,中共党员,大学学历,黑龙江省进出口公司驻首尔首席代表。

1974 年 10 月毕业于牡丹江朝鲜族师范学校,后执教于黑龙江省铁力县第一中学。1976 年 11 月,调任伊春市政府外事办公室任科长。1984 年 9 月,离职至哈尔滨科学技术大学进修日本语两年后回原单位工作。期间,接待了多个日本代表团。

1988 年,受政府派遣,至日本北海道道都国际学院专习日本语。期间,与日本国会议员及有关人士接触,向他们介绍中国企业情况,并开展贸易,向中国输入了大量木材机械设备。

1991 年 8 月,回到伊春,促成 3 个企业与日本会社签约,值 1 亿多元。

1992 年 10 月,调任黑龙江省对外经济贸易委员会进出口业务处主任科员。

1995 年 3 月起,任黑龙江省进出口公司驻首尔办事处首席代表。期间,接待中韩两国多个代表团,开展贸易商谈活动,引进韩国企业至中国投资、促成多个韩国优秀企业来华合资兴办企业。

2011 年 4 月,中国商务部国际经济合作商务局驻韩国办事处设立,以黑龙江省代表身份积极投身业务工作。

金优锡

金优锡　男,1952 年 2 月生于五常县民乐乡,中共党员,中专学历,五常市档案局副局(馆)长,五常市委党史办公室副主任。

曾就读于五常县民乐朝鲜族中学,参军后入中国人民解放军总参三部训练队获中专学历。

1970 年至 1985 年,军旅生涯 15 年里从学员到排长、连长、营职参谋。期间,曾荣获军队学雷锋标兵、党代表、先进工作者称号。到地方工作时,曾受记功奖励。

曾任五常市朝鲜民族事业促进会副会长,现任五常市朝鲜民族事业促进会会长、法人代表。领导组织《五常朝鲜民族志》总纂工作。

姜东一　男,1953 年 12 月出生于五常县五常镇,中共党员,大专学历。

1971 年毕业于五常市朝鲜族中学,1988 年毕业于黑龙江广播电视大学法律专业大专班。

曾在五常县土产公司担任生产指导员、五常市农机厂政工股宣传干事、五常市公安局副科级预审员、五常市杜家镇副镇长、民乐朝鲜族乡副书记兼乡长,五常市人大代表、五常市委统战部副部长兼市工商联会长和市政协常委、五常市国家安全局五常市公安局副局长。

2000－2005 年在五常市教育局主抓党群和民族学校教育工作副书记兼文化体育局党群书记。

李仁权　男,1954 年 6 月生于吉林省和龙县,中共党员,大学学历。原五常市人大法制办公室主任,2011 年退休。

曾离职就学于黑龙江省松花江地区教育学院政治教育专业,又函授毕业于哈尔滨师范大学政治教育专业、中央广播电视大学法律专业。

1968 年参加工作,曾先后在吉林省榆树县延和朝鲜族乡任副乡长兼武装部长;黑龙江省五常县民乐乡、双兴乡任副乡长。1987 年 8 月起任五常市(县)人大法制办副主任、主任,市人大常委。2011 年至 2013 年任五常市朝鲜民族事业促进会会长。2012 年起为五常市政协委员。退休后从事法律服务工作。

李仁权

钻研法律业务、通晓法律,为市人大常委会依法监督政府及公安司法部门起到了积极作用。依法公正处理群众的上访,为老百姓排忧解难,被干部群众誉为"法律专家",《黑龙江新闻》(朝鲜文报)以整版篇幅报道过李仁权的先进事迹。

曾荣获吉林省民族团结先进个人,参加吉林省少数民族参观团赴外地学习;多次被五常市委、市政府评为优秀共产党员、廉政建设标兵,记功两次、三次被评为模范干部、哈尔滨市普法先进个人,受到晋级工资奖励。

朱东秀　男,1955 年 3 月出生于五常县五常镇,函授毕业于延边大学化学系本科,中共党员。

曾务农、读大学、任教师。从 1984 年 8 月起,先后任职五常市委组织部、市外事侨务办主任兼政府办副主任、市政府办副主任。从 2003 年 12 月～2009 年 3 月出任民乐朝鲜族乡党委书记。

任职民乐朝鲜族乡党委书记期间,致力于努力提升民乐朝鲜族乡的核心竞争力,使民乐朝鲜族乡的各项事业得到了长足的发展。

一是,倾力打造民乐大米品牌。通过五统一模式,从种子、施肥、田间管理、收购、销售入手,提高大米品质,扩大品牌影响,打造出了"美裕"、"民乐香"、"晶淳"等十多种驰名品牌。使民乐朝鲜族乡成为名副其实的高端大米之乡。

朱东秀

二是,传承发扬民族文化。努力挖掘民乐朝鲜族乡的民俗文化、民族美食,每当有重大活动时,民乐朝鲜族乡都能拿出具有浓郁民族特色的歌舞节目。民乐老年协会的舞蹈节目曾经登上哈尔滨市电视台的春节联欢晚会,民乐乡的民族饮食更是闻名遐迩。

三是,成功实施了"水稻综合能力科技提升"、"全国绿色食品核心区建设"等国家科技项目,大力提升了民乐朝鲜族乡的综合科技能力。

四是、努力改善居住环境和出行条件。2006 年用整体推进的方式,硬化了全乡的通村路,在全市率先实现了村村通,屯屯通。2008 年,通过引资由中良美裕公司投资 2 200 万,建成了美裕新村 80 栋

22 400 平方米的别墅小楼,翻身屯、太平屯的 160 户农户搬进了美裕新村的别墅小楼。

2005 年 11 月,民乐朝鲜族乡受省委省政府表彰为民族团结进步先进集体。

2009 年 4 月起任民乐朝鲜族乡巡视员,继续致力于民族工作。

是哈尔滨市廉政建设先进个人。

桂顺吉　男,1955 年 6 月生于黑龙江省通河县,中共党员。大专学历,五常市人大党组成员。

曾任通河县物价局科员,富乡政府副乡长,依山乡党委书记、清河镇党委书记,通河县、依兰县人民法院党组书记、院长。2006 年 11 月起调任五常市人民法院党组书记、院长。

在法院工作期间,以案件质量、信访调处、执行攻坚、队伍建设为重点,发挥审判机关在"社会矛盾化解、社会管理创新、公正廉洁执法"三项重点工作中的重要作用,,努力实现市委提出的科学发展、和谐发展、赶超发展的总体目标。2006 年至 2011 年 9 月,五常市人民法院共受理各类案件 19 913 起,结案19 608 起,结案率98.5%,发改 56 件,案件准确率达 99.4%,在哈尔滨市法院系统排在前列。

在主持五常法院工作期间,五常法院先后被评为哈尔滨市法院系统党风廉政建设先进法院、哈尔滨市法院系统优秀法院、黑龙江省法院文化建设示范单位、全省法院司法管理先进单位。本人被评为哈尔滨法院系统党风廉政建设优秀领导干部、哈尔滨法院系统优秀领导干部。

桂顺吉

徐钟哲　男,1956 年 1 月生于五常县五常镇,中共党员,大专学历,原五常市民政局常务副局长。

曾就读于五常镇朝鲜族小学、县朝鲜族中学、毕业于黑龙江省省委党校经济管理专业。

曾参军,转业后先后任松花江机械厂党委副书记、工程师,民乐朝鲜族乡党委副书记、乡长,1996 年 1 月任五常市民政局常务副局长。

在民乐朝鲜族乡任职期间,带动全乡农民实现"水稻超稀植栽培技术",使水稻增产,大大提高了农民收入。在民政局任职期间,成立了婚姻工作登记中心,打击乱收费、违法登记现象,加强了婚姻登记规范化建设。多次获黑龙江省民政厅优秀工作者称号。

徐忠者

金　星　男,朝鲜族,1956 年 2 月生于五常县,中共党员,大学文化,呼伦贝尔市人大会党组成员、秘书长、办公厅主任。

曾先后在内蒙古师范大学中文系秘书专业、中央党校函授学院经济管理专业学习。曾先后任鄂伦春旗下乡知青;鄂伦春旗供销社秘书;鄂伦春旗政府办公室秘书、副主任、主任;鄂伦春旗大杨树镇党委书记、人大主席;鄂伦春旗旗委常委、宣传部长;呼盟盟委宣传部副部长;呼盟盟委党校党委书记、副校长;呼伦贝尔市委党校党委书记、副校长;呼伦贝尔市人大常委会党组成员、办公厅主任。

安龙华

安龙华 女,1956年2月生于五常市民乐乡友谊大队.中共党员.原市城管局担任稽查队副队长(副科级)。

曾就读于安家小学,中学,高中.毕业后在民乐中心学校任民办教师;曾在友谊大队担任共青团书记,大队书记,妇联主任.。五常师范学校毕业后分配到五常市妇联工作。

2005年退休后至今在中国人寿保险做保险工作.

在建设局工作期间多次被评为市模范工作者奖励,9次记功奖励;曾荣获哈尔滨市管理委员会1999年度优秀市容监察员称号。

做人寿保险工作期间荣获中国人寿保险股份有限公司哈尔滨分公司"国寿超越行动"光辉成就奖、"龙江超越行动"一级精英、"个人业务100强"、3钻级营销员、"业务先锋"等荣誉。获中国人寿保险股份有限公司黑龙江省分公司全省系统销售精英高峰会一级销售精英、"一级销售精英"、"品牌营销员"。

2011年度获E–TOP东北精英高峰会"顶尖精英三级功勋奖"。

金正浩

金正浩 男,1956年3月生于五常县胜利公社胜利大队,中共党员,大专毕业生,现任中国人民政治协商会议哈尔滨市阿城区提案委员会主任(县处级正职)。

曾务农、当过民办教师。大专毕业后,分配到阿城县第四中学任教并任校团委书记,后被选调到阿城县委宣传部工作。由于工作作风脚踏实际、雷厉风行、业绩突出,先后出任阿城县朝鲜族中学副校长、阿城县、市朝鲜族中学校长兼书记,阿城市教育局业务副局长兼教师进修学校校长,哈尔滨市阿城区教育局常务副局长等职。

郑学哲

郑学哲 男,1957年生于哈尔滨市,中共党员,哈尔滨市公安局刑侦支队六大队政委(主持工作),哈尔滨五常朝鲜族同乡会顾问。

曾作为下乡知青在五常县工农乡文化村插队务农,后参军于中国人民解放军81202部队、在哈尔滨市第一工具厂当过工人,1982年参加公安工作至今,先后任科员、教导员、中队长、副大队长。

工作期间,在哈尔滨理工大学成人高考经济法专业毕业(本科),并在哈尔滨市委党校研究生班毕业

曾荣立二等功1次、三等功7次。

黄永哲 男,1958 年 7 月生于五常县,中共党员,大学学历,五常市民族宗教事务局副局长。

曾就读于五常镇朝鲜族小学、县朝鲜族初级中学、高级中学,曾务农。

1981 年哈尔滨冶金测量学校毕业后参加工作,先后任穆棱县光义石墨矿选矿厂技术员、五常县水利机械施工队技术员、五常市民族宗教事务局科员、民乐朝鲜族乡副乡长,1998 年调任五常市民族宗教事务局副局长。

1989～1991 年为黑龙江省委党校经济管理本科班学员。

工作期间多次被五常县、市评为先进工作者、优秀党员;2002 年被哈尔滨市委市政府评为民族团结进步模范个人。

黄永哲

金 强 男,1958 年 10 月生于五常镇,中共党员,经济管理硕士。

曾参加中国人民解放军,退伍后大专学校,在哈尔滨市卫生局计划财务处任副主任科员,到哈尔滨市口腔医院当过书记,现任哈尔滨市朝鲜民族医院行政副院长。

熟练掌握计算机网络管理及办公室系列软件,曾负责哈市卫生局及医院的网络。爱好广泛,喜好体育运动、文学、音乐。

金 强

郑万教 男,1959 年 10 月生于五常县,中共党员。

曾在外县(市)任教师、文化馆馆员、广电局记者、市委宣传部干事、副镇长、乡长、市文体局副局长等职,2009 年 3 月起任宁安市民族宗教事务局局长至今。

深入实际,积极工作,使宁安市渤海集团获得 2012 年中共中央宣传部、统战部,国家民委授予的民族团结创建活动先进示范单位称号。

1012 年 8 月,举办的"黑龙江·宁安流头艺术节"使人耳目一新。国家政协常委、原国家民委主任李德洙,国家政协常委、原黑龙江省委书记徐友芳等中外嘉宾参加,规格之高、规模之大史无前例。郑万教调动全市一切力量积极行

郑万教

动,促使艺术节获得圆满成功。

2012 年,郑万教作为唯一的县级市代表参加国家民委在北京召开的少数民族特色村寨保护与发展工作培训班上交流经验,做了典型发言。

2014 年,宁安市荣获国务院授予的民族团结先进单位称号,与以郑万教局长为首的宁安市民族宗教事务局全体成员的积极努力密不可分。

由于工作成绩突出,郑万教多年来获得省、牡丹江市、宁安市授予的大量荣誉。

李太龙

李太龙 男,1961 年生于五常向阳乡永明村,中共党员。1983 年黑龙江大学毕业后,在中国人民解放军首次从全国大学生中选拔军官入军校学习工作中,被选拔进入沈阳炮兵学院学习并毕业。1984 年 7 月~12 月参加中越自卫反击战,任侦察排长。此后,曾到地方基层部队任营长、炮兵修理所所长。转业后,到吉林市经济广播电台工作,技术职称:高级工程师、总工程师。

宋德旭

宋德旭 男,1963 年 9 月生于辽宁省新宾县,中共党员,曾任民乐朝鲜族乡乡长、党委书记,现任五常市农业技术推广中心主任。

任职民乐朝鲜族乡领导期间,带领全乡人民实现全省第一个屯屯通 33 公里白色路面;全省光纤入屯第一乡;创全省第一个有机水稻种植民族大米售价最高价格 199 元/斤;全省第一个水稻智能化浸种催芽;在社会主义新农村建设中,160 户农民免费入住美裕新村;成立全省唯一一家朝鲜族农民专业合作社;争取国家项目 4 000 千万元,进行土地整理,实现渠系硬化、中低产改造;建设 400 平方米朝鲜民族文化活动中心;争取国家少数民族发展资金,打造民乐村民乐屯为朝鲜民俗村;搞好民族乡 50 周年和 55 周年乡庆活动等。

任职农业技术推广中心主任期间,建立全市朝鲜族农业科技户网络;促使全市 220 万亩水田种植播种时间提早 10 天,使水稻丰产高产;加强全市水稻稻瘟病防治工作,做到了综合防治。

崔哲浩

崔哲浩 男,1965 年 2 月生于吉林省敦化市,中共党员,大专毕业,五常市民乐朝鲜族乡乡长。

曾就读于五常县民乐中学,后考入哈尔滨工业大学经济学类其他专业并毕业。

1988 年 5 月参加工作,先后任民乐朝鲜族乡治安员、民政协理员、党委宣传委员、副乡长、党委副书记、纪检书记。2009 年 3 月起任乡长。

陈京德

陈京德 男,1966 年 5 月生于五常县民乐乡,中共党员,原中国人民解放军黑龙江陆军预备役步兵师炮兵团参谋长(中校)。

1985 年从五常朝中考入中国人民解放军空军第一飞行基础学院,成为一名飞行学员,后转入中国人民解放军炮兵指挥学院学习指挥专业。

毕业后分配到 64 集团军高炮旅教导队教员兼区队长,曾先后任 64 集团军高炮旅排长、连长、副营长。随着部队编制调整,调到中国人民解放军黑龙江陆军预备役步兵师高炮团担任营长职务。

曾先后荣立三等功 3 次,多次被评为优秀军官;所带部队立集体二等功,荣获集团军标兵连队,连续 4 年评为基层建设先进连。

曾参加中央党校函授学习,2005 年参加哈尔滨师范大学函授研究生学习。

1999～2007 年,1999～2007 年,先后撰写 6 篇军事学术文章,刊登在《东北后备军》杂志上。

刘大龙　男,朝鲜族。1968 年 2 月生于五常县民乐乡,中共党员,本科学历,黑龙江民族职业学院工会副主席。

曾参军 4 年,退伍后先后任五常师范学校学生科干事、哈尔滨朝鲜族师范学校团委副书记、黑龙江民族职业学院 学生处科长、黑龙江民族职业学院党委、院长办公室主任(副处级)。

三、农业水利科技名人简介

赵顺哲(1909～1966) 1909 年 2 月生。1948 年 8 月在五常县水利委员会负责技术工作。作为县里唯一的一位水利技术员,在每年进行水利工程时,常常每天步行上百里去工程点亲自指导。1950 年春,整修民乐堤防时,自己一个人负责全堤 40 里的测量和施工指导工作,每天往返一次,在测大横断时,一天多次横渡拉林河。哪里出了问题,他就出现在那里,从不叫苦喊累。他的工作受到了领导和群众的一致赞扬。

到 1958 年,他因积劳成疾,患上了风湿性关节炎,但仍带病坚持工作,病痛发作时,就地吃点止痛药继续坚持工作。1960 年在龙凤山水库建设工地带病参加抢修管涌。由于工作成绩显著,于 1960 年赵顺哲被哈尔滨市人民委员会授予红旗手称号。病魔折磨着他,使他不得不于 1964 年提前退休。赵顺哲于 1966 年 3 月 20 日病故,终年 57 岁。

睦成均(1916～1957)　男,中共党员,1916 年 7 月 6 日生于黑龙江省青冈县。1937～1945 年在伪满滨江省防水开发事业局驻五常勘测组任绘图员,1946～1947 年在五常县光辉乡务农。1948 年参加革命工作,在五常县第三区水利委员会任技术员,1955 年任兴利灌区灌溉管理站主任,1956 年任长兴灌区灌溉管理站主任。

在工作中不辞劳苦,积极肯干,认真负责。除按时认真完成本职工作外,常协助县水利科做好其他工作。1956 年 10 月,被借调到县,参加拉林河二道通灌区的勘测设计和指导施工,历经两个多月。时值换季季节,因公地脱离不开,穿秋装坚持工作,直至任务完成。同年 12 月,又参加县举办的水利技术训练班,被聘为教师,对培训在职技术干部做出了贡献。由于工作成绩显著,1957 年 1 月,受到县水利科的奖励。1957 年 2 月 5 日因病离世,终年 41 岁。

吴太林(1918～1981)　男,1918 年 10 月生,中共党员。1948 年参加工作,1951 年任第五区水利委员会主任,1953 年任新民灌区主任。1957 年在大搞水利建设工作中,兴建长安灌区时,调他去负责勘测设计和指导施工。他一个人背着仪器,带几名测工,白天搞室外作业,晚间搞室内作业,仅用 7 天时间,就完成 40 里的勘察设计,保证了按时开工,如期完成了建渠任务。1959 年春,天旱枯水,他规划出 30 个泡沼蓄水,用以抗旱。他动员民乐、安家两个乡 200 多人,经半个月就完成了修围堤,挖引水渠任务。在 6 月份枯水时,已蓄水的泡沼水渠发挥了作用,保证了 30 180 亩水田的灌溉,战胜了旱灾,获得了丰收。五常日报以"死水活用降旱魔"为题,报道了他的事迹。

1959 年,他光荣地出席了黑龙江省群英会,受到省委、省人民政府的表彰。1960 年,他被哈尔滨市人民政府授予社会主义建设先进工作者光荣称号。1961 年,中共黑龙江省委、省政府授予劳动模范光荣称号。

1959 年 3 月、1960 年 3 月,他出席了全国农业工作大会,获得国家农业部"灌溉管理先进单位"表彰奖励。

1964 年就诊断出糖尿病,但一直带病坚持工作,病重不得不疗养期间仍关心站里的工作.1981 年 4 月 5 日病故,终年 63 岁.

李七夕(1922～1986) 男,中共党员,民乐红光高级农业生产合作社党支部书记。

1953 年出席松江省第三届劳动模范代表大会,荣获劳动模范奖章;1956 年出席全国先进生产者代表大会,获国务院授予红光村农业社全国先进集体荣誉,个人获得全国先进生产者代表大会纪念章;同年 7 月 1 日作为黑龙江省党员代表出席中共黑龙江省第一届代表大会;1957 年 2 月出席全国农业劳动模范代表大会,荣获国务院颁发的"爱国丰产奖",中华人民共和国农业部授予的劳动模范奖章;同年出席黑龙江省劳动模范代表大会,获黑龙江省农业劳动模范奖章;1958 年出席黑龙江省社会主义农业建设积极分子代表大会;1960 年 7 月 26 日出席哈尔滨市人民政府召开的全市先进生产者代表大会,荣获哈尔滨市"红旗手"称号;同年 9 月 30 日荣获中共哈尔滨市委和市人民政府颁发的"防汛模范"奖章;同年 10 月荣获中共哈尔滨市委和市人民政府颁发的"红旗手"奖章。

李七夕

黄相基(1924～1985) 男,中共党员。1924 年生于朝鲜,1941 年移来沙河子村为农。1946 年 4 月参加东北民主联军五常县独立团。1950 年参加抗美援朝战争,曾任营级参谋长。复员回国后,1956 年参加水利工作,历任沙河子、常堡、卫国等灌区管理站主任,1960 年调县水利局,曾任勘测设计队队长,堤防管理站站长,工程师。

他热爱水利事业,积极钻研业务,勇于克服困难,富于开拓精神。自己虽没有读过水利专业学校,却能自学成才,对土方工程、建筑物工程的测量、设计施工和管理等都能胜任。1958 年 8 月,在他的勘测规划设计和施工、指导下,成功扩建了卫国灌区,增设"八一"干线,使灌区效益扩大一倍。1960 年 6 月 8 日,卫国灌区五星渡槽决口。他闻讯徒步急行 70 里外的现场,指导修复水毁工程。经他设计、施工的卫国灌区进水闸、金家窝棚水库排制闸等 10 余处水利永久性结构工程,经多年运行,仍然坚固。1973 年任堤防站站长以来,逐堤段进行整治规划,建立完整的技术档案。通过加高增厚、修筑丁坝,护岸等措施,消除险工初 60 余段,营造了近 8 000 亩护堤林。人们称赞老黄为实干家。

黄相基

他工作成绩卓著,1960 年被评为哈尔滨市红旗手;1978 年被评为全省堤防管理先进单位,光荣出席全国水利管理工作会议,受到国家水电部嘉奖;多次被评为先进个人。1985 年 10 月 12 日,因患脑肿瘤逝世,终年 61 岁。

金钟植 男,1925 年生于朝鲜忠清南道伦山邑。"九·三"光复后参军,复员后历任双兴乡爱路村村长、党支部书记等职。积极繁育优良稻种,改进栽培技术,大搞农田建设,水稻亩产逐年提高。1958 年以来先后参加全国水稻生产丰产经验交流会、中国农业科学经验交流会和国庆观礼。为省、地、县劳模。

金顺实 女,中共党员,1930 年生于尚志县,1955 年迁来五常镇定居,曾任生产队长、妇女主任等职。

作为共产党员,她时时以共产党员的标准严格要求自己,不忘为人民服务的宗旨。看见社员患病无钱医治,就卖掉自养的小猪,将钱送到病人手中。一名社员患肺病死亡,别人怕传染不愿上前料理丧失,她主动登门帮助料理。一位汉族老太太病倒路旁,生命垂危,她马上组织人力把病人送到医院,回到家已是黄昏,才想起自己连午饭还没吃。

抓计划生育是她它的重要工作,她几乎走遍育龄妇女的家,做动员工作。一次,邻里 4 名妇女做了绝育手术,她主动去护理,连做饭的事她都包下了。平时,婆媳不和、邻里纠纷等大事小情,她都主动登门去调解。她的所作所为,深受群众爱戴,称她是"党的好干部,群众的贴心人。"

她着眼于未来,帮助青年们组成自学小组,安排学习时间,解决具体困难。经过小组学习,2 名青年考入大专院校,4 名考入中专,1 名考上了研究生。

农村实行联产承包责任制后,金顺实积极宣传党的富民政策,号召大家勤劳致富。她带头饲养奶牛。在她的带动下,村里养奶牛、养猪、养鸡专业户有 10 余家。对那些劳力少的困难户,组织他们做具有民族风味的咸菜和打糕出售,从而使每户都能增加几百元的收入。

从 1955 年起,她多次被评为省、地、县的劳动模范。1983 年出席全国"三八红旗手"表彰大会,荣获"三八红旗手"光荣称号。

刘应基 男,1934 年 6 月生于朝鲜,中共党员,高级工程师。

随父母来到中国后,曾在拉滨农城崇信国滨优级小学、五常朝鲜族中学、哈尔滨市基本建设速成学校测量科读书。

毕业后,就职于东北人民政府工业部土木建筑公司测量队(国家冶金工业部北京勘察测量队)工作。1958 年 3 月任黑龙江省地质局测绘队工程师,1970 年 5 月被评为测绘高级工程师,1983 年 2 月任黑龙江省地质局地矿处主任工程师,1995 年 5 月从黑龙江省国土资源局退休。

1990 年 7 月 参与《黑龙江省志·测绘志》撰写。

曾先后发表过《行政区勘界地形图的数字化管理系统》《MapGIS 向 ArcGIS 数据转换过程中若干问题的探讨》等国家级优秀论文。

姜斗七 男,1934 年 9 月生于朝鲜,中共党员,曾长期任五常县兴盛乡新兴村主任、党支部书记。1960 年东北农学院嫩江分院畜牧系毕业后留校任教,管理学校农牧场的奶牛和鸡,改善了师生副食条件。后主动申请回到新兴村务农,建立了大队农科室,带领青年农民进行水稻品种改良与培育活动,先后培育出适合寒地种植的"拉林河"系列水稻品种。他培育的拉林河 95 号、94 号、88 号、115 号水稻亩产在千斤以上,在县内外推广。他们与东北农学院共同培育的"东农 12 号"水稻品种深受欢迎,推广种植面积达 11 万亩。

他根据多年积累的水稻栽培经验写出《关于水稻栽培技术的有关建议》印发到各生产小队,指导当地水稻生产。

姜斗七

1974 年与 1980 年先后写出《气温与水稻》、《月份温度变化规律与水稻生长关系》的论文,在省、地《汇编》刊物上发表。

1978 年,在五常县科学大会上他被评为全县 4 位先进工作者标兵之一。

张硕焕　男,1936 年 1 月生于吉林省蛟河县,中共党员。

吉林工业大学汽车系毕业后,1962 年 10 月~1970 年 5 月在长春汽车研究所第四研究室从事汽车非电量的电测量工作,对中国第二汽车制造厂的第一轮样车进行试验,找出其薄弱环节,为第二轮设计提供了重要数据.

1970 年 6 月~1973 年 12 月作为插队干部,来到五常县双兴公社爱路大队,与广大农民打成一片,受到农民朋友的拥戴.

1974 年 1 月到黑龙江省医疗机械厂技术科工作,曾任技术科长、党支部委员,为黑龙江省高质量的医疗器械事业发展做出了重要贡献,1996 年 6 月光荣退休。

张硕焕

康昌鹤　男,曾在五常读过中小学,1950 年 10 月参加中国人民志愿军,1956 年 9 月至苏联莫斯科大学物理系学习,1962 年到吉林大学电子工程系任教,1982 年和 1988 年先后两次到日本进修,并于 1991 年到苏联进修。

先后在国内外刊物上发表 50 多篇文章,在国内外出版社出版 10 部专著;1978 年获全国科技大会奖,1997 年获吉林省教学成果奖。

郑春泽　男,1937 年 5 月生于五常县,中共党员,高级工程师。

1960 年北京广播学院无线电系毕业后留校任教,参加大学本科传音设备讲义和习题集编写工作。1965 年调到黑龙江人民广播电台技术部,后转至黑龙江电视台技术部任科长、副主任、主任、党支部书记等职。

郑春泽长期主持黑龙江省电视台技术部的技术工作,包括播控系统、设备维修、技术管理等。负责设计、安装、调测电视台发射中心工程,电视台控制中心工程、亚冬会电视台实况转播工程,电视台技术改造工程等项目,分别获得黑龙江省广播电视科技进步二号、三号、一等奖,东北三省一市电视科技进步一等奖等。

曾长期担任黑龙江省广播电视科技委委员、省发送和接收专业委员会主任委员、省广播电视学会理事、省广播电视工程系列高级职称评委会评委、省广播电视科技进步奖评委等职。

李昌林　男,1938 年 4 月生于五常,中共党员。20 世纪 50 年代毕业于哈尔滨农业机械化学校,被分配到巴彦县拖拉机修配厂任技术员,1963 年 5 月调到五常市农业机械修造厂任技术科长,1988 年 4 月获农机高级工程师职称,1988 年 4 月光荣退休。

李昌林同志一辈子都献身于农业机械化事业,投身于拖拉机及其他农业机械修理和旱水田机械开发事业,为加快五常的农业机械化步伐,促进农业生产大丰收起到了应有的作用。

工作期间设计并主持了很多新产品开发项目,主要有:水田机械 ISC—250 型水田双向犁,ISB—1200 型水田船式耙;旱田机械 20 马力配套旱田旋耕机,0.5T、30T 农用拖车。

1983 年东方红 54/75 拖拉机机油泵产品获部优产品;同年球墨铸铁畜力车钢板获省优产品;

1984 年,ISC—250 型水田双向犁获省农机局科技进步奖;同年 ISB—1200 型水田船式耙获省农机局科技进步奖。

韩太俊 男,中共党员,1938 年 5 月生于五常常堡乡.1962 年大学毕业后开始从事水利工作。

1965 年 9 月,28 岁时任桦川县水利科副科长,组织技术力量完成了松花江下游右岸的新城、新河宫、老河宫三段堤防勘测、规划、设计、施工,保护了农田 30 多万亩。接着完成了新城抽水站勘测、规划、设计、施工。从悦来到新城架设了一条 3.5 万 V23KM 输电线路,建成一座 1800KVA 变电所,不仅灌溉了 5 万多亩水田,而且解决了桦川县东片 5 个乡镇用电问题。

1975 年 8 月,返籍回五常,任县水利科副科长(后改称副局长)。期间,先后分两期组织完成了龙安灌区勘测、规划、设计、施工工作。建设干渠 33.7 公里,建筑物 20 多座,灌溉水田 7 万多亩。五常多项水利工程的建设,保证了水稻种植面积的大幅增加。

韩太俊

1993 年,破格晋升为高级工程师;1995 年,被黑龙江省委农业领导小组授予"黑龙杯"竞赛先进个人;1998 年退休。

退休后受聘在黑龙江北方、水利厅、水利部松辽委监理公司任职,参与了嫩江堤防、磨盘山水库、尼尔基水库的监理工作。2007 年,晋升为研究员级高级工程师。2007 年被评为五常市唯一的省老科协建言献策先进个人。同年,因年龄关系不再做监理工作,水务局党委任命作五常市老科协水务分会会长,兼任税务局离退休干部党支部书记。

金顺子 女,1940 年 1 月生于五常县,五常朝鲜初级中学第八届毕业生。

1965 年东北工学院(今东北大学)机械系机制专业毕业后,分配到富拉尔基重型机械厂工作,后调到哈尔滨轴承厂,负责专用车床、磨床、精研机等设备的新设计用改造设计工作。

负责设计的 HX3MX1350 双头自动外沟切入磨床获厂内科技进步一等奖;HZ3M135 全自动球轴承内沟切入磨床获厂内科技进步二等奖;全自动涂油机获厂内科技进步三等奖;HZ3MZ1410 双头自动外沟切入磨床获场内科技进步一等奖,获国家科技进步三等奖。参加.设计 HZM 轴承精研专用设备获黑龙江省科技成果一等奖,参加设计 HZM300 自动内沟车床获厂内科技进步三等奖。

郑龙泰 男,1940 年 1 月生于五常县,中共党员。1955 年毕业于五常县朝鲜初级中学,1963 年毕业于哈尔滨电工学院电机系。毕业后在哈尔滨大电机研究所及哈尔滨电机厂从事火力发电设备研究及新产品开发设计。

退休前任哈尔滨电机有限责任公司(哈尔滨电机厂)副总工程师,高级工程师,黑龙江省电机工程学会理事,哈尔滨市电机工程学会常务理事。

曾组织或主持国产 QFSN—600—Z 型 60 万瓦千汽轮发电机,TFC—6 500—Z 型 650 千伏安冲击发电机等产品研发,并获得机械部和黑龙江省科技奖和重大效益奖。20 世纪 80 年代曾任国产第一台

60万瓦千汽轮发电机主任设计师,该项目获得国务院重大设备研制特等奖。

曾先后10余次赴美、英、日、俄等国制造厂家进修,进行质量监察、新产品联合设计和市场开拓等活动,并取得优异成绩。

注:根据《当代中国朝鲜族人物录》(东北朝鲜民族教育出版社1999年7月第一版)整理。

刘铉基 1943年10月26日生于五常县长山乡,中共党员,大学本科毕业,高级工程师。

曾就读于五常县长山乡朝小、五常县朝鲜族中学、哈尔滨市朝鲜族第一中学,1966在东北林业大学林学系森保专业毕业。

毕业后分配到尚志市林业局森防站工作,先后任技术员、工程师、森防站站长、1987年任高级工程师,2010年正式退休。

参加工作40多年来,先后取得大量科研成果:

《落叶松落叶病的预测预报及防治指标的研究》获国家林业部科研成果三等奖;《落叶松虫种群动态、预测预报及防治指标的研究》黑龙江获省科研成果二等奖;《落叶松鞘蛾种群动态、预测预报及防治指标的研究》获国家林业部科研成果三等奖;《尚志市森林病虫害微机管理系统》获黑龙江省科研成果三等奖。《黑龙江省林业有害生物管理系统》成为黑龙江省推广项目;《黑龙江省林业有害生物检索系统》经专家鉴定达到国际先进水平,认定为黑龙江省推广项目。

先后出版了22万字图文并茂的《黑龙江省林业有害生物志》;40万字的《林业有害生物预测与决策》两部书籍。

在国家二级刊物上发表了《三带尺蛾生活史及防治方法的研究》等20多篇论文。

个人获得的主要荣誉有:

全国农林科技推广工作先进个人,松花江地区拔尖人才,黑龙江省优秀共产党员,黑龙江省劳动模范,1992年获得国务院政府津贴。

曾连任三届尚志市人大常委、一届尚志市委候补委员。

权云龙 男,1944年4月生于五常县八家子,中共党员。农艺师,函授毕业于农学院,获学士学位。为农民而生活的农业技术人员,主要从事水稻栽培技术试验、示范、推广工作。

1982～2000年间,五常市政府、松花江地委科技委员会、黑龙江省农牧渔业厅、中国农业科学院先后授予权云龙水稻新技术推广二等奖、推广科技三等奖,技术进步三等奖2次;二等奖2次;水稻综合丰产技术丰产奖一等奖2次,二等奖2次;ABT生根粉推广二等奖等11次。

权云龙

1981～2001年间,由五常市农业技术推广中心、五常市政府、哈尔滨市农业技术推广总站、黑龙江省农牧渔业厅等单位授予权云龙先进工作者、劳动模范、五好站长、记功、记大功、升级、拔尖人才、模范公仆等荣誉32次。

1992～1995年间,曾发表《水稻优质米栽培配套技术》等五篇论文,被评为哈尔滨市、黑龙江省科协优秀论文2篇、一等奖论文2篇、二等奖论文2篇。

2001年毕一生积累的材料,花费两年多时间编写整理出地方历史性综合资料《民乐朝鲜族乡水稻发展史》,为后人留下了宝贵的历史资料。

2001～2012 年,还编写了《民乐乡乡史》。

李万春 男,1945 年 1 月生于吉林省东丰县横道河子乡,中共党员,大学文化,高级农艺师,原五常市农业技术推广中心业务主任。

曾就读于五常县山河镇朝鲜族小学、五常县朝鲜族中学,毕业于延边农学院。

1970 年参加工作,先后任长山乡农技站和县农业技术推广中心技术员、推广站副站长、农科所副所长、推广站站长等职。

1984 年主持研究以农时和水稻生育进程为导线,在国内首先绘制出《五常市水稻亩产千斤栽培模式图》,经大面积推广应用,单产均达到设计标准。该项目获黑龙江省农牧渔业厅技术进步成果二等奖,并在全省推广应用。1995 年又研究绘制出《五常市绿色食品水稻栽培模式图》,后经两次修改补充,提高其准确性,为大面积发展绿色食品水稻生产打下了坚实基础。

曾参加学术期刊《水稻棚盘机械插秧技术》一书编写工作。先后撰写了《推广应用水稻模式化栽培,促进水稻栽培技术迅速发展》、《五常市绿色食品水稻栽培技术规程》、《五常市优质米绿色食品超稀植栽培技术》等多篇优秀论文。

先后荣获国家农业部科学进步二等奖两次,黑龙江省市丰收计划奖 3 次,国家科委成果司特等奖、一等奖 3 次,黑龙江省科委"星火计划"二、三等奖各 1 次,省科委科学进步奖二等奖 1 次,黑龙江省农牧渔业厅科技成果奖 5 次。多次被评为省市系统先进工作者,是黑龙江省市农业技术推广战线上公认的德才兼备的技术骨干。

申京子 女,1950 年 12 月生于吉林省和龙县,中共党员。五常县山河镇东进村农民,2010 年全国朝鲜族老年先进个人,2011 年全国朝鲜族敬老爱幼模范,2014 年全国朝鲜族老年人和谐家庭模范。

她青壮年时,曾先后在哈尔滨市机电产品公司、哈尔滨市少数民族办事处任业务科长。

作为一位农妇,30 多年来靠种地收入,不管是否熟识,先后有 200 多人曾得到过她的钱物资助以及生活上的照顾。在她的帮助下,有 8 名因生活困难即将辍学的学生得以继续学习,其中 3 人考入大学,1 人出国留学深造。她长年照顾 3 位孤寡老人;20 年来像母亲一样资助和鼓励残疾妇女千玉兰;像亲姐姐一样收留素不相识的精神病患者申成吉 16 年,并为他疗疾成家。

作为一位家有病夫和三个女儿的仅能维持温饱的 5 口之家,靠着善良之心,靠着节衣缩食,她又通过红十字会、民政、妇联、救灾办等爱心通道,把善款和衣物送到各地灾区人民的手中。几十年下来,她竟然捐出了 10 万多元现金和上万件衣物。

李万春

申京子

李哲求

李哲求　男,1954 年 10 月生于五常县光辉县辉煌村.中共党员,高级技师,五常市龙凤山镇辉煌村党支部书记兼村长,黑龙江省劳动模范。

1974 年底参加中国人民解放军,1980 年退伍回乡务农,次年被推举为村长、党支部书记。

在农业第一线工作 30 多年来,全身心投入到农村建设事业,一面带头从事农业生产,一面积极投身党的基层工作,取得了卓有成效的业绩。

耕种水稻 300 亩,平均每年销售水稻 31 万斤。

多次被评为五常市(县)劳动模范、劳动模范标兵、优秀党员、党风廉政建设先进个人、党员示范工程先进个人、优秀村主任、农村拔尖人才、水稻状元。2002 年被评为哈尔滨市劳动模范、哈尔滨市农民科技致富水稻大王。

1991 年参加黑龙江省农业广播电视学校学习,获中专学历。期间获科教兴农致富先进个人称号。

是五常市人大常委会委员,2012 年获五常市人大工作优秀建议人称号。

全月善

全月善　女,1955 年 4 月生于五常县,中共党员,毕业于延边大学农学院农学系本科,高级农艺师。

曾任五常市农业技术推广中心化验室主任、科研所所长、办公室主任、党支部副书记、工会主席等职,2010 年退休。

曾获中国林业科学研究院《ABT 生根粉系列的推广》项目技术进步特等奖;获中国农业部"无公害蔬菜、绿色蔬菜与有机蔬菜栽培技术"二等丰收奖,"水稻高产栽培综合生产技术"三等丰收奖。《水稻综合生产能力科技行动》等19 次获黑龙江省、哈尔滨市科技成果奖。在省级及大专院校刊物上发表《水稻应用多效唑(MET)培育壮秧效果分析》等 9 篇论文,其中五篇获优秀论文奖。曾出版专著《可见—紫外分光光度法及药物分析中的应用》。

参加工作以来,曾多次荣获哈尔滨市、五常市三八红旗手,巾帼建功先进个人,模范党务工作者等光荣称号。

崔东日

崔东日　男,大专学历,高级工程师,中共党员,1955 年 9 月生于辽宁省沈阳市铁西区。曾为下乡知识青年、首届工农兵大学生,就读于长春冶金地质学校。毕业后分配到黑龙江冶金地质勘探公司 707 地质队工作,1986 年 1 月调入五常县水利局勘测设计队工作,1990 年 12 月调到五常市水政水资源办公室工作至今。

在五常县水利局勘测设计队工作期间,先后参加了山河拦河坝、卫国渠首拦河坝等工程项目的水利工程设计、施工工作。

主持制定了多项规划,主要有:

"五常市水资源及开发利用现状调查评介报告"、"五常市城镇节水规划"、

"哈尔滨市水资源可持续利用规划"、"黑龙江省水资源综合规划"等。

在实际工作中积累了丰富的经验,撰写了近10篇科技论文,主要有:

1983年撰写科技论文"黑龙江伊春五星锡矿区多金属成矿条件初探"。

1993年撰写"谈防止地下水水质恶化的措施",发表于《地下水》1993年第3期。

同年撰写"地球再不能失去平衡",发表于1993年3月22日《中国水利报》。

2001年撰写"五常市水资源问题与对策",发表于《黑龙江水利科技》2001年第3期。

2004年撰写"五常市用水现状与2020年需水预测",发表于《地下水》2004年第1期。

崔东日自1999年起被《中国水利》杂志社聘为特约评刊员。由于工作突出,多次被评为先进个人。

李明姬　女,1956年8月生于吉林省图们市,大专学历,高级工程师,中共党员。曾经务农、当过民办教师,黑龙江水利工程学校毕业后分配到五常市水务局水利勘测设计队工作,直到2011年五常市水务局水利勘测设计队副队长任上退休。工作期间,攻读中央广播电视大学水利水电工程大学专科毕业。

作为主要设计人员,完成了五常市志广乡龙安农业综合开发小区扩大初步设计书、五常市龙安灌区续建配套工程设计、五常市龙凤山灌区续建配套工程设计可行性研究报告。作为分项负责人完成了五常市龙凤山灌区续建配套工程设计、龙凤山灌区节水续建配套项目2004年度实施方案。作为项目负责人完成了五常市龙凤山灌区续建配套工程设计书、五常市卫国灌区四道岗渡槽工程说明书、磨盘山水库移民工程新立屯安置区初步可行性研究报告书、五常市优质水稻生产基地水利建设项目设计(民乐核心区)、五常市龙凤山灌区末级渠系改造试点项目可行性研究报告、五常市龙凤山灌区末级渠系改造试点项目实施方案等40多个项目。

先后撰写了9篇学术论文在专业刊物上发表。

由于工作业绩突出,自1993年起,连续13次受到五常市人民政府记功奖励;多次被五常市妇联、五常市人民政府、哈尔滨市水务局评为先进个人;2005年被哈尔滨市妇联授予哈尔滨市第二节"十行百佳"妇女称号,同时授予哈尔滨市"三八红旗手"。

李明姬

金　宪　男,1957年8月生于哈尔滨市,五常县工农公社文化大队插队知青,中国民主同盟哈尔滨市委员会委员,哈尔滨市农业科学院水产研究分院院长,研究员。

曾任哈尔滨市农业科学院农村经济研究中心主任,获得哈尔滨市"有突出贡献中青年专家"荣誉称号。兼任哈尔滨市农业经济学会副理事长兼秘书长,哈尔滨市人大常委会委员、市人大农林专业委员会委员等职。

曾在《渔业经济研究》、《水利渔业》、《黑龙江水产》、《苏联科学与技术》、《中国水产》、《淡水渔业》、《现代经济信息》、《中国科技教育》、《祖国》、《价值工程》、《经济技术协作信息》、《今日科苑》、《现代经济》、《会计之友》等杂志上

金　宪

发表 20 余篇科研论文。

专著《池塘养殖新技术》1997 年由黑龙江科学技术出版社出版。

科研成果显著,获得大量奖项,主要有:

《大眼狮鲈的移植及养殖技术的研究》获黑龙江省科学技术进步三等奖;黑龙江省水产科学技术进步一等奖。《大眼狮鲈、湖鲱、湖白鲑的移植与养殖技术的引进》获黑龙江省农业科学技术一等奖,哈尔滨市科学技术三等奖。《松浦鲤苗种培育和养殖技术研究》获黑龙江省农业科学技术二等奖,黑龙江省人民政府科学技术进步三等奖。《松浦鲤(高寒鲤)的培育及生产应用》获中国水产科学院科技进步二等奖。《加快哈尔滨市农村全面小康社会建设进程的研究》获黑龙江省农业科学技术二等奖。《完善现代农业科技创新体系促进哈尔滨市农业科技高效转化》获哈尔滨市经济研究网络优秀成果一等奖。《创新哈尔滨市农村土地流转机制的研究》获哈尔滨市经济网络(研究)优秀成果一等奖。《健全社会化服务体系推进哈尔滨市现代农业发展》获哈尔滨市经济研究网络优秀成果一等奖。《完善寒地现代农业科技创新体系的研究》获 2013 年度市决策咨询联席单位课题优秀成果一等奖。《虹鳟鱼养殖模式试验示范》获 2014 年度丰收计划二等奖。《虹鳟鱼养殖模式试验示范》获 2014 年哈尔滨市农业丰收一等奖。《完善寒地现代农业科技创新体系的研究》获 2012 年度哈尔滨市委、市政府优秀咨询成果二等奖。

黄润哲

黄润哲　男,1960 年 7 月生于五常。毕业于黑龙江水利工程学校,现任五常市水利勘测审计队副队长,高级工程师,五常市政协委员。

自 1983 年 8 月参加工作以来,一直在五常水利勘测设计队从事业务工作。长期的业务工作,他练就了一身精湛的技术水平,负责 200 多项大型水利工程项目的规划与设计工作。其中参与规划设计施工的营城子渠首、小河里渠首、山河渠首改造 3 项工程投资达 2 000 余万元。以上工程运行良好,受到黑龙江省、哈尔滨市及五常市部门的一致好评。

工作业绩突出,多次受到上级部门的嘉奖,曾 5 次被评为哈尔滨市水务系统先进个人,9 次被评为五常市模范工作者、受到记功奖励。

吴相吉　男,1961 年出生于黑龙江省五常县杜家镇曙光四队,1978 年毕业于五常朝鲜族高级中学,1982 年毕业于黑龙江省佳木斯大学,1982 年考入中国农机科学研究院自动化硕士,1985 年毕业后留中国农机科学研究院任研究室主任。1991 年赴韩国考入汉阳大学电子工学硕士,1993 年获硕士学位。1993 ～ 1999 年在韩国三星电子通讯研究室任责任研究员,1999－2001 年在韩国三星电子情报通讯事业部任部长,2001 ～ 2003 年在韩国 NEXTLINK Co. Ltd 任海外事业部常务理事,2003 ～ 2010 年在北京邮福机械有限公司任总经理,2010 ～至今在大同农机(安徽)有限公司任常务副总经理。

尹昌南　男,1962 年 3 月 15 日出生于五常,中共党员,本科学历,副高级职称。

曾就读于五常实验小学、五常一中、五常四中,1981 年参军,1985 年分配到供水集团供水三厂做工人后提副经理。2005 年 5 月起,先后任供水集团磨盘山工程建设管理办公室 管理干部(正科级)、供水集团磨盘山净水厂副厂长（副处级）、供水集团大修工程处副处长兼副书记。业余时间就读于黑龙江大学夜大计算机专业并毕业。

个人工作业绩

1.1992年参与引"松入平项目"工程，主要负责电气系统工程的建设、运行以及后期管理工作，为平房供水公司的建成打下基础，成功使平房人民喝上放心的松花江水。

2.2005年参加磨盘山一期项目工程，带头负责指导整个工程中电气系统工程的建设，磨盘山水厂投产后负责电气项目的运行管理、检修维护等主要工作；黑龙江大学夜大计算机专业

尹昌南

3.2015年集团应市委要求重启哈西净水厂，在整个升级改造项目中带头负责指导电气工程的改造以及建设，负责原有电气系统进行改造、更新、整合，指导新建系统的建设，该项目减轻了磨盘山净水厂的供水压力，重新实现了放心的松花江水流回哈尔滨百姓家中。

玄永男　男，1965年7月生于吉林省和龙县，中共党员，博士，现任吉林省延边林业科学研究院院长。

4岁时，随父母来到到五常县。1985年毕业于五常朝鲜族高级中学校。1989年毕业于延边大学农学院园艺学科。2007～2010年在韩国中央大学完成了园艺学科博士课程。

玄永男

田福熙　男，1969年8月出生于五常，五常县朝鲜族高级中学84届学生，毕业于武昌理工学院艺术设计（本科）。1993年参加工作，先后在河北省进出口贸易公司驻首尔代表处、韩国移动通信（现SK电讯）中国事业部、亚太经济文化研究所、SK电讯北京代表处工作。2001～2004任韩国高等教育财团（SK集团旗下）中国代表，负责国际学术交流支援项目；在国内各大名校成立亚洲研究中心；代表财团主办北京论坛、上海论坛；与国内各大院校建立紧密合作关系等工作。2006年3月～2006年8月任SK电讯（中国）有限公司 战略部门总监（兼董事长助理），负责制定和树立投资战略以及收购中国联通10%股权的协调业务工作。2006年8月至今任SK（集团）中国有限公司合作交流部总监，负

田福熙

责博鳌亚洲论坛、夏季达沃斯论坛、北京论坛、上海论坛、团中央、中央党校、社科院、教育部、北大、清华、复旦、传媒大学等院校的合作业务，以及商务部、国资委等相关政府部委之间的协调业务。

主要活动：

李淑铮中联部部长、黄洛周韩国国会议长、孔鲁明韩国外交部部长、韩国民自党秘书长、韩国总统政策企划委员会委员长（副总理）等高层领导以及三星、SK等各大型企业高层领导随行翻译；

中韩国际环境会议、韩中尖端科技会议等同声翻译；

《环境问题带来的国际危机》等翻译多篇；

SK 集团董事长专属中文翻译。

魏文哲

魏文哲 男，1972 年 2 月生于毕业于日本滋贺大学大学院运动生理学专业，硕士学位。国家体育总局备战 2008 年奥运会高原训练专家组专家，北京体育科学学会运动医学分会委员。现任北京体育科学研究所中心实验室主任，助理研究员。

独自研发的最大力量间接测试法、全身耐力综合评价法、局部肌肉耐力简易评价法、最大脂肪氧化强度精确测量法等运动能力评价方法已得到业界广泛认可，而系统研究的长跑等周期性耐力项目的训练方法、高原等特殊环境训练方法、BFR 训练（加压训练）等超低负荷训练方法以及低强度组合式减脂训练方法效果均已在国家队及普通人群中得到验证。

从 2002 年至今为多支国家运动队及北京运动队进行科研攻关与科技支持，并先后承担及参与科技部、国家体育总局、北京科委及体育局共 18 项科研课题，其中任课题负责人 10 项，主要成员 8 项，研究成果获中国体育科学学会科学技术奖一等奖 1 项，国家体育总局科研攻关与科技服务二等奖 1 项、三等奖 1 项。

主要论文：

《关于女子赛艇运动员有氧能力测试方法的研究》、《关于北京女子足球运动员间歇性无氧能力特征的研究》、《慢速训练对递增运动中脂肪代谢速率的影响》、《优秀女子长跑运动员高原训练不同阶段的有氧能力变化规律研究》。

主要译著：

《肌肉百科全书》、《通俗运动生理学》。

金泽龙

金泽龙 男，1973 年 10 月生于五常，中共党员。毕业于黑龙江省水利高等专科学校，副高级工程师。现任五常市水利勘测设计队副队长。

自 1996 年 7 月参加工作以来，曾任五常市勘测设计队工作技术员、助理工程师、工程师。

曾多次负责、参与规划设计五常大、中、小型灌区及国家级现代农业示范区项目，受到一致好评。

工作勤恳扎实，多次被评为先进个人、劳动模范、记功受奖。

尹德峰　男,1975 年 4 月生于五常。毕业于哈尔滨工程大学工业与民用建筑专业,高级工程师,现任五常市水务局防汛办副主任。

自 1998 年参加工作以来,一直在五常从事水利工程测量、设计以及施工工作。参与了"五常市水田节水增粮项目"、"龙凤山灌区续建配套工程设计"、"2013 水毁修复工程项目"、"五常市现代农业水利工程项目"、"水田生产基地建设项目"、"小型农田水利重点线项目"、"千亿斤粮食工程项目"、"末级渠系重点项目"、"五常市有机水稻基地建设实施方案"等项目。

现主要负责五常市小型水库消险加固工程,并参与常年防汛调度工作,为安全度汛提供了有力的保证。

注重自身业务素质的提高,多次被评为水务行业先进个人,记功受奖。

尹德峰

四、文化教育艺术名人简介

陈建浩　男,1926 年 3 月生于朝鲜咸境南道新兴郡,中共党员,1948 年毕业于东北大学。

1946 年 7 月参加哈尔滨义勇军三支队,参军之前曾做过 3 年的小学教师、副校长。1948 年任五常朝鲜中学教师,1949 年调到松江省教育厅民族教育处任科员。从 1950 年~1977 年,先后任五常县朝鲜文化中心主任,东北朝鲜人民书店、新华书店经理,五常朝鲜中学党支部书记等职。1978 年任五常县电影公司经理至 1984 年退休。

热心于民族事业,关心家乡发展。退休后发表《民族魂》、《我们是怎样的民族》等文章。

陈建浩

崔元龙　男,1927 年 10 月出生,中共党员,大学毕业。

曾先后就读于哈尔滨第五中学三年级、东北军政大学、松江师专史地科(哈尔滨师范大学前身)、吉林师范大学历史系(1966 年 7 月函授毕业)。

1948 年 10 月参加工作,先后在尚志县河东乡中心校、五常县朝鲜中学任教,期间(1957 年 2 月 - 1958 年 8 月)曾任教导主任;1974 年 9 月~1985 年 2 月在五常县第八中学(山河朝中)先后任革委会副主任、副校长、校长等职务,1985 年离休,享受副处级(原行政 17 级干部)待遇,1989 年人事和工资关系转入五常市朝鲜族高级中学。1955 年 2 月被评为黑龙江省优秀教师,并荣获省劳动模范称号。

曹甫铉　男,1930 年 2 月生于辽宁省抚顺市五里屯,副教授,离休干部。

曾就读于辽宁省抚顺市在满学校、农土学校。黑龙江五常县安家学校、尚志朝鲜族中学。

1945 年 12 月至 1946 年 7 月,参加东北抗日义勇军三支队四大队,主要从事宣传工作。

从 1948 年 11 月起,开始了长达 43 年的教育工作。先后在黑龙江五常光辉朝鲜族小学、安家朝小、山河屯朝小、民乐朝鲜族中学、五常朝鲜族师范学校任教。曾任五常保山小学代校长、山河镇朝小任校长,民乐中学工会主席。1990 年 1 月 1 日,在五常朝鲜族师范学校正式离休。离休之日,五常朝

鲜族师范学校组织盛大的文艺晚会欢送,表彰他为民族教育事业奉献终身的精神,学生赠送的牌匾写道:"师恩永难忘,桃李满天下"。

期间曾在五常县文教科工作。"文革"中被批斗,到五常县民乐公社红光三队劳动改造。1979年9月恢复名誉。

他一生忠诚党的教育事业,勤勉教学,为国家培养了大量有用之才,在教育工作中做出突出贡献,多次获得各级教育界的嘉奖,还被选举为五常市政协委员。退休以后,他将平生积攒的珍贵书籍赠送给了黑龙江民族职业学院。为此,黑龙江民族职业学院特意为此向他颁发了奖杯和感谢信,感谢他离休后仍无私奉献,继续关心、支持教育事业的建设和发展。

曹甫铉

朴钟仁　男,生于1931年3月,教授。

1949年在松江省第六中学朝鲜部毕业,1950年参加中国人民志愿军。

在北京华北劳动大学(即今中国人民解放军洛阳外语大学)学习结束后,1953年7月至1990年在总参三部四局工作,行政师级干部,业务技术6级。

1991年在军队退休。退休后被青岛海洋大学聘为教授。

朴相根　男,生于1933年5月。1951年7月毕业于松江省五常朝鲜初级中学。大学毕业于东北师范大学生物学系,白求恩医科大学教授,中国人民政治协商会议长春市第七、八届委员,中国动物学会委员、吉林省动物学会理事、长春市动物学会副理事长。

主要从事蜱螨类的分类学及医学螨类的研究,先后发表论文30篇,其中发表新种13个,查清了加速人参腐烂病的螨类(全国人参科技资料汇编I)。1988年在日本学术会及日本卫生动物杂志上讲演和发表《中日两国中草药的螨类及其由来的研究》,首次弄清中药害螨来自室内的事实,为防除中药害螨提供了科学依据。20世纪80年代后查明各种环境的空气螨类,尤其查明与一些职业病有关的室内空气中含有大量的各种真菌等微生物和大量特异螨类的事实。基本查清其特异螨种的组成、含量、存在的状态、生物学特征及来源等,为防治空气螨等有害生物提供了科学依据。20世纪90年代开始从事细胞遗传学的研究,发表《识别正常人类G带染色体的标准与鉴别检索表(与中早期320带期及500带期)》及小剂量辐射诱导小鼠精母细胞适应性反应某些规律的研究的中英文两篇。

梁永锡(1933.12～2001.6)　男,中共党员,函授毕业于哈尔滨师范大学教育管理专业本科,高级讲师。

1933年12月生于吉林省延边龙井镇1943年随父搬迁至五常县。初中毕业后保送到松江省尚志朝鲜师范学校。1954年到五常县参加教育工作。先后在民乐乡、山河镇等地任小学教员、教导主任。1958年抽调到县里做调查员、文教科朝鲜小学教学研究员。1962年调到五常县教师进修学校做教学研究工作。1966年后,先后任山河镇朝鲜小学校长兼党支部书记,五常县第八中学校长兼党支部书记等职。1978年调到五常朝鲜族师范学校,先后任总务科副主任、教育科副主任兼心理学科主任、培训部主任、教师党支部书记等职。

梁永锡

是中国心理学会会员,在多种杂志上发表论文近20篇,其中10篇在黑龙江心理学会获奖。论文《从与汉族儿童对比中看朝鲜族儿童公正观点发展的特点》一文获黑龙江省自然科学研究成果三等奖、心理学会二等奖。论文《朝鲜族小学生、中师生、中小学教师气质类型及可塑性特点》获黑龙江省心理学会研究成果二等奖,并获东北朝鲜族教育科学研究所、《东北教育科学》编辑部第三次评选活动一等奖,并选入国际高丽学会和东北朝鲜族教育科学研究所合编的《中国朝鲜族教育的现状和发展》一书。

从参加工作以来,多次被评为省、地、县先进工作者、优秀教师、优秀共产党员和民族教育先进个人。

安胜子 女,1935年10月生于五常县。中国东方歌舞团一级导演,中国舞蹈家协会会员、中国导演家学会会员、中国日本艺术学会会员。

1952年毕业于中央戏剧学院崔胜熙舞蹈研究班。1952年末至1960年为中央歌舞团舞蹈演员。1961年至1993年为中国东方歌舞团演员,后10年任导演。1979年、1980年以中国文化部派出的专家身份赴日本东京执教中国舞蹈。1987年曾在日本进修日本传统舞蹈。

1955年在荷兰召开的第五次世界青年艺术节上,她演出的"扇子舞"获金奖。

在她42年的艺术生涯中以中国为主,曾赴日本、朝鲜、韩国、印度尼西亚、缅甸、苏联、波兰、巴西、阿根廷、智利、乌拉圭等国演出。

注:根据《当代中国朝鲜族人物录》(东北朝鲜民族教育出版社,1999年7月第一版)整理。

沈相文(1935～2014) 男,朝鲜族,1935年10月3日生于韩国庆尚北道,笔名田野,作曲家、音乐编辑、副编审。

曾任中国音乐家协会会员,中国朝鲜族音乐研究会理事,中国朝鲜族儿童音乐学会副会长,黑龙江省音乐家协会,朝鲜族音乐文化专业委员会顾问,牡丹江市政协委员等。

1998年8月被收录入人民出版社出版的《中国音乐家词典》一书。

少年时就显露出其音乐才华,读中学时是学校音乐骨干,兼任学校音乐课代课老师,1951～1955年就读于牡丹江朝鲜族师范学校、哈尔滨师范学院。

沈相文

1955年参加工作,1955～1963年在黑龙江省东宁县朝鲜族中学任音乐教师,并任东宁县文工团作曲、指挥,1957年被中央音乐学院录取,因当时县委领导为挽留人才,扣留其录取通知书,未通知本人,因此未能完成学业,1962年在朝鲜逗留期间曾任平壤大剧院、平壤综合艺术团、咸镜北道艺术团作曲、指挥,并创作了交响乐及协奏曲等,1963～1978年在黑龙江省五常朝鲜族中学任教师期间,创作了众多音乐、舞蹈精品,多次被教育部门评为先进工作者,形成了一个创作高峰,1965年参加第五届"哈尔滨之夏"音乐会,他负责朝鲜族专场的音乐、舞蹈、作曲引起了轰动,其作曲及编创的歌舞《丰收稻谷送北京》,由长春电影制片厂拍成纪录片在全国各地电影院放映,受到专家及广大观众的好评。

1978年调入黑龙江朝鲜民族出版社,任音乐编辑、副编审,从事音乐编辑20余年,其编辑出版的音乐书籍有多部获得国家优秀图书奖,并为多位著名的朝鲜族音乐家如崔三明等编辑出版了作曲集、作曲专辑等。1988 年 3 月、1992 年 10 月由黑龙江朝鲜民族出版社相继出版了个人作曲集《北方的旋律》、《沈相文歌曲集》。其作品具有鲜明浓厚的朝鲜民族风格,在 50 余年的音乐创业生涯中,其作词作曲的作品上千件,并培养了大批的青少年成为朝鲜族音乐创作的骨干力量,主要作品有《山那边有座温馨的木屋》、《金达莱》、《海鸥》、《春天你不要走》、《生活》、《丰收稻谷送北京》等。

1995 年 10 月在黑龙江朝鲜民族出版社退休,2014 年 3 月 1 日在黑龙江省牡丹江市病逝,享年 80 岁

许道南(1938~1976) 男,诗人。

1938 年生于北朝鲜一个农民家庭。4 岁时,父亲故去,6 岁时随娘改嫁,一家随继父来到东北的舒兰县平安乡谋生。8 岁时在当地就读小学。13 岁迁来本县光辉乡北星村。1956 年,小学毕业后,继父去世,一家生活的重担便落在许道南身上,他失去了继续求学的条件。

他从小酷爱学习。当时农村正处在合作化初期,文化生活很落后。在繁重的劳动之余,他仅能读到农村散见的报纸,偶尔借阅一两本小说便成为他最大的享受,这些都为他后来写诗奠定了基础。

1958 年他开始练习写诗,力求用诗歌颂扬新兴的农村,抒发自己的真情实感。但由于文化底子薄,直到 1959 年才发表了处女作《毛主席万岁五个大字》,第一次体会到创作的快乐和艰辛。

"文化大革命"前是他创作的兴盛时期,《诗集》收录的 34 首诗作中,这一时期的作品就有 15 首。其中《大雁》作为代表作在当地产生了很大影响。成为朝鲜族的乡土诗人。"文化大革命"开始后,给他的创作带来了困难,从此搁笔。1976 年 9 月 10 日当光明来临之际,他突然故去,时年 39 岁。

1978 年,黑龙江人民出版社出版了他的第一本、也是最后一本诗歌选集《大雁》。

陆钟培(1938.11~2007.10) 男,1938 年 11 月生于五常县,中共党员,大学本科毕业,副研究员,黑龙江省优秀教师。

1962 年辽宁师范学院数学系本科毕业后,分配到五常县朝鲜中学任教师。1969 年调到民乐中学任教,提升为副校长。1981 年调任松花江地区教育学院至 1998 年底退休。

在教育学院工作期间,曾任数学教研员,后长期任民族教研部主任。主持制定全区朝鲜族中小学教学管理检查评估标准和朝鲜族中小学优秀课堂教学评估标准,并组织检查和评优活动。多次组织召开全区朝鲜族中小学教学研究会和民族教育研究会,总结推广先进经验。经常下乡指导教学,发现并培养先进典型,重点培养出黑龙江省教学能手安贞淑和黑龙江省朝鲜族小学唯一的数学特级教师金惠淑。

陆钟培

工作之余撰写了大量论文,主要有:

《培养非智力因素的探索》、《初中数学教学中渗透分类思想》、《初中数学教学与归类思想的渗透》(获黑龙江省一等论文奖)、《分类思想与有理数教学》(获黑龙江省一等论文奖)、《自然课教学中如何培养学生实验能力》(获黑龙江省二等论文奖)。

崔三龙　男,1939 年 3 月生于吉林省龙井市太阳乡,评论家,文艺理论研究员。大学毕业后分配到五常县朝鲜族中学任教。1969 年末调吉林省,先后任中学教师、编辑、延边教育出版社副总编、延边社会科学院文学艺术研究所副所长、所长、《文学与艺术》杂志主编等职。

1988 年加入中国作家协会,1993 年获文学理论研究员职称。崔三龙从读大学时起开始发表文学作品,50 年来所发表的文论达 3 百多万字。已出版文学评论集《觉醒与困惑》、《激变期的文学选择》、《人性深度和文体的多样化》;与人合著的文学史著作《中国朝鲜族文学史》、《文学史》;作家论《先锋诗人金波论》等大量著述。

崔三龙

退休后,致力于发掘、整理解放前满洲朝鲜人文艺作品方面。已出版的有《解放前现代诗》、《抗日文学》、《解放前民谣》、《解放前散文》、《亲日文学》、《解放前儿童文学》、《满洲纪行》等 20 多种编著。其中,《朝鲜族文学史》(1990 年版)获吉林省政府长白山文艺奖,《朝鲜族文学史》(2005 年版)获国家民委优秀学术成果二等奖,评论集《觉醒与困惑》获吉林省少数民族文学奖,评论集《激变期的文学选择》获延边州政府金达莱文学奖,评论集《人性深度和文体的多样化》获中国少数民族文学研究优秀著作奖,所获各级奖项 20 余次。

金亨直　男,1939 年 5 月生于五常县,1956 年毕业于五常县朝鲜中学,1964 年毕业于吉林省延边大学。

毕业后曾任黑龙江省人民广播电台编辑,中央人民广播电台译番(教授职)等职至退休。

是中国翻译家协会会员,中国广播协会会员,延边作家协会会员,韩国国际文化艺术协会客座教授,北京高丽文化经济研究会副会长。

主要荣誉:

获资深翻译家称号,获美国林肯和平财团颁发的"世界和平大奖",日本文化振兴会"国际文学研究奖"大奖和奖章。

金亨直

主要翻译作品:

《古文观止》、《唐朝史话》、《中国古代短篇小说选集》、《大众化文稿(唐宋文选)》等

主要编著作品:

《朝鲜老故事 365 篇》、《中朝关系史话》、《不屈的斗士》等。

主要随笔:

"母亲"、"桔梗花"、"流失的童年岁月"、"稻种"、"扇子"、"北京与首尔! 友爱见证之桥"(优秀作品)、《岁月啊,人生呀!》(《中国朝鲜族记者文选》)等。

主要论文:

《中国朝鲜族传统文学与变化》、《中国朝鲜族之民俗现状》等。

刘仁基

刘仁基 男,1942 年 2 月生于五常县长山乡,中共党员,大学本科毕业,高级讲师,原五常朝鲜族师范学校党委书记、校长。

曾先后就读于五常县长山乡日昇小学、吉林省舒兰县朝鲜族第二中学初中、哈尔滨市朝鲜族第一中学高中读书,1968 年毕业于哈尔滨师范大学中文系本科。

毕业后,先后任五常县民乐中学教导主任、民乐乡文教组研究员、五常朝鲜族师范学校教师、教务科科长、副校长、校长,黑龙江省朝鲜族教师进修学院院长、哈尔滨朝鲜族师范学校校长兼党委书记。2003 年 2 月退休

在职期间曾任黑龙江省朝鲜族中小学汉语文教学研究会副理事长、中国朝鲜族中小学教材评审委员会高中汉语文审查委员、黑龙江省少数民族教育研究会副理事长。

田克政

田克政(1942~2004) 男,1942 年 8 月生于五常,中共党员。原五常市朝鲜族文化馆馆长,退休后任五常市朝鲜族老年协会会长。2004 年 8 月 29 日因病去世。

1962 年五常县朝鲜中学高中毕业后,曾在五常镇朝鲜族小学任教。此后的 30 多年间,一心扑在五常朝鲜族文化事业上。先后任民乐乡文化站站长,五常县朝鲜族文化站站长、党支部书记,五常市朝鲜族文化馆馆长。

田克政一生为五常县朝鲜族文化事业发展与繁荣而努力工作:培养了很多朝鲜族文艺爱好者;组织了无数次朝鲜族文艺演出活动和组织业余文艺宣传队下乡活动;举办了多次各种类型的朝鲜族文艺积极分子培训班、学习班;在物质与文化匮乏的年代,编辑了油印刊物《五常文艺》(朝鲜文版),供广大朝鲜族阅读;工作期间,整理出 30 余卷五常朝鲜族文化活动资料,为五常人民留下了宝贵的历史档案。他创作了大量歌曲和演唱材料,1981 年,《黑龙江,美丽富饶的地方》被评为黑龙江省 15 首优秀创作歌曲之一。

张国松等级证

张国松 男,1943 年 4 月生于吉林省和龙县,大学本科毕业,中共党员,黑龙江省特级教师。

1951 年 3 月~1968 年 9 月先后在哈尔滨东北烈士子弟学校,山河中学,五常一中,黑龙江大学数学系读书。1968 年 9 月~1997 年 9 月在五常市龙凤山中学,五常一中,五常市朝鲜族高级中学等学校任教。

在朝高中共担任过十届高三理科数学课教学,在高考指导中,坚持以高考大纲为纲,狠抓基础知识教学。突出知识重点,难点和考点,精选练习题,加强解题能力训练,以考代练、强化应试能力,重视激发学生的学习潜能。培养出许多优秀学生。其中 1982 届金元福数学 111 分考入北京大学;1986 届朴昌洙数学 110 分考入清华大学;1992 届丁哲根数学 119 分考入北京大学(注:当时数学满分 120 分)。1993 年 8 月 10 日被评为黑龙江省特级教师。

李顺玉　女,1945年生于五常县小山子镇,中共党员,小学高级教师,中国舞蹈家协会黑龙江分会会员,五常市舞蹈家协会理事长。1985年全国优秀辅导员获得者。

自1965年起至1996年退休止,一直在五常镇朝鲜族小学担任音乐舞蹈教学工作,业余时间创作并指导了大量舞蹈作品。主要获奖作品有:

舞蹈"樵夫与金鱼"获哈尔滨市文艺汇演优秀奖;舞蹈"我也能飞翔"获全国第一届少年儿童艺术节一等奖,创作三等奖,优秀指导奖;舞蹈"顶水舞"、"长鼓舞"获第二届松花江艺术节优秀节目奖;舞蹈"丰收稻谷送北京"参加"哈尔滨之夏"音乐会;舞蹈"长鼓舞"参加2009年韩国首尔国际老年艺术节并获银奖。

她所创作的舞蹈作品"丰收稻谷送北京"曾被长春电影制片厂制作的纪录片中;曾以黑龙江省朝鲜族代表的身份参加第一届全国少数民族业余文艺汇演,受到毛泽东、刘少奇、周恩来等中央领导同志的亲切接见。

退休后,她仍积极参加各种社会活动,特别是参加原黑龙江省政协副主席、抗联老战士李敏所组织的抗日联军宣传队巡回演出。

黄　彪　男1947年农历2月生于五常县,中共党员。五常县第一中学老三届毕业生,函授毕业于哈尔滨师范大学中文系本科。是黑龙江省作家协会会员,黑龙江省第一位朝鲜族中文教授。

曾任松花江地区行署教育督导、五常朝鲜族师范学校(黑龙江省朝鲜族教师进修学院)副校长(副院长);松花江地区集邮协会、哈尔滨市郊县集邮协会理事,五常县集邮协会副会长,2013年底受聘出任《五常市朝鲜民族志》主编。

1966年正忙于备战高考时,文革废除高考制度,回乡务农,当过马车夫,种过水田。

1970年参加教学工作,先后在五常一中、五常朝鲜族师范学校(黑龙江省朝鲜族教师进修学院)和黑龙江民族职业学院工作,2008年在黑龙江民族职业学院退休。

在高等师范教育中,执教《现代文学》、《现代汉语》、《古代汉语》。教学中,总结出"五步教学法"发表。

教学之余进行写作,从1998年起先后出版了《当代文学作品赏析》、《阅读 欣赏 杂谈》、《李昱春美术作品赏析》、《重品弟子规》、《追忆是种享受》、《拾焰集》、《留住瞬间》、《老顽童诗稿》和合作翻译作品《英语尖子生是小学时打造的》、《掌握学习方法就能提高学习成绩》等10多部著作。2001年,读书心得《震撼人心的教育警世钟——读〈盲点——中国教育危机报告〉》及摄影作品《民族魂》均获《中国教育报》"中国校园文化博览"征稿三等奖,收入吉林人民出版社出版的《全国师生诗文书画作品集》。兴趣广泛,爱好集藏,对摄影、书法有一定研究。

郑基铁

郑基铁 男,1947 年 4 月生于宁安县,后随父母来到五常,曾就读于五常朝鲜族中学,1983 年函授毕业于延边大学数学系,高级讲师。曾任哈尔滨市师范学校和小学研究会数学理事,哈尔滨市教育学会师范学校学术委员会数学理事等职,1998 年任黑龙江省教育委员会教师职称评定委员。

1971 年 3 月在五常朝鲜族中学任教,1988 年调至五常朝鲜族师范学校任数学教师、数学教研室主任、理科教研室主任。1998 年在黑龙江省朝鲜族教师进修学院教育科学研究室从事教研工作。2003 年起在黑龙江民族职业学院教育科学研究室继续从事教研工作至退休。

参加教育工作以来,多次被评为松花江地区、哈尔滨市教学能手、模范班主任、优秀教师。1997 年被评为哈尔滨市优秀教师和黑龙江省民族教育先进工作者。

先后在省级刊物上发表 10 余篇论文。1991 年编撰的《小学数学教学法》被编入师范教材使用。

注:根据《当代中国朝鲜族人物录》(东北朝鲜民族教育出版社 1999 年 7 月第一版)整理。

徐松鹤

徐松鹤 男,1947 年 10 月生于吉林省舒兰县,中共党员。1967 年在五常县朝鲜族高级中学毕业。毕业后在五常县兴盛乡新兴学校任教员,1978 年创立了《汉语句型教学法》,该教学法在《黑龙江日报》朝文版刊载。东北三省许多朝鲜族教师观摩他的教学后给予了很高的评价。经过有关部门认定,在汉语教学上是一项极有价值的创新。1981 年被评为黑龙江省特级教师。

由于工作业绩突出,多次被评为黑龙江省及五常县先进工作者、劳动模范、优秀教师,是五常县人大第十届、第十一届常委。

崔东浩 男,1947 年 10 月出生于五常县山河镇,中共党员,黑龙江省优秀教师。

毕业于五常县朝鲜族高级中学。1970 年开始参加教育工作。1974 年调入五常县第八中学一心投入到培养学生的教育工作中,多次被评为市优秀教师,省优秀教师。1991 年开始担任了八中校长(科级),为少数民族教育做了很多工作,1998 年晋级为高级教师。2007 年正式退休。

金正烈 男 ,中共党员 副研究员 1947 年 11 月生于五常县小山子镇。

1972 年毕业于哈尔滨师范大学中文系。1981 年又在该校进修 2年。1972 年起在五常市朝鲜族高级中学任教。期间曾任团委书记,教导主任,副校长,校长等职。还兼任五常市人大常委会常委一职。曾被评为省级优秀教师。

1992 年调到黑龙江省教育学院从事教研工作,任民族教研进修部主任一职。兼任全国民族中小学教材审查委员会委员。期间,曾在《黑龙江新闻》、《中学生报》、《中国双语教学与研究》、《课程,教材,教法》等报刊上发表过多篇论文。参编过民族中学汉语文教材和《新编古汉语字典》等书籍。2007 年退休。

金正烈

金海月

金海月　女,1948年5月生于五常县山河屯,中共党员,函授毕业于延边大学中文本科,高级讲师。

曾先后在五常市山河镇朝鲜族中学、五常朝鲜族师范学校任教。

自1971年参加教育工作以来,一直从事汉语文教学工作。教学实践中积累了丰富的教学经验,不断研究和改进教学方法,教学工作深受学生和家长的一致好评。

曾被五常市授予汉语文教学能手。

尹东哲

尹东哲　男,1948年11月生于黑龙江省讷河县,中共党员,大学本科学历,中学高级教师,原五常朝鲜族初级中学党支部书记兼校长。

1969年1月在讷河县参加教育工作,1980年调入五常县小山子镇朝鲜族学校任教,1987年4月调入五常县朝鲜族初级中学,先后任学年组组长、教导处副主任、副校长,1996年10月任党支部书记兼校长,2003年末退二线、2008年末退休。

工作期间函授毕业于延边大学朝文专业本科。

参加工作以来,多次被评为县级优秀教师、优秀共产党员,5次被评为哈尔滨市优秀教师。

安　云

安　云　男,1949年1月生于五常县,中共党员,大专学历,高级教师。

曾先后就读于呼兰师范、黑龙江省朝鲜族教师进修学院干部脱产班学习;曾任朝鲜族中学教师、副校长、县教育局民族视导员,1997年至2006年任五常市朝鲜族高级中学校长。

任校长期间,对学校工作精于管理、严于管理,充分调动师生员工的积极性,学校工作大步提升。期间仅向清华大学、北京大学就输送了10名优秀学生。1998年学生会考率达到96.66%,高考升学率达到74.1%,创全市最高纪录。

2006年退休。

金　哲

金　哲(1949~2012)　男,1949年3月生于营口市,大学本科毕业,中学高级教师,黑龙江省优秀教师。

从1987年起,连续三年任高三文科班数学把关教师。他结合教学实际,选编了复习题和解题方法集成复习参考资料10余册,供学生在高三复习数学中使用。在教学中强化基本功,为差生成绩提高创造了好办法,形成了独特的教学风格。曾连续5年数学高考成绩在全省朝鲜族学校中位居第一,1988年超过全省同类学校高考平均分数8.8分,得到领导和同行的赞誉。1995年,数学高考成绩超全省平均分15.6分。

金老师糖尿病、肾结石严重,有时昏倒在课堂,学校领导让他休息,学生也请求他休息,但他始终坚守在课堂上,以优异的成绩送走一个又一个毕业班。

他很重视钻研与积累,利用业余时间纂写出很有见地的论文,有的发表在数学研究上。

从 1988 年起,多次被评为五常县的教学能手、县先进工作者,优秀教师;1992 年被松花江地区授予教学成果一等奖。1994 年被任命为学校教导处副主任兼任高三数学课。1995 年 9 月,被黑龙江省教育委员会、黑龙江省人事厅评为全省优秀教师.

他的数学公式是"水平加热情等于奉献"。

2012 年 9 月因病去世。

尹武荣 男,1949 年 3 月出生于牡丹江市,中共党员,黑龙江省作家协会、黑龙江省翻译家协会会员,正编审。

曾就读于五常县五常镇朝鲜族小学、五常县朝鲜族中学,1968 年到五常县光辉公社插队,1972 年考入中央民族大学。1975 年毕业于中央民族学院,延边大学函授班(本科),1987～1988 年在朝鲜金日成综合大学进修。

曾任黑龙江朝鲜学研究会副会长,黑龙江朝鲜民族出版社副总编,黑龙江朝鲜族出版社社长、总编,黑龙江教育出版社正编审。

尹武荣

主要著述:《斯巴达克斯》获东北三省朝文优秀翻译图书奖,《世界著名文史学家词典》获黑龙江哲学社会科学著作二等奖,《当代苏联中短片小说集》获东北三省优秀翻译图书奖,《冬天里的春天》获东北三省朝文优秀翻译图书奖,1993～1994 参加五国语科技术语词典审阅(此书列为国家八五重点规划)在《花丛》期刊主编(1989～1996)《中国共产党三代领导集体的理论与实践》、《黑水世纪民族文化丛书》(共 10 卷)列为国家《十一五》规划重点图书。与韩国 EEC 学院、黑龙江省教育学院民教部共同开发《EEC 英语》中小学版。长篇小说译著:《望云峰》、《碧血渡》、《将军吟》(上)、《铁掌擒敌》、《包法利夫人》、《一个女人一生中的二十四个小时》、《秘密世界》等共 450 多万字。短片译作:《一个女教师的日记》、《沙漠里的海洋》、《筑成我们新的长城》、《木扁担与铁乌龟》。编著:《朝鲜民间传说集》、《世界谚语》。

崔万寿 男,1949 年 5 月生于五常县杜家镇,音乐副教授。曾务农,推荐上大学。毕业后,在中学、师范学校执教音乐。1999 年末调入黑龙江省农垦师范专科学院(2001 年并入哈尔滨师范大学)讲授声乐、合唱指挥等科目,2009 年退休。

1989 年,中央音乐学院音乐系函授毕业后,1995 年至中央民族学院声乐作曲系进修。

1988 年,以艺术指导的身份参加全国第一届朝鲜族少儿音乐大赛,舞蹈"我也能飞",男声独唱"啊,海燕!"获创作 2 等奖。获奖节目在中央电视台少儿节目栏目中多次展播。

崔万寿

1997 年,自筹资金创办了"五常市合唱团",赴省内外参赛和演出,获多项殊荣。

1998年,出版崔万寿浪漫曲个人专辑。

退休后,热心音乐事业,创作了60余首合唱和器乐合奏曲发表。

李德宽　男,1949年6月生于五常县,中共党员,大专学历,原五常市教育委员会(教育局)副主任,副局长。

哈尔滨市朝鲜族第一中学毕业后,曾务农、当过民办教师、公办教师,山河朝鲜族中学团委书记、副校长,五常朝鲜组初级中学副校长、校长,五常市教育委员会教育督导室助理督学2009年退休。

工作期间,致力于民族教育工作,积极推动了五常民族教育工作稳步向前发展。

李德宽

朴相鲁　男,1949年7月生于五常县兴盛乡,黑龙江省朝鲜族作家协会会员。

1969年毕业于山河朝鲜族中学后,在兴盛乡新兴小学任教,后在新兴村担任广播员。这期间写了很多通讯报道,曾被评为黑龙江省朝鲜族优秀通讯员。

爱好文学创作,先后发表了《老队长的欣喜》、《丰收的田野》、《水泥堤》、《故乡》、《房基地》、《猎枪》等20多篇短篇小说。

1983年起从事农业生产兼办小卖店。1999年起,在五常市朝鲜民族事业促进会从事民族工作,为全市朝鲜族老百姓免费法律服务。2007年起任五常市朝鲜族老年协会会长,组织全市朝鲜族老年人开展丰富多彩的老年活动,受

朴相鲁

到朝鲜族老年人的拥戴。

方　华(原名方明玉)　女,中共党员,1949年11月生于吉林市图们市,1968年~1985年曾在五常工作。离开五常,先后在吉林、辽宁工作。曾任公司经理、部长、董事长,大连开发区朝鲜族联谊会秘书长、副会长,大连市音乐家协会理事、大连市少数民族企业家协会副会长、大连市朝鲜族舞蹈协会会长、中国朝鲜族企业文化促进会理事,黑龙江省朝鲜族音乐研究会副秘书长等职务。现任大连金州新区海青岛朝鲜族老年文化艺术团团长,中国朝鲜族音乐研究会理事等职务。

方华自参加工作以来,在朝鲜民族文艺舞台上不辍耕耘,从1967年至今在

方　华

音乐刊物上陆续发表音乐作品,创作歌曲达200多首。获奖作品颇丰,主要有:《妈妈的爱》获全国少数民族广播电视歌曲评选二等奖,《深山小屋》获第三届全国朝鲜语广播电视优秀节目二等奖;《山外的小村庄》、《春雨》等10多首儿童歌曲获黑龙江广播电台创作歌曲二等奖;《纯真的初恋》获第四届全国朝鲜族广播电视优秀节目三等奖;《春雨》黑龙江省朝鲜族少儿创作歌曲大赛一等奖,《爸爸,我永远思念你》获第五届全国朝鲜语广播电视优秀节目三等奖;《南极勇士之歌》获黑龙江广播歌曲创作二等奖;《鸽子》、《溪边的小鸟》获延边电视台主办的全国少儿歌曲大赛二等奖;《星光幼儿园》获延边电视台主办的第一届中国朝鲜族青少年音乐节创作童谣优秀奖;《血缘》获大连市原创慈善公益歌曲征集评选"最佳原创奖";《盛世韩装》获全国少数民族作

曲征集二等奖,《溪边的小鸟》获优秀奖。

在中国大众音乐协会主办的《2013 美丽中国》大型音乐盛会上,方华词曲的《祝您祖国永远富强》获金奖。

方华热心于公益事业,多年来无私资助朝鲜族单位举办多项公益事业,促进朝鲜族文化、教育、艺术事业发展。赞助"方华杯"少儿舞蹈赛;"第四届全国朝鲜族少儿歌唱赛"等;在大连民族学院设立"方华奖学金",资助品学兼优、家境贫寒的大学生。

由于方华的业绩,连年获得殊荣,主要有:中国朝鲜族妇女联合会颁发的"优秀母亲"银奖、大连市文化局颁发的"民族文化特殊贡献奖"、大连市民族宗教事务委员会颁发的第四届民族团结进步先进个人奖等。

姜大吉 男,1950 年 4 月生于五常县向阳乡,黑龙江省美术家协会会员,黑龙江省朝鲜族美术专业委员会副会长,韩国社团法人国际美术家协会中国黑龙江省支部长,韩国社团法人国际美术家协会美术教育院指导教授。

毕业于北京师范学院(今首都师范大学)美术系国画班,1968 年参加工作,曾任五常县文化馆美术组美术干部、县美协理事、松花江地区文联会员。

自幼爱好美术,"文化大革命"期间,大办"阶级教育"、"三忠于"展览,为姜大吉美术实践提供了极好机会,相继创作了收租院雕塑的阶级教育展览以及农业、商业、社会治安等专题展览。

姜大吉

多次参加黑龙江省及国内外巡展。1981 年国画摔跤冠军被评为黑龙江省人物肖像画展览优秀作品;水印木刻初晴被评为 1981 年建党 30 周年美展优秀作品,先后社出版了他的三部连环画册岳雷扫北、花轿传奇、《浴血江南》。花轿传奇获 1983 年年画、连环画、宣传画优秀作品展优秀奖。他的 20 余幅画作自 1986 年起在国内外参展并获奖,其中《春雪》在全国朝鲜族美展中获一等奖,《雪夜》在全国朝鲜族美展中获二等奖,《金刚山》获韩国第 16 届国际美术大展金奖,《金色的秋天》获韩国第 17 届国际美术大展大奖,《秋艳》获韩国第 18 届国际美术大展大奖,《白头山》获第 6 届世界和平美术大展优秀奖,《秋林清泉鸟更喧》参加美国韩人移民 100 周年纪念邀请展。先后收到美国韩人海兵创建 50 周年纪念展感谢状和美国韩人海兵创建 50 周年文化艺术活动感谢状;美国 Caliatnia 州议会感谢状;大韩民国国会教育委员长、大会长、名誉大会长联名表彰状。

黑龙江日报朝鲜文版曾录用他的插图、题图、单幅图达 30 余幅。

朴镇万(1951 ~ 1999) 男,1951 年 5 月生于五常县小山子镇,中共党员。延边大学朝文系毕业,曾务农、任过中学教师、做过县人事局普通干部。1980 年 1 月调至县委宣传部工作,曾任通讯报道组组长,1999 年 11 月 5 日病故。1999 年 12 月,《黑龙江新闻》(朝鲜文报)刊登了他的生平及创作情况。

1969 年发表处女作《成长中的艺术之树》,1972 ~ 1996 年在《黑龙江征文集》、《黑龙江日报》朝鲜文版文艺副刊、《松花江文艺》等报刊上发表了《小青松在成长》、《火热的心》、《搬进新居之前》、《待遇》、《他遇到的人们》、《初春的故事》及《母女俩》等 80 余篇中短篇小说。1996 年发表长篇小说《黑痣》。

朴镇万

柳春旭 女,1951 年农历九月生于五常县民乐乡,中共党员,中央民族大学副研究员。

曾就读于民乐小学、民乐中学;也曾在家乡务农,担任过生产大队妇女主任。1972 年 9 月到中央民族大学政治系政治理论专业学习,毕业并留校工作;先后任教务处学生科、学生处招生分配科科长,汉语言文学系副主任,汉语言文学系、文学与新闻传播学院党总支书记,直至 2011 年退休。

在中央民族大学工作 43 载,兢兢业业,赢得了教师和学生的衷心爱戴;先后荣获校级优秀党务工作者、国家民委高校思想教育先进工作者、北京市高校优秀德育工作者、北京市优秀教育工作者等多项荣誉称号。

积极从事民族教育、民族理论政策、民族工作及教育管理等方面的研究工作,主编或合著著作8 部,发表论文 50 多篇;合著《朝鲜族教育研究》(第一作者),参与撰写《中国朝鲜族教育史》(第二作者),主编《朝鲜族散居地区民族教育问题及其对策》和《中国朝鲜族人口问题及其对策》,合著《中国改革开放以来的民族理论研究》(上、下)(第二作者),参与编写高等院校教材《民族理论与民族政策》(第二作者),组织编写《马克思主义民族理论发展史》(副主编),2002 年出版《中国

柳春旭

共产党民族纲领政策通论》(副主编),2004 年国家民委推荐此书呈送给中央政治局常委、书记处书记等领导参阅。同年,此书荣获北京市哲学社会科学优秀成果著作一等奖,此书又被评为北京市高等院校精品教材。

金南浩

金南浩 男,中共党员。1951 年 12 月出生于五常县。曾就读于五常县朝鲜族小学;五常县朝鲜族中学。

1972 年 12 月～1976 年 7 月五常县委宣传部理论学习室专职理论教员;

1976 年 8 月～1983 年 8 月五常县委党校理论教师;

1983 年 9 月～1986 年 7 月中共中央党校研究生,获得经济学硕士学位;

1986 年 8 月～1989 年 8 月中共黑龙江省委党校经济教研室讲师、副教授;

1989 年 9 月～1992 年 7 月中国社会科学院财贸经济研究所博士研究生,获得经济学博士学位;

1992 年 8 月～1994 年 3 月黑龙江大学经济学副教授、东北亚研究所所长;

1994 年 4 月～2012 年 5(退休):海南省洋浦经济开发区(中国首例外商成片开发区,全面享受保税区政策的国家级开发区,"特中之特"的改革开放试验区)政府工作人员。先后担任政策法规研究室主任(1994～1995 年);招商局局长兼招商公司总经理(1996～1997 年);招商局、经济发展局、工商局

"三局合一"局局长(1997～1999年);工商局局长(2000～2012年);海南古盐田高尔夫俱乐部首席顾问,2012年退休至今。

兼任职务:北部湾研究所研究员、华中师大聘请教授;海南省市场经济学会会长;韩国釜山大学聘请教授;汉阳大学亚太大学院聘请教授;法国IPE经营大学院国际贸易法学专业聘请教授,等等。

主要论著、论文 专著三部:《价格:中国经济体制改革的热点和难点》、《中国城市不动产市场与价格》、《新中国的黄金时代》;选集、译著各一部:《改革沉思录》(选集)、《垄断资本主义结构的破产》(译著);论文50余篇:"体制转型时期的价格机制"、"通货膨胀 货币改革 放开价格"、"金融市场与宏观金融控制"、"东北亚战略格局与中韩贸易关系的发展"等。

朴永满 男 中共党员,1944年生于五常市小山子镇。延边广播电视局 主任编辑。

1970年毕业于延边大学汉语专业,在五常朝鲜族中学执教,之后调入到五常市广播电视局,1975年开设朝鲜族广播。

1977年调入到吉林省汪清县广电局并在汪清县政府工作,1982年调转到延边广播电视局,1984年任职于延边广播电视局报道部主任,先后担任延边广播电视局副主编,延边人民广播电台副台长;曾担任朝鲜,新加坡等外国国家领导人和胡耀邦,彭真等我国国家领导人随身采访任务并出众完成。

主要论文:"关于媒体报道中的批判性报道的重要性";"改革开放后广播语言使用的现状与其发展前景"等。

朴永满

1993年开设延边人民广播找离散家庭专栏。

1995年开设 直播节目"延边的早晨"。

1994年担任全国科普广播优秀节目评审委员。

姜熙罗 男,教授、硕士。1953年7月毕业于松江省五常朝鲜初级中学,吉林大学化学系毕业。

自1961年起,在白求恩医科大学预防医学院、基础医学院、应用基础医学研究所从事教学和研究工作。主要研究脂类代谢、微量元素和微量营养素与健康、地球化学和环境因素与疾病关系等。

参加完成多项国家、省部级科研课题,发表论文60多篇,获78全国科学大会奖,卫生部科技进步二、三等奖各一项,国家教委科技进步三等奖一项。

享受政府特殊津贴。

崔三烈 男,1956年毕业于五常朝鲜初级中学,1964年毕业于中国人民解放军军事工程学院,哈尔滨工程大学物理系教授,学科带头人,硕士研究生导师,现任中共哈尔滨工程大学纪律检查委员会委员。

专著《光纤传感原理与应用技术》获黑龙江省优秀著作一等奖。

在国家级刊物及国际会议上发表论文6篇。在国际上首次发表了单模光纤水听器全频率范围声压灵敏度公式。曾主持和研制多个科研项目,其中20世纪80年代末研制的"新型水下光纤图像传感器"项目的主要性能远超日本生产的水下电视FUT——7型,曾在1993香港和平利用军工技术国际博览会上展出。

洪大淑　女,1953 年 4 月生,黑龙江五常县人,中共党员,大专文化,黑龙江省特级教师。1972 年任五常县民乐中心小学教师。1974 年 9 月至 1975 年 7 月在呼兰师范读书。毕业后回到民乐中心小学任教。1980 年调到五常镇朝鲜族小学校任教师。1988 年荣获全国优秀少先队辅导员称号。1989 年被评为黑龙江省"注音识字、提前读写"教改实验先进个人,同年被评为黑龙江省特级教师。1993 年任五常市朝鲜族实验小学副校长。1994 年 7 月于黑龙江省朝鲜族师范在职进修(函授)毕业。1998 年被评为黑龙江省优秀教师。

洪大叔

任国铉　男,1953 年生于五常县,中共党员。黑龙江新闻副总编辑,高级编辑。

曾就读于五常朝鲜族中学,"文革"期间回到家乡五常镇镇西大队务农。

1978 年 考入中央民族学院民族语言文学系学习,毕业后分配到黑龙江新闻社工作,直至 2013 年退休。历任黑龙江新闻社 文艺部编辑,社教部副主任,新闻部部长,文艺部部长,总编办主任,副总编辑。

在黑龙江新闻社主管编辑部工作,圆满地完成了办报任务,采写了许多消息、通讯、评论等新闻报道作品。

任国铉

其中,长篇通讯《世上只有妈妈好!》等 2 篇作品获黑龙江省新闻奖一等奖,《还其本来面貌的土地》等消息、通讯 18 篇被评为黑龙江省新闻奖二、三奖。发表中短篇小说 30 余篇,散文、报告文学、文学评论 70 余篇。

是中国少数民族作家协会会员,黑龙江省朝鲜族研究会副会长,黑龙江作家协会会员,延边朝鲜族作家协会会员。

南炳华　男,1954 年 2 月 5 日出生于五常县五常镇。1960 年 9 月到 1966 年 12 月在五常镇朝鲜小学学习。1966 年 12 月跟随被下放的父母到五常县兴盛公社新兴 11 队安家落户。1967 年 11 月开始在五常县朝鲜族中学学习。1972 年 1 月高中毕业回到新兴 11 队务农。

1975 年 12 月经五常广播站朝鲜语广播负责人朴永满先生推荐,通过考试、考核被黑龙江人民广播电台录用为朝鲜语编辑部的编辑、记者,先后做新闻、专题、文艺等节目的采编工作。1978 年 10 月 参加延边大学朝鲜语文专业函授学习,1983 年 12 月取得大学本科毕业学历。1985 年 6 月被任命为黑龙江

南炳华

人民广播电台朝鲜语编辑部副主任(后改任黑龙江朝鲜语广播电台副台长),先后分管新闻、经济、文艺等节目的采编播工作。1985 年 12 月加入中国共产党。1997 年 9 月获主任编辑职称。1997 年 10 月到 1999 年 7 月在黑龙江大学经济学院研究生班学习(结业)。2002 年 9 月获高级编辑职称。2004 年 10 月赴美,2008 年 6 月回国。2008 年 9 月到 2014 年 12 月在哈尔滨远东理工学院参加韩国语教学和国际交流工作(教授待遇)。2014 年 2 月在黑龙江人民广播电台退休。在广播电台工作期间,深入一线采写有分量的稿件,编播具有民族特色的广播节目,主抓新闻、经济、文艺节目的改革,为提高朝

鲜语广播声望做出了贡献。

在职期间，先后担任《中国朝鲜族历史足迹丛书》编纂委员会委员、中国朝鲜语规范化委员会委员、黑龙江省广播电视学会朝鲜语广播研究会副主任委员等职务。作为中国翻译家协会会员，做了广播、电视、文学、电子、机械、经贸等方面的文字翻译工作和口语翻译工作。其中，20 世纪 90 年代中期参加翻译的韩国电视连续剧《月光家族》在全国 200 多家有线电视台播出。2014 年上海科技教育出版社出版了在哈尔滨远东理工学院工作期间编译的韩国《智能机器人》教材（共 15 册，担任主要编译）。作为黑龙江省作家协会会员参与写作报告文学集《当代中国朝鲜族女杰》（1992 年由北京民族出版社出版）。作为黑龙江省民间艺术家协会会员，挖掘整理了一批朝鲜族民间故事和朝鲜古代说唱"盘瑟里"，在黑龙江朝鲜语广播中播出。作为编委会委员参加《当代中国朝鲜族人物录》的编撰工作，1999 年该书由东北朝鲜民族教育出版社出版。2008 年到现在参加大型工具书《韩中大辞典》的编写工作。

1985 年 12 月，被黑龙江省新闻工作者协会授予"全省优秀编辑"称号。1995 年 11 月，新闻《哈尔滨三益乐器起死回生》（与人合作）获"全国少数民族优秀广播节目评奖"一等奖。1996 年 10 月，《第三届亚冬会连续报道》（与人合作）获"全国少数民族优秀广播节目评奖"一等奖。1998 年 11 月被东北三省朝鲜语文工作协作领导小组授予"朝鲜语文工作先进个人"称号。1999 年 6 月，现场口头新闻《防洪纪念塔下军民情》获"全国少数民族优秀广播节目评奖"1 等奖。2001 年 9 月与李光玉合作的广播通讯《爱的奇迹》，在韩国 KBS 主办的第九届世界韩国语广播节目"首尔奖"评奖中，获最高奖"最优秀奖"。

李光玉 女 1955 年 5 月出生于五常县，中国共产党，本科学历，主任编辑。曾就读于民乐小学，民乐中学。1972 年在民乐公社广播站任播音员和话务员。1975 年 7 月到五常广播站任朝鲜语广播播音员兼记者。1983 年调到黑龙江人民广播电台做朝鲜语广播记者、编辑、主持人工作。2015 年 5 月退休。

在黑龙江朝鲜语广播电台工作期间负责"女性世界"，"夕阳红似火"，"星期天直播"等节目的采访、编辑、主持业务。组织省内外听众和业余作者多次进行了"生活随记"征文活动。"黑龙江省朝鲜族十佳儿媳"评选活动中做出贡献，受到了黑龙江省老龄工作委员会的表扬。贴近生活、贴近听众的"星期天直播"节目，成为家喻户晓的名牌节目。

李光玉

报告文学《朝鲜语教学研究的开拓者》入选报告文学集《当代中国朝鲜族女杰》（1992 年由北京民族出版社出版），两篇作品入选《当代中国朝鲜族女作家随笔选》（2000 年由辽宁民族出版社出版）。积极主动投身到朝鲜族妇女活动，参加"全国朝鲜族发展研讨会"并发表相关论文。

工作中多次被评为先进工作者。《小歌星和他的父母》、"女性世界"等九篇（个）稿件和节目获得黑龙江广播电视奖一等奖、二等奖。《解决子女择校问题刻不容缓》（与人合作）、《女强人的心声》等六篇（个）稿件和节目获"全国少数民族优秀广播节目评奖"1、2 等奖。2001 年 9 月与南炳华合作的广播通讯《爱的奇迹》，在韩国 KBS 主办的第九届世界韩国语广播节目"首尔奖"评奖中，获最高奖——"最优秀奖"。当年被韩国儿童保护财团授予"为财团增光添彩的人物"称号，前往韩国首尔领奖。

洪成一 男,1956年3月生于五常县,中共党员,博士研究生学历,中国·对外经济贸易大学教授。

曾在五常镇读完中小学,高中毕业后在安家、兴盛公社下乡近三年,1977年获全县唯一的下乡知青标兵称号。1973年起作为唯一的学生代表成为共青团五常县委员会委员、共青团松花江地区第一届、第二届委员会委员。1975年任团县委常委。

1977年恢复高考时,考入中央民族大学哲学系,1982年获哲学学士学位并留校任教。后在朝鲜金日成综合大学学习朝鲜语言学,在韩国韩南大学学习经济学,获经济学硕士学位,博士学历。

洪成一

曾任对外经济贸易大学朝鲜语系主任、韩国经济文化研究所所长等职,中国国际广播电台对外汉语广播《汉语讲座》主讲。

自1984年起,在对外经济贸易大学从事韩国语教学与研究30余年,发表论文20余篇,出版译著、教材及工具书近30部,培养出硕士研究生30余人。在中国设有韩国语本科专业的大学中,最早设立口译课程,并创新地接入同声传译内容,最先开设研究生《翻译研究》、《同声传译》等课程。多年来,主要致力于韩汉、汉韩翻译、口译及同声传译的教学、实践与研究。

曾为包括韩国前总统、总理及中国总理及人大常委会副委员长在内的国内外领导人等做过交替口译或同声传译。参加过100余次大中型国际会议的同声传译工作。

经多年教学与研究:

1. 提出"无意识状态下的双语思维是口译语言精通的最高标准"。

2. 在国内外最先提出"手机同传及网络同传"的全新同传概念,并持续进行前沿性的研究。

3. 提出了新的同传定义。

4. 在技术追赶理论中提出了发展中国家技术追赶的新途径,"逼迫型追赶"理论。

李 天 男,1956年11月生于五常县五常镇,中学一级教师,中国作家协会黑龙江分会会员,中国翻译工作者协会黑龙江分会会员。

大学专科毕业后一直在五常市朝鲜族高级中学从事教学工作。教学之余,进行文艺创作。

主要作品有:小说《静静的家》(朝鲜文)获1984年东北三省征文三等奖;

1986年在《黑龙江日报》上发表散文《春雨图》;

1992年先后在韩国《妇女周刊》上发表小说《虎岩沟里的郑寡妇》,纪实散文《金钱梦》。

李 天

1989年,在《长江文艺》上发表中篇小说译作《唾弃》;

论文《翻译贵在"挖掘"原作》获中国翻译工作者协会黑龙江分会年会汉朝组一等奖。

金日万 男,1957年3月出生于五常沙河子乡,1976年3月参加中国人民解放军海军。在海军部队服役期间,因工作突出,荣立三等功一次。1987年3月转业到大连市旅顺口区广播电视台电视制作中心工作,在拍摄电视专题片的同时开始组建旅顺电视台。我们拍摄的电视片《旅顺口》、《话蛇》

等均在中央电视台黄金时段名牌栏目中(如《动物世界》)播出。

1991年7月1日,旅顺电视台正式成立。在第一任新闻部主任岗位上一干就是7年。其间亲自拍摄的《我国第一家民营企业集团在北京成立》、《党的好干部关永德》等各类新闻片50余部在国家、省、市台播发并获奖;《论同期声在电视新闻中的地位》、《栏目热的冷思考》等论文在国家、省、市级刊物上发表并获奖;在每年辽宁省县区台好新闻评选中,旅顺台一直名列前茅。1998年3月,被提拔为旅顺广电局主管两台业务的副局长。2003年6月,调任区司法局党总支书记、副局长。2009年12月,调回区广播电视台任党委书记。2012年12月,调任旅顺电大书记、校长至今。

张　南　男,1958年2月生于五常龙凤山乡,大学本科学历,副教授,现在黑龙江民族职业学院预科部工作。曾先后在尚志朝鲜族中学,哈尔滨朝鲜族师范学校任教,2005年9月至今在黑龙江民族职业学院任教。期间曾担任理科教研室主任和班主任工作并致力于教育教学研究,曾在省级、国家级刊物发表《数学归纳法证明探讨》、《综合应用题解法指导》、《双对双曲线之标准方程式的思考》、《数学教学中创新能力的培养》、《语文教法课教学改革的实践与探索》、《"一条龙"学习方式探索与实践》、《浅谈实践教学法的特色》、《数学在物理学上的应用》(获《教育研究导刊》一等奖)、《浅谈在数学教学中培养学生的观察能力》等论文,参与省教育厅科研课题《新课改理念下的小学语文实践教学研究》(《我们成长的足迹———课堂教学改革剪影》等;曾数次获得"先进工作者"、"记大功"、"优秀教师"、"优秀班主任"等各种荣誉。1994年参加黑龙江省中专少数民族数学命题组命题工作。

张　南

南哲镇　男,1958年出生于五常县五常镇。1983年大学毕业,1996年硕士毕业,2010年评为正高。目前在延边环保局工作。

曾完成延边州、吉林省及国家环境保护研究课题数项,获得吉林省科技厅环境污染治理技术成果奖等。曾参加第九届北京国际环保展及国际环保论坛,主讲环保成果报告。

南哲镇

朴文峰　男,1958年10月生于五常市民乐朝鲜族乡,中共党员,硕士。现任民族出版社朝鲜文编辑室主任,3级编审。

毕业于延边大学朝鲜语系,曾就职于黑龙江新闻社,任记者、经济部主任。2001年9月起,调至民族出版社朝鲜文编辑室,任《经济生活》杂志主管、执行主编、副主任等职。

在黑龙江新闻社工作期间,共发表600多篇新闻报道、30多篇文学作品,每年完成70、80万字的编译、400万字左右的审稿量;荣获5次省级报道、编辑奖,两次被评为省级先进工作者。

在民族出版社工作期间,担任《经济生活》杂志主管、执行主编时,完成了从创刊到停刊期间杂志的全部选题策划和 400 万字的初审、500 多万字的审稿任务,采写了 34 篇各类文章;担任朝鲜文编辑室主任以来,每年承担了 40～50 中心图书的策划和 100 多万字的审稿任务,其中近 10 种图书填补了国内空白,完成了《国家少数民族事业"十一五"、"十二五"出版规划项目》策划实施任务;发表了近 10 篇与出版新闻相关的学术论文,出版了 8 部编著图书和 4 部独译合译图书。期间,策划或组稿统筹的图书 2 部荣获第一、二届"中国出版政府奖—图书奖",1 部荣获第三届"中国出版政府奖—提名奖",1 部被选入第三届"三个一百"原创图书出版工程,数十部荣获东三省(北京)朝鲜文图书优秀奖。

朴文峰在开辟朝鲜文图书出版的新领域和扩大编辑队伍、提升队伍编辑出版水平做出了重要贡献,为争取多项国家出版基金项目、朝鲜文图书产品的精品化、推进中国文化"走出去"做出了积极的贡献。

朴泰秀 男,中共党员,研究生学历、副研究员,1959 年 5 月生于五常市长山乡日升村。曾任中学教师,现任黑龙江省教育学院民族教育培研部副主任。担任中国少数民族双语教学研究会理事、全国朝鲜文教材审查委员会汉语学科审查委员、东北三省一区少数民族中小学汉语教材研究会副秘书长、延边教育出版社编辑全国朝鲜族中小学汉语教材特约编辑、黑龙江省教育学会少数民族中小学文科教学专业委员会秘书长、黑龙江省朝鲜族作家协会翻译分科负责人、黑龙江省民族教育网负责人等社会职务。

朴泰秀

出版专著、编著、朝汉译著、合著等 10 余本。参与编写的教材、教师用书等 50 余册。发表论文 20 余篇,或省级以上各类证书 20 多次。曾获得教育部中国教师发展基金会颁发的全国"十一五"教育科研优秀成果一等奖、省教育科学规划领导小组办公室颁发的黑龙江省教育科学研究成果一等奖和黑龙江省教育科研骨干等荣誉。

2008 年被教育部中国中小学幼儿教师奖励基金会授予"教育教学优秀教研员";2010 年被中国教学研究会授予 2010 年度"全国教书育人标兵";2011 年被省教育厅和省教育科学规划领导小组办公室联合授予黑龙江省教育科学研究先进个人;2012 年 9 月被中国少数民族双语教学研究会授予全国少数民族双语教育先进工作者。

尹明石 男,1960 年 4 月生于五常县兴盛公社,大学本科毕业,哈尔滨师范大学教授。

曾先后就读于五常县第一中学,牡丹江师范学院体育教育系。毕业分配至五常县朝鲜族高级中学任教,1986 年至今在哈尔滨师范大学体育科学学院任教,擅长足球、田径、乒乓球、太极拳。

先后编写出版教材四部:

《运动员选材方法》(副主编);《运动性疾病与防治》(主编);《足球学与练》(编著);《体育与健康》(第二副主编)。

尹明石

先后主持两个科研课题:

《从 21 世纪中国学校体育发展研究》,该课题获国家二等成果奖;《结构法教学在体育与健康课中的应用研究》。

在五常工作期间,曾两度获五常县朝鲜族体育运动会摔跤冠军;1983 年在五常县田径运动会 100 米、200 米、400 米第一名;曾获黑龙江省高校体育技能大赛足球教师组第二名;哈尔滨师范大学优秀教学成果奖。

崔一华 女,1960 年 5 月出生于五常镇,中共党员,黑龙江民族职业学院副教授。

玄　建 男,1960 年 10 月出生于黑龙江省通河县。黑龙江省大庆实验中学高级教师,享受国务院特殊津贴专家、黑龙江省数学特级教师、全国优秀教师、国家级骨干教师。

1976 年 9 月～1977 年 7 月在安家中学读书;1982 年 7 月～1986 年 7 月在五常县朝鲜族高级中学从事教学工作。后调到黑龙江省大庆实验中学,曾任科研处主任。

从事教学工作以来,他一直潜心研究教材教法和高考,准确把握高考命题原则和命题趋势,抓住高考的命脉,找准高考命题的根所在。具有丰富的高考辅导经验,善于把繁杂的知识点结构化、体系化,让学生学习得更轻松,让知识真正学以致用,教学实绩显著。

在大庆实验中学工作 29 年,培养出了 12 名省市高考文理科状元和 19 个数学单科状元,尤其是近 9 年来,他带出了 11 名高考数学 150 分满分和 8 名省市文理科状元,被誉为是高考状元工程的设计人。

玄　建

证　书

李顺子 女 1960 年 10 月生于吉林省柳河,大学本科学历,双师教师,副教授,现在黑龙江民族职业学院专家督导室工作。曾先后在五常朝鲜族高级中学,尚志朝鲜族中学任教,和在哈尔滨朝鲜族师范学校任教,2005 年 9 月至今在黑龙江民族职业学院任教。期间曾担任文科教研室主任、班主任、专任辅导员工作并致力于教育教学研究,曾在省级、国家级刊物发表《谈真情实感的培养》(获二等奖)、《模仿与求异》(获一等奖)、《浅谈学生健全人格的培养》、《语文教法课教学改革的实践与探索》、《"一条龙"学习方式探索与实践》、《浅谈实践教学法的特色》等论文,参与科研课题:《黑龙江民族职业学院朝鲜语韩国语专业教材建设》、《高职中文专业教学方法的研究》,主持省教育厅科研课题《新

李顺子

课改理念下的小学语文实践教学研究与探索》(《我们成长的足迹》——课堂教学改革剪影)等;曾获得"园丁奖"、"记大功"、"优秀教师"、"先进工作者"、"教学能手"、"优秀班主任"、"优秀辅导员"等各种荣誉。2012年获黑龙江高职高专院校师范类专业学生教学技能大赛"优秀指导奖"。

金哲镇　男,1960年11月生于五常民乐乡,函授毕业于哈尔滨师范大学美术教育系,讲师。现任黑龙江民族职业学院艺术系美术、书法教师,黑龙江省直属机关美术家协会会员。

2008年参加首届全省少数民族书法、绘画、摄影展中,朝鲜文书法作品《山》荣获金奖;绘画作品"水彩人生"获优秀奖。2011年第二届全省少数民族书法、绘画、摄影展中,朝鲜文书法作品《沁园春》荣获铜奖。

2008年~至今一直负责黑龙江民族职业学院的学生参加硬笔书法等级考试,先后参加3级、4级硬笔书法考试的300多名考生全部合格。

2008年 参加了硬笔书法等级考试,获六级证书。在2008~2010年,连续获得教育部考试中心颁发的硬笔书法优秀指导教师证书。

金哲镇

路泳洙　男,1961年11月生于五常县五常镇镇西村,中共党员,大学本科毕业,原五常市朝鲜族高级中学党支部书记兼校长。

曾在五常镇朝鲜族小学、五常县朝鲜族初级中学、高级中学读书,1982年东北师范大学数学系毕业后分配到五常师范学校工作,先后任教员、学生科长。

2002年调任五常市朝鲜族高级中学副校长,2004年任正职,2012年退居二线。

任职期间,学校获黑龙江省级大面积提高教育质量先进单位,本人多次获哈尔滨市优秀教育工作者、党务工作者荣誉。

路泳洙

李成一　男,1963年生于五常县龙凤山乡,中共党员,本科学历,哈尔滨市教育局民族教育处处长,哈尔滨市教育研究院民族教育教研部主任。

曾执教于阿城市朝鲜族中学,曾任该校校长兼书记,后调任哈尔滨市教育局民族教育处副处长,哈尔滨市教育研究院民族教育教研部副主任。

长期以来,坚决贯彻实施党和国家的教育方针政策,为少数民族教育发展提供政策、法规等服务,管理、检查和督促哈尔滨市少数民族教育,根据少数民族教育的现状,解决实际存在的问题。在朝鲜族学生日趋减少的情况下,提出哈尔滨市朝鲜族学校实施小班化教学。帮助建设了三所朝鲜族幼儿园,搞好哈尔滨市援疆教育工作。

李成一

李哲学　男,1963 年 6 月生于五常县民乐乡友谊大队,中共党员,工学博士。

曾就读于民乐乡朝鲜族小学、初中、高中,1984 年 7 月毕业于吉林省延边大学数学系本科。2001 年 3 月至 2008 年 2 月就读于韩国明知大学研究生院计算机工程学院,先后获工学硕士、工学博士学位。

1984 年 7 月至 2000 年末在黑龙江省五常朝鲜族师范学校(黑龙江省朝鲜族教师进修学院)工作,曾主持过理科教研室、电化教育室等工作;承担中师数学、计算机基础,计算机编程语言和进修学院函授班数学分析课程教学工作。

李哲学

2008 年 9 月至今在江苏省常州大学从事教学和科研工作。主要研究领域有电子信息与数字图像处理、模式识别、城市轨道交通信号与自动控制等。

柳俊哲　男,1964 年 2 月生于五常县杜家公社曙光村,中共党员,博士、宁波大学建筑工程与环境学院教授、博士生导师,副院长。

小学、初中就读于杜家曙光学校,高中毕业于五常四中,大学毕业于哈尔滨工业大学材料科学与工程学院。是日本北海道立寒地住宅都市研究所研究员,日本东京大学建筑工学科建材研究室访问学者。

目前从事混凝土结构耐久性和生态建筑材料的研究,主持多项国家和省部市级科研项目,国内外发表 90 多篇学术论文,发明专利 12 项,主编著作 6 部,获省部市级科研奖多项。

柳俊哲

现为中国硅酸盐学会固废分会理事;全国高等学校建筑材料学科研究会常务理事;中国混凝土与水泥制品协会教育与人力资源委员会常务理事;中国土木工程学会混凝土耐久性专业委员会委员;中国建筑学会墙体保温材料及应用技术专业委员会委员;中国建筑学会建材测试专业委员会委员;《商品混凝土》编委;东北林业大学兼职博士生导师;中科院宁波材料研究所兼职博士生导师。

李秀峰　男,1964 年 3 月生于桦川县星火乡,中共党员,高级编辑,行政副处级。曾就读于五常县朝鲜族高级中学,1989 年大学毕业后,分配至黑龙江新闻社任经济部编辑。先后任经济部副主任、新闻部主任、黑龙江新闻社沈阳支社新闻部主任和沈阳特派员、采访中心主任、CNTV 韩国语台副总监等职。

就职后,曾赴韩国延世大学进修韩语、赴韩国韩林大学新闻专业研究生班学习。

参加工作后获得多项荣誉,主要有:

报纸奖和新闻奖一等奖 2 次、二等奖 2 次、三等奖 7 次。

李秀峰

任新闻部主任以来策划、组织重大报道 26 项,其中 4 项获黑龙江省新闻奖一等奖、二等奖各 1 项、三等奖 2 项。

曾荣获抗洪抢险报道优秀新闻工作者、黑龙江省首届十佳新闻工作者、黑龙江省优秀记者等光荣称号。

多次被黑龙江新闻社评为最佳编辑、先进工作者。

曾被评为黑龙江省直机关优秀党员。

崔光弼 男,1964年出生于五常市民乐乡民安村。1985年7月毕业于中央民族学院汉语言文学系。在民族文化宫图书馆(今中国民族图书馆)参加工作,从2003年起,担任研究发展部主任(正科级)至今。2013年12月取得由文化部评定的图书资料专业研究馆员任职资格。

承担的课题主要有:

申报和主持完成2007年度国家民委"中国民族及民族地区图书馆调查与研究";参与、完成国家"十一五"科技支撑计划项目——"少数民族语言文字信息处理共性关键技术研究与示范应用"之课题二——"藏文数字图书馆关键技术研究与示范应用",担任民族宫课题组负责人。2014年,主持国家民委"宗教

崔光弼

文献与少数民族宗教问题研究"。

专著:

主编《中国民族地区图书馆调查》,《中国少数民族文字古籍整理与研究》;学术专著《中国少数民族文字古籍源流》,编辑出版大型文史类图书:《图文20世纪中国史》(十卷本),《历史真相:20世纪世界图片档案》(四卷本)等。

论文:

《중국 소수민족 문자 창제에 관한 탐구》(韩文);《我国民族地区旗县级图书馆现状及发展对策研究》;《〈高丽大藏经〉与东亚地区文化交流》等多篇。

获奖情况:

研究报告《藏文、蒙古文、维吾尔文古籍文献现状的调查报告》获2007年度全国民委系统调查研究优秀成果评选三等奖。

研究报告《我国民族地区图书馆发展现状的调研报告》获2008年度全国民委系统调查研究优秀成果评选三等奖。

论文《训民正音及其文献研究》获中国社会科学情报学会2012年学术年会优秀论文二等奖。

金丽花 女,1965年3月生于五常县五常镇,大学本科毕业,黑龙江民族职业学院副教授。

曾就读于五常镇朝鲜族小学、五常县朝鲜族高级中学,1987年7月毕业于牡丹江师范学院,获理学学士学位。毕业后分配到五常朝鲜族师范学校任教,随着学校合并,进入黑龙江民族职业学院任教。

主要著述:

编写《生物化学》教材;论文《浅谈如何提高民族预科化学教学的质量》;参与课题《黑龙江省民族预科教学质量评价体系的研究》。

金丽花

韩景旭 男,朝鲜族,1966 年 5 月生于黑龙江省五常县保山公社小新屯。1984 年 9 月就读长春大学外语系日语专业。1985 年赴日本南山大学留学,1986 年 4 月进入日本中京大学社会学系攻读社会学专业,1990 年 3 月毕业。1992 年 3 月硕士研究生结业。1995 年获"社会学博士"学位。1996 年 2 月担任日本国立民族学博物馆研究员,兼任日本中京大学法学系讲师、日本金城学院短大系"比较社会论"及经济系讲师、日本中部大学国际关系系"东亚地区研究"讲师。

申铉日 男,1968 年 2 月年生于五常市民乐乡,中共党员,教授,水产科学博士,归国留学人员。

1990 年毕业于齐齐哈尔大学,获食品工学学士学位,2000 年开始赴日留学,2003 年获日本北海道大学大学院农学硕士学位,2006 年获日本北海道大学水产科学研究院水产生命科学博士学位,2006、4 月~2008 年 6 月日本学术振兴会(JSPS)外国人特别研究员,2008 年 7 月调入海南大学食品学院,教授,硕士生导师,研究方向是热带水产品的精深加工、海洋生物生理活性成分的分离与评价、海洋高分子生物材料的开发与应用。现任中国免疫学会海南省分会食品营养免疫分部主任,国家自然基金面上项目和教育部留学回国人员科研启动基金评审专家等职。现主持国家十二五科技支撑计划课题、国家自然基金项目和省部级项目,近几年在国内外共发表学术论文 20 余篇。

秋玉丹 女,1968 年 2 月出生于五常县龙凤山乡,中共党员大学本科学历,五常市朝鲜族实验小学校长,中学高级教师,黑龙江省模范教师。

毕业于五常朝鲜族师范学校,先后函授毕业于延边大学朝鲜文学专业专科,东北师范大学小学教育专业本科。

1987 年 8 月参加工作,先后在五常长山乡日升小学、五常市朝鲜族实验小学任教,2007 年 3 月起任实验小学校长。

个人先后获黑龙江省骨干教师、省模范教师,哈尔滨市优秀党员、党风廉政建设先进个人、义务教育课程改革优秀管理者、群众满意校长。

任校长以来,学校多次荣获东北三省、黑龙江省、哈尔滨市表彰,成为哈尔滨市教育教学研究基地校、东北三省朝文版教材研究基地校

秋玉丹

黄春华 女,1968 年 3 月生于五常,教授,经营学博士。

曾就读于五常市朝鲜族高级中学、中央民族大学法律系;韩国韩南大学研究生院 。2005 年 8 月在韩国韩南大学研究生院攻读市场营销与国际经营专业,获经营学博士学位。

1990 年 9 月参加工作,先后在大连市金洲区检察院、韩国 SBS 广播电视台北京支局、韩国东洋水泥(株)北京办事处工作。从 2001 年 3 月起,先后在韩国韩南大学、韩国大田市苏中国语学院、韩国佑松大学、韩国京畿科学大学任兼职讲师。2004 年至今被聘为大田高等法院的固定翻译;2008 年 3 月至今被韩国长安大学聘为教授。

黄春华

在韩国期间,除潜心攻读学位之外,还参加了一些学术会议,发表论文,编写教材,翻译名著等。在国内和韩国期间多次参加大型国际学术会议并承担翻译和同声传译工作。

主要论文：

《从分配到购买—中国住房改革研究》《互联网信息搜索意图对消费者行为的影响分析》《关于韩国流通业进入中国的战略研究》《韩中 FTA 的签订对两国农业的影响》《韩国新村运动和中国近代乡村建设运动的比较研究》等 10 余篇。

主要著作：

《精选韩中/中韩辞典》《最新商务中国语会话》《中国语会话》（上、下），《最新中国语会话》，《中国语日常会话》《旅行中国语》等 8 部。

主要翻译作品：

《红楼梦》《钢铁是怎样锻炼的》《简爱》《无情》《飞越地平线》《穿越海洋》，《看电影学减压》等 8 部。

朴永梅　女，1968 年 3 月生于五常兴盛乡新村村，1988 年毕业于黑龙江省纺织技术学校，现任黑龙江省建筑工程技术学院院长。

曾在尚志市纺织厂任检查员。

李玉顺　女，1968 年 8 月生于黑龙江省五常。博士，教授，博士生导师。1986 年毕业于五常县朝鲜族高级中学，先后就读于浙江大学土木工程系、哈尔滨工业大学土木工程学院获学士、硕士和博士学位。

曾在中国地震局工程力学研究所博士后流动站进行为期 2 年的博士后研究工作后，在日本东京大学生产技术研究所钢结构研究室做 1 年访问学者。后在东北林业大学土木工程学院从事教育工作十余年，现为宁波大学建筑工程与环境学院教授、博士生导师。长期从事结构工程领域的科研和教学工作，曾主持完成黑龙江省自然科学基金项目、中国博士后科学基金项目、浙江省科技计划项目、国家自然科学基金项目等。近期主持国家自然科学基金项目、宁波市重大科技计划项目等科研课题。先后发表 60 余篇学术论文，已获授权 9 项专利。现为"浙江省新世纪 151 人才工程"第二层次培养人员，"土木工程浙江省重点学科"和"土木工程宁波市重点学科"负责人。学术兼职有中国建筑学会木结构专业委员会委员、中国钢结构协会钢 - 混凝土组合结构分会理事、中国钢结构协会房屋建筑钢结构分会理事等。

李玉顺

方艺琴　女，1968 年 9 月生于五常县向阳乡，本科学历，五常市广播电台一级播音员。

曾执教于五常县向阳朝鲜族初级中学，从 1989 年起调入五常市（县）广播电视台任记者兼编辑至今。

曾在全国播音作品评选中获得三等奖；多次在黑龙江省及哈尔滨市优秀稿件评选中获得一、二、三等奖；多次在黑龙江人民广播电台和《黑龙江新闻社》征文比赛中获得一等奖；多次被中央人民广播电台、黑龙江人民广播电台和《黑龙江新闻》社评为优秀通讯员。

方艺琴

李康文

李康文　男,1969 年 6 月生于五常县民乐乡,中共党员,本科学历,五常市朝鲜族高级中学党支部书记兼校长。

曾先后就读于民乐朝鲜族乡中心小学、中学,县朝鲜族高级中学,

1985 年 7 月参加工作,曾在民乐朝鲜族乡中心小学、市朝鲜族高级中学任教。2012 年任朝高中校长。

担任校长期间,在学校资金短缺的情况下,大抓学校教师的教学活动和培训工作,使学校教育教学综合评估连续几年获得一等奖,高考成绩不断提升。2012 年,成功举办国家级全国朝鲜族教育科学"十一五"规划课题结题会议,受到东北三省与会专家和教师们的一致好评。引进"朗姿奖学金、奖教金",奖励优秀学生和优秀教师;购置教学设备。引进韩国有关财团资金,改善学校心理咨询室、医务室。学校育人环境得到大大改善。

学校多次荣获省级"大面积提高教学质量先进单位"、哈尔滨市"文明单位"、"德育工作先进单位"、"高中大面积提高教学质量先进单位"等荣誉,多家新闻媒体报道了学校所取得的成绩。

跟人先后被评为五常市"勤政廉洁好干部",哈尔滨市"优秀教育工作者"、"优秀党务工作者"、"群众满意好校长"。

崔爱顺

崔爱顺　艺名艺智,女,1969 年 12 月生于五常县,大学本科毕业,国际文化艺术振兴会会长,韩国歌手协会艺术团团长,多文化演艺艺术人总联合会中央会九老分会会长,国际演艺艺术人总联合会理事。

毕业于哈尔滨师范大学音乐专业,擅长舞蹈、器乐、声乐、作曲、作词、编舞。

主要作品:

创作歌曲:《中毒的爱》、《统一是大发》、《为了世界和平》;

演唱歌曲:《想念我的爱》;

主要获得奖项:

黑龙江省同胞歌谣大赛大奖、黑龙江省第三届少数民族文艺竞赛银奖及铜奖、黑龙江省朝鲜语广播电台同胞歌谣大赛总决赛银奖、第八届大韩民国社会贡献大奖、韩国 KBS 创办 4 周年特别公开播放歌谣大奖最佳奖,2014 年 1 月大韩民国多文化十大艺术人奖,同年获韩国第三届多文化歌谣节大奖。

2014 年 12 月 14 日共同主办日韩中国际联合总会辞旧迎新蓝图大会。

李红男　女 1971 年生于黑龙江省宁安市,大学学历,五常市广播电视台编辑,《五常市朝鲜民族志》副主编。

曾在五常市朝鲜族初级中学任教 10 余年,2004 年起在五常市广播电视台专题部负责朝鲜语广播编辑,播音

是中国朝鲜语学术学会黑龙江省分会会员,全国朝鲜族广播影视协作小组成员,黑龙江省朝鲜语广播电台特约记者,黑龙江新闻社特约记者。

主要作品:

《投身慈善事业的朝鲜族大婶》获全国第十三届朝鲜语广播电视优秀作品一类作品；

《播撒金色稻种的人》获全国第十三届中国朝鲜语广播电视优秀作品二类作品；

《民乐乡以产业化发展促新农村建设》获全国第十五届朝鲜语广播电视优秀节目二类作品；

《五常大米飘香全国》获黑龙江省新闻头题征文比赛一等奖。

在创建广播电视强省活动中被评为黑龙江省广播电视系统先进个人。

主要论文：

李红男

《浅谈如何办好对农电视节目》、《对农电视节目缺失现象浅析》、《谈谈电视新闻标题的美化》等在《新闻传媒》、《活力》等省级刊物上发表。

金哲振　男,1971年10月生于五常县,中共党员,哈尔滨师范大学政治教育系毕业,现为黑龙江新闻社(黑龙江朝文报社)主任编辑(副高级职称),央视网韩国语台影像制作中心主任。

曾就读于五常镇小学、初高中,大学毕业后进入黑龙江新闻社从事新闻采编工作。

曾先后供职于黑龙江新闻社社会教育部、群工部、经济部、翻译部、社会文化部、影像部、中央电视台央视网韩国语台等多个部门。现专门从事央视网(CCTV.com)韩国语台原创节目的策划、制作、发布、管理等工作。

金哲振

从业以来采写了大量新闻报道和多篇新闻业务专业论文,并制作了大量新闻专题片和纪录片。其中有三篇新闻报道荣获"黑龙江省新闻奖"二、三等奖和"黑龙江省报纸奖"二等奖,多篇论文发表在省一级期刊《活力》杂志和《新闻传播》杂志上。

曾被授予黑龙江省"省直机关优秀共产党员"荣誉称号和黑龙江省"优秀文化干部"荣誉称号。

崔京梅　女,1973年5月生于五常县五常镇,中共预备党员,硕士研究生学历,哈尔滨朝鲜民族艺术馆展馆部主任,副研究馆员。

曾在中学任教,2008年调入哈尔滨朝鲜民族艺术馆工作至今。主要负责安重根义士纪念馆、人民音乐家郑律成纪念馆、民俗馆、哈尔滨市朝鲜族非物质文化遗产博物馆等展馆的管理工作。对待工作认真负责,待人以诚善于协调,得到中外游客的一致好评。

工作之余,撰写了大量文论发表：

《勤于实践　勇于创新》获哈尔滨市教育学会研究会一等科研论文；

崔京梅

《浅析朝鲜族学生在教育中存在的一系列问题》获黑龙江省朝鲜学研究会学术研讨会一等奖；《浅谈非物质文化遗产保护》获黑龙江省艺术科研讨论会优秀科研成果二等奖；《群众文化的文化价值与社会影响》获黑龙江省艺术科研成果一等奖。

获得荣誉：

获道里区教育系统新一代创业人称号；连续三年获道里区教育系统劳动模范称号；荣获全省优秀班主任称号；被评为黑龙江省优秀教师；获第29届哈尔滨之夏音乐会先进个人。

崔洪男　女,1974 年 9 月生于五常县光辉乡,大学本科毕业,硕士学位,黑龙江省韩国语协会理事,黑龙江民族职业学院副教授。

曾在光辉乡读完小学、初中,毕业于县朝鲜族高级中学,延边大学朝鲜语系本科毕业后参加工作。先后在五常朝鲜族师范学校、黑龙江民族职业学院讲授朝鲜语、韩国语等课程。

曾主编或副主编《冲击韩语能力考试》、《韩国语视听说》、《韩国语听力初级》、《阅读与写作》、《韩国概况(韩版)》等出版物。曾主持黑龙江省教育厅教育教学改革项目或担任主要角色的课题《韩国语教材建设研究》、《大学韩国语专业语音教学模式研究及教材开发》等。曾公开发表大量论文并获重要奖项,《先后关系词尾分析》获第 17 次全国朝鲜(韩国)语学术研讨会一等奖,《关于被动词词尾的使用》获黑龙江省朝鲜语学会第十四次学术研讨会一等奖,《被动词缀研究》获第 18 次全国朝鲜(韩国)语学术研讨会二等奖。

崔洪男

李美花　女,1975 年 5 月生于五常山河镇,中共党员。在读博士生,现任延边大学外国语学院日语系副教授、硕士生导师。

从小学至高中在五常读书,考入延边大学日语系。大学本科毕业后,考取延边大学外国语言学及应用语言学硕士。毕业后,又考取延边大学东方文学专业博士。曾在日本新潟综合学院学习,又参加日本秋田大学、中国骨干教师高级研修课程班、中国第八届大学日语教师研修会、中国第一届大学骨干教师研讨会、日本国际交流基金日语国际中心学习。

读书期间,曾作为学生代表参加五常市共青团代表大会、延边朝鲜族自治州共青团代表大会,屡获优秀毕业生、优秀学生干部荣誉。工作期间,荣获延边大学外国语学院优秀班主任、青年教师教学比赛二等奖等荣誉。

李美花

工作实践中,撰写了大量论文并公开发表,主要有:

《日韩两国语的女性语比较研究》、《朝鲜族日语学习者的授受动词的习得研究》、《利用因特网的日语学习》《关于中国日语学习者授受表现的习得研究》、《论多媒体教学在日语精读课中的应用》等。论文《浅谈日语专业低年级的精读课教学》获吉林省第七届教育科学优秀成果奖三等奖。

曾作为负责人主持多个省级和校级科研项目,主要有:省级课题《中日韩女性语比较研究》,校级课题《互联网环境下的日语专业基础日语课程新型教学模式研究》、《中日性别歧视现象比较》等;作为将在 2016 年结题的科研项目成员参加吉林省教育科学"十二五"规划课题《外语人才培养过程中语法教学定位与语法教学内容改革与实践》研究。

张鼎锋　男,1977 年 2 月 13 日出生于五常市龙凤山乡。

1994 年在五常市第二中学读书时,参加全国奥林匹克高中数学竞赛和全国奥林匹克高中物理竞赛所得成绩,均获黑龙江省赛区一等奖和全国赛区二等奖。这是五常市中学生参加数学物理竞赛中取得的最好成绩。

俞　菲　女,1988年1月生于黑龙江省双鸭山市,中共党员。

幼时随父母来到五常,曾在五常县五常镇第一小学、五常县第三中学、五常市高级中学就读,2006年考入延边大学,统计学、经济学双学士学位。在延边大学学习期间,本科一年级,参加延边大学主持人大奖赛,获得一等奖;同年进入延边大学校学生会,担任宣传部委员,组织、宣传全校型活动,负责活动策划、活动宣传、活动组织。

俞　菲

每学年均获得延边大学专业一等奖学金,获得创新奖学金多次;获数学建模比赛一等奖;东北三省数学建模比赛一等奖;多次获得延边大学特殊贡献奖。2011年考入哈尔滨工业大学,概率论与数理统计学硕士学位。毕业论文答辩,取得了学院第一名的好成绩,并获得哈尔滨工业大学优秀硕士研究生荣誉称号。

在硕士二年级,被保送攻读哈尔滨工业大学计算机学院的博士研究生。

2014年2月起,在哈尔滨工业大学就读,攻读计算机软件与科学专业博士学位。

黄罗莹　女,1989年5月生于五常,共青团员,硕士学位,在读博士生。中央民族大学本科毕业后,在韩国首尔大学获韩国语教育硕士学位。

曾先后在山东大学威海分校韩国语学院、北京第八十中学初中国际部教学实习。

2009年至2010年,参与教育部国家大学生创新实验计划(NMOE),研究课题为《中国散居地区朝鲜族中学的发展现状与发展—以吉林地区为例》。在团队中主导研究方法论的确定与实施,通过实地走访吉林地区的朝鲜族中学,了解各校的发展历程,总结过往经验,得出吉林地区朝鲜族中学的长效发展模型,为少数民族地区的中学教育发展提供了借鉴经验及发展依据。

黄罗莹

2010年参加中央民族大学"孝通杯"学术论文大赛。论文《朝鲜语语言文化的特征研究》获优秀论文奖。

2012年至2013年完成并通过硕士论文《以中国学生为对象的中韩跨文化教育研究—运用韩国文学作品为中心》。

五、医药卫生名人简介

金明淑　女,1929年12月生于吉林省延吉县,1947年参军,1956年转到地方,在哈尔滨市第六医院、五常镇医院当护士。由于她医德高尚,关心患者疾苦,曾多次被评为省、地、县劳动模范、优秀共产党员。

金凤起（1936～2011年） 男，1936年5月生于吉林省和龙县东城乡。

1962年延边医学院毕业后，分配到五常县人民医院工作，先后任医师、副主任医师，儿科付主任、主任。是五常县人民医院党总支副书记，1983年作为代表参加中共五常县党员代表大会；1985年11月参加五常县总工会第八届代表大会，在会议上被选为县总工会第八届委员。

金凤起

崔星浩（1938年1月～2003年6月） 男，1938年1月生于朝鲜庆尚北道议城郡，中专毕业，主治医师。

曾就读于五常县民乐中心小学，1956年8月毕业于五常县朝鲜中学。1962年8月松花江卫生学校毕业后，分配到绥棱县绥中卫生院工作。

1968年调到五常县，曾在五常镇医院、安家卫生院、五常中医院担任医生，曾任中医院放射线科主任。

1994年10月退休。

金松山 男，1952年1月生于黑龙江省勃利县，黑龙江中医学院毕业，主治医师。

曾任五常县光辉卫生院院长、小山子镇医院院长，1989～1994年任五常镇医院业务院长。2001年退休。现返聘在原单位继续从医。

金松山

崔英爱 女，1952年4月出生于五常县，本科毕业，内科副主任医师。

哈尔滨医科大学医疗系毕业，分配到五常化肥厂卫生所任医生，后调至五常市人民医院任主治医师。1994年5月至1995年4月入哈尔滨医科大学附属第二医院进修心内科、内分泌科进修。进修后回五常市人民医院任内三科主任，为内科专家。

2006年退休后，先后被返聘于市医院、市中医院继续第一线医疗工作。

崔英爱

南　锡　男　1952 年 5 月出生于小山子镇。中共党员,1979 年 10 月参加工作,研究员。

曾就读于小山子镇五一村小学;五常市朝鲜族中学;1977 年考入东北农业大学,畜牧兽医专业毕业。

曾赴澳大利亚参加科工联邦组织(CSIRO)组织的无特定病原(SPF)种鸡群培育和管理培训。

1968 年 11 月~1977 年 2 月,在五常市小山子镇大常堡屯五一村参加农业生产劳动,曾任团支部书记、生产队长。

1979 年 10 月~2000 年 3 月,在中国农业科学院哈尔滨兽医研究所参加兽医生物研究工作。参与"伪狂犬病弱毒冻干疫苗的研究";主持"中国—澳大利亚无特定原(SPF)种禽项目",主持"中国无特定病原(SPF)种鸡群培育研究"课题;参与"实验动物新型垫料研究"课题。

曾任实验动物中心主任(副处级)、开发中心主任副处级)、产业化研究室主任(正处级),1993 年 8 月赴韩国参加世界家禽协会太平洋远东地区学术交流会,曾任黑龙江省实验动物学会副理事长、中国畜牧学会生物制品分会理事。

2000 年 4 月~2012 年 6 月,在中国动物卫生与流行病学中心(原农业部动物检疫所、位于青岛)工作。参与主持"中国动物血清库和动物诊断液制备中心"建设项目;参加全国生物制品规范化生产(GMP)设施的设计和验收工作;负责禽流感等鸡胚疫苗生产用全自动鸡胚接种机和收获机的研发工作。

曾任动物诊断液制备中心主任、青岛易邦生物工程有限公司总兽医师(副总经理);曾任山东省实验动物学会常务理事、中国畜牧学会生物制品分会常务理事、农业部生物制品 GMP 工作委员会委员、农业部生物制品 GMP 检查组组长成员。

1986 年 6 月:"伪狂犬弱毒冻干疫苗"获农业部科技进步二等奖;

1998 年 3 月:"实验动物新型垫料"获黑龙江省畜牧局科技进步三等奖 5;

2004 年 7 月:"中国 SPF 种鸡群培育研究"获黑龙江省政府科技进步二等奖。

金顺玉　女,1955 年 6 月生于黑龙江省尚志县,本科学历,副主任医师。

1978 年 8 月黑龙江中医药大学本科毕业,曾在尚志市长寿医院从医,1981 年 2 月起至退休在五常市中医院第一线从医。

金丽华

金丽华 女,1963 年 8 月生于五常县五常镇,儿科副主任医师。

1987 年毕业于齐齐哈尔医学院妇幼专业,分配到五常市人民医院儿科工作至今。1994 年 9 月为主治医师,2008 年 9 月晋升副主任医师。

赵成日

赵成日 男,1964 年 2 月生于五常县沙河子乡,大学本科学历,五常市中医院主治医师。

曾先后就读于五常县朝鲜族初级中学、高级中学,1989 年 7 月毕业于黑龙江省中医学院本科后,分配到五常中医院工作。

现任五常市中医院内科主任,主治脑出血、脑梗塞、神经性头痛、冠心病、高血压、肺心病、胸膜炎、肝硬化、消化道出血等病症。

金日山

金日山 男,1965 年 1 月生于五常县向阳乡,大学本科学历,上海市(果果)宠物中医针灸理疗康复中心院长,我国唯一的宠物神经科医生。

1985 年毕业于五常县第四中学,1990 年黑龙江八一农垦大学兽医专业毕业后分配到黑龙江大庆市三环企业总公司第一牧场,从事动物医生工作。

曾在韩国动物医院进修,多次参加了亚洲宠物中西医结合研讨会,发表过很多的宠物瘫痪针灸治疗病例。撰写过十多篇的优秀论文。

上海市(果果)宠物中医针灸理疗康复中心是国内唯一的宠物神经内科专科医院,唯一的宠物神经内科疾病针灸治疗的专科医院。该医院填补了国内宠物神经内科专科医生及专科医院的空白,为国内宠物神经内科疾病的针灸专科治疗打下基础。

每年都有国外宠物兽医行业来参观,包括韩国、日本、新加坡等。目前接收了法国兽医在这里学习宠物针灸。

郑春顺

郑春顺 女,1966 年 1 月生于五常县山河镇,本科学历,口腔副主任医师。

黑龙江省伊春卫生学校口腔专业毕业后,分配到五常县山河人民医院作医生。1887 年 9 月调入五常市人民医院口腔科为医生、主治医师、副主任医师至退休。期间曾进入哈尔滨职工医学院口腔医学专业学习四年并毕业。

李明元

李明元 男,1970 年 8 月生于五常市五常镇,中共党员,主治医师,五常市启智社区卫生服务中心副院长。

曾就读于五常县朝鲜族初级中学,黑龙江省卫生学校毕业后,在五常市民利卫生院做医生工作七年后,进入佳木斯医学院学习两年。1998～2011 年底在五常市妇幼保健医院工作,任外科主任。期间,曾在哈尔滨医科大学附属二院进修学习。2011 年底至今在五常市启智社区卫生服务中心工作。

金福男

金福男 女 1972 年生于五常,哈尔滨市道外区太平人民医院 妇产科副主任医师。

李正民

李正民 男 1973 年 5 月生于五常县光辉乡,农工民主党党员,哈尔滨医科大学附属第三医院(黑龙江省肿瘤医院)骨外科副主任医师、副教授。

1996 年毕业于哈尔滨医科大学临床医学系,2004 年哈尔滨医科大学硕士研究生毕业,2012 年哈尔滨医科大学博士研究生毕业。

擅长骨与软组织肿瘤的诊断与治疗,是黑龙江省抗癌协会肉瘤专业委员会委员、黑龙江省老年学会肿瘤专业委员会委员、黑龙江省康复医学会创伤康复和伤残医学委员会委员、黑龙江省脊柱脊髓损伤学术委员会委员。

曾主持黑龙江省卫生厅课题 2 项,获黑龙江省卫生厅医疗新技术一等奖 1 项、黑龙江省医药卫生科技进步二等奖 1 项;在 SCI(国际检索期刊)上发表 1 篇。在国家级核心期刊(《中国肿瘤临床》、《肿瘤学杂志》、《哈医大学报》、《中国临床康复》)上发表多篇论文。

徐美英

徐美英 女,1973 年 8 月生于五常县,中共党员,大学本科学历,内科副主任医师。

1996 年毕业于哈尔滨医科大学临床医学系,现在五常市人民医院内三科从事内科常见病的诊治工作。

金成艳 女,1975年生于五常县,大学本科学历,主治医师。

1995年五常朝鲜族高级中学毕业后考入哈尔滨医科大学临床医学系学习并毕业。

2011年6月起至今一直在五常市中医院从事诊疗工作。

金成艳

徐美学 男,1976年1月生于五常县,大学本科学历,主治医师。

毕业于牡丹江医学院临床医学系,五常市人民医院普外儿科医生。

工作范围:普外科常见病:各种癌症化疗、肝胆疾病、肠梗阻、胰腺炎、甲状腺、乳腺疾病等,微创(腹腔镜下胆囊切除、阑尾切除、疝修补术等)。

徐美学

姜世雄 男,1977年11月生于五常县兴盛公社新建大队,无党派民主人士。哈尔滨医科大学附属第三医院(哈医大附属肿瘤医院)结直肠外科副教授、副主任医师。现任黑龙江省医学会结直肠肿瘤分会秘书,黑龙江省抗癌协会结直肠肿瘤学组青年委员。

2001年毕业于山东大学医学院,2005获哈尔滨医科大学肿瘤学硕士学位,2012年获哈尔滨医科大学肿瘤学博士学位。

现主要从事结、直肠癌的诊断和外科治疗。擅长结、直肠癌扩大根治术、保留盆腔植物神经的功能性直肠癌扩大根治术,低位及超低位直肠癌保肛手术。

姜世雄

发表国内核心期刊《癌症》论文1篇、SCI《Cell Biochem Biophys》(生化与分子生物学)论文1篇。人民卫生出版社出版的《腹腔镜直肠癌根治术图谱》副主编,主编人民卫生出版社音像教材2部,中华医学电子出版社音像教材3部。获黑龙江省科学技术奖二等奖1项、黑龙江省高校科学技术奖一等奖1项、黑龙江省卫生厅医疗新技术奖1项,主持厅级课题2项。

权春英 女,1983年10月生于五常县,大学本科毕业,五常市中医院小儿科主治医师。

先后就读于五常县五常镇朝鲜族小学、朝鲜族初级中学、朝鲜族高级中学,毕业于黑龙江中医药大学5年制临床医学院,

从2009年起从事儿科临床工作,与同医院妇科联合开展新生儿、婴幼儿健康咨询、喂养方法、营养与膳食安排指导工作。2014年获主治医师职称,业务特长:小儿急性感染性喉炎、喘憋性支气管肺炎合并心衰、支气管炎、大叶性肺炎、化脓性扁桃体、粒细胞减少症、急性胃肠炎、疱疹性口炎、手足口病、过敏性紫癜、流行性腮腺炎合并脑炎、小儿糖尿病、猩红热、水痘等儿科常见病;中药调节小儿免疫力功能低下、小儿厌食症、胃痛,提高小儿抗病能力。

权春英

六、工商企业名人简介

朱英兰 女,中共党员,大专文化,1947年生于五常县五常镇。

1970年参加工作,五常一商店职工。1980年开始任五常民族商店副经理,兼任五常市第9届、第10届人大常务委员会委员一职。曾被选为第7届黑龙江省人大代表。2002年退休。

李根洙 男,1948年1月生于五常县营成子乡,在榆树县中学毕业。1968年3月~1971年3月入伍,转业后在哈尔滨市东安机械厂工作。现任哈尔滨市冠盈锻件成品制造有限公司董事长(私企)。企业现有职工63人,其中技术人员7人,管理人员9人。2007年通过了ISO9001-200质量管理体系认证。

姜浩奎 男,中共党员。1968年毕业于五常朝鲜族高级中学,毕业后到黑龙江省建筑公司当学徒工,先后在五常小山子"三线建设"工地和牡丹江镜泊湖工地施工。1978年高考制度恢复后,考取了佳木斯农机校内燃机修理专业,毕业后分配到牡丹江市建六公司任技术员,一年后提升为修理科科长。1984年到五常铁西砂厂做一般干部,先后任维修班长、挖沙船船长。改革开放后被民主选举为五常铁西砂厂厂长。

任职厂长后,勇于改革,将五常铁西砂厂变成了五常铁西公司、五常铁西工业集团总公司、黑龙江天菊集团,职工总数近千人,固定资产由原来的一百多万元发展到一亿六千多万元。在行业上,由一个小砂厂发展到拥有加工业、建筑业、旅游业、国际贸易业、轻工产品业等多种行业并举的综合型企业集团。

姜浩奎

(根据1998年8月,《五常当代人物志略》整理)

金在根 男,1951年5月生于五常县五常镇,中共党员,大学学历,黑龙江省进出口公司驻首尔首席代表。

1974年10月毕业于牡丹江朝鲜族师范学校,后执教于黑龙江省铁力县第一中学。1976年11月,调任伊春市政府外事办公室任科长。1984年9月,离职至哈尔滨科学技术大学进修日本语两年后回

原单位工作。期间接待了多个日本代表团。

1988年，受政府派遣，至日本北海道道都国际学院专习日本语。期间与日本国会议员及有关人士接触，向他们介绍中国企业情况，并开展贸易，向中国输入了大量木材机械设备。

1991年8月，回到伊春，促成3个企业与日本会社签约，值1亿多元。

1992年10月，调任黑龙江省对外经济贸易委员会进出口业务处主任科员。

1995年3月起，任黑龙江省进出口公司驻首尔办事处首席代表。期间接待中韩两国多个代表团，开展贸易商谈活动，引进韩国企业至中国投资、促成多个韩国优秀企业来华合资兴办企业。

金在根

2011年4月，中国商务部国际经济合作商务局驻韩国办事处设立，以黑龙江省代表身份积极投身业务工作。

闵凤振 男，1952年3月生于五常县，中共党员，大学文化，董事长。

曾参军入伍，后在北京京华翻译有限公司从事翻译工作。1992年调入中国纺织品进出口总公司从事进出口贸易。

1993年初至1995年受中国纺织品进出口总公司委派，任中国纺织品进出口公司汉城代表处副代表，主要负责纺织品进出口业务。期间积极开拓韩国市场，每年都超额完成纺织品进出口业务。

1995~1997年调入北辰集团汉城公司工作，主要负责进出口业务。期间，2次得到韩国总统颁发的贸易出口奖。1997年09月下海，在韩国成立了2家贸易公司，收购了1家韩国皮革加工厂。1998年至2004年在北京、河北、青岛

闵凤振

等地创办皮革加工厂和纺织品加工出口厂，每年销售额近1亿美元，得到了业界的好评。

2004年至2006年公司业务转型，主要以房地产为主，兼营通信、物业管理、资产管理、建材、贸易等公司。在北京投资6000万美元成立了2家外商投资性公司。

2007年至2008年在韩国和中国投资30多亿人民币成立多家投资公司、物业公司和资产管理公司，并收购了北京黄金地段的物业。目前，公司投资和管理的十几家企业和物业。这些企业平均每年为国家上缴近5000万税，为祖国的发展做出了应有的贡献。

林洪德 男，1953年9月生于五常县山河镇。大庆市顺德电器有限公司（风华电器有限公司）董事长、总经理。

致力于公益活动：1993年五常撤县设市捐资人民币（以下捐资后省略"人民币"字样）23万元，捐资人民币106万元为山河镇修筑一条水泥路。捐资280万元为山河镇修建一处朝鲜族小学。山河镇党委和政府将他捐资兴建的山河大街命名为"洪德路"，捐建的朝鲜族小学命名为"洪德小学"。捐资50余万元，修缮五常县第八中学校舍。捐款10余万元，资助山河朝鲜族老年协会活动。1995年，捐资6万为山河公安分局改善办公条件。1995~2003年捐给五

林洪德

常市公安局基建工程物资折合人民币 90 余万元。捐资 200 余万元在大庆建成顺德艺术楼建设大庆二公司纪念塔捐资 50 多万元,为大庆朝鲜族运动会等活动捐资 40 余万元。

为解决五常电表厂亏损问题,曾慷慨献出人民币 200 多万元。

企业被黑龙江省人民政府授予黑龙江省中小企业之星。

郑大日　男,1953 年 11 月生于五常市民乐乡。曾任民乐工业化工厂、五常市金属制品厂、五常益山农机制造有限公司、五常市益山进出口贸易有限公司法定代表人;哈尔滨益山铝塑门窗有限公司、哈尔滨益山装修工程有限公司两个韩国独资企业的总经理,现任五常市益山农机制造有限公司董事长。

郑大日从 20 世纪 80 年代起就开始投身于办工业的工作中,在干中学,在学中干,一干就是 30 多年,企业越做越大,社会效益越来越显著。他所经营管理的益山农机制造有限公司是一家致力于农业机械设备的制造、研发、销售、服务于一体的现代化民营独资企业专业技术研发队伍强大,从研发到生产,从销售到售后服务形成一条龙。该公司生产的除草机、水田筑埂机、翻转犁等已得到黑龙江农垦农业机械试验鉴定站、黑龙江省农垦总局农业机械化管理局的鉴定认可、推广证书,从 2010 年投资生产销售至今,已成为国内农机行业内颇具规模及竞争力的企业。2014 年又投资 500 万扩大生产。

郑大日精于管理、大胆创新,在他带领下他的团队日益扩大,好多相关专业毕业的大学生都慕名而来,想为这一日益发展壮大的企业而献身。

郑大日

金红英　女,1954 年 2 月生于五常县山河镇,中共党员,大学文化,总经理。

曾入伍为文艺兵战士,后在北京京华翻译有限公司从事翻译工作。曾在北京第十一届亚运会组委会担任韩文翻译。

北京第十一届亚运会结束后直接调入北京北辰集团海外部担任副部长。

1991～2007 年受北京北辰集团及市政府委派,任北辰集团汉城代表处总经理,主要负责接待北京市经济贸易代表团、各局、委办招商引资代表团访韩及中央部分部委经济交流代表团在韩的接待工作;同时负责韩国大型投资代表团来北京投资洽谈工作。

金红英

20 多年来为中国第十一届北京亚运会,韩中建交,北京和首尔缔结姊妹城市,北京远东残疾人运动会韩国集资等做了大量工作。并为北京引进几十家韩国企业到中国投资和中国企业到韩国投资起到了良好的桥梁作用。为中韩间政治、经贸、文化交流及高层交流做出了重要贡献。

2007 年退休回国后,至今在北京的家族企业里任总经理。1997 年至今家族企业投资 30 多亿人民币在韩国和北京成立了多家投资公司、物业公司和资产管理公司,并收购了北京的一家大型物业并认真管理。这些企业平均每年为国家上缴税金近 5 000 万元,为祖国建设与发展做出了积极贡献。

姜东秀 男,1954年生于五常县,大学文化。中国一秀集团公司总裁,大连市特种动物养殖业公司总经理。

1972年参加中国人民解放军。服役期间,曾任海军北海舰队装备技术部营职部长助理,并在武汉海军军事工程学院深造。1987年转业回到五常县,任五常县酒类专卖局副局长兼酒类公司副经理、工程师。

1986年在部队期间,潜心研究了活熊取胆技术,转业后,在自己的家乡建起了第一家熊业养殖场。并在黑龙江省尚志县、吉林省的榆树县及五常当地发展养熊专业户80余家,养熊260余只。研制活熊取胆技术成功后,为求得更大发展,举家南下,先后在北京、青岛、威海、大连等城市建立了私营特种动物养殖场。1993年组织了大批酒类专家和教师攻关熊胆酒的课题研究,获得成功。已生产熊胆系列酒10余种,除在国内畅销外,还同马来西亚、韩国、日本及台湾地区建立了多边贸易关系。

(根据1998年8月,《五常当代人物志略》整理)

金美善 女,1957年11月生于五常县山河镇,大专学历,青岛金泉东洋钓具有限公司董事长,青岛即墨市第十六、十七届人大代表。

黑龙江省呼兰师范学校毕业后,先后在五常、山东青岛任中学教师。期间,多次被评为优秀教师。

1992年至2002年先后在山东省轻工业品进出口公司、青岛韩国企业青岛鲜宇体育用品有限公司工作。

2003年至今创办企业青岛金泉体育用品有限公司。2006年被评为青岛市"十大加工业女状元",2007年被评为青岛即墨巾帼致富带头人。当地中共即墨市委《工作简报》于2007年3月15日和2007年7月9日以《割舍不下的即墨情怀》报道了五常朝鲜族女性金美善的事迹。

金美善

2012年12月在青岛金泉体育用品有限公司的基础上成立了青岛金泉东洋钓具有限公司。该公司是一家快速发展的,集中、高档钓竿的设计、研发、生产、销售于一体的现代化企业。公司注册资本500万元,现拥有员工150人,生产车间5000平方米。公司拥有22个注册商标和6个专利,年产值5000万元。目前,在国内21个省设有1000家代理店,"金泉"品牌已成为全国钓鱼爱好者认可的国产高档品牌,企业到2018年销售收入有望突破1亿元。

朴成功 男,1957年12月生于五常县,大学本科学历,哈尔滨庆功林泵业股份有限公司董事长,世界韩人商工人总联合会常务理事及哈尔滨支会会长;世界海外韩人贸易协会哈尔滨支会会长;黑龙江省中小企业融资促进会副理事长,黑龙江省民营科技促进会副理事长;中国管理科学研究院学术委员会特约研究员;哈尔滨市发电产业基地协会副理事长。

20世纪80年代,朴成功只身从五常农村来到哈尔滨开始了创业之路,最初创办了建筑材料商店以及汽车运输场,1988年创办了庆功林油田泵厂,深入研发新项目,在1999年创立了庆功林泵业有限公司,并且在2012年完成股份制改造,成立了哈尔滨庆功林泵业股份有限公司。现注册资金5000万,企业占地面积15200平方米,拥有百名职工,并在全国主要大经济城市均设立了办事处。

该公司依靠公司自己的科技队伍,自主研发了SWB型强自吸污水泵、SQB型强自吸清水泵等共九个系列 100 多个品种的产品,荣获了七项实用新型专利,一项发明专利。

目前产品已覆盖全国,代表业绩有:湛江石化、茂名石化乙烯动力厂供水车间循环泵、广石化乙烯改扩建工程循环水泵等在全国油田和石油化工行业有着多年的密切合作关系。为民营工业特别是泵业技术的提高、发展做出了突出的贡献。

公司多次荣获诚信企业、环保企业、纳税先进单位等荣誉证书,朴成功也屡获先进工作者,先进模范个人等荣誉。

朴成功董事长工作照

十几年间,董事长为汶川地震捐款,为北京大学的莘莘学子创立奖学金,为中央民族大学,东北朝鲜族足球协会,哈尔滨市朝鲜族文化馆、朝鲜族妇女联合会、朝一中学、朝二中学、动力朝小,辽宁省朝鲜族爱心基金理事会等社会各界捐献爱心善款 500 多万元。并且在 2004 年创办全国中小学高中及成人"庆功林杯"全国足球比赛,并邀请韩国足球队参赛。

宋硕景 男,1959 年 12 月生于五常县,中学毕业后曾在工厂学徒。1978 年考入辽宁工程技术大学电气自动化专业,获得学士学位,毕业后分配到鹤岗矿务局工作,1984 年辞职经商。1986 年留学日本,1989 年在日本国立岩手大学大学院获得计算机应用专业硕士学位,同年进入日本精工集团精工电子株式会社,主持开发了集成电路设计系统等项目。1992 年任驻北京事务所所长,1993 年末辞职。1994 年 1 月先后在日本设立开诚国际事务株式会社任董事长兼社长,在北京设立开诚贸易公司任经理。

他编写出版了《卫星遥感信息的计算机应用》一书在日本发行。他撰写的《应用卫星遥感信息预测粮食产量的计算机应用》、《应用卫星遥感信息计算树木面积的计算机应用》、《降雨量的流出、洪峰预测计算机应用》等文章曾在国际刊物上发表。几年来,他用自己的积蓄开设了"开诚奖学金",资助家乡部分贫困学生读书,受到家乡人的称赞。

(根据 1998 年 8 月,《五常当代人物志略》整理)

朴德浩

朴德浩 男,1963 年 4 月出生于五常市向阳镇,中共党员,1988 年毕业于哈尔滨电工学院。曾在黑龙江民族开发公司就职,在民族宾馆任工程部经理。1995 年创创立了哈尔滨万兴化工有限公司。2002 年迁至青岛。一直到现在当公司的法人代表。2009 年并购青岛新颖工信技术有限公司后,一直开发生产调剂药品的纤维镀 等。2013 年在青岛担任了五常乡友会(同乡会)的会长。2014 年开始担任了韩中友好协会副会长,积极参加先天性心脏病儿童的救助活动。

申铉植 男,1963 年 5 月生于五常县五常镇,中共党员,中国华电集团黑龙江分公司(上市公司 —华电能源股份有限公司)副总经济师。

中学毕业于五常县第一中学,本科毕业于中央广播电视大学法学专业。先后在黑龙江省电力局线路器材厂行政科、哈尔滨第三发电厂企管处、燃料管理部、厂办公室、黑龙江省电力局燃料总公司、黑龙江省龙源电力燃料有限公司、华电能源股份有限公司燃料分公司任职员、法律顾问、秘书、副主任、主任、副总经理、总经理职务。

申铉植

朴红日 男,朝鲜族,1964 年 3 月生于五常县山河屯爱路村,高级工程师,哈尔滨丰源电子有限公司法定代表人。

1982 年毕业于五常市朝鲜族高级中学校,同年考入吉林大学电子科学系半导体物理与器件专业。工科硕士、电气类高级工程师。公司主营自动化电气元件、电工材料等,专业给电力电子生产企业、科研院所校提供配套增值服务。

朴红日

金粉淑 女,1964 年 8 月出生于五常县向阳公社新丰村,哈尔滨市巨韩贸易有限公司总经理,在哈五常朝鲜族同乡会副会长。

曾就读于五常县朝鲜族高级中学,毕业于佳木斯农校。1987 ~ 1995 年任哈尔滨珠江宾馆经理,2011 年创办巨韩贸易有限公司,主营韩国百货的批发及零售,其中部分韩国牙刷及厨房用具为全国总代理。公司现有员工 20 余人,年产值约 4 000 万 ~ 5 000 万元人民币。近年,全国各地同乡会组织活动频繁,作为在哈尔滨五常同乡会的副会长,为了同乡会的发展,其本人从各方面都给予了大力支持。

池龙德 男,1966 年 1 月出生于五常市保山乡。1984 年毕业于五常四中,曾经当过学生会主席,1991 年毕业于中国计量学院后,在深圳创立了卓亚士电子有限公司,当董事长。该公司有 600 多名员工,是一所专门生产电推剪的企业。产品全部输出于欧洲、美国、澳大利亚。

池龙德

李文革　男，1966 年出生于五常县杜家镇，青岛科世玛电子有限公司任总经理，青岛朝鲜族作者协会会长。

1985 年毕业于五常市朝鲜族高级中学，曾在杜家任教，后到青岛，曾任兴仓青岛电子有限公司担任经理、青岛皇冠电子有限公司经理，2006 年起任青岛科世玛电子有限公司任总经理。

在担任青岛朝鲜族作者协会会长至今，每年都结集出版会员作品集《沙滩的白色珍珠》，每年都组织青岛朝鲜族学校的学生作文大赛，积极挖掘对文学有向往的大学生参加创作活动。当前和韩国海外文学交流会结成姊妹协会，互访及展开文学创作与研讨活动。

李文革

现任青岛朝鲜族企业家协会秘书长、兼任韩中友好协会中国支会副会长。每年都为了帮助先天性心脏病儿童医疗，组织慈善音乐会募捐，目前已经疗救了 100 名儿童。

现任青岛五常族同乡会副会长。

郑太哲　男，1966 年出生于五常市山河镇。1989 年毕业于西安电子科技大学电子系。毕业后工作在西安的热门行业旅行业。后来为了拯救自己学过的电子专业，1995 年重新就读韩国的庆北大学大学院经营大学院（MBA）。毕业后工作于首尔的 LG 电子，期间熟练相关业务和经营技术，从而成长于高新技术产业的英才。回国后，在西安高新技术开发区创设了通信基干产业的华天通信有限公司。本公司主要研究开发生产销售，移动通信需要的基站天线、手机的频率、3G 动态聊天线 等，300 多种高新技术产品。本公司有 100 多名专业技术人员（其中中外专家、教授、博士、硕士 约 30 多人），有 12 000 多平方米的现代化的工厂和先进的生产设备。

郑太哲

李京文　男，1966 年 2 月生于五常县保山乡，本科学历，青岛康镇食品有限公司董事长青岛市黄岛区政协委员，工商联（总商会）副会长。

1984 年毕业于五常市朝鲜族高级中学，毕业于中国人民大学农业经济系农业经济管理专业本科。青岛康镇食品有限公司长期从事农产品加工与销售。公司所创李家名品系列泡菜在日本已畅销十多年。

李京文

高在玉 女,1966 年 8 月生于五常县龙凤山乡兴源村,大专学历,辽宁省丹东市丹东钰金长白山有限公司总经理。

曾就读于龙凤山乡杏园小学、中学,五常县第四中学,呼兰师范专科学校毕业后在阿城县朝鲜族中学任教。由于家境困难,辞职出国打工 15 年。

2004 年来到辽宁省丹东市创业,与丈夫开展韩国料理业。先后开办了长白山烧烤城、韩国料理店、韩式生食店、韩式宫中糕点店、韩式自助烧烤店。由一个店面做起,发展到 5 个店面,100 多名员工的丹东钰金长白山有限公司成为丹东很有影响力的韩国料理业。

高在玉

李富春 男,1968 年 2 月出生于五常,中共党员。

1985 年毕业于五常朝中,后参军,1989 年退伍。1996 年去日本,成立了未来安有限公司。2006 年成立了大连友一国际贸易公司。2010 年成立了照恩科技有限公司。2012 年成立了日本未来商事柱式会社。照恩科技是专业研发生产 LED 照明。光伏发电系统。与延边科技大学签约产学研。与韩国公司签约战略合作伙伴。未来安和未来商事株式会社主营高尔夫球杆的流通。大连友一国际贸易有限公司主营进出口日韩的国际贸易。

李富春

朴哲学 男,1969 年 11 月生于五常县营城子乡,哈尔滨市职工轻工学院装潢设计专业毕业,哈尔滨市道里区人大代表,哈尔滨老朴餐饮有限公司总经理、哈尔滨汉阳商务会馆有限公司总经理。

从 1995 年起创立以经营朝鲜风味为主,中餐为辅的老朴朝鲜风味酒店,以其优质的选料、实惠的价格、独特的民族风味、干净整洁的就餐环境赢得顾客的青睐。

2007 年成立哈尔滨老朴餐饮有限公司,旗下现有 6 家连锁机构,总经营面积达 3 140 平方米,员工近 270 人。企业理念是品牌、品味、服务、信誉;企业精神是责任、创新、敬业、团结;服务宗旨是以客为尊、不断创新;企业目标是创驰名品牌,铸经典老店。由于这个企业始终提倡和专注绿色餐饮,励志为消费者提供健康的美味食品,提供人性化的优质服务,赢得了良好的社会信誉和各族宾客的认可。企业获得"哈埠餐饮老商号"、"劳动用工先进集体"、"龙江餐饮企业诚信联盟成员单位"等称号。

2014 年创立哈尔滨汉阳商务会馆有限公司,会所集沐浴、客房、石火浴、朝鲜风味餐饮、室外泡池、水上娱乐为一体的韩式私人会所,开创了哈尔滨首家以韩国民族特色为主题的洗浴中心。

李峰山 男,1970 年生于五常县向阳乡,青岛能源节约技术有限公司董事长,青岛朝鲜族乡友联谊会会长兼青岛五常乡友会第一任会长。

2000 年 9 月到青岛发展,2001 年 4 月任新世界物流有限公司董事长,青岛峰正电子有限公司董事长。

在担任会长期间,为活跃在青岛朝鲜族企业,展开了各种信息交流活动及人力、物力等支援活动,跃升为一个团结的民间团体而做了重要的贡献。每两年主办或承办青岛朝鲜民俗节,使青岛朝鲜族以团结的精神面貌参加文化体育活动展现了在青岛朝鲜民族的凝聚力。并在每年春节、中秋节期间慰问"在青岛"80 岁以上的老人,访问敬老院,为继承发扬朝鲜族敬老爱老传统做出了

李峰山

贡献。

现任韩中友好协会中国支会首席副会长，每年组织和开展帮助先天性心脏病儿童慈善音乐会，现已资助100多名儿童。

金永哲　男，1970年生于五常。五常县朝鲜族高级中学毕业后考入河海大学水资源开发及利用专业，现任苏州杰英贸易有限公司总经理。

大学毕业后被分配到苏州国际旅行社从事导游工作，曾任副部长。后离开旅行社做来料加工生意，1999年成立杰英贸易有限公司，做国际贸易业务。主要经营珍珠宝石、化工产品、工艺品，每年的贸易额也逐步上升。自2003年起慢慢步入不动产业务。

李泰镇

李泰镇　男，1972年生于五常县民乐乡，大学学历，海门市青少年足球俱乐部创办人。

1988年毕业于黑龙江省体工队，后曾在五常县体校、民乐朝鲜族乡新乐小学任教。

1994年起下海经商，曾在上海外资企业工作，任韩资上海乾钟鞋业有限公司总经理；2003年底创办海门乾钟鞋业有限公司，2004年底独立创业，在上海华庄创办上海舒利柏鞋业有限公司；2008年投资创办海门市舒利柏鞋业有限公司，公司从2009年起，每年都被海门市人民政府评为铜牌企业。

每年投资200万元，2011年5月与海门市教育局正式签约成立以自己企业品牌"珂缔缘"命名的海门市青少年足球俱乐部，倡导"让每一位具有足球天赋的孩子都有成功机会"的核心理念，尝试创办独具特色的青少年足球免费培训模式。目前，俱乐部已拥有140名孩子组成的4支不同年龄段的梯队和一支拥有11位外国教练，共18人组成的经验丰富的教练队伍。

足球队在多次全国性比赛中取得佳绩：

2013年全国赛10强；2014年全国U12足球锦标赛冠军；同年获"王者陶瓷杯"亚军、校园足球赛西宁赛区第一名、"珂缔缘"杯全国U10少儿足球邀请赛冠军。

孩子们的梦想是"义卖拖鞋"，让他们的俱乐部一直向前走；俱乐部的理想是让更多热爱足球的孩子受益，让未来的中国足球冲出亚洲，冲向世界。

朴海龙　男，1976年生于五常县向阳乡，青岛宝雅尔工艺品有限公司总经理。

1995年五常市朝鲜族高级中学毕业后，曾在胶州市青岛宝原工艺品有限公司（韩资）负责企业进出口贸易工作；在崂山区沙子口镇合伙经营青岛高科园民兴食品厂；在广东省东莞市从事毛绒玩具辅材料生意；在青岛市从事毛绒玩具辅材料生意。

2005年5月起至今在青岛市城阳区创立青岛宝雅尔工艺品有限公司。公司现有员工50余名，年出口额100~200万美元。

【附录】

国家对少数民族的生育政策

一、【历史】1950 年以来的民族人口政策大致经历三个阶段：

1. 人口兴旺政策阶段（1950－1970 年）。新中国成立之初，少数民族人口自然增长率很低，有的还出现了负增长，人口不断减少，甚至濒临于灭族的边缘，而且有的少数民族地区还处于传统经济或原始经济，民族经济的发展和家庭生活的改善，还依靠强壮劳力数量来保证。这便成为制定人口兴旺政策的依据。经过国家的大力推行，从 1953 年开始扭转了民族人口下降的局面，进入了缓慢增长时期，到 60 年代中期出现了高自然增长率的大发展时期。

2. 酝酿和准备计划生育阶段（1971～1981 年）。从 1971 年起全国对汉族大力和广泛开展计划生育。中央对少数民族一直采取"少数民族地区除外"的政策。直到 1980 年少数民族妇女总和生育率为 4.49，比汉族的 2.65 高 69.43%。

3. 适当放宽的生育政策阶段（1982－）。1982 年 12 月经五届全国人大五次会议批准的《六五》计划指出："少数民族聚居的地区，也要实行计划生育，并根据各个地区的经济、自然条件和人口状况，制定计划生育工作规划。"1984 年 4 月中共中央批转的国家计划生育委员会党组《关于计划生育工作精神的汇报》中说："对少数民族的生育政策，可以考虑，人口在一千万以下的民族，允许一对夫妇生育二胎，个别的可以生育三胎，不准生四胎……"

二、【原则】

1. 实行计划生育政策时间：从 80 年代初开始的（对汉族在 70 年代就已经开始）。

2. 生育数量的控制：根据不同民族和民族地区的人口数量、人口分布、自然生存条件以及社会经济发展等因素区别对待。分两种情况实施计划生育。

第一种：人口超过 1,000 万的少数民族地区，提倡一对夫妇生育一个孩子，严格控制二胎，坚决杜绝多生。

第二种：人口在 1,000 万以下的少数民族，允许一对夫妇生育二胎，个别的可以生育三胎，不准生育四胎。

3. 但由于各少数民族的具体情况不同，在执行计划生育政策时，个别的也可生育四胎，甚至在人口较少的几个少数民族中不实行计划生育。

4. 婚龄规定：由于少数民族和民族地区特殊的人口状况、经济状况和社会文化差异，《婚姻法》规定，民族自治地方可根据当地民族婚姻家庭的具体情况，制定某些变通的或补充的规定。如新疆、内蒙古和西藏等自治区都把结婚的最低年龄变通为女 18 岁，男 20 岁。

三、【各地区政策】全国各省、自治区、直辖市制定的生育政策中对少数民族生育的政策规定大致可分为三类：

1. 五个自治区和少数民族人口较多的云南、贵州、青海等省的计划生育政策。

内蒙古自治区规定：蒙古族公民，一对夫妻可以生育两个子女。非城镇户籍的蒙古族公民，经批准可以生育第三胎。达斡尔族、鄂温克族、鄂伦春族公民，提倡优生，适当少生；要求节育的，给予技术服务。蒙古族、达斡尔族、鄂温克族、鄂伦春族以外的其他少数民族公民，一对夫妻只可生育两个子女，不准生育第三胎。

新疆维吾尔自治区规定：城镇少数民族居民一对夫妻只准生育两个子女，少数民族农牧民一对夫妻可生育三个子女。符合特定条件的可再生育一个子女。

广西壮族自治区规定：夫妻双方为瑶、苗、侗、仡佬、毛南、回、京、彝、水、仫佬等1000万以下人口少数民族的，经批准可以有计划地安排生育第二个孩子，但生育间隔时间不得少于4周年。

宁夏回族自治区规定：职工、城镇居民和农民，夫妻双方或一方是少数民族的，可生育2个孩子；一些山区县的少数民族农民可以生育3个孩子。

西藏自治区规定：藏族和其他少数民族干部、职工和城镇居民，提倡一对夫妇生育2个孩子。对农牧区的少数民族农牧民只提倡优生优育、晚婚晚育，不限定生育胎数；如有自愿实行计划生育的，给予技术指导。

云南、贵州、青海省的大致规定是：少数民族可生育2个孩子；有特殊情况的少数民族农牧民，经过批准多生育1个孩子。对总人口很少的民族不限定生育指标。

2. 吉林、辽宁、黑龙江、河北、浙江、湖北、湖南、广东、海南、四川、甘肃等省的计划生育政策。

这些地方都有少数民族聚居区，建有自治州或自治县，一般都规定少数民族夫妻可生育2个孩子。例如吉林省规定：夫妇双方均为少数民族的，允许生育2胎，生育间隔为4年；夫妇一方为少数民族的，允许生育2胎，生育间隔为8年。浙江省规定：夫妻双方均是少数民族的，经批准，可以按计划生育第二个子女；夫妻双方均是农业户口的农民、渔民，一方是少数民族并具有两代以上户籍的，经批准，可以按计划生育第二个子女。

3. 北京、天津、山西、上海、江苏、安徽、福建、江西、山东、河南、陕西等省（市）的计划生育政策。

这些省（市）属少数民族杂散居地区，在制定的计划生育政策中均考虑到了少数民族的特殊情况。北京、天津、上海三个直辖市规定符合一定条件的少数民族可生育2胎；其他省规定夫妻双方是少数民族的均可生育2胎。

黑龙江省民族乡条例(1995 年)

目　　录

(1988 年 1 月 7 日黑龙江省第六届人民代表大会常务委员会第三十一次会议通过根据 1995 年 10 月 14 日黑龙江省第八届人民代表大会常务委员会第十八次会议《关于修改的决定》修正)

第一章　总　　则

第一条

为保障和促进民族乡的政治、经济、文化等各项事业的发展,根据《中华人民共和国宪法》及有关法律规定,结合本省实际情况,制定本条例。

第二条

民族乡以一个或两个以上少数民族聚居区为基础建立。

建立民族乡,少数民族人口比例一般应占全乡总人口的百分之三十以上,特殊情况可低于这个比例。建立民族乡应按有关规定履行审批手续。

民族乡的名称,按照地方名称、民族名称、行政地位的顺序组成。

第三条

民族乡应坚持党在社会主义初级阶段的基本路线,维护国家的统一,保证宪法和法律的遵守和执行,不断巩固和发展平等、团结、互助的社会主义民族关系,实现各民族的共同繁荣。

第四条

民族乡以经济建设为中心,全面发展政治、经济、科学、教育、文化等事业,积极完成上级国家机关交给的各项任务,为国家多做贡献。

民族乡应按照社会主义市场经济体制的要求,加快改革开放步伐,发展多种经济成分,促进生产力发展,不断提高少数民族群众的生活水平。

第五条

民族乡应发挥本地优势,自力更生、艰苦创业,不断增强自身发展活力。

第六条

上级政府和有关部门,对民族乡的各项事业应给予支持,促进民族乡的发展。

第七条

民族乡保障各民族都有使用本民族语言文字的自由,保持或改革风俗习惯的自由,信仰宗教的自由。

第二章　民族乡政权建设

第八条

民族乡人民代表大会是乡、镇一级的国家权力机关,可依照法律规定的权限,采取适合民族特点的具体措施。

民族乡人民代表大会代表中,少数民族代表名额比例应相当于少数民族占全乡总人口的比例。少数民族人口低于百分之三十的,其代表名额,可略高于少数民族占全乡总人口的比例,但不得超过代表总名额的百分之三十。

第九条

民族乡人民政府是本级人民代表大会的执行机关,是乡、镇一级的国家行政机关。

民族乡人民政府对本级人民代表大会和上一级国家行政机关负责并报告工作。

第十条

民族乡人民政府设乡长、副乡长。民族乡乡长应由建立民族乡的少数民族公民担任,副乡长中应至少有一名建乡民族的公民担任。

第十一条

民族乡的编制,应略多于同等规模的一般乡。

民族乡人民政府工作人员中,少数民族应占百分之三十以上,特殊情况经批准可低于百分之三十。

第十二条

民族乡人民政府工作人员中少数民族干部不足时,除国家正常分配和调剂外,经批准可从本地少数民族青年中择优招聘。在任职期间享受同级国家工作人员的政治待遇和工资福利待遇。

第十三条

民族乡人民政府工作人员,应贯彻执行国家的民族政策,遵守各项法律、法规,尊重少数民族风俗习惯,全心全意为各族人民服务。

第三章 民族乡经济建设

第十四条

民族乡应坚持改革、开放的方针,根据民族特点,合理调整产业结构,因地制宜地发展农、林、牧、副、渔业生产,积极发展乡镇企业,开展横向联系,扩大商品生产,促进民族乡经济全面发展。

第十五条

民族乡应按照国家规定,合理开发和利用本地资源。

上级政府和有关部门在开发利用民族乡区域内资源进行建设时,必须照顾民族乡的利益。

第十六条

上级政府和各有关部门要积极帮助民族乡改善交通条件和通讯设施;在分配和供应良种、化肥、农药、柴油等生产资料时,对民族乡给予照顾,优先供应。

第十七条

以农业生产为主的民族乡应督促有关部门和农户,保证兑现农副产品定购合同。因自然灾害等原因无力履行定购合同时,有关部门按规定减免定购任务。

第十八条

以牧业生产为主的民族乡生产的粮食主要用于自食和发展畜牧业,有定购任务的,积极完成任务。

市、县每年所收以牧业生产为主的民族乡草原管理费,应在当年全额返还用于当地草原建设。

第十九条

以林业生产为主的民族乡,林业生产纳入国家或地方林业部门的生产计划。

林业部门与民族乡签订联合经营林业生产合同时,在木材分成指标和利润分配方面,对民族乡给予优惠。

国家指定的少数民族护林员,由林业部门按规定发给护林员补助费。对有狩猎特长的鄂伦春民族,允许按国家批准的品种、数量在指定范围内狩猎。

第二十条

以渔业生产为主的民族乡,上级政府和有关部门在划分捕渔区域,疏通产销渠道,发展渔产品加工业等方面给予指导和扶持。

第二十一条

上级政府在开发利用民族乡区域内资源办企业时,所需要的职工,应在民族乡招收一部分,其中要有少数民族。

第二十二条

民族乡兴办企业,上级政府和各有关部门应简化各种手续和减免手续费。上级政府和各有关部门在投放扶贫资金、农业综合开发资金和以工代赈投入时,应优先照顾民族乡的需要。

第二十三条

民族乡兴办企业,可按国家和省的有关规定享受税收减免优惠待遇。

第二十四条

信贷部门应对经济发展滞后的民族乡用于生产建设、资源开发、兴办企业和少数民族用品生产方面的贷款应用优先安排。

第二十五条

辖有民族乡的市、县、区,在安排民族乡财政预算时,应给予一定的机动财力。民族乡财政超收部分全部留用。

对于民族乡由于粮食提价所增加的农业税收入留成比例,应高于同等规模的其他乡。

有关部门在分配支援不发达地区专项资金时,对民族乡应给予照顾。对民族乡的贫困村、户应给予扶持。

为民族乡所设的专项资金和临时性补助专款,任何部门不得扣减、截留、挪用。

第四章　民族乡科学、教育、文化建设

第二十六条

民族乡应重视科学技术普及工作,引进和推广先进科学技术,不断提高少数民族的科技素质。

第二十七条

民族乡上一级地方人民政府应采取调派、聘任、轮换等办法,组织教师、医生、文化艺术人员等到民族乡工作,加快发展民族乡社会事业。

第二十八条

民族中小学教育内容和教学方法应体现民族特点。民族乡要搞好幼儿教育、中小学教育和职业教育,逐步实行九年制义务教育。少数民族学生升学考试按照规定给予照顾。

民族乡少数民族学校教师编制,每班高于汉族学校编制零点五人。

民族乡各类民族学校的民办教师,按规定和条件,经考核合格后逐步转为公办教师。上级有关部门应在指标总数中单独划拨,在指标数量上应给予适当照顾。市、县在安排民族乡各类民族学校教学、培训经费和基本建设投资时,给予适当照顾。

第二十九条

民族乡上一级地方人民政府应根据当地实际情况,在有关的中学、职业中学设立民族班或单设民族职业学校,并保证民族乡有一定数量的少数民族学生入学。

第三十条

民族乡要丰富民族文化生活,努力继承发掘、整理和提高民族文化遗产,办好文化站、电影院、广播站等文化事业。

第三十一条

上级政府应扶持民族乡办好卫生院、所,防治各种疾病,鼓励继承和发展民族传统医学。

第三十二条

民族乡应开展群众性的民族传统体育活动,增强人民体质。

第五章　民族乡人才培养和管理

第三十三条

上级政府应采取各种措施,通过各种渠道,培养少数民族干部和经济管理、教育、科技人才。

第三十四条

在民族乡工作的干部和各类专业技术人员,应由民族乡按月发给民族乡工作津贴。具体标准由省民委会同省人事、财政部门另行制定。

第三十五条

为民族乡定向培养的教师、干部、医务人员及其他技术人员必须回本乡工作。

分配到民族乡的大、中专毕业生,应直接转正定级,并享受民族乡工作津贴。第三十六条民族镇执行本条例。

第六章　附　则

第三十七条

本条例与国家法律、法规有抵触时,按国家规定执行。第三十八条本条例的具体应用问题,由省民族事务委员会负责解释。

第三十九条

本条例自 1988 年 3 月 1 日起施行。

黑龙江高考少数民族加分新政策

[黑龙江新闻网讯29日]记者从省招生考试委员会办公室获悉,根据国家五部委《关于调整部分高考加分项目和进一步加强管理工作的通知》和省人大修订的《黑龙江省民族教育条例》的有关规定,对我省的高考照顾政策作出调整,新政策将分别于今年和2014年开始适用。

今年起适用新的高考少数民族加分政策,其他照顾政策不变。新的少数民族照顾政策为:省属高等院校招生时,对鄂伦春、赫哲、鄂温克、柯尔克孜、达斡尔、蒙古、锡伯、俄罗斯族考生或使用本民族文字答卷的少数民族考生,在考生统考成绩总分的基础上增加10分投档,由高校审查决定是否录取。其他少数民族考生,在所报黑龙江省属高校投档分数线下降低5分投档,由高校审查决定是否录取。

2014年起适用新的高考照顾政策,新政策除取消的加分项目和削减加分幅度的加分项目外,其他照顾政策不变。2014年起取消四项高考加分项目,即取消应届高中毕业生在高级中等教育阶段获得全国中学生学科奥林匹克竞赛省赛区一等奖加分投档照顾资格、取消在我省工作并获得博士学位人员的子女优先录取照顾资格、取消在我省工作的省级(含)以上优秀专家的子女在所报省内院校降分投档照顾资格、取消报考空军飞行学院未被录取的空军培训基地考生报考省属院校降分投档并优先录取照顾资格。

同时,对有下列情形之一的应届高级中等教育学校毕业考生,在考生统考成绩总分的基础上由增加20分投档减为增加10分投档,由高校审查决定是否录取。应届高中毕业生在高级中等教育阶段获得全国中学生奥林匹克竞赛全国决赛一、二、三等奖者;应届高中毕业生在高级中等教育阶段获得全国青少年科技创新大赛或"明天小小科学家"奖励活动或全国中小学电脑制作活动一、二等奖者;应届高中毕业生在高级中等教育阶段在国际科学与工程大奖赛或国际环境科研项目奥林匹克竞赛中获奖者;应届高中毕业生在高级中等教育阶段参加重大国际体育比赛集体或个人项目取得前6名或全国性体育比赛个人项目取得前6名;应届高中毕业生在高级中等教育阶段获国家二级运动员(含)以上称号,报考当年在省招委会确定的测试项目范围内,经测试认定达到二级运动员(含)以上技术等级标准的考生。

对侨眷考生,在所报省属高校投档分数线下由降低10分投档减为降低5分投档,对俄语语种考生,在所报省属高校投档分数线下由降低20分投档减为降低10分投档。

此外,从2014年起在高级中等教育阶段,参加由中国科学技术协会主办的全国中学生奥林匹克竞赛获得全国决赛一、二、三等奖的学生;获得全国中学生奥林匹克竞赛省赛区一等奖的学生;在高级中等教育阶段,参加由中国科学技术协会、教育部等主办的全国青少年科技创新大赛、"明天小小科学家"奖励活动、中小学电脑制作活动获得一、二等奖,或参加国际科学与工程大奖赛、国际环境科研项目奥林匹克竞赛获奖的学生不再具备高校招生保送资格。

哈尔滨市少数民族权益保障条例

1998 年 10 月 30 日哈尔滨市第十一届人民代表大会常务委员会第六次会议通过
1998 年 12 月 12 黑龙江省第九届人民代表大会常务委员会第六次会议批准

第一章 总 则

第一条

为保障少数民族的合法权益,巩固和发展平等、团结、互助的社会主义民族关系,促进少数民族经济和各项事业发展,根据宪法和有关法律、法规,结合本市实际,制定本条例。

第二条

本条例所称的少数民族是指在本市行政区域内居住的,经国家正式认定的除汉族以外的各民族。

本条例所称的少数民族权益是指少数民族享有宪法和法律规定的权利,主要包括:民族平等权利;获得国家帮助发展经济、文化的权利;使用和发展本民族语言文字的自由;保持或者改革本民族风俗习惯的自由;宗教信仰自由等。本市各机关、团体、企事业单位和公民均应当遵守、执行本条例。

第三条

市、区、县(市)人民政府应当把少数民族经济和社会事业发展列
入当地国民经济和社会发展规划,并组织实施。

第四条

少数民族公民享有宪法、法律规定的权利,同时应当履行宪法和法律规定的义务。本市各级国家机关应当经常对各民族公民进行爱国主义、社会主义、民主法
制以及民族政策教育。各民族公民应当互相尊重,互相学习,和睦相处,自觉维护国家统一和民族团结。

第五条

市民族事务行政主管部门负责组织实施本条例。区、县(市)民族事务行政主管部门负责本辖区少数民族权益保障工作。有关行政管理部门依据职责权限和本条例的规定,协同进行民族权益保障工作。

第二章　少数民族社会权益

第六条

市、区、县（市）和辖有少数民族聚居村的乡（镇）人民代表大会代表中，少数民族的代表，每一代表所代表的人口数可以少于当地人民代表大会每一代表所代表的人口数。民族乡（镇）人民代表大会中，少数民族代表名额比例应当不少于少数民族占全乡（镇）总人口数的比例。

市人民代表大会常务委员会和少数民族人口较多、辖有民族乡（镇）的区、县（市）人民代表大会常务委员会组成人员中，应当有少数民族成员。

第七条

本市各级国家机关应当重视少数民族干部的培养、选拔和使用，保证少数民族干部比例与少数民族人口比例相适应。

第八条

国家机关面向社会录用公务员时，在同等条件下，对少数民族应考人员应当优先录用。

有关部门和企事业单位对待业的少数民族公民，应当优先安排技能培训；对符合录用条件的，优先录用。

第九条

公民的民族成份依照国家有关规定确定。更改民族成份，依照国家及省的有关规定办理。

第十条

有关部门应当按照国家有关规定，加强少数民族文字的翻译、出版和语言文字教学研究工作。少数民族公民有使用本民族语言文字进行诉讼的权利。对不通晓汉语言文字的少数民族诉讼参与人，司法机关应当为之提供翻译。

第十一条

少数民族公民受到侵害或者遭受歧视、侮辱时，可以向有关部门提出控告和申诉，有关部门应当及时调查，依法处理。

本市各级国家机关在处理涉及少数民族特殊问题时，应当充分听取少数民族群众的意见，并征询当地民族事务行政主管部门的意见，及时妥善处理。

第十二条

少数民族公民享有信仰或者不信仰宗教的自由。任何组织和个人不得强制少数民族公民信仰或者不信仰宗教，不得歧视信仰或者不信仰宗教的少数民族公民。

第十三条

新闻出版、文艺创作、影视等媒介，应当尊重少数民族的风俗习惯、宗教信仰，严禁在广播、影视、音像、报刊、文学艺术作品及其他活动中出现歧视、侮辱少数民族的语言、文字和图像。

第三章　少数民族经济

第十四条

市、区、县(市)在财政预算中,每年应当安排一定数额的城市民族贸易补助费和民族事业专项补助费。

民族事业专项补助费应当按少数民族人口人均一元以上额度安排,用于发展本地区的少数民族经济和各项事业。

第十五条

本市各级人民政府及有关部门应当采取措施,扶持民族经济的发展。对外地来本市兴办企业和从事其他合法经营活动的少数民族公民,有关部门应当在经营场地、费用等方面给予照顾。

第十六条

民族乡(镇)的财政体制由上一级人民政府按照现行财政管理体制和优待民族乡(镇)的原则确定。

民族乡(镇)的上一级人民政府在编制财政预算时,应当给民族乡(镇)安排一定的机动财力。乡(镇)财政收入的超收部分和财政支出的节余部分,应当全部留给民族乡(镇)使用。对支大于收的民族乡(镇),应当采取定额补助或者定额递增补助的办法,递增的比例应当根据区、县(市)财力,由财政部门和民族乡(镇)研究确定;对财政收入比较稳定的民族乡(镇),应当保持财政体制相对稳定。

第十七条

银行信贷部门对城市民族企业生产经营和民族乡(镇)用于生产建设、资源开发、兴办企业等方面的贷款应当给予照顾。

第十八条

民族乡(镇)新办的企业,经主管税务机关批准后,可以按照有关规定减征或者免征所得税3年。凡符合国家税收优惠政策的,按照相关的税收规定办理减免税手续。

第十九条

有关部门在安排使用扶贫资金、农业发展资金、科技兴农资金等专项经费时,应当充分考虑贫困民族乡(镇)、村的特殊需要。

区、县(市)人民政府及有关部门应当积极帮助民族乡(镇)加强交通、通讯、水利、电力等基础设施建设。

第二十条

在民族乡(镇)开发、利用各种资源的单位,应当按照有关规定照顾民族乡(镇)的利益。

第四章　少数民族文化、教育事业

第二十一条

市、区、县(市)人民政府应当设立少数民族教育补助专款,并逐年增加对民族教育的投入,帮助民族学校改善办学条件,提高教育教学水平。

市教育行政管理部门应当设立民族教育管理机构,辖有民族乡(镇)的区、县(市)教育行政管理部门应当指定专人负责民族教育工作。

第二十二条

市属重点高中、中师、普通高中、职业高中和技工学校录取少数民族考生时,应当按照有关规定给予照顾。

第二十三条

对师范院校毕业的少数民族学生,有关部门应当优先分配给民族学校。

用民族语言授课的民族中小学师资不足时,有关部门应当从师范院校的外地少数民族毕业生中予以调配。

第二十四条

少数民族比较聚居的区、县(市)人民政府应当兴办少数民族幼儿园(所),并在经费、设施建设等方面给予优先照顾。

教育行政管理部门应当根据需要,兴办民族职业高中或者在普通职业高中设立民族班。

第二十五条

市和辖有民族乡(镇)的区、县(市)人民政府,应当有计划地在少数民族中开展科学技术普及和科技人员培训工作,组织和促进科学技术的交流与合作。

第二十六条

市、区、县(市)人民政府及有关部门应当重视少数民族文化设施建设,组织开展具有民族特点的文化艺术活动,发掘和继承少数民族优秀文化遗产。

第二十七条

市、区、县(市)人民政府应当采取措施,扶持少数民族医疗卫生事业发展,按照国家有关规定做好少数民族的计划生育工作,做好民族乡(镇)、村的地方病、传染病的防治工作。

有关部门应当优先保证民族医院对医疗卫生人员的需要。

第二十八条

有关部门应当有计划地组织少数民族开展具有民族特点的传统体育活动,扶持民族乡(镇)、村逐步建设和完善体育设施。

少数民族职工参加市、区、县(市)统一举办的少数民族传统节日活动,所在单位应当给予支持,工资照发。

第五章　少数民族风俗习惯

第二十九条

少数民族公民有保持或者改革自己风俗习惯的权利,任何单位和个人不得干涉。

第三十条

本市各级人民政府应当把清真食品生产纳入规划,保证民族商业服务网点的合理布局。市、区、县(市)大型商场以及机场、火车站、客运码头等流动人口较多的场所,应当设立清真饮食服务点。

第三十一条

拆迁清真食品的生产企业和商业服务网点,应当坚持同等条件"拆一还一"、就近安置的原则。

因市政建设等原因确需拆迁的,应当事先征求市或者区、县(市)民族事务行政主管部门的意见,统筹安排。在拆迁过渡期间应当设立临时清真食品供应点,并给予必要的经济补偿。

第三十二条

清真饮食服务企业和食品生产、加工企业的主要负责人、采购员、保管员和主要操作者,应当由具有清真饮食习俗的少数民族职工担任。

清真食品的加工、储存、运输、销售等环节应当符合有关规定;店堂装饰、牌匾旗幌、字号名称等应当符合少数民族的风俗习惯。

清真饮食服务企业和食品生产、加工企业兼并或者被兼并时,不得随意改变其服务方向,确需改变服务方向的,必须征得当地民族事务行政主管部门同意。

第三十三条

具有清真饮食习俗的少数民族职工较多的单位,应当设立清真灶;不能设立清真灶的,应当按照国家和省的有关规定,发放清真饮食补助费。

第三十四条

从事清真饮食业,需经市、区、县(市)民族事务行政主管部门审查同意,并领取清真饮食生产经营许可证和专用标志,由工商部门办理营业执照。任何单位和个人不得转让、出租和伪造清真饮食生产经营许可证和专用标志。

第三十五条

卫生、畜牧、商业等有关部门应当建设布局合理的牛羊清真屠宰点和检疫、销售清真牛羊肉的服务点,并设立明显标志。任何单位和个人不得私自屠宰清真用牛羊、销售清真牛羊肉。

第三十六条

居住在城市具有清真饮食习惯的少数民族公民其配偶进城落户,有关部门应当给予照顾。

第三十七条

市、区、县(市)人民政府应当尊重回族等信仰伊斯兰教公民的丧葬习俗,应当合理安排公墓建设用地和资金,并做好管理工作。

允许土葬的少数民族公民,凡本人生前留有遗嘱或者家属自愿实行火化的,任何人不得干涉。

第六章 奖励与处罚

第三十八条

对在维护民族团结、发展少数民族经济和各项事业工作中做出突出成绩的单位和个人,市、区、县(市)人民政府应当给予表彰奖励。

第三十九条

违反本条例规定的,由民族事务行政主管部门按下列规定处罚:

(一)违反本条例第十三条规定的,责令改正,采取补救措施;造成经济损失的,责令赔偿;构成犯罪的,由司法机关依法追究刑事责任。

（二）违反本条例第三十二条第二款规定的，责令限期改正，并处以 200 元以上 500 元以下罚款。

（三）违反本条例第三十四条第二款和第三十五条第二款规定的，处以 500 元以上 1000 元以下罚款，没收违法所得。

罚款票据的使用和罚没款物的处理，按照国家和省的有关规定执行。

第四十条

违反本条例其他规定的，由民族事务行政主管部门予以警告、限期改正、责令停止侵权行为等处罚或者交有关部门依法查处。

第四十一条

民族事务行政主管部门工作人员滥用职权、徇私舞弊的，由所在单位或者上级机关给予行政处分；构成犯罪的，依法追究刑事责任。

第四十二条　当事人对行政处罚决定不服的，可以依法申请行政复议或者提起行政诉讼。

第七章　附　则

第四十三条

本条例具体应用中的问题，由市人民政府负责解释。

第四十四条

本条例自 1999 年 1 月 1 日起施行。

主要参考书目

1.《五常县志》,黑龙江人民出版社,1989 年 1 月第 1 版。

2.《五常市志》(1986~2005),黑龙江人民出版社,2010 年 8 月第 1 版。

3.《五常县教育志》(1756~1984),黑龙江省五常县教育志编辑委员会。

4.《朝鲜族》,辽宁民族出版社,2012 年 4 月第 1 版。

5.《中国朝鲜族》,黄河出版社集团、宁夏人民出版社,2012 年 5 月第 1 版。

6.《朝鲜族简史》,编写组,民族出版社,2009 年 6 月第 1 版。

7.《中共五常县党史大事记》(1946~1988),中共五常县委党史研究室。

8.《当代中国朝鲜族人物录》,东北朝鲜民族教育出版社 1999 年 7 月第 1 版。

9.《五常当代人物志略》,1998 年第 1 次印刷。

后 记

　　《五常朝鲜民族志》是五常第一部少数民族史志,首先使用汉语文字出版。全书 62 万字。上限 1835 年,下限 2014 年底。在五常市委、市人民政府的亲切关怀下,全体修志人员经过 800 多个日夜奋笔耕耘,终于面世。

　　本志根据五常市民族宗教事务局五民宗发〔2013〕8 号文件指示精神,五常市朝鲜民族事业促进会在市人大常委会副主任林炳龙、市政协原副主席李海洙的具体领导下开展《五常朝鲜民族志》编纂工作。2013 年下旬召开有五常各界朝鲜族代表和市地方志办公室主任张伟参加的编纂工作动员大会,李海洙同志在大会上亲自做了动员和部署。成立了《五常朝鲜民族志》编纂委员会,林炳龙任主任,李海洙任顾问委员会主任。会议决定成立《五常朝鲜民族志》编辑部,聘请黑龙江省第一位朝鲜族中文教授、五常籍人黄彪出任主编,五常市朝鲜民族事业促进会正副会长金优锡、朴相鲁,广电局编辑李红男为副主编。

　　在资金极为短缺、办公设备简陋的情况下开展了工作:调集编辑人员,购置必需设备,建立五常市朝鲜民族事业促进会网页,深入朝鲜族曾居住过的村落、城镇大街小巷进行调研,多次召开朝鲜族和其他民族代表参加的编辑工作研讨会,听取意见和建议。工作期间,又逢五常市朝鲜民族事业促进会办公室拆迁,不得不租赁私家民房,易地办公。

　　编辑工作得到了市人大,市政协组织部,民宗局,民政局,教育局,统计局,文体广电局,档案局,党史办,史志办,工商局等有关部门和全国各地五常籍朝鲜族和其他民族同胞的热心关注和大力支持。他们热情地为我们提供宝贵的线索,奉献出珍藏的资料,驾驶自家车供我们远门调研。市地方志办公室主任张伟不仅亲自为我们提供档案资料,而且为民族志逐字逐句把关;市纠风办张民生主任献出宝贵的摄影图片供我们选用;黑龙江民族职业学院办公室孙美凤老师利用双休日深入档案室查阅我们所需资料;退休老党员权云龙和金元经不仅献出珍藏的老照片,还献出自己多年来编写的《民乐乡乡史》供我们使用;五常水利局退休老干部韩太俊主动提供大量资料,亲自参与民族志"水利事业"部分编写;原民委主任金基泰和原朝鲜族文化馆馆长田克政留下的大量历史资料为编写史志提供了历史依据;五常镇镇西村朝鲜族老年协会会长郑钟海开动自家车为我们提供调研运输工具……。哈尔滨五常同乡会、青岛五常乡友会、北京朝鲜族企业家联谊会和社会各界个人为我们开展工作提供了宝贵的运作资金。在此,向他们和所有关注和支持我们工作的单位及个人表示衷心的感谢!

　　特别鸣谢:上市公司朗姿集团及其董事长申东日,原五常市政府副市长,五常市政协常务副主席李海珠,原五常市政府副市长,市人大常委党组织成员副主任林炳龙,五常市人民法院副院长刘晏,北京金山生态动力素制造有限公司(中美合资)董事长尹吉山,在北京某家族企业的董事长金红英及大庆市顺德电器有限公司 (风华电器有限公司) 董事长、总经理林洪德等先生为本志的出版做出了重要保证。

由于时间久远,可供查找的民族资料短缺,本志内容不够翔实,在此致歉。

"人物篇"中部分名人根据《当代中国朝鲜族人物录》、《五常当代人物志略》、五常市朝鲜族高级中学校庆50周年资料进行整理,对此后人物的情况未加续写,特此说明。

"人物篇"中加入了本人的照片,但有很多人无法搜集到,特别是革命烈士的遗照,我们表示惋惜和遗憾。

《五常朝鲜民族志》编辑部

2015 年 12 月